EXEMPLAR
NR. **1511**
VON **11.111**

WEBER'S GRILL BIBEL

WEBER'S GRILL

BIBEL

AUTOR JAMIE PURVIANCE · FOTOGRAF TIM TURNER

INHALT

GRUNDLAGEN DES GRILLENS 8	**RIND UND LAMM** 32
SCHWEIN 94	**GEFLÜGEL** 132
FISCH UND MEERESFRÜCHTE 176	**GEMÜSE** 228
OBST 264	**GRILLPRAXIS** 278

REGISTER 312

INHALT

VORWORT

Auch ich kam, wie alle übrigen Menschen, ohne tieferes Verständnis für die Kunst und die zahlreichen Techniken des Grillens zur Welt. Als Kind in einer amerikanischen Vorstadt schnappte ich die Grundlagen von meinem Vater und anderen Wochenendgrillern auf. Als ich mich schließlich selbst an den Grill wagte, ahmte ich nach, was ich gesehen hatte, und entwickelte meinen eigenen Stil, indem ich das tat, was so viele andere Griller tun: improvisieren, experimentieren, Notlösungen finden. Manchmal klappte es und manchmal … eben nicht.

Richtig grillen gelernt habe ich erst mit Anfang dreißig. Damals näherte ich mich dem Thema erstmals etwas systematischer. Ich war fasziniert von gutem Essen und frustriert von den begrenzten Erfolgen meines Experimentierens, also schrieb ich mich beim Culinary Institute of America (eine der renommiertesten Kochschulen Amerikas) ein. Im Rahmen des umfassenden Lehrplans beschäftigte ich mich mit der Fleischerei, mit Lebensmittelchemie, der Herstellung von Saucen und Wurstwaren. Unter der Aufsicht strenger Meisterköche lernte ich, auf welche Weise sich die Struktur von Fleisch und Fett unter dem Einfluss von Hitze verändert, von welchen Kräften Saucen zusammengehalten werden oder warum Marinaden Proteine aufschließen können.

Seit dem Abschluss meines Studiums vor etwa 15 Jahren beschäftige ich mich vor allem mit der Frage, wie die Fortschritte und Errungenschaften der modernen, wissenschaftlichen Kochkunst auf die Grillkunst übertragen werden können. Mit Unterstützung zahlreicher Experten bei Weber habe ich umfassende Untersuchungen auf diesem speziellen Feld der Kulinarik angestellt und fünf Bücher zum Thema verfasst. Jedes Buch war eine Gelegenheit, mehr über die unterschiedlichen Grilltechniken zu lernen und herauszufinden, warum einige von ihnen besser funktionieren als andere. Alles, was ich bisher auf diesem Gebiet gelernt und geschrieben habe, ist in dieses Buch eingeflossen.

Worum geht es also in »Weber's Grillbibel«? Zunächst einmal darum, dass es keinen allein selig machenden Weg zum Grillglück gibt. Bei Fragen wie Gas oder Holzkohle, direkte oder indirekte Hitze, Grillen mit oder ohne Deckel gibt es kein Richtig oder Falsch. Dieses Buch beschreibt und befürwortet jede Methode und Technik des Grillens – solange sie funktioniert. Und wenn etwas funktioniert, das ist mein Fazit aus vielen Lehrjahren, dann liegt es in der Regel am achtsamen Umgang mit den Details. Die Beachtung der Feinheiten macht den Unterschied zwischen Experiment und Können aus.

Ich möchte anhand einiger Beispiele erläutern, was der achtsame Umgang mit Details bewirken kann. Im ersten Beispiel geht es um die Tatsache, dass über direkter starker Hitze die meisten Steaks wunderbar gelingen, Schweinekoteletts jedoch nicht. Warum? Über starker Hitze wird die Oberfläche des Fleisches braun angebraten, bevor es in der Mitte ganz gar ist. Für ein Steak ist das ein wünschenswertes Ergebnis, denn man erhält eine schön karamellisierte, knusprige Außenschicht, während das Fleisch im Innern saftig und rosa bis rot bleibt. Beim Schweinekotelett verhält es sich anders. Wir mögen unsere Koteletts nicht, wenn sie innen roh sind. Würde man aber Koteletts über

In »*Weber's Grillbibel*« geht es um Achtsamkeit gegenüber so wichtigen und grundlegenden Details wie Salz.

direkter starker Hitze so lange grillen, bis sie innen gar sind, wären sie außen längst verkohlt. Deshalb muss man ein Schweinekotelett über mittlerer Hitze grillen. So kann es innen perfekt durchgaren, ohne außen zu verbrennen. Eigentlich ganz simpel, oder? Doch als ich mit dem Grillen anfing und dabei improvisierte und Experimente anstellte, legte ich alle möglichen Fleischsorten über dieselbe Hitze. Das ist einer der Gründe, warum es nicht immer nach meinen Wünschen funktionierte.

Ein zweites Beispiel dafür, wie wichtig es ist, auf Einzelheiten zu achten, ist das Thema Salz, auch wenn viele sich darüber keine großen Gedanken machen. Wenn Sie herkömmliches Speisesalz verwenden anstatt naturbelassenes grobes Meersalz ohne Rieselhilfe und sonstige Zusatzstoffe, wie ich es bei den meisten Rezepten in diesem Buch verlange, dann könnte Ihr Essen wegen des höheren Natriumanteils möglicherweise ziemlich salzig werden (und aufgrund des Kalziumsilikats, das in herkömmlichem Tafelsalz enthalten ist, einen leicht bitteren, metallischen Nachgeschmack bekommen). Lesen Sie also sorgfältig, was auf der Packung steht.

Ja, im Detail liegt der Erfolg! Sie lehren uns, warum man Barbecue-Ribs während der letzten Grillphase in Alufolie einpackt, warum man Fischfilets auf der ersten Seite länger grillen soll als auf der zweiten und warum man einen Truthahn mit der Brustseite nach unten auf den Grill legt.

Darum geht es in »Weber's Grillbibel«. Deshalb enthält das Buch so viele praktische Anleitungen mit Fotos und erläuternden Bildunterschriften sowie ausführlich beschriebene Rezepte. Der Schwerpunkt liegt auf dem achtsamen Umgang mit Details. Man kann daraus lernen, wie und warum bestimmte Dinge funktionieren, sodass man mit zunehmender Erfahrung zu einem freieren Umgang mit den Zutaten und Zubereitungen finden kann.

Wenn Sie auf die Feinheiten achten, erreichen Sie eine neue Dimension des erfolgreichen Grillens.

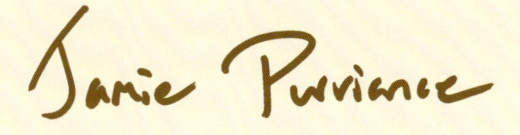

Jamie Purviance

GRUNDLAGEN DES GRILLENS

Das Grillen ist so tief in der amerikanischen Kultur verwurzelt, dass fast alle eine Meinung dazu haben. Sie alle verfügen über Erfahrungswerte, die ihnen als Orientierung dienen. Was meiner Meinung nach die echten Meister von allen anderen Grillfreunden unterscheidet, ist vor allem das Verständnis für die Grundlagen. Auf den folgenden Seiten finden Sie eine Reihe von Fragen, die ich während meiner Grillkurse immer wieder gestellt bekomme. Wer die Antworten kennt, kann seinen eigenen Weg zur Meisterschaft beschreiten.

EIN HOLZKOHLEFEUER ENTFACHEN

FRAGE: WAS IST DER UNTERSCHIED ZWISCHEN GRILLEN MIT HOLZ UND GRILLEN MIT HOLZKOHLE? UND WAS IST BESSER?

ANTWORT: Der Unterschied liegt im Komfort und im Zeitaufwand. Historisch ist das Holzfeuer die ursprünglichere Methode und es verleiht dem Grillgut herrliche Aromen. Aber es hat auch Nachteile. Ein Feuer aus Holzscheiten verursacht häufig große Mengen Rauch und man muss eine Stunde oder länger warten, bis sich die Flammen beruhigen und die Glut genügend Hitze abgibt. Holzkohle dagegen ist im Grunde nichts anderes als vorgebranntes Holz, mit dem eine ausreichend heiße Glut schneller und mit weniger Rauchentwicklung erreicht wird. Holzkohle wird hergestellt, indem man Hartholz in einem Meiler oder Haufen praktisch unter Luftabschluss anzündet. Die flüchtigen Bestandteile im Holz verbrennen, zurück bleibt die Holzkohle, die fast ohne Flammen brennt und höhere Temperaturen entwickelt.

F: WIE STEHT ES MIT BRIKETTS? WAS UNTERSCHEIDET SIE VON HERKÖMMLICHER HOLZKOHLE?

A: Briketts sind gleichförmiger als Holzkohle, das Material ist dichter, weil es gepresst ist. Zumeist bestehen sie aus gepresster Kohle, Bindemittel und einer Anzündhilfe.

Holzkohlebriketts brennen fast so heiß wie Holzkohlestücke. Ihr Vorteil ist die Gleichmäßigkeit ihrer Größe und Form. Mit ihnen lässt sich relativ einfach ein glattes Glutbett herstellen, während dies mit den verschieden geformten und großen Holzkohlestücken kaum möglich ist.

Mit einem Anzündkamin können Sie die benötigte Anzahl an Briketts leicht bestimmen. 90 bis 100 Briketts, der Kamin ist damit bis zum Rand gefüllt, brauchen Sie für eine Lage dicht an dicht liegender Briketts, die zwei Drittel des Rosts eines Kugelgrills von 57 cm Durchmesser einnimmt, was für eine Mahlzeit für 4 bis 6 Personen ausreicht. Falls die Grillzeit länger als 30 Minuten beträgt, müssen Sie wahrscheinlich Briketts nachlegen.

F: GIBT ES ALTERNATIVEN?

A: Der Vorzug von Weber®-Briketts besteht darin, dass sie die Temperatur über einen langen Zeitraum, bis zu 4 Stunden, halten. Damit lässt sich zum Beispiel eine große Gans ohne weiteres Nachlegen von Briketts grillen. Auch der Temperaturverlauf von Weber®-Briketts ist sehr gleichmäßig, die Hitze der Glut bleibt über einen längeren Zeitraum nahezu konstant und sinkt nur langsam ab. Bitte beachten Sie, dass sich die Hitze in einem Weber®-Kugelgrill mit geschlossenem Deckel besser verteilt als bei einem offenen Grill, zudem werden bei geschlossenem Deckel weniger Briketts benötigt. Über die Menge der verwendeten Briketts können Sie auch die Höhe der Temperatur im Grill beeinflussen.

F: WENN JEMAND NOCH NIE MIT HOLZKOHLE GEGRILLT HAT (UND SICH VIELLEICHT UNSICHER FÜHLT): WIE FÄNGT MAN AN?

A: Ich rate dazu, das sichere und zuverlässige Anzünden des Holzkohlegrills mit einem Anzündkamin zu lernen. Dieses einfache Gerät besteht aus einem Metallzylinder mit Löchern in der unteren Hälfte, einem Rost innen und zwei Griffen außen. Die Verwendung ist ganz einfach: Zunächst entfernt man den oberen Rost – den Grillrost – vom Grill und stellt den Anzündkamin auf den darunterliegenden Kohlerost. Dann legt man 2–3 Anzündwürfel unter den Kamin auf den Kohlerost, füllt die obere Kammer des Zylinders mit Holzkohlebriketts und zündet die Anzündwürfel durch ein seitliches Loch an. Der Vorteil dieser Methode ist, dass der Kamin die heiße Luft von unten ansaugt und durch die Kohle schleust. Die Holzkohlebriketts brennen so viel schneller, als wenn man sie sofort auf den Grillrost schüttet, und man spart sich sämtliches Wedeln oder anderweitige Sauerstoffzufuhr.

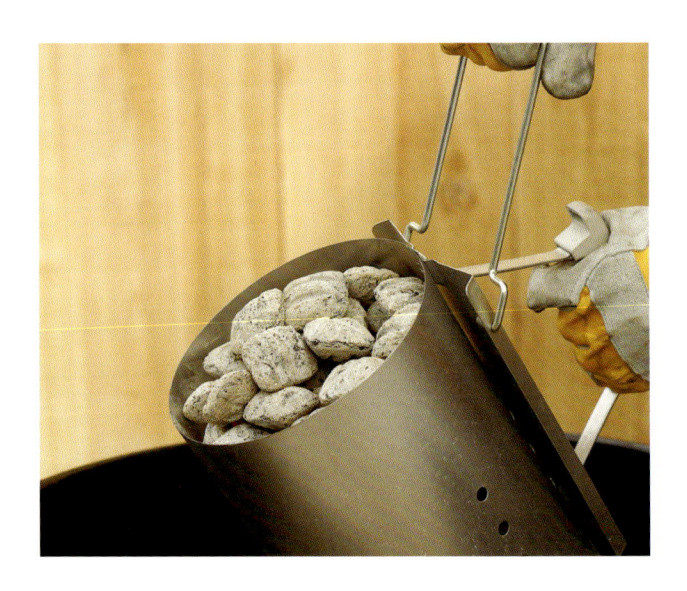

Holzkohle ist mit dieser Methode nach etwa 15 Minuten heiß genug zum Grillen. Holzkohlebriketts benötigen etwas länger – meist 20 bis 30 Minuten.

Wenn die Briketts rundherum mit einer feinen Ascheschicht überzogen sind (bei Holzkohle reicht es aus, wenn alle Stücke an den Rändern glühen), dann sind sie bereit. Zum Ausleeren der Kohle auf den Rost sollte man aus Sicherheitsgründen immer isolierte Grillhandschuhe tragen. Mit der einen Hand hält man den hitzebeständigen Griff, mit der anderen den beweglichen Griff. Der bewegliche Griff hilft, den Anzündkamin anzuheben und den Inhalt zielgenau auszuschütten. Den leeren Anzündkamin nie auf Gras oder eine hitzeempfindliche Oberfläche abstellen, auch nicht in Reichweite von Kindern oder Haustieren.

Wenn Sie keinen Anzündkamin haben, bauen Sie eine Kohlepyramide um ein paar Paraffinwürfel herum und zünden die Würfel dann an. Sobald die Briketts oder Holzkohlen in der Mitte glühen, werden mit der Grillzange noch nicht glühende Stücke auf den Haufen gelegt. Wenn alle Briketts in hellem Orange leuchten und mit Asche bedeckt sind, verteilt man sie auf dem Grillrost.

F: HEISST DAS, ICH SOLL KEINE ANZÜNDFLÜSSIGKEIT VERWENDEN?

A: Genau. Anzündflüssigkeit ist ein Produkt auf Erdölbasis, das den Geschmack Ihrer Lebensmittel regelrecht ruinieren kann. Ich weiß, dass manche Menschen mit dem Stoff groß geworden sind und immer noch glauben, ein Hamburger müsse nach Benzin schmecken. Wir anderen aber denken nicht daran, so etwas zu verwenden.

F: WOHER WEISS ICH, WIE VIEL GRILLKOHLE ICH BRAUCHE?

A: Das hängt von der Größe des Grills und der Menge des Grillguts ab. Nehmen wir an, Sie haben einen klassischen Kugelgrill von etwa 55 cm Durchmesser und grillen für sechs Personen. Das einfachste Hilfsmittel, um die richtige Menge Grillkohle abzumessen, ist der Anzündkamin (ein weiterer guter Grund, einen zu haben!). Verwenden Sie ihn wie einen Messbecher. Bis zum Rand gefüllt (mit 80 bis 100 Standardbriketts) liefert der Anzündkamin genügend Kohlenglut, um etwa zwei Drittel des Kohlerosts mit einer Lage Kohle dicht zu bedecken. Damit kann man in der Regel mehrere Gänge für vier bis sechs Personen grillen. Wenn Sie länger als 45 Minuten grillen möchten, müssen Sie wahrscheinlich Kohle nachlegen.

Weil Holzkohlestücke unterschiedliche Größen und Formen haben, ist es schwerer, diese dicht in einen Anzündkamin zu füllen. Wenn Sie also eine Kaminladung natürliche Holzkohle auf den Grillrost geschüttet haben, sollten Sie auftretende Lücken mit faustgroßen frischen Holzkohlestücken ausfüllen. Das Kohlebett sollte auf jeder Seite mindestens 10 cm breiter sein als das Grillgut auf dem Grillrost darüber, sonst gart dieses nicht gleichmäßig.

F: WARUM SOLL ICH NICHT DEN GANZEN KOHLEROST MIT GLÜHENDER HOLZKOHLE BEDECKEN?

A: Wenn der ganze Rost mit Kohle bedeckt ist, steht Ihnen nur direkte Hitze zur Verfügung. Das gesamte Grillgut liegt also direkt über der Glut. Das ist prima für Burger oder Hotdogs, aber viele Speisen werden sowohl über direkter als auch über indirekter Hitze gegrillt, beispielsweise Hähnchenteile mit Knochen. Haben Sie schon einmal gesehen, was mit Hähnchenteilen geschieht, wenn sie nur über direkter Hitze gegrillt werden? Sie verkohlen, sind also außen schwarz, bevor das Fleisch am Knochen richtig gar ist. Richtig gut werden sie, wenn man sie zum Anbraten über direkte Hitze legt und anschließend über indirekter Hitze fertig gart.

Einen zusätzlichen Vorteil bietet die Zwei-Zonen-Methode, wenn sich unter dem Grillgut über direkter Hitze Flammen bilden. Hat man einen Bereich mit indirekter Hitze, kann man das Grillgut zunächst dorthin verschieben, während man sich die weitere Vorgehensweise überlegt. In jedem Fall kann man den Deckel wieder schließen und das Grillgut über indirekter Hitze fertig grillen.

DIE ANORDNUNG DER GLUT

F: WAS IST DER UNTERSCHIED ZWISCHEN DIREKTER UND INDIREKTER HITZE?

A: Bei direkter Hitze befinden sich die glühenden Kohlen direkt unter dem Grillgut. Bei indirekter Hitze liegt nur auf einer Seite oder außen auf beiden Seiten des Kohlerosts Glut, das Grillgut liegt über dem Bereich ohne Glut.

Direkte Hitze eignet sich hervorragend für kleine, zarte Stücke, die rasch gar werden – Hamburger, Steaks, Lammkoteletts, Hähnchenbrust, Fischfilets, Meeresfrüchte und geschnittenes Gemüse. Die Oberfläche wird scharf angebraten und entwickelt Aromen, Zuckeranteile werden karamellisiert, es bildet sich eine Kruste, während das Grillgut innen gart.

Indirekte Hitze eignet sich besser für größere, weniger zarte Fleischstücke, die langsam gegart werden müssen, also Braten, ganze Hähnchen und Rippen. Wie bereits erwähnt, ist dies auch die richtige Methode, um dickere Fleischstücke oder solche mit Knochen, die zuerst über direkter Hitze angebraten wurden, fertig zu garen.

F: WIRD MEIN ESSEN MIT DER DIREKTEN METHODE ANDERS GEGRILLT ALS MIT DER INDIREKTEN METHODE?

A: Ja. Bei direkter Hitze wird die Energie durch Wärmestrahlung und Wärmeleitung übertragen. Die Wärmestrahlung, die von der Kohleglut ausgeht, erreicht die äußeren Schichten des Grillguts in ihrer Nähe und gart sie. Gleichzeitig erhitzt das Feuer die Streben des Grillrosts, welche die Wärme zum Grillgut leiten und auf der Oberfläche das typische Grillmuster erzeugen.

Liegt das Grillgut neben und nicht über dem Feuer, spielen Wärmestrahlung und Wärmeleitung zwar auch noch eine Rolle, aber sie sind nicht so intensiv. Schließt man den Deckel – und das sollte man –, tritt durch die Energieströme im Grill vor allem die Konvektion in den Vordergrund. Die Glut gibt Wärmeenergie ab, diese wird vom Deckel und von den Seitenwänden zurückgestrahlt und strömt durch den Kessel und um das Grillgut. Konvektionswärme brät die Oberfläche nicht so scharf an wie Wärmestrahlung oder Wärmeleitung. Das Grillgut wird sanft bis zum Kern gegart, ähnlich wie in einem Backofen. Größere Grillstücke wie Braten oder ganzes Geflügel können gut durchgaren, ohne zu verbrennen.

F: KANN MAN DIE GLUT NOCH ANDERS ANORDNEN?

A: Die beschriebene Basisformation mit der Glut auf der einen Seite des Grills nennt man Zwei-Zonen-Glut (siehe Foto auf Seite 11), weil man eine Zone mit direkter Hitze und eine Zone mit indirekter Hitze hat. Die Temperatur einer Zwei-Zonen-Glut kann hoch, mittel oder niedrig sein, je nachdem, wie viel Holzkohle man verwendet und wie lange sie schon brennt. Sie wissen ja, die Glut verliert mit der Zeit an Heizkraft.

Man kann auch eine Drei-Zonen-Glut (siehe Foto oben links) bilden, die noch mehr Flexibilität erlaubt. Auf der einen Seite häuft man die Holzkohle zwei bis drei Schichten hoch an. Zur Mitte hin fällt der Kohlehaufen schräg zu einer einfachen Kohleschicht ab. Ein Drittel des Kohlerosts bleibt frei. Man schüttet also die vollständig mit Asche bedeckte Grillkohle aus dem Anzündkamin auf den Rost, ordnet sie so an und wartet 10 bis 20 Minuten. Nun stehen drei Hitzezonen zur Verfügung: direkte starke Hitze auf der einen Seite, direkte mittlere Hitze in der Mitte und indirekte Hitze auf der anderen Seite.

Zuweilen empfiehlt sich eine geteilte Drei-Zonen-Glut (siehe Foto oben rechts), bei der die Grillkohle links und rechts gleichmäßig auf dem Kohlerost angeordnet ist, während die Mitte frei bleibt. So hat man zwei Zonen mit direkter Hitze (stark, mittel oder niedrig) und eine Zone mit indirekter Hitze in der Mitte. Diese Anordnung eignet sich besonders gut, um einen Braten über indirekter Hitze zu grillen – etwa Schweine- oder Rinderfilet –, weil er von beiden Seiten gleichmäßige Hitze bekommt.

F: WAS IST EIN GLUTRING? (SIEHE FOTO OBEN LINKS)

A: Dies ist eine weitere Möglichkeit, die Glut anzuordnen, um mit direkter und indirekter Hitze zu grillen. Der Kohlering rund um den Kohlerost liefert direkte Hitze, in der freien Mitte befindet sich eine Zone mit indirekter Hitze.

F: WAS IST EIN BULLAUGE? (SIEHE FOTO OBEN RECHTS)

A: Hier ist die Anordnung genau umgekehrt wie beim Glutring. Die glühende Holzkohle wird in der Mitte des Kohlerosts aufgehäuft, man hat also einen kleinen Bereich mit direkter Hitze und einen großen Bereich mit indirekter Hitze rundherum. Das Bullauge eignet sich für langsames Grillen oder wenn kleinere Stücke wie zum Beispiel Hähnchenschenkel aufgewärmt werden müssen.

F: WOZU BRAUCHE ICH EINE TROPFSCHALE AUF DEM KOHLEROST?

A: Die Schale fängt heruntertropfendes Fett auf. So bleibt der Grill sauber, was seine Lebensdauer verlängert. Füllt man die Schale mit Wasser, nimmt dieses die Hitze auf und gibt sie langsam wieder ab. Die Luft im Grill wird mit Feuchtigkeit angereichert.

DIE HITZE DER GLUT MESSEN

F: WOHER WEISS ICH, OB DIE GLUT DIE GEWÜNSCHTE HITZE ERREICHT HAT?

A: Sobald die Grillbriketts mit einer dünnen Ascheschicht überzogen sind (oder alle Holzkohlestücke an den Rändern glühen) und Sie die Holzkohle auf den Kohlerost geschüttet haben, gibt die Glut sehr starke Hitze ab. Diese ist eigentlich für die meisten Lebensmittel zu heiß.

Verteilen Sie die Glut wie gewünscht, setzen Sie den Grillrost auf und schließen Sie den Deckel. Es ist wichtig, den Grill vorzuheizen, am besten während 10 bis 15 Minuten. Dann ist der Grillrost heiß genug, um das Grillgut scharf anzubraten, und lässt sich außerdem leicht reinigen. Die Hitze löst alles, was vom letzten Mal noch am Rost haftet, und man kann es mit der Grillbürste leicht entfernen.

Es gibt zwei zuverlässige Methoden, die Hitze einer Holzkohleglut zu messen. Die eine ist das Ablesen des Thermometers im Grilldeckel, sofern sich dort eines befindet. Bei geschlossenem Deckel sollte die Temperatur zu Beginn über 260 °C steigen. Nachdem sie den Höhepunkt erreicht hat, beginnt sie wieder zu fallen. Sobald die Temperatur auf die gewünschte Stufe abgesunken ist, kann man mit dem Grillen beginnen.

HITZE	TEMPERATURBEREICH	DIE HAND MUSS WEGGEZOGEN WERDEN NACH
Stark	230–290 °C	2–4 Sekunden
Mittel	175–230 °C	5–7 Sekunden
Niedrig	120–175 °C	8–10 Sekunden

Die zweite Methode ist weniger technisch, aber überraschend zuverlässig. Man streckt dafür die Hand in sicherer Entfernung über dem Grillrost aus. Stellen Sie sich eine Coladose vor, die auf dem Grillrost direkt über der Glut steht. Würden Sie Ihre Handfläche auf die Dose legen, hätte sie etwa 12 cm Abstand vom Grillrost. In dieser Entfernung sollten Sie die Hitze der Glut messen.

Wenn Sie Ihre Hand nach 2 bis 4 Sekunden wegziehen müssen, ist die Hitze stark. Müssen Sie sie nach 5 bis 7 Sekunden wegziehen, hat die Glut mittlere Hitze. Können Sie die Hand 8 bis 10 Sekunden darüberhalten, ist die Hitze niedrig. Machen Sie keine Grillexperimente mit Ihrer Hand und ziehen Sie sie immer weg, bevor es weh tut!

F: WIE KANN ICH DIE HITZE ÜBER EINEN LÄNGEREN ZEITRAUM ERHALTEN?

A: Die Temperatur einer typischen Glut mit Holzkohlebriketts sinkt in der Regel alle 40 bis 60 Minuten um etwa 40 °C. Eine Glut aus Holzkohlestücken verliert die Hitze sogar noch schneller. Um die Temperatur im Grill zu erhalten, muss man während des Grillens nachlegen. Handelsübliche Briketts benötigen etwa 20 Minuten, bis sie die maximale Hitze erreicht haben. Man sollte also vorausschauend nachlegen, das heißt etwa 20 bis 30 Minuten bevor man die Hitze benötigt. Alternativ kann man die Briketts auch an einem sicheren Ort im Anzündkamin vorglühen und zum gewünschten Zeitpunkt hinzufügen. Ich bevorzuge letztere Methode, weil meiner Meinung nach der Geschmack des Grillguts unter dem Rauch leidet, den noch nicht richtig glühende Standardgrillbriketts absondern.

Natürliche Holzkohle und Grillbriketts aus Naturmaterial brennen schneller als herkömmliche Grillbriketts und benötigen weniger Vorlaufzeit. Man fügt sie 5 bis 10 Minuten vor dem gewünschten Zeitpunkt hinzu. Kleinstückige Holzkohle verbrennt sehr schnell, hier muss man öfter nachlegen. Größere Stücke werden langsamer heiß, dafür glühen sie länger. Natürliche Holzkohle und Briketts aus Naturmaterial haben den Vorteil, dass sie in der frühen Brennphase keine unerwünschten Aromen abgeben.

Für eine relative gleichmäßige Glut sollte man etwa alle 45 bis 60 Minuten 10 bis 15 Briketts oder die entsprechende Menge Holzkohle nachlegen.

F: WIE SOLL ICH DIE LÜFTUNGSSCHIEBER AM GRILL EINSTELLEN?

A: Die Lüftungsschieber im Boden und Deckel des Grills steuern die Luftzufuhr. Je mehr Luft in den Grill gelangt, desto heißer kann die Glut brennen und desto öfter muss man nachlegen. Um die Brenngeschwindigkeit zu drosseln, kann man den Lüftungsschieber im Deckel zur Hälfte schließen und den Deckel möglichst geschlossen halten. Der Lüftungsschieber im Boden des Grillkessels sollte beim Grillen immer geöffnet sein, damit das Feuer nicht erstickt.

Alle Sorten Holzkohle, besonders mit Füllmaterial gepresste Briketts, hinterlassen beim Verbrennen eine gewisse Menge Asche. Wenn sich zu viel Asche im Grillkessel sammelt, kann sie die Lüftungsschieber verstopfen und die Sauerstoffzufuhr unterbinden. Deshalb sollte man ungefähr jede Stunde die Asche aus den Lüftungsschlitzen entfernen, indem man den Lüftungsschieber mehrmals öffnet und schließt.

EINEN GASGRILL ANZÜNDEN

F: WIE GEHT MAN BEIM ANZÜNDEN EINES GASGRILLS VOR?

A: Das Anzünden eines Gasgrills ist völlig unkompliziert. Die Bedienung der verschiedenen Modelle ist jedoch nicht unbedingt gleich, deshalb sollte man immer zuerst die Gebrauchsanleitung des Herstellers lesen. Zum Anzünden eines Weber® Gasgrills (die Abbildungen entsprechen nicht dem Grill, der im europäischen Weber®-Sortiment erhältlich ist) öffnet man zunächst den Deckel, sodass sich kein ausströmendes Gas im Grillraum sammeln kann. Anschließend öffnet man das Ventil der Gasflasche oder des Erdgaszugangs und wartet eine Minute, damit das Gas in die Leitungen strömen kann. Jetzt zündet man die Brenner an und stellt sie alle auf stärkste Stufe. Nun wird der Deckel geschlossen und der Grill 10 bis 15 Minuten vorgeheizt.

F: WAS MACHE ICH, WENN ICH GAS RIECHE?

A: Dies könnte auf ein Leck an einer Verbindungsstelle oder im Gasschlauch hinweisen. Schalten Sie alle Brenner aus und schließen Sie das Ventil der Gasflasche (oder den Regler der Erdgaszufuhr). Nun können Sie den Gasschlauch abnehmen, nach einigen Minuten den Schlauch wieder anschließen und den Grill wieder wie beschrieben starten. Wenn Sie noch immer Gas riechen, sollten Sie sich an den Hersteller wenden.

DIREKTE UND INDIREKTE HITZE BEI EINEM GASGRILL

F: WIE STELLE ICH MEINEN GASGRILL EIN, WENN ICH MIT DIREKTER HITZE GRILLEN MÖCHTE?

A: Bei einem Gasgrill zündet man einfach alle Brenner an und stellt sie auf die gewünschte Hitze ein. Benötigt man beispielsweise direkte mittlere Hitze, stellt man alle Brenner auf mittlere Stufe, schließt den Deckel und wartet, bis das Thermometer eine Temperatur zwischen 175 und 230 °C anzeigt. Dann legt man das Grillgut auf den Grillrost direkt über die Brenner. Wenn Ihr Gasgrill kein Thermometer hat, wenden Sie den auf Seite 15 beschriebenen Handtest an.

F: WIE STELLE ICH DEN GRILL FÜR INDIREKTE HITZE EIN?

A: Bei einem Gasgrill kann man praktisch sofort von direkter auf indirekte Hitze umschalten. Man schaltet einen oder mehrere Brenner aus und legt das Grillgut über die ausgeschalteten Brenner. Verfügt ein Gasgrill nur über zwei Brenner, sollte man den hinteren Brenner ausschalten. Hat der Grill mehr als zwei Brenner, schaltet man den oder die mittleren Brenner aus. Die Brenner, die angeschaltet bleiben, können je nach Bedarf auf hoch, mittel oder niedrig gestellt werden. Wenn das Grillgut über einem nicht eingeschalteten Brenner liegt und der Deckel geschlossen ist, grillen Sie mit indirekter Hitze.

GRILLWISSEN

F: MUSS ICH DEN GRILLROST JEDES MAL REINIGEN?

A: Man sollte den Grillrost jedes Mal säubern, nicht nur, weil es schöner aussieht, sondern weil an einem ungereinigten Rost wiederum Grillgut haften bleibt. Vom sauberen Rost löst sich das Grillgut meist sehr leicht und erhält zudem ein hübsches Grillmuster. Am einfachsten lässt sich der Grillrost reinigen, indem man den Grill bei geschlossenem Deckel auf etwa 260 °C erhitzt, dann isolierte Grillhandschuhe anzieht und mit einer langstieligen Grillbürste aus Draht über die Streben fährt und dabei alle Reste und Verunreinigungen abbürstet.

F: WIE REINIGE ICH DEN REST DES GRILLS?

A: Etwa einmal im Monat sollte man den Grill etwas gründlicher reinigen. Halten Sie sich dabei bitte an die Hinweise des Herstellers. Den Grill mit einem Schwamm und warmer Seifenlauge abwaschen. Ruß und Verunreinigungen, die sich im Deckel sammeln, müssen regelmäßig abgekratzt werden. Außerdem sollte man den Grillrost abheben, die Brenner abbürsten und das Grillbecken und die Auffangschale reinigen. Die vollständigen Wartungs- und Reinigungshinweise finden Sie in der Gebrauchsanweisung. Bei einem Holzkohlegrill sollten Sie daran denken, dass Asche Wasser enthält. Wenn sie länger im Grillkessel liegen bleibt, kann sich Rost bilden.

F: SOLL ICH DEN GRILLROST VOR DEM GRILLEN ÖLEN?

A: Ich empfehle das nicht, obwohl viele Griller dies tun. Denken Sie aber daran, dass das Öl durch den Grillrost tropft und sowohl im Holzkohle- als auch im Gasgrill die Flammenbildung fördert. Man spart Öl und erhöht seine Chancen, das Grillgut problemlos wieder vom Rost zu bekommen, indem man das Grillgut, nicht den Rost ölt.

F: WAS TUN, WENN FLAMMEN HOCHSCHLAGEN?

A: Wenn Öl und Fett in ein heißes Grillbecken tropfen, dann kommt es vor allem beim Holzkohlegrill zu Flammenbildung. Wenn die Flammen kaum bis an das Grillgut heranreichen und wieder abklingen, kann man sie ignorieren. Schlagen die Flammen aber durch den Grillrost und umzüngeln das Grillgut, muss man schnell handeln. Andernfalls wird das Grillgut rußig-schwarz – und schmeckt auch so – und kann anbrennen.

Auf einem Holzkohlegrill kommt es meist in den ersten Sekunden nach Auflegen des Grillguts oder aber gleich nach dem Wenden zur Flammenbildung. Als erste Maßnahme sollte man den Deckel auf den Grill setzen und die oberen Lüftungsschlitze zur Hälfte schließen. Dadurch wird dem Feuer Sauerstoff entzogen, was manchmal ausreicht, um die Flammen zu ersticken. Man kann den Zustand der Flammen durch die teilweise geöffneten Lüftungsschlitze beobachten. Züngeln sie weiterhin durch den Rost, muss man den Deckel öffnen und das Grillgut über indirekte Hitze legen. Unter anderem aus diesem Grund sollte man immer auch eine Zone mit indirekter Hitze haben. Nach einigen Sekunden ist das herabtropfende Fett in der Regel verbrannt, die Flammen gehen zurück. Nun kann man das Grillgut wieder über direkte Hitze legen.

Auf einem Gasgrill kommt es seltener zu Flammenbildung, weil die meisten Gasgrills so gebaut sind, dass Fett nicht direkt auf die Brenner tropfen kann. So befinden sich bei den meisten Weber® Gasgrills schräge Stahlstäbe über den Brennern. Sie verhindern nicht nur die Flammenbildung fast vollständig, sondern verwandeln heruntertropfende Flüssigkeit und Fett in herrlich aromatischen Rauch. Die zu ergreifenden Maßnahmen bei Flammenbildung im Gasgrill sind die gleichen wie beim Holzkohlegrill. Zuerst sollte man den Deckel schließen. Wenn das nicht hilft, muss man das Grillgut über indirekte Hitze legen.

F: WANN SOLL ICH MIT GESCHLOSSENEM DECKEL GRILLEN?

A: So oft wie möglich. Ob man mit Holzkohle oder Gas grillt – der Deckel ist wirklich wichtig. Er vermindert die Sauerstoffzufuhr und verhindert dadurch Flammenbildung, und er sorgt dafür, dass das Grillgut sowohl von oben als auch von unten gart. Während die unten liegende Seite des Grillguts intensiver Hitze ausgesetzt ist, wird die Hitze vom Deckel zurückgestrahlt und beschleunigt den Garprozess. Ohne Deckel würde die Glut viel schneller an Hitze verlieren. Das Grillgut müsste also länger auf dem Grill bleiben und würde dadurch auch stärker austrocknen. Außerdem wird der Grillrost bei geschlossenem Deckel heißer, und diese Hitze geht direkt ins Grillgut. Schließlich fängt der Deckel die entstehenden würzigen Rauracharomen ein und umhüllt das Grillgut damit.

Ohne Deckel würden sie ungenutzt verfliegen. Die einzige Ausnahme bildet sehr dünnes Grillgut wie Brotscheiben oder Tortillas. Sie werden so schnell heiß, dass es klüger ist, den Deckel offen zu lassen und sie ständig im Auge zu behalten.

F: LOHNT ES SICH, EINEN DREHSPIESS FÜR MEINEN GRILL ZU ERWERBEN?

A: Wenn Sie gern große Fleischstücke wie Schweinelende, ganze Hähnchen, Truthahn, Ente oder Spareribs auf dem Grill zubereiten, ist ein Drehspieß eine lohnende Investition. All diese Fleischsorten können auch auf dem Grillrost über indirekter Hitze gegrillt werden, doch am Spieß wird das Fleisch durch die Rotation immer wieder mit Fleischsaft befeuchtet und nimmt die Aromen des Feuers besser auf.

Damit das Fleischstück in Form bleibt und gleichmäßig gart, sollte es mit Küchengarn gebunden werden. Das Grillgut möglichst mittig auf dem Spieß befestigen, das entlastet den Motor. Den Grill immer zuerst vorheizen. Wenn alles bereit ist, den Spieß einsetzen und eine Einweg-Aluschale unter den Rost stellen, in der sich herabtropfendes Fett sammeln kann. Dann den Motor anstellen und den Deckel schließen.

F: SOLL ICH MIR EINEN HOLZKOHLE- ODER EINEN GASGRILL ANSCHAFFEN?

A: Diese Entscheidung hängt von Ihren Vorlieben ab. Es gibt Grillfreunde, die vor allem Wert darauf legen, ihr Essen möglichst rasch, sauber und bequem auf dem Teller zu haben. Für sie ist ein Gasgrill am sinnvollsten. Das Feuer ist in 10 bis 15 Minuten bereit. Die Temperatur bleibt so, wie man sie einstellt, und zwar so lange wie gewünscht. Man muss hinterher nichts wegräumen und reinigen. Dann gibt es Grillfreunde, die es genießen, ein Feuer selbst zu entfachen und am Brennen zu halten. Die Freude an glühenden Kohlen und Holzrauch wiegt die erforderliche Geduld und das Entsorgen von Asche und Kohleresten bei Weitem auf. Sie glauben mit jeder Geschmacksknospe daran, dass das Aroma von über echtem Feuer gegrillten Speisen durch nichts zu ersetzten ist. Welche Art von Grill passt zu Ihnen?

LANGSAMES HEISSRÄUCHERN

F: ICH MÖCHTE GERN DAS LANGSAME HEISSRÄUCHERN AUSPROBIEREN. WIE GEHE ICH VOR?

A: Gratulation, Sie verdienen einen goldenen Stern. Jeder echte Grillfreund sollte das Heißräuchern mit Hartholz ausprobieren. Wenn man alles richtig macht, bekommt das Fleisch einen unwiderstehlichen Geschmack.

Das Heißräuchern in einem Holzkohle-Kugelgrill ist einfach, besonders wenn Sie ein wenig Erfahrung mit dem Grillen über indirekter Hitze mitbringen. Man beginnt, indem man einen Anzündkamin zu einem Drittel mit Briketts füllt. Wenn sie vollständig brennen, schüttet man sie auf eine Seite des Kohlerosts (man kann auch einen Kohlekorb, im Foto rechts zu sehen, verwenden, der die Briketts zusammenhält, sodass sie langsamer abbrennen) und stellt auf die andere Seite eine Einweg-Aluschale. Dann gießt man vorsichtig 500 bis 750 ml Wasser in die Schale. Das Wasser in der Schale trägt dazu bei, dass die Gartemperatur niedrig gehalten wird. Es bringt außerdem zusätzliche Feuchtigkeit ins Spiel, was vor allem bei mehrstündiger Garzeit wichtig ist. Nun lässt man die Kohle 30 bis 60 Minuten auf die richtige Temperatur herunterbrennen, während das Wasser heiß wird. Anschließend gibt man einige feuchte Holzchips oder trockene Holzstücke direkt auf die Glut. Nun legt man das Grillgut auf den Grillrost direkt über die Wasserschale und schließt den Deckel. Etwa stündlich muss man Kohle nachlegen, damit die Hitze erhalten bleibt.

Selbst wenn sie vorher eingeweicht wurden, entwickeln Holzchips schneller Rauch als ganze Holzstücke, dafür verbrennen sie schneller, manchmal innerhalb weniger Minuten. Holzstücke können eine Stunde oder länger brennen und rauchen. Ich empfehle die Verwendung von Holzstücken. Wenn man sie an den Rand der brennenden Holzkohle legt, verlängert sich ihre Brennzeit sogar noch etwas.

Die Auswahl an Hartholz ist groß. Die beliebtesten Sorten sind Eiche, Hickory und Mesquite. Mesquite-Holz hat das kräftigste Aroma, deshalb sollte man es nur sparsam verwenden. Überhaupt ist beim Räucherholz die vorsichtige Dosierung entscheidend. Ein häufiger Fehler ist, Stunde um Stunde Räucherholz nachzulegen. Die Raucharomen können dann den Fleischgeschmack dominieren. Man sollte also anfangs nur ein paar Handvoll zugeben. Wenn Sie das nächste Mal ein stärkeres Raucharoma wünschen, sollten Sie zwei bis drei Handvoll Holz mehr verwenden.

Meiner Meinung nach passen Eiche und Hickory am besten zu Rind, Lamm und Schwein. Mildere Holzarten ergänzen milde Aromen, beispielsweise Apfelholz, Pekan oder Erle den milden Geschmack von Hähnchen oder Fisch. Man braucht keine Angst zu haben, das »falsche« Holz zu verwenden, denn man kann hier fast keine Fehler machen. Einige Grillfreunde mögen eine bestimmte Holzsorte und räuchern fast alles damit. Das ist prima. Die Unterschiede zwischen den einzelnen Hölzern sind sehr fein.

Auf keinen Fall sollte man jedoch weiche, harzreiche Holzsorten wie Pinie, Zeder oder Espe zum Grillfeuer geben. Sie erzeugen einen beißenden (oder sogar giftigen) Rauch. Und verwenden Sie niemals Holz, das chemisch behandelt wurde.

F: WENN HEISSRÄUCHERN NORMALERWEISE BEI NIEDRIGEN TEMPERATUREN ERFOLGT, WIE ERREICHE ICH DAS MIT MEINEM KUGELGRILL?

A: Viele Fleischsorten werden bei Temperaturen zwischen 120 und 175 °C gleichzeitig geräuchert und gegrillt. Man kann die Hitzestufe mit der Kohlemenge und der Luftzufuhr regeln. Deshalb sollte man das Feuer mit nur einer Drittelfüllung des Anzündkamins beginnen (etwa 30 Briketts). Ungefähr jede Stunde fügt man 10 bis 15 Briketts (oder die entsprechende Menge Holzkohle) zur Glut hinzu, damit die Temperatur erhalten bleibt. Auch mit den Lüftungsschiebern im Deckel kann man die Temperatur regeln. Geöffnete Lüftungsschieber lassen das Feuer schneller und heißer brennen. Schließt man sie teilweise (nicht ganz, sonst kann das Feuer ausgehen), verringert sich die Luftzufuhr, die Temperatur sinkt. Ein Thermometer im Deckel kann hier sehr hilfreich sein.

F: KANN ICH ZUM HEISSRÄUCHERN EINEN GASGRILL VERWENDEN?

A: Ja, heutige Gasgrills verfügen zum Teil über eine Räucherbox aus Metall, die sich über einem der Brenner befindet. Man muss nur den entsprechenden Brenner anstellen und die gewünschte Menge Holzchips in die Box füllen. Über den Brenner lässt sich regeln, wie schnell die Holzchips verbrennen sollen. Einige dieser Boxen haben zusätzlich einen Wasserbehälter, der während des Heißräucherns auch Dampf erzeugt.

F: WIE VERWENDE ICH EINEN RÄUCHERGRILL?

A: Ein Räuchergrill erlaubt das Heißräuchern von Fleisch über mehrere Stunden bei Temperaturen unter 150 °C. Die Weber-Version besteht aus einem Zylinder mit drei Abteilungen. Im unteren Teil brennt die Holzkohle. Für ein perfektes Barbecue-Aroma fügt man gleich zu Beginn einige faustgroße Stücke Hartholz zur Holzkohle hinzu, denn im rohen Zustand nimmt das Fleisch die Aromen am besten auf.

Das Wasser befindet sich in einer Schale im mittleren Teil und verhindert, dass Fett in die Kohle tropft, sorgt aber vor allem dafür, dass die Temperatur niedrig bleibt. Das Fleisch befindet sich auf einem oder zwei Rosten im oberen Teil.

Ein Räuchergrill hat sowohl im unteren als auch im oberen Teil Lüftungsschieber. Meist ist es von Vorteil, den oberen Lüftungsschieber ganz zu öffnen, damit der Rauch entweichen kann. Zur Regulierung der Temperatur verwendet man hauptsächlich den unteren Regler. Je weniger Luft man in den Grill hineinlässt, desto tiefer sinkt die Grilltemperatur.

Ganz allgemein lässt sich sagen, dass in einem Räuchergrill, der unten mit glühender Holzkohle gefüllt ist und dessen Wasserschale fast voll ist, über 4 bis 6 Stunden eine Temperatur von 110 bis 120 °C aufrecht erhalten wird. Dies ist der ideale Temperaturbereich für Spareribs, Truthahn und Braten aus der Hochrippe.

Wenn Sie sehen, dass nur sehr wenig Rauch aus den oberen Lüftungsschlitzen kommt, sollten Sie durch die Seitentür noch ein, zwei Stücke Holz in die Brennkammer legen. Holzstücke brennen langsam und gleichmäßig und sind deshalb in diesem Fall den Holzchips vorzuziehen. Für Garzeiten über 6 Stunden müssen Sie wahrscheinlich gelegentlich etwas Holzkohle nachlegen. Das Timing hängt von der Art und der Brenngeschwindigkeit der Holzkohle ab. Wenn Sie Grillbriketts mit künstlichem Füllmaterial verwenden, sollten Sie sie zunächst im Anzündkamin vorglühen. Manche Menschen schmecken im Grillgut die Aromen von nicht durchgeglühter Kohle heraus.

Bei langen Garzeiten ist es ratsam, alle paar Stunden etwas warmes Wasser in den Wasserbehälter nachzugießen. Den Deckel des Räuchergrills sollte man immer nur so kurz wie möglich öffnen, weil es sonst zu unerwünschten Temperaturschwankungen kommt.

UNERLÄSSLICHE GRILLHELFER

Sobald Sie einen guten Grill besitzen, bei dem man die Hitze steuern und über direkter und indirekter Hitze grillen kann, sollten Sie sich mit dem passenden Zubehör ausstatten. Ich habe meine Empfehlungen in zwei Gruppen unterteilt. Die ersten zehn Helfer sind für die meisten Grillvorgänge unerlässlich. Mit den Helfern der zweiten Gruppe kann man sich bei bestimmten Zubereitungsarten vieles erleichtern.

GRILLZANGE

Das mit Abstand meistgebrauchte Zubehör von allen ist die Grillzange. Man benötigt eine, um rohes Grillgut auf den Rost zu legen und darauf zu verschieben. Eine zweite, saubere Zange (die kein rohes Fleisch, Fisch oder Geflügel berührt hat) wird benötigt, um das fertig gegarte Grillgut vom Rost zu heben. Ein drittes Exemplar leistet beim Umplatzieren der Holzkohle gute Dienste.

GRILLBÜRSTE

Entscheiden Sie sich für ein festes, langstieliges Modell mit Borsten aus rostfreiem Stahldraht. Reinigt man den Rost vor und nach dem Grillen mit der Bürste, bleibt das Grillgut nicht am Rost haften. Auch schmeckt nichts mehr nach dem Abendessen von gestern. Die Bürste sollte ersetzt werden, wenn die Borsten nur noch halb so lang sind wie beim Kauf.

GRILLPFANNE

Der Sinn einer Grillpfanne blieb mir lange verborgen, aber ich habe meine Meinung geändert, als ich sah (und schmeckte), wie gut man mit einer gelochten Grillpfanne zarte Fischfilets und kleinteiliges Grillgut wie geschnittenes Gemüse zubereiten kann, das sonst durch den Rost fallen würde. Heizt man eine Grillpfanne aus rostfreiem Stahl ordentlich vor, wird das Grillgut schön braun, während es die Aromen des Grillrauchs aufnimmt.

ANZÜNDKAMIN

Genial einfach! Mit einem Anzündkamin bringt man die Kohle schneller und gleichmäßiger zum Glühen als mit jeder Anzündflüssigkeit (und erspart sich die ganzen Chemikalien). Er sollte ein Fassungsvermögen von mindestens 5 Litern, das heißt 80 bis 100 Briketts, haben. Zwei Griffe sind besser als einer: Der hitzebeständige Seitengriff dient zum Heben, mit dem oberen Scharniergriff lässt sich die Kohle zielgenau auf den Grillrost schütten.

4

FLEISCHTHERMOMETER

Wer einmal ein saftiges Stück Fleisch zu lange gegrillt hat, ist von der Notwendigkeit eines guten digitalen Fleischthermometers überzeugt. Mit diesem kleinen, relativ preiswerten Helfer lässt sich die Kerntemperatur eines Fleischstücks auf dem Grill rasch und einfach feststellen. Um eine genaue Messung zu erhalten, führt man das Thermometer an der dicksten Stelle ins Fleisch ein, ohne jedoch den wärmeleitenden Knochen zu berühren.

5

BACKBLECH

Seit ich auf der Kochschule war, weiß ich das robuste Backblech wegen seiner vielfältigen Einsatzmöglichkeiten zu schätzen. Ein kleines Blech, wie hier abgebildet, eignet sich ideal als tragbare Arbeitsfläche, auf der man Grillgut ölen und würzen kann. Später dient es als Zwischenstation für alles, was vom Grillrost geholt wird.

6

PINSEL

Früher bestanden Küchenpinsel aus Holz oder Plastik, die Borsten waren aus Naturhaar oder Synthetikfasern. Heute gibt es Stahlpinsel mit Silikonborsten, die am vorderen Ende kleine Noppen haben, damit sie besonders viel Sauce oder Marinade aufnehmen können. Im Gegensatz zu früheren Modellen kann man die heutigen Pinsel auch in der Spülmaschine reinigen. Sehr praktisch!

7

GRUNDLAGEN DES GRILLENS

GRILLHANDSCHUHE

Diese braucht man, um Hände und Unterarme zu schützen, wenn man Kohle umplatziert oder im hinteren Bereich eines heißen Grills hantiert. Man muss sie wahrscheinlich häufig waschen, deshalb lohnt es sich, in etwas teurere Handschuhe aus hochwertigem Material in guter Verarbeitung zu investieren. Grillhandschuhe aus Silikon sind sehr leicht zu pflegen, weil man sie nur feucht abwischen muss, aber griffiger sind Handschuhe aus Textil.

GRILLWENDER

Am besten geeignet sind langstielige Modelle mit einem leichten Knick am Griff, bei denen die Hebefläche tiefer liegt als die Hand, die den Griff hält. Damit kann man Grillgut einfach und gefahrlos vom Rost heben. Die Hebefläche selbst sollte mindestens 10 cm breit sein. Zum Wenden eines ganzen Fischs braucht man jedoch einen breiteren Wender.

SPIESSE

Holzspieße (meist aus Bambus) sind einfach und preiswert, müssen aber, bevor sie auf den Grill kommen, mind. 30 Min. in Wasser eingeweicht werden, damit das Holz nicht anbrennt. Wem das zu umständlich ist, der kann Metallspieße verwenden oder die Holzspieße nach dem Wässern auf Vorrat einfrieren (siehe Seite 155). Flache Metallspieße und Doppelspieße haben den Vorteil, dass sich das Grillgut darauf nicht dreht.

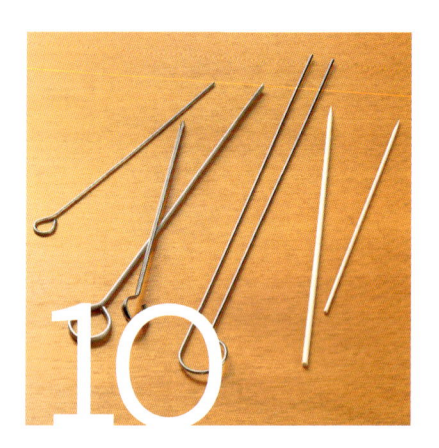

NÜTZLICHE GRILLHELFER

TIMER

Auch fürs Grillen gilt: Es ist alles eine Frage des richtigen Zeitpunkts. Ein einfacher runder Küchenwecker reicht aus, doch mit einem modernen digitalen Gerät kann man die unterschiedlichen Garzeiten mehrerer Stücke gleichzeitig überwachen.

FUNKTHERMOMETER

Während ein Fleischthermometer an sich unerlässlich ist, ist ein Funkthermometer ein netter kleiner Luxus. Das Hightech-Gerät überwacht die Temperatur im Fleisch mit einem schnurlosen Messstab. Ist die gewünschte Temperatur erreicht, piepst der Empfänger, den man in der Tasche oder am Gürtel trägt.

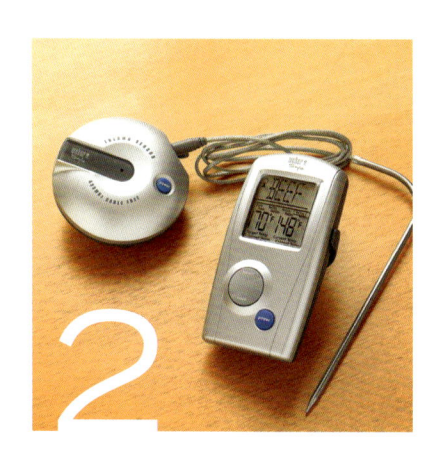

KLEINE SCHAUFEL

Es mag vielleicht überraschen, ein solches Werkzeug in dieser Liste zu finden, aber eine kleine Schaufel ist wirklich sehr hilfreich, um Holzkohle zu bewegen. Man kann eine spezielle Grillkohleschaufel verwenden, aber eine beliebige kleine Schaufel (ohne Plastikteile!) aus dem Heimwerker- oder Gartencenter tut es auch.

DREHSPIESS (ROTISSERIE)

Natürlich kann man ganze Hähnchen, Truthähne oder Schweinelenden auch ohne Drehspieß am Grill zubereiten, doch der Anblick eines rotierenden Fleischspießes über dem Feuer hat etwas archaisch Attraktives. Viele Anhänger behaupten zudem, dass sich das Fleisch, während es sich über dem Feuer dreht, ständig selbst mit Fleischsaft »bestreicht«. Auf jeden Fall wird es saftiger!

EINWEG-ALUSCHALEN

Sie sind in unterschiedlichen Größen erhältlich und vielseitig verwendbar. In ihnen lässt sich das Grillgut von der Küche zum Grill transportieren und nach dem Grillen auf dem Rost warm halten. Man kann sie mit Wasser füllen und Holzchips darin einweichen, und unter den Grillrost gestellt fangen sie heruntertropfendes Fett auf und halten den Grill sauber.

GUSSEISERNE BRATPFANNE

Für einige der besten Rezepte in diesem Buch wie Paella, Gingerbread oder den raffinierten Ananaskuchen benötigt man eine große gusseiserne Bratpfanne. Sobald sie auf dem Grill heiß geworden ist, kann man in ihr braten, sautieren oder dämpfen, ohne dass die Pfanne Schaden nimmt. Eine gusseiserne Pfanne hält ewig.

WIEDERVERSCHLIESS-BARE PLASTIKBEUTEL

Mit keiner anderen Methode lässt sich eine Marinade so unkompliziert, effizient und gleichzeitig schonend auf Fleisch und Gemüse verteilen wie in einem Plastikbeutel. Man kann die Marinade dann sogar ins Fleisch massieren. Dadurch verkürzen sich die Marinierzeiten. Außerdem ist alles dicht verpackt und nichts läuft aus.

KOTELETTHALTER

Mit diesem Zubehör aus beschichtetem Stahl lassen sich mehrere Rippenleitern aufrecht auf dem Grill platzieren, sodass die Hitze um das Fleisch zirkuliert und alles gleichmäßig gart. Geschmolzenes Fett kann gut abtropfen, und es bleibt Platz für weiteres Grillgut.

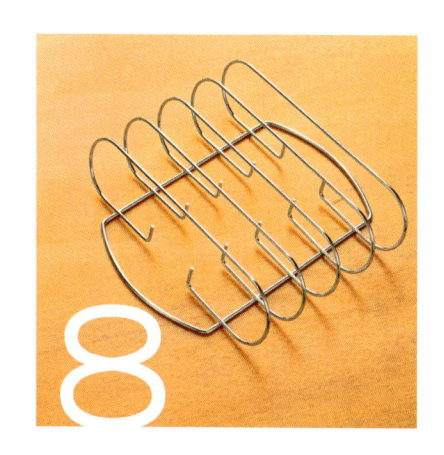

FISCHKORB

Viele Grillfreunde scheuen sich davor, Fisch auf dem Grill zuzubereiten. Vor allem ganze Fische stehen in dem Ruf, leicht am Rost zu haften und auseinanderzufallen. Mit dem Fischkorb kann das nicht passieren, das Zubereiten ganzer Fische wird zum Kinderspiel.

MIKRO-REIBE

Dieses kleine Instrument wirkt Wunder beim Reiben von Knoblauch, Muskatnuss und Hartkäse. Besonders gut lässt sich damit die Schale von Zitrusfrüchten abreiben. Solche Reiben gibt es in allen Formen und Größen. Ich persönlich bevorzuge die lange, schmale Form.

RIND UND LAMM

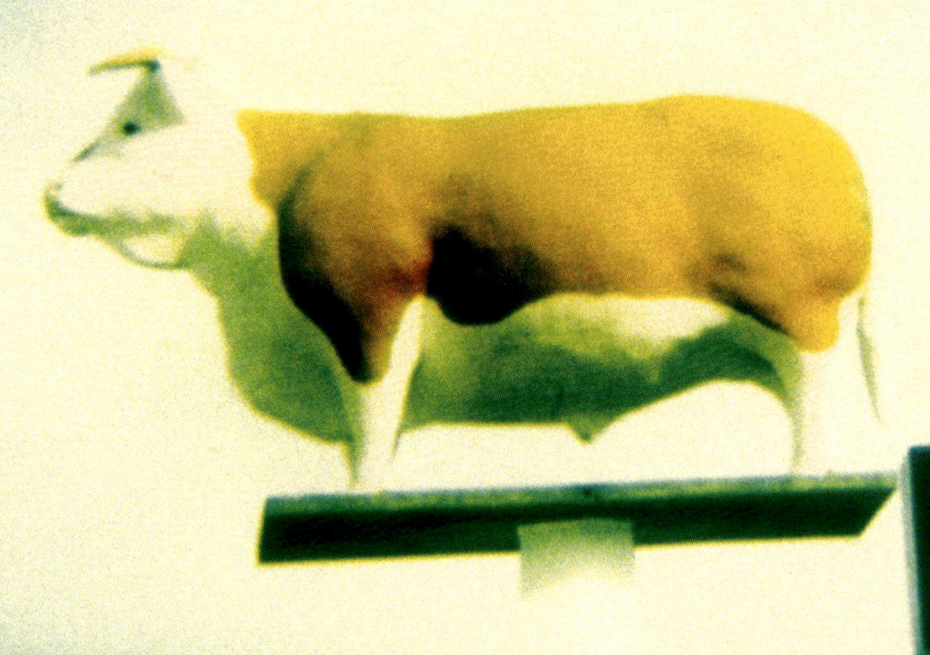

GRILLPRAXIS

34	**BURGER** grillen: 5 Dinge, die man wissen sollte	64	**SEHR DICKE STEAKS** grillen
44	**STEAKS** grillen: 5 Dinge, die man wissen sollte	66	**SKIRT-STEAK** zubereiten
45	**STEAKS AUS DER LENDE** schneiden	70	Gefüllten Rollbraten aus dem **FLANK-STEAK** vorbereiten
46	**STRIP-STEAKS** (Lendensteaks) vorbereiten und grillen	72	**SIRLOIN-STEAKS** in Würfel schneiden
49	Den Gargrad von **STEAKS** prüfen	75	**KALBSKOTELETTS** zubereiten
52	**HOCHRIPPE** zuschneiden	76	**LAMMKARREE** für den Grill vorbereiten
52	**RIB-EYE-STEAKS** vorbereiten	84	**RINDERRIPPEN** grillen
56	**PIADINE** grillen	88	**RINDERFILET** zubereiten und grillen
58	**RINDERKOTELETTS** aus der Hochrippe schneiden	90	**RINDERBRATEN** vorbereiten
62	**STEAKS** mit Kreuzmuster grillen	92	**RINDERBRUST** auf dem Grill zubereiten

REZEPTE

35	Klassischer **BURGER** auf Roggenbrot
36	**CALIFORNIA-BURGER** mit Avocado-Mayonnaise
37	**ROTWEINBURGER** mit Rosmarin-Focaccia
38	**BURGER** Pariser Art mit Brie und Schalotten
39	**KÖFTE** in Pita-Taschen mit Gurken-Tomaten-Salat
40	**LAMMBURGER** mit Olivenpaste und Ziegenkäse
41	**LAMMFLEISCHBÄLLCHEN** mit griechischem Salat und Minzjoghurt
42	**HACKBRATEN** vom Grill
43	**HOTDOGS** mit eingelegten Zwiebeln
47	**STRIP-STEAKS** mit Espresso-Sauce
48	**STEAK-SANDWICH** mit gegrillten Zwiebeln und Meerrettich-Sauerrahm
50	Brotsalat mit **STEAK**
51	**RINDERPAILLARDS** mit Käse
53	**RIB-EYE-STEAKS** mit Espresso-Chili-Kruste
55	**RIB-EYE-STEAKS** mit Chili-Salsa
56	Piadine mit **STEAK** und Gorgonzola
59	**RIB-EYE-STEAKS** mit Knoblauchkruste und gegrillten Brokkolini
61	**FILET MIGNON** mit Teearoma und Butterchampignons
63	**PORTERHOUSE-STEAKS** mit Rotwein-Schalotten-Butter
65	**BISTECCA ALLA FIORENTINA** mit gegrillten Bohnen
66	**SKIRT-STEAKS** mit kleinen Kartoffeln und Feta
67	**CARNE ASADA** mit Bohnen-Avocado-Salat
68	**BISTRO-STEAKS** mit Senfsauce
69	Asiatisch gewürztes **FLANK-STEAK** mit grünem Spargel und Gomasio
71	**FLANK-STEAK-ROLLBRATEN**
72	Argentinische **RINDERSPIESSE** mit Chimichurri-Sauce
73	**FILETSPIESSE** mit Finadene-Sauce
74	**LAMMSPIESSE** mit Zaziki
75	**KALBSKOTELETTS** mit Steinpilzkruste und Kräuter-Mascarpone
77	**LAMMKARREE** mit Orangen-Granatapfel-Sirup
78	**LAMMKOTELETTS** mit indischen Gewürzen
79	**LAMMKOTELETTS** mit usbekischer Marinade
81	**STEAKS AUS DER LAMMSCHULTER** mit Ratatouille-Salat und Basilikum-Knoblauch-Öl
83	Koreanische **BARBECUE-RINDERRIPPEN**
85	**RINDERRIPPEN** mit Barbacoa-Sauce
86	**LAMMKEULE** mit marokkanischen Gewürzen
87	Hawaiianischer **BÜRGERMEISTERBRATEN** mit Orangensauce
89	**RINDERFILET** in Kräuterkruste mit Weißwein-Sahne-Sauce
91	Im Eichenrauch gegrillter **RINDERBRATEN** mit Rotweinsauce
93	**RINDERBRUSTBRATEN** (Brisket) American Style

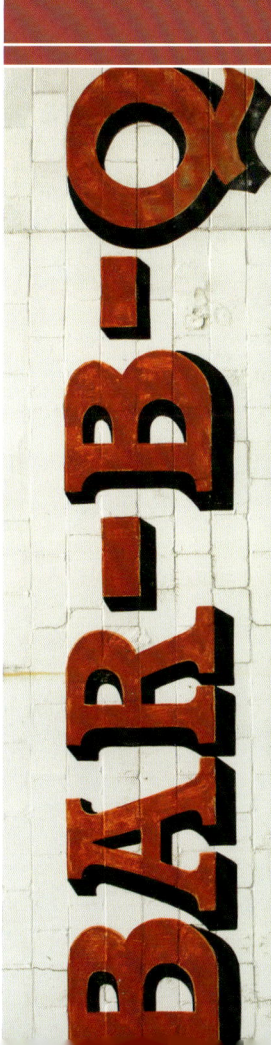

BURGER GRILLEN
5 DINGE, DIE MAN WISSEN SOLLTE

1 SO WERDEN SIE SAFTIG
Fett macht Burger saftig. Hackfleisch aus der Schulter eignet sich daher besser als Hackfleisch aus der Lende oder Keule. Das Schulterstück hat typischerweise 18% Fettanteil, mageres Keulenfleisch nur 12%. Natürlich weiß man nicht, aus welchem Stück das im Handel angebotene Rinderhack stammt. Man kann jedoch den Metzger bitten, etwas Schulterfleisch durch den Fleischwolf zu drehen, vielleicht zusammen mit etwas Lende für zusätzlichen Geschmack.

2 DIE WÜRZE MACHTS
Rinderhackfleisch allein ergibt ziemlich fade Hamburger, das Fleisch sollte also mit genügend Salz und Pfeffer vermischt werden. Weitere Zutaten wie Worcestersauce, Chilisauce oder geriebene Zwiebeln verbessern nicht nur den Geschmack, sondern machen die Burger auch saftiger.

3 DIE RICHTIGE FORM
Ein idealer Hamburger-Rohling ist 2 cm dick. Ist er dünner, wird er beim Grillen innen trocken, bevor er außen eine schöne Kruste hat. Ist er erheblich dicker, kann er außen schwarz und unappetitlich werden, bevor er innen den für den Verzehr sicheren Gargrad »medium« erreicht hat.

4 IMMER SCHÖN FLACH HALTEN
Burger plustern sich auf dem Grill gern ein bisschen auf, das heißt, die Oberfläche wölbt sich und lässt sich später schlecht mit weiteren Zutaten belegen. Um dies zu vermeiden, drückt man in die Mitte des rohen Burgers mit dem Daumen oder dem Rücken eines Teelöffels eine Vertiefung.

5 EINMAL WENDEN REICHT
Man sollte jeden Burger nur einmal wenden, und zwar im richtigen Moment. Diesen erkennt man, wenn man mit dem Grillwender unter den Hamburger fährt und ihn vorsichtig anhebt. Klebt das Fleisch am Rost, den Versuch abbrechen und eine Minute später wiederholen. Kann man den Burger an einer Seite hochheben, ist er bereit zum Wenden.

KLASSISCHER BURGER AUF ROGGENBROT

FÜR 6 PERSONEN
ZUBEREITUNGSZEIT: 25 MIN.

GRILLMETHODE: DIREKTE STARKE HITZE (230–290 °C) UND DIREKTE MITTLERE HITZE (175–230 °C)
GRILLZEIT: 11–13 MIN.

3 EL Pflanzenöl
2 große Zwiebeln, halbiert und in feine Streifen geschnitten
½ TL Zucker
Grobes Meersalz
60 g weiche Butter
12 Scheiben Roggenbrot, je etwa 1 cm dick
900 g Hackfleisch vom Rind (Fettanteil 20%)
2 EL Worcestersauce
½ TL frisch gemahlener schwarzer Pfeffer
120 g geriebener Havarti oder Emmentaler
Dijon-Senf oder ein anderer scharfer Senf (nach Belieben)

1. Das Öl in einer großen Bratpfanne auf mittlerer Stufe erhitzen. Die Zwiebeln hinzufügen und mit Zucker bestreuen. Bei geschlossenem Deckel 15–20 Min. braten, bis die Zwiebeln goldbraun und weich sind. Gelegentlich umrühren. Nach Geschmack salzen, dann vom Herd nehmen.

2. Die Brotscheiben mit Butter bestreichen und beiseitestellen.

3. Den Grill für direkte starke Hitze vorbereiten. In einer großen Schüssel das Hackfleisch mit der Worcestersauce, 1 TL Salz und dem Pfeffer gut vermischen. Aus der Masse sechs möglichst gleich große, 2 cm dicke Burger formen. Mit dem Daumen oder einem Teelöffel eine etwa 2,5 cm breite Vertiefung in die Mitte jedes Burgers drücken.

4. Den Grillrost mit der Bürste reinigen. Die Burger über **direkter starker Hitze** bei geschlossenem Deckel 8–10 Min. grillen, bis sie halb durch *(medium)* sind. Einmal wenden. Die Burger auf eine Arbeitsfläche legen.

5. Die Grilltemperatur auf mittlere Hitze absinken lassen. Die Brotscheiben 1 Min. über **direkter mittlerer Hitze** nur auf einer Seite grillen. Das Brot mit der getoasteten Seite nach oben auf eine Arbeitsfläche legen.

6. Die karamellisierten Zwiebeln gleichmäßig auf 6 Brotscheiben verteilen und mit je 1 Burger belegen. Den Käse über die Burger streuen und mit einer weiteren Scheibe Brot, getoastete Seite nach unten, bedecken. Die belegten Brote mit einem breiten Grillwender vorsichtig über **direkte mittlere Hitze** auf den Rost legen und etwa 1 Min. grillen, bis das Brot unten geröstet ist. Behutsam wenden und von der anderen Seite rösten. Warm servieren, nach Belieben mit Senf.

Rustikales Roggenbrot mit schöner Kruste ist die ideale Unterlage für Burger mit weichen Zutaten, in diesem Fall karamellisierte Zwiebeln und geschmolzener Käse.

RIND UND LAMM

CALIFORNIA-BURGER MIT AVOCADO-MAYONNAISE

FÜR 4 PERSONEN
ZUBEREITUNGSZEIT: 25 MIN.

GRILLMETHODE: DIREKTE STARKE HITZE (230–290 °C)
GRILLZEIT: 18–20 MIN.

FÜR DIE MAYONNAISE
- 2 EL geriebene weiße Zwiebel
- 1 reife Avocado, entkernt und geschält
- 2 EL Mayonnaise
- 2 Eiertomaten, gehäutet, entkernt und fein gewürfelt
- 1 EL fein gehacktes Koriandergrün
- 2 TL frisch gepresster Limettensaft
- 1 kleine Knoblauchzehe, gerieben oder zerdrückt
- Grobes Meersalz

- 2 milde Chilischoten (vorzugsweise Poblano)
- 700 g Hackfleisch vom Rind (Fettanteil 20%)
- 1½ TL grobes Meersalz
- 1 TL frisch gemahlener schwarzer Pfeffer

- 4 Hamburger-Brötchen

1. Die geriebenen Zwiebeln in einem feinen Sieb mit kaltem Wasser abspülen und gut abtropfen lassen. Avocado und Mayonnaise in einer mittelgroßen Schüssel mit einer Gabel zerdrücken und gut vermischen. Zwiebeln, Tomaten, Koriandergrün, Limettensaft und Knoblauch daruntermischen. Großzügig salzen. Eine Frischhaltefolie direkt auf die Oberfläche der Avocado-Mayonnaise legen und die Schüssel beiseitestellen. (Die Mayonnaise kann bis zu 8 Std. im Voraus zubereitet werden.)

2. Den Grill für direkte starke Hitze vorbereiten. Den Grillrost mit der Bürste reinigen. Die Chilischoten über **direkter starker Hitze** bei geschlossenem Deckel etwa 10 Min. grillen, bis die Haut überall schwarz ist. Gelegentlich wenden. Vom Grill nehmen und vollständig auskühlen lassen. Die Haut abziehen und wegwerfen, ebenso Stielansatz, Samen und Trennhäute. Das Fruchtfleisch in 1 cm große Würfel schneiden.

3. Hackfleisch, Chilischoten, Salz und Pfeffer in einer großen Schüssel gut vermischen und daraus vier möglichst gleichförmige, 2 cm dicke Burger formen. Mit dem Daumen oder einem Teelöffel eine etwa 2,5 cm breite Vertiefung in die Mitte der Burger drücken, sodass sie dort knapp 1,5 cm dick sind. So werden sie beim Grillen gleichmäßig gar und wölben sich nicht zu stark.

4. Die Burger über **direkter starker Hitze** bei geschlossenem Deckel 8–10 Min. grillen, bis sie halb durch *(medium)* sind. Einmal wenden, sobald sie sich leicht vom Rost lösen lassen. Während der letzten Grillminute die Brötchen mit der Schnittfläche nach unten über direkter Hitze grillen. Die Avocado-Mayonnaise auf die Burger verteilen. Die Burger warm in den Brötchen servieren.

MAYONNAISE WÜRZEN

1. Rohe Zwiebeln erhalten einen süßlichen, milden Geschmack, wenn man sie mit einer mittelfeinen Reibe zerkleinert und anschließend in einem Sieb mit kaltem Wasser spült.

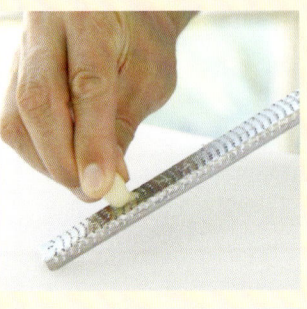

2. Mit einer sehr feinen Gemüsereibe lässt sich frischer Knoblauch rasch zu einer Paste verarbeiten.

3. Den Knoblauch von der Reibe direkt in die Mayonnaise schieben.

RIND UND LAMM

ROTWEINBURGER MIT ROSMARIN-FOCACCIA

FÜR 4 PERSONEN
ZUBEREITUNGSZEIT: 25 MIN.

GRILLMETHODE: DIREKTE STARKE HITZE (230–290 °C) UND DIREKTE MITTLERE HITZE (175–230 °C)
GRILLZEIT: 10–14 MIN.

FÜR DIE GLASUR
500 ml Cabernet Sauvignon
1 EL brauner Zucker

FÜR DIE ROSMARINBUTTER
60 g weiche Butter
1 EL fein gehackter frischer Rosmarin

FÜR DIE BURGER
700 g Hackfleisch vom Rind (Fettanteil 20 %)
4 EL Cabernet-Glasur (siehe oben)
2 TL grobes Meersalz
½ TL frisch gemahlener schwarzer Pfeffer

4 Scheiben Emmentaler oder junger Gouda
8 reife Tomatenscheiben, je gut 1 cm dick
Olivenöl
Grobes Meersalz
4 Stück Focaccia (Pizzabrot), etwa 12 x 12 cm,
   oder 4 kleine Focaccia-Brötchen, aufgeschnitten
2 Handvoll zarte Rucolablätter
4 dicke Scheiben gebratener Bauchspeck

1. Rotwein und Zucker in einem schweren Topf auf mittlerer Stufe erhitzen und während 20–25 Min. auf 120 ml einkochen. Beiseitestellen und abkühlen lassen.

Eine Rotweinreduktion verhilft dem Burger links zu mehr Geschmack, Feuchtigkeit und Farbe.

2. Die weiche Butter und den gehackten Rosmarin in einer kleinen Schüssel vermischen.

3. Den Grill für direkte starke Hitze vorbereiten. Die Zutaten für die Burger in einer großen Schüssel behutsam vermischen und daraus vier möglichst gleichförmige, 2 cm dicke Burger formen. Mit dem Daumen oder einem Teelöffel eine etwa 2,5 cm breite Vertiefung in die Mitte jedes Burgers drücken.

4. Den Grillrost mit der Bürste reinigen. Die Burger über **direkter starker Hitze** bei geschlossenem Deckel 8–10 Min. grillen, bis sie halb durch *(medium)* sind, dabei alle 2 Min. mit der Glasur bestreichen. Die Burger einmal wenden, sobald sie sich vom Rost lösen lassen. Während der letzten Grillminute den Käse auf den Burgern schmelzen lassen.

5. Die Grilltemperatur auf mittlere Hitze absinken lassen. Die Tomatenscheiben mit Öl bestreichen, nach Belieben salzen und über **direkter mittlerer Hitze** in 2–4 Min. weich grillen, dabei einmal wenden. Die Focaccia mit Rosmarinbutter bestreichen und mit der Schnittfläche nach unten über **direkter mittlerer Hitze** etwa 1 Min. grillen. Die untere Hälfte der Focaccia jeweils mit Rucola, 1 Burger, 1 Speckscheibe und 2 Tomatenscheiben belegen. Die obere Brothälfte daraufsetzen und die Burger warm servieren.

RIND UND LAMM

BURGER PARISER ART MIT BRIE UND SCHALOTTEN

FÜR 4 PERSONEN
ZUBEREITUNGSZEIT: 30 MIN.

GRILLMETHODE: DIREKTE STARKE HITZE (230–290 °C)
GRILLZEIT: 8–10 MIN.

125 g in feine Ringe geschnittene Schalotten
2 EL Olivenöl

FÜR DIE BURGER
700 g Hackfleisch vom Rind (Fettanteil 20%)
3 EL Semmelbrösel
3 EL Rinder- oder Hühnerbrühe
1 TL grobes Meersalz
½ TL frisch gemahlener schwarzer Pfeffer

50 g Brie
4 runde Brötchen
5 EL körniger Senf
2 Handvoll zarte Rucolablätter

1. Schalotten und Öl in eine mittelgroße Bratpfanne geben und auf niedriger Stufe unter häufigem Rühren etwa 20 Min. sanft bräunen. Vom Herd nehmen und auf Zimmertemperatur abkühlen lassen.

2. Den Grill für direkte starke Hitze vorbereiten. Zutaten für die Burger in einer großen Schüssel behutsam vermischen und daraus vier Burger von gleicher Größe und Dicke formen. In die Mitte jedes Burgers eine Vertiefung für den Käse drücken.

3. Die Rinde des Brie nach Belieben abschneiden. In jeden Burger etwa 10 g Käse drücken und gut verschließen. Der Käse sollte oben und unten von mind. 8 mm Hackfleisch umschlossen sein, damit er beim Grillen nicht ausläuft.

4. Den Grillrost mit der Bürste reinigen. Die Burger über **direkter starker Hitze** bei geschlossenem Deckel 8–10 Min. grillen, bis sie halb durch *(medium)* sind. Einmal wenden, sobald sie sich vom Rost lösen lassen. Während der letzten Grillminute die Brötchen mit der Schnittfläche nach unten über direkter Hitze rösten.

5. Die unteren Brötchenhälften mit Senf bestreichen und mit Rucola, je 1 Burger und Schalotten belegen. Die oberen Brötchenhälften daraufsetzen und die Burger warm servieren.

GEFÜLLTE BURGER ZUBEREITEN

Man kann Cheeseburger auch umgekehrt herstellen, indem man den Käse in das Fleisch füllt. Während das Fleisch grillt, wird der Käse weich.

1. Die Käserinde nach Belieben entfernen.

2. Die Stücke sollten so klein sein, dass der Käse später nicht aus dem Burger fließt.

3. Je ein Stück Käse in die Mitte der Burger drücken.

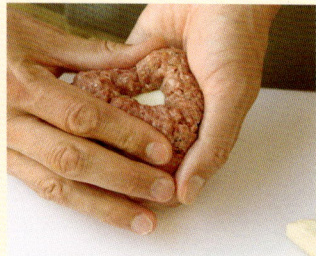

4. Das Hackfleisch soll den Käse auf allen Seiten gut umschließen.

KÖFTE IN PITA-TASCHEN MIT GURKEN-TOMATEN-SALAT

FÜR 6 PERSONEN
ZUBEREITUNGSZEIT: 25 MIN.

GRILLMETHODE: DIREKTE UND INDIREKTE STARKE HITZE (230–290 °C)
GRILLZEIT: 8–10 MIN.

FÜR DAS DRESSING
- 125 g Naturjoghurt
- 100 g Sesam-Mus (Tahin)
- 4 EL fein gehacktes Koriandergrün oder Minze oder eine Mischung aus beiden
- 3 EL frisch gepresster Zitronensaft
- 2 EL Olivenöl
- ½ TL grobes Meersalz

FÜR DEN SALAT
- 150 g fein gewürfelte Salatgurke
- 150 g Cocktailtomaten, geviertelt
- 4 EL fein gewürfelte rote Zwiebel
- Grobes Meersalz

FÜR DIE KÖFTE
- 700 g Hackfleisch vom Rind (Fettanteil 20%)
- 1 Handvoll frische glatte Petersilie, fein gehackt
- 3 zerdrückte Knoblauchzehen
- 2 TL gemahlene Koriandersamen
- 1½ TL gemahlener Kreuzkümmel
- 1½ TL grobes Meersalz
- ½ TL frisch gemahlener schwarzer Pfeffer
- ½ TL gemahlener Piment
- ¼ TL gemahlener Kardamom
- ¼ TL gemahlene Kurkuma (Gelbwurz)

Olivenöl
3 Vollkorn-Pitas (Brottaschen)

1. Die Zutaten für das Dressing in einer kleinen Schüssel vermischen. Wenn das Dressing zu dick ist, mit bis zu 3 EL Wasser verdünnen, bis die gewünschte Konsistenz erreicht ist.

2. Die Zutaten für den Salat in einer kleinen Schüssel vermischen und nach Geschmack salzen.

3. Den Grill für direkte und indirekte starke Hitze vorbereiten. Die Zutaten für die Köfte in einer großen Schüssel behutsam vermischen und daraus sechs möglichst gleichförmige, 2 cm dicke Rohlinge formen. Mit dem Daumen oder einem Teelöffel eine etwa 2,5 cm breite Vertiefung in die Mitte jedes Rohlings drücken. Die Köfte mit Öl bestreichen.

4. Die Pitas mit Wasser besprenkeln und zusammen in Alufolie einwickeln.

5. Den Grillrost mit der Bürste reinigen. Die Köfte über **direkter starker Hitze** bei geschlossenem Deckel 8–10 Min. grillen, bis sie halb durch *(medium)* sind. Einmal wenden, sobald sie sich vom Rost lösen. Unterdessen das Pita-Paket über **indirekter starker Hitze** 4–5 Min. erhitzen, dabei einmal wenden.

6. Die Pitas halbieren. In jede Hälfte 3 EL Salat füllen und mit etwas Dressing beträufeln. Die Köfte in die Pita-Taschen verteilen und nach Belieben noch etwas Dressing hinzufügen. Warm servieren.

KÖFTE WÜRZEN

1. Die rassige Würze dieses Gerichts beruht auf einer Vielzahl internationaler Zutaten.

2. Köfte nennt man im östlichen Mittelmeerraum Hackfleischzubereitungen mit wahlweise Getreide, Gemüse oder Gewürzen.

3. Drückt man eine kleine Vertiefung in den Hackfleischrohling, wölbt er sich beim Grillen nicht zu einem Fleischkloß.

RIND UND LAMM

Wie jede Art von Burgern behält auch dieser seine flache Form, wenn man eine kleine Vertiefung in den rohen Burger drückt. Während der letzten Minute auf dem Grill wird der zerkrümelte Ziegenkäse auf dem Burger verteilt. Der Käse schmilzt, während ein Teil seines Aromas in das Fleisch eindringt.

LAMMBURGER MIT OLIVENPASTE UND ZIEGENKÄSE

FÜR 6 PERSONEN
ZUBEREITUNGSZEIT: 25 MIN.

GRILLMETHODE: DIREKTE STARKE HITZE (230–290 °C)
GRILLZEIT: 8–10 MIN.

FÜR DIE OLIVENPASTE
    1 Knoblauchzehe
    100 g entsteinte schwarze Kalamata-Oliven
    100 g entsteinte grüne Oliven
    2 EL kleine Kapern, abgespült
    2 EL Olivenöl
    ½ TL Dijon-Senf
    ½ TL Kräuter der Provence

    1 kg Hackfleisch vom Lamm
    ½ TL Kräuter der Provence
    ½ TL grobes Meersalz
    ½ TL frisch gemahlener schwarzer Pfeffer
    150 g Ziegenkäse, zerkrümelt
    6 Hamburger-Brötchen
    3 Eiertomaten, in dünne Scheiben geschnitten

1. Eine Küchenmaschine mit Schneideeinsatz verwenden. Bei laufendem Motor zunächst den Knoblauch darin klein hacken, dann die restlichen Zutaten für die Olivenpaste hinzufügen und alles zu einer stückigen Paste verarbeiten. Die Olivenpaste kann bis zu einer Woche im Voraus zubereitet und abgedeckt im Kühlschrank aufbewahrt werden. Vor dem Servieren Zimmertemperatur annehmen lassen.

2. Den Grill für direkte starke Hitze vorbereiten. In einer großen Schüssel Lammfleisch, Kräuter, Salz und Pfeffer mit den Händen vorsichtig vermischen. Aus der Masse 6 möglichst gleichförmige Burger von 10 cm Durchmesser und 2 cm Dicke formen und mit dem Daumen oder einem Teelöffel eine etwa 2,5 cm breite Vertiefung in die Mitte jedes Burgers drücken.

3. Den Grillrost mit der Bürste reinigen. Die Burger über **direkter starker Hitze** bei geschlossenem Deckel 8–10 Min. grillen, bis sie halb durch *(medium)* sind. Einmal wenden. Während der letzten Grillminute den Käse auf den Burgern weich werden lassen, gleichzeitig die Brötchen rösten.

4. Die Brötchen mit Tomatenscheiben belegen und die Burger sowie die Olivenpaste darauf anrichten. Warm servieren.

LAMMFLEISCHBÄLLCHEN MIT GRIECHISCHEM SALAT UND MINZJOGHURT

FÜR 6 PERSONEN
ZUBEREITUNGSZEIT: 30 MIN.

GRILLMETHODE: DIREKTE MITTLERE BIS STARKE HITZE (ETWA 200 °C)
GRILLZEIT: 4–6 MIN.
ZUBEHÖR: METALL- ODER HOLZSPIESSE (HOLZSPIESSE MIND. 30 MIN. GEWÄSSERT)

FÜR DEN SALAT
- 4 EL Olivenöl
- 2 EL Rotweinessig
- 1 TL fein abgeriebene Schale von 1 Bio-Zitrone
- 2 zerdrückte Knoblauchzehen
- 3 große Eiertomaten, entkernt und in 1 cm große Würfel geschnitten
- ½ Salatgurke, in 1 cm große Würfel geschnitten
- ½ kleine rote Zwiebel, fein gewürfelt
- 5 EL zerkrümelter Feta
- 4 EL gehackte frische glatte Petersilie
- ½ TL grobes Meersalz
- ¼ TL frisch gemahlener schwarzer Pfeffer

FÜR DIE FLEISCHBÄLLCHEN
- 700 g Hackfleisch vom Lamm
- 3 zerdrückte Knoblauchzehen
- 2 TL gemahlener Kreuzkümmel
- 1 TL grobes Meersalz
- ½ TL frisch gemahlener schwarzer Pfeffer

Olivenöl

FÜR DEN MINZJOGHURT
- 350 g Naturjoghurt (vorzugsweise griechischer)
- 2 EL frisch gepresster Zitronensaft
- 4 EL grob gehackte frische Minze
- ½ TL grobes Meersalz

4–6 Stück Naan (indisches Fladenbrot)

1. Für den Salat Öl, Essig, Zitronenschale und Knoblauch in einer großen Glasschüssel vermischen. Die restlichen Zutaten hinzufügen und behutsam mit dem Dressing mischen.

2. Die Zutaten für die Fleischbällchen in einer mittelgroßen Schüssel mit den Händen vermischen. Den Fleischteig nicht zu lange bearbeiten, sonst wird er zu fest. Aus der Masse etwa 24 Fleischbällchen formen. Jeweils 4 Bällchen auf einen Spieß stecken und dünn mit Öl bestreichen.

3. Den Grill für direkte mittlere bis starke Hitze vorbereiten.

4. Joghurt und Zitronensaft in einer kleinen Schüssel vermischen. Die Minze unterrühren. Mit Salz abschmecken.

5. Den Grillrost mit der Bürste reinigen. Die Fleischbällchen über direkter mittlerer bis starker Hitze bei geschlossenem Deckel 4–6 Min. grillen, bis sie außen braun, aber innen noch leicht rosa sind. Gelegentlich wenden. Während der letzten 30 Sek. auf dem Grill das Naan über direkter Hitze erwärmen.

6. Die Brotfladen so zuschneiden, dass jeweils 4 Fleischbällchen darauf Platz haben. Diese zusammen mit 1 gehäuften Esslöffel Minzjoghurt und etwas Salat auf dem Naan anrichten.

> Die Fleischbällchen auf den Spießen lassen sich problemlos mit einer Zange wenden. Die Spieße sind bereit zum Umdrehen, wenn sich das Fleisch leicht vom Rost lösen lässt.

HACKBRATEN AUF DEM GRILL ZUBEREITEN

1. Das leichte japanische Paniermehl, Panko, hält den Hackbraten zusammen, ohne ihn schwer zu machen.

2. Die Kerntemperatur am besten im oberen Teil prüfen, der am längsten braucht.

3. Den Hackbraten von zwei Seiten mit Grillwendern anheben, damit er nicht auseinanderbricht.

HACKBRATEN VOM GRILL

FÜR 8–10 PERSONEN
ZUBEREITUNGSZEIT: 20 MIN.

GRILLMETHODE: INDIREKTE MITTLERE BIS NIEDRIGE HITZE (ETWA 150 °C)
GRILLZEIT: 50–60 MIN.
ZUBEHÖR: FLEISCHTHERMOMETER

FÜR DEN HACKBRATEN
- 600 g Hackfleisch vom Rind (20% Fettanteil)
- 600 g Hackfleisch vom Schwein
- 100 g Panko (japanisches Paniermehl; Asia-Laden)
- 2 Zwiebeln, fein gewürfelt
- 1 großes Ei
- 1 TL Worcestersauce
- 1 TL Knoblauchgranulat
- 1 TL getrockneter Estragon
- 1 TL grobes Meersalz
- 1 TL frisch gemahlener schwarzer Pfeffer

FÜR DIE SAUCE
- 120 ml fertige Barbecue-Sauce
- 4 EL Ketchup

1. Die Zutaten für den Hackbraten in einer großen Schüssel behutsam mit den Händen vermischen.

2. Den Fleischteig teilen und daraus zwei längliche, etwa 10 cm breite und 15–18 cm lange Braten formen. Die Hackbraten auf ein Backblech legen. Den Grill für indirekte mittlere bis niedrige Hitze vorbereiten.

3. Die Zutaten für die Sauce in einer kleinen Schüssel vermischen. Auf jeden Braten 3 EL Sauce geben und gut verstreichen. Die restliche Sauce beiseitestellen und später mit dem Hackbraten servieren.

4. Den Grillrost mit der Bürste reinigen. Die Hackbraten mit einem Pfannenheber aus Metall vorsichtig auf den Grillrost setzen. Über **indirekter mittlerer bis niedriger Hitze** bei geschlossenem Deckel 50–60 Min. grillen, bis ein senkrecht von oben hineingestecktes Thermometer in beiden Braten knapp unter 70 °C anzeigt. Die Braten vom Grill nehmen und 10–15 Min. ruhen lassen. Das Fleisch gart während der Ruhezeit weiter und erreicht die für Rinder- und Schweinehackfleisch empfohlene Kerntemperatur von etwas über 70 °C. Die Hackbraten in fingerdicke Scheiben schneiden und mit der beiseitegestellten Sauce servieren.

HACKBRATEN-SANDWICHES ZUBEREITEN
Die fingerdicken Hackbratenscheiben auf beiden Seiten mit etwas von der restlichen Sauce bestreichen und über **direkter niedriger Hitze** (120–175 °C) bei geschlossenem Deckel 4–6 Min. grillen, dabei einmal wenden. Auf Sauerteigbrot servieren. Schmeckt auch sehr gut mit geschmolzenem Käse.

HOTDOGS MIT EINGELEGTEN ZWIEBELN

FÜR 8 PERSONEN
ZUBEREITUNGSZEIT: 15 MIN.
MARINIERZEIT: 2–3 STD.

GRILLMETHODE: DIREKTE MITTLERE HITZE (175–230 °C)
GRILLZEIT: 5–7 MIN.

FÜR DIE ZWIEBELN
    1 kleine weiße oder gelbe Zwiebel
    1 kleine rote Zwiebel
    120 ml Apfelessig
    120 ml Branntweinessig
    120 g Zucker
    1 EL grobes Meersalz
    2 TL Selleriesamen (Gewürz)
    1 TL zerstoßene rote Chiliflocken

8 Hotdog-Würstchen aus Rindfleisch, je etwa 100 g
8 Hotdog-Brötchen
Senf
Ketchup

1. Von den Zwiebeln Stiel- und Wurzelansatz wegschneiden und die Zwiebeln längs halbieren. Anschließend mit einem sehr scharfen Messer in hauchdünne Streifen schneiden und diese in eine flache Glasschüssel geben. In einer mittelgroßen Schüssel Essig, Zucker und Gewürze gründlich vermischen, bis Salz und Zucker aufgelöst sind. Die Essigmischung über die Zwiebeln gießen und alles gut vermengen. Bei Zimmertemperatur 3 Std. ziehen lassen. Während dieser Zeit die Zwiebeln gelegentlich in der Lake wenden. Die eingelegten Zwiebeln abtropfen lassen und beiseitestellen.

2. Die Würstchen mit einem scharfen Messer mehrmals schräg einschneiden.

3. Den Grill für direkte mittlere Hitze vorbereiten. Den Grillrost mit der Bürste reinigen. Die Würstchen über **direkter mittlerer Hitze** bei geschlossenem Deckel 5–7 Min. grillen, bis sie ein leichtes Grillmuster aufweisen und gut erhitzt sind. Gelegentlich drehen.

4. Die Würstchen in die Brötchen verteilen. Nach Belieben mit Senf, Ketchup oder beidem würzen, dann mit Zwiebeln belegen. Die Hotdogs warm servieren.

ZWIEBELN SAUER EINLEGEN

1. Die Zwiebeln schälen und halbieren, Stiel- und Wurzelansatz vollständig entfernen.

2. Die Zwiebeln in hauchdünne Streifen schneiden, in eine flache Glasschüssel geben und mit Essigmarinade begießen.

3. Gut vermischen, bis alle Zwiebeln mit Marinade bedeckt sind. Bei Zimmertemperatur 3 Std. ziehen lassen. Ab und zu durchrühren.

STEAKS GRILLEN
5 DINGE, DIE MAN WISSEN SOLLTE

1 FRÜHES SALZEN LOHNT SICH

Sicherlich haben auch Sie schon einmal gehört, dass man Fleisch nicht zu früh vor dem Braten salzen sollte, weil ihm dies Feuchtigkeit entzieht. Das ist zwar richtig, doch über einen Zeitraum von 20–30 Min. ist dieser Effekt sogar wünschenswert, weil sich das Salz in der entstehenden Flüssigkeit auflöst. Kommt das Steak dann auf den heißen Rost, verbinden sich Zucker und Proteine, die in dieser Flüssigkeit enthalten sind, mit dem Salz und anderen Gewürzen und bilden eine Kruste. Der Feuchtigkeitsverlust wird durch den intensiveren Geschmack mehr als aufgewogen.

2 WENIGER KALT IST SCHNELLER GAR

Ein gut gegrilltes Steak soll außen knusprig gebräunt, aber innen zart und saftig sein. Ist ein Steak zu kalt, benötigt es unter Umständen mehr Zeit, bis es innen die richtige Temperatur und damit den richtigen Gargrad erreicht hat, sodass es an der Oberfläche verkohlt und trocken wird. Vor dem Grillen sollten die Steaks deshalb 20–30 Min. lang Zimmertemperatur annehmen. So werden sie innen schneller heiß und bleiben saftiger.

3 HITZE BRINGT GESCHMACK

Was Profis von vielen Hobbygrillern unterscheidet, ist die Dauer, die sie ihren Steaks über starker Hitze gönnen. Der Profi weiß, dass scharfes Anbraten buchstäblich Hunderte von Aromen an der Fleischoberfläche zur Entfaltung bringt. Also grillt er sein Steak über direkter Hitze, bis es in dunkelstes Dunkelbraun gehüllt ist. Lassen Sie sich von niemandem weismachen, dass starke Hitze »die Fleischporen schließt«. Das ist ein Ammenmärchen.

4 DICKE STEAKS BRAUCHEN MEHR BEWEGUNG

Die meisten Steaks gelingen über direkter starker Hitze tadellos. Nur wenn sich Flammen bilden, muss man sie in Sicherheit bringen. Steaks, die jedoch viel dicker als 2,5 cm sind, kann man nicht ausschließlich über direkter Hitze grillen, weil sie dann außen verkohlen, bevor sie innen gar sind. Wenn beide Seiten über direkter starker Hitze schön angebraten sind, legt man sie deshalb in eine Zone des Grills, die nicht so heiß ist, etwa indirekte Hitze. Dort können sie gefahrlos fertig garen.

5 AUF DAS TIMING KOMMT ES AN

Über starker Hitze verlieren die Steaks Feuchtigkeit. Fett und Fleischsäfte werden buchstäblich aus ihnen herausgepresst. Das ist der Preis, den wir für gut verdauliches Fleisch zahlen. Der wichtigste Faktor für das Gelingen eines Steaks ist daher, es rechtzeitig vom Grill zu nehmen, bevor es zu viel Feuchtigkeit verliert. Der kurze Zeitraum, in dem Steaks von rosa/rot *(medium rare)* zu halb durch *(medium)* und zu fast durch *(medium well)* garen, währt gewöhnlich nur 1–2 Min. Man muss also wachsam sein. Lassen Sie ein Steak auf dem Grill nie aus den Augen. Und noch etwas: Ein zu früh vom Grill genommenes Steak lässt sich weitergrillen, verlorene Feuchtigkeit hingegen nicht ersetzen!

STEAKS AUS DEM ROASTBEEF SCHNEIDEN

1. Wenn man Roastbeef (regional auch Rostbraten, Lendenbraten oder Lende) im Ganzen kauft, erhält man die besten Steaks zu einem günstigen Preis.

2. Die dicke Fettschicht auf der Oberseite muss fast vollständig entfernt werden.

3. Als Nächstes trennt man das stark durchwachsene Fleisch am dünnsten Rand des Roastbeefs ab.

4. Kauft man das Fleisch im Ganzen, kann man die Steaks in genau der richtigen Dicke zuschneiden.

5. Nachdem man das Roastbeef in Steaks geteilt hat, sollte man deren äußeren Fettrand auf etwa 0,5 cm zurückschneiden.

6. Einen Teil der Steaks kann man frisch grillen, den Rest einfrieren (Einfrieren von Steaks siehe Seite 294).

STRIP-STEAKS (LENDENSTEAKS) VORBEREITEN UND GRILLEN

1. Magere Strip-Steaks werden durch die Zugabe von Olivenöl aromatischer.

2. Das Öl auf allen Seiten gleichmäßig in das Fleisch massieren, das verhindert auch ein Anhaften am Rost.

3. Durch das Öl haften zudem die Gewürze besser am Fleisch.

4. Manchmal braucht man nur körniges Salz und frisch gemahlenen Pfeffer für ein perfektes, köstliches Steak.

5. Den Grill auf 260 °C erhitzen. Auf einem heißen Grillrost sind die Steaks schnell scharf angebraten.

6. Sobald der Grillrost rauchend heiß ist, lässt er sich mit einer Drahtbürste leicht reinigen.

7. Die Steaks über starke Hitze schräg auf den Grillrost legen – in der Richtung eines Stundenzeigers, der auf zehn Uhr zeigt. Den Deckel schließen.

8. Die Steaks nach einigen Minuten mit einer Zange anheben – nicht mit der Gabel! Mit jedem Loch im Fleisch geht wertvoller Fleischsaft verloren.

9. Die Steaks so drehen, dass sie auf zwei Uhr zeigen, dann den Deckel schließen und weitere 1–2 Min. bei starker Hitze grillen.

10. Die Steaks umdrehen – sie sollten jetzt ein gleichmäßiges Kreuzmuster aufweisen.

11. Das Muster auf der zweiten Seite ist optional. Wichtig ist es nun, die Steaks bei geschlossenem Deckel fertig zu garen, ohne sie zu übergaren. Bei einer Kerntemperatur von 50 °C sind sie rosa/rot *(medium rare)*.

12. Während das Steak nach dem Grillen einige Minuten ruht, steigt die Kerntemperatur noch um etwa 2 °C an und die Fleischsäfte verteilen sich gleichmäßig.

Gelegentlich können Fett oder Fleischsaft, die heruntertropfen, im Grill Flammen verursachen. Bewahren Sie Ruhe und schieben Sie das Steak in eine weniger heiße Grillzone. Wenn es bereits auf beiden Seiten schön angebraten ist, kann man es über indirekter Hitze bei geschlossenem Deckel fertig grillen. Braucht es noch etwas Farbe, schiebt man es wieder zurück, sobald die Flammen erloschen sind.

STRIP-STEAKS MIT ESPRESSO-SAUCE

FÜR 4 PERSONEN
ZUBEREITUNGSZEIT: 20 MIN.

GRILLMETHODE: DIREKTE STARKE HITZE (230–290 °C)
GRILLZEIT: 6–8 MIN.

FÜR DIE SAUCE
    1 EL Butter
    2 TL fein gehackte Schalotte
    1 zerdrückte Knoblauchzehe
    120 ml Ketchup
    4 EL starker Filterkaffee oder Espresso
    1 EL Aceto balsamico
    1 EL brauner Zucker
    2 TL Ancho-Chilipulver

    4 Rindersteaks aus dem hohen Roastbeef, je 300–350 g schwer und 2,5 cm dick, überschüssiges Fett entfernt
    2 EL Olivenöl
    ¾ TL grobes Meersalz
    ¾ TL frisch gemahlener schwarzer Pfeffer

1. Für die Sauce die Butter in einem mittelgroßen Topf auf mittlerer Stufe zerlassen. Die Schalotten hinzufügen und unter häufigem Rühren etwa 3 Min. glasig dünsten. Den Knoblauch dazugeben und alles 1 weitere Minute dünsten. Die restlichen Zutaten hinzufügen und aufkochen, dann sofort auf niedrige Stufe stellen. Die Sauce unter häufigem Rühren etwa 10 Min. köcheln lassen, bis sie etwas eingekocht ist. In einer Schlüssel abkühlen lassen.

2. Die Steaks auf beiden Seiten dünn mit Öl bestreichen und gleichmäßig mit Salz und Pfeffer würzen. Vor dem Grillen 20–30 Min. bei Zimmertemperatur ruhen lassen. Den Grill für direkte starke Hitze vorbereiten.

3. Den Grillrost mit der Bürste reinigen. Die Steaks über **direkter starker Hitze** bei geschlossenem Deckel bis zum gewünschten Gargrad grillen (6–8 Min. für rosa/rot bzw. *medium rare*). Einmal wenden. Die Steaks vom Grill nehmen und 3–5 Min. ruhen lassen. Warm mit der Sauce servieren.

Gegrillte rote Zwiebeln sind eine köstliche Zutat für ein Steak-Sandwich. In diesem Rezept werden sie zweimal in einer rassigen süßsauren Marinade eingelegt – einmal vor und einmal nach dem Grillen.

STEAK-SANDWICH MIT GEGRILLTEN ZWIEBELN UND MEERRETTICH-SAUERRAHM

FÜR 4 PERSONEN
ZUBEREITUNGSZEIT: 15 MIN.
MARINIERZEIT: 30 MIN.

GRILLMETHODE: DIREKTE STARKE HITZE (230–290 °C) UND DIREKTE MITTLERE HITZE (175–230 °C)
GRILLZEIT: 7–9 MIN.

FÜR DIE MARINADE
    500 ml Rotwein
    250 ml Sojasauce
    4 EL Aceto balsamico
    3 EL brauner Zucker
    3 fein gehackte Knoblauchzehen
    1 TL frisch gemahlener schwarzer Pfeffer
    120 ml Olivenöl

    ½ TL Backnatron

    4 Rindersteaks aus dem hohen Roastbeef, je etwa 350 g schwer und 2,5 cm dick
    2 rote Zwiebeln, in 1 cm dicke Ringe geschnitten

    125 g Sauerrahm
    2 EL Tafelmeerrettich
    1 TL fein gehackter frischer Thymian
    Grobes Meersalz
    Frisch gemahlener schwarzer Pfeffer
    4 Baguettebrötchen
    2 Handvoll Brunnenkresse, geputzt und gewaschen

1. Die Zutaten für die Marinade in einer großen Schüssel mit einem Schneebesen verrühren, bis das Öl gut eingearbeitet ist. Etwa 700 ml Marinade in eine flache, säurefeste Backform geben. Das Natron zur Marinade in der Form hinzufügen, um das Fleisch zarter zu machen. (Die Mischung schäumt eventuell ein wenig auf.)

2. Die Steaks in die Form mit der Marinade legen und wenden, bis sie überall mit Marinade bedeckt sind. Bei Zimmertemperatur 30 Min. marinieren. Einmal wenden.

3. Die Zwiebelscheiben in die Schüssel mit der restlichen Marinade geben, behutsam vermischen und 30 Min. marinieren.

4. Sauerrahm und Meerrettich in einer mittelgroßen Schüssel vermischen. Den Thymian unterrühren, salzen und pfeffern. Abdecken und bis zum Servieren kalt stellen.

5. Den Grill auf einer Seite für direkte starke Hitze, auf der anderen Seite für mittlere Hitze vorbereiten. Den Grillrost mit der Bürste reinigen. Die Steaks aus der Marinade nehmen und abtropfen lassen (die Marinade wird nicht mehr gebraucht). Die Steaks über **direkter starker Hitze** bei geschlossenem Deckel bis zum gewünschten Gargrad grillen (6–8 Min. für rosa/rot bzw. *medium rare*). Einmal wenden. Während die Steaks grillen, die Schüssel mit den Zwiebeln neben den Grill stellen. Die Zwiebelringe vorsichtig aus der Marinade heben und über **direkter mittlerer Hitze** 6–8 Min. grillen, dabei einmal wenden. Die Zwiebeln vom Grill zurück in die Marinade legen. Gut vermischen und noch einmal marinieren, während die Steaks 3–5 Min. ruhen. Die Brötchen aufschneiden und mit der Schnittfläche nach unten über **direkter mittlerer Hitze** etwa 1 Min. rösten.

6. Die Steaks schräg in feine Streifen schneiden. Die unteren Brötchenhälften mit Zwiebeln, Steakstreifen, Meerrettich-Sauerrahm und Brunnenkresse belegen und die obere Brötchenhälfte daraufsetzen.

RIND UND LAMM

DEN GARGRAD VON STEAKS PRÜFEN

1. Steaks werden beim Grillen fester. Eine Möglichkeit, ihren Gargrad festzustellen, ist daher, sie mit einer Grillzange leicht zusammenzudrücken. Es braucht ein wenig Erfahrung, bis man weiß, wie fest sich die jeweilige Fleischsorte in den jeweiligen Garstadien anfühlt, aber so machen es die Profiköche, und es lohnt sich, diese Technik zu üben.

2. Eine weitere beliebte Methode ist es, mit der Fingerspitze auf die Oberfläche des Steaks zu drücken. Wenn das Fleisch nicht mehr weich, aber auch noch nicht fest ist, hat es den Gargrad *medium rare*, also rosa/rot. Weiter unten finden Sie weitere Tipps zur Fingerdruckmethode.

3. Exaktere Ergebnisse liefert ein Fleischthermometer. Wenn man den Messfühler genau in die Mitte des Steaks sticht, kann man den Gargrad sehr genau ablesen.

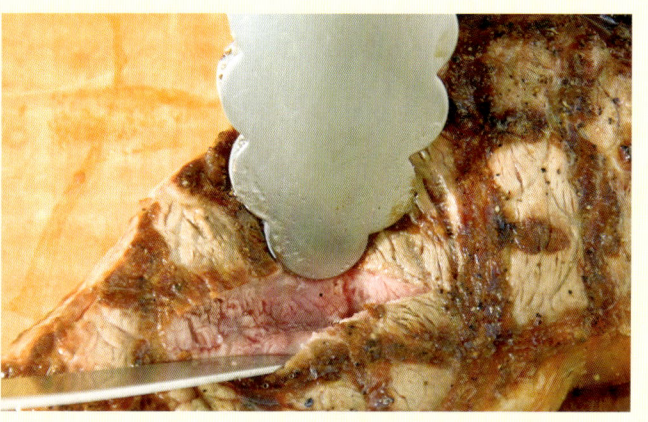

4. Die einfachste Methode ist der Farbtest: Man macht einen kleinen Schnitt in die Unterseite des Steaks und prüft die Farbe im Innern. Hat das Steak genau die gewünschte Farbe, drehen Sie es um und drücken mit dem Finger darauf. Jetzt wissen Sie, wie sich der Gargrad anfühlt, und müssen beim nächsten Mal nicht mehr ins Fleisch schneiden.

DEN GARGRAD DURCH FINGERDRUCK PRÜFEN

1. Die meisten rohen Steaks sind so weich wie der Daumenballen einer entspannten Hand.

2. Hält man Daumen und Zeigefingerspitze zusammen und drückt dann auf den Daumenballen, spürt man denselben Widerstand wie bei einem blutig *(rare)* gegrillten Steak.

3. Hält man Daumen, Zeige- und Mittelfinger zusammen, entspricht der Widerstand des Daumenballens dem eines rosa bis rot *(medium rare)* gebratenen Steaks.

RIND UND LAMM

49

BROTSALAT MIT STEAK

FÜR 4–6 PERSONEN
ZUBEREITUNGSZEIT: 20 MIN.

GRILLMETHODE: DIREKTE UND INDIREKTE STARKE HITZE (230–290 °C)
GRILLZEIT: 12–16 MIN.
ZUBEHÖR: HOLZSPIESSE, MIND. 30 MIN. GEWÄSSERT

FÜR DAS DRESSING
    3 EL Rotweinessig
    1 TL grobes Meersalz
    1 TL frisch gemahlener schwarzer Pfeffer
    2 zerdrückte Knoblauchzehen
    120 ml Olivenöl

    2 Rindersteaks aus dem hohen Roastbeef, je etwa 300 g schwer und 2,5 cm dick, überschüssiges Fett entfernt
    200 g Weißbrot, in 4 cm große Würfel geschnitten
    6 Eiertomaten, etwa 700 g, längs halbiert und entkernt
    1 mittelgroße Zwiebel, quer in 1,5 cm dicke Ringe geschnitten
    200 g in Öl eingelegte schwarze Oliven, abgetropft, entsteint
    1 Handvoll frische Basilikumblätter, zerzupft

1. Die Zutaten für das Dressing in einer kleinen Schüssel mit dem Schneebesen verrühren, bis das Öl gut eingearbeitet ist.

2. Die Steaks in ein flaches Gefäß legen und 3 EL Dressing darübergeben. Die Steaks wenden, bis sie gleichmäßig mit Dressing bedeckt sind, und vor dem Grillen 20–30 Min. bei Zimmertemperatur ruhen lassen.

3. Die Brotwürfel in eine große Schüssel geben, mit 2 EL Dressing beträufeln und vorsichtig vermischen. Die Brotwürfel auf Spieße stecken. Die Schnittfläche der Tomatenhälften und die Zwiebelringe mit 2 EL Dressing bestreichen. Das restliche Dressing beiseitestellen.

4. Den Grill für direkte und indirekte starke Hitze vorbereiten.

5. Den Grillrost mit der Bürste reinigen. Die Tomaten und Zwiebeln über **direkter starker Hitze,** die Brotspieße über **indirekter starker Hitze** bei geschlossenem Deckel grillen, bis Tomaten und Zwiebeln gebräunt sind und das Brot goldbraun geröstet ist. Bei Bedarf wenden. Die Tomaten benötigen 2–4 Min., die Zwiebeln und die Brotspieße 6–8 Min. Das Grillgut jeweils vom Grill nehmen, wenn es fertig ist.

6. Den Grillrost mit der Bürste reinigen. Die Steaks über **direkter starker Hitze** bei geschlossenem Deckel bis zum gewünschten Gargrad grillen (6–8 Min. für rosa/rot bzw. *medium rare*). Einmal wenden. Vom Grill nehmen und 3–5 Min. ruhen lassen.

7. Die Tomaten häuten. Zwiebeln, Tomaten und Steaks in mundgerechte Stücke schneiden und in eine große Schüssel geben. Das restliche Dressing, Oliven, Brotwürfel und Basilikum hinzufügen und alles behutsam vermischen. Sofort servieren.

BROTSALAT MIT STEAK ZUBEREITEN

1. Weißbrotwürfel zuerst im Dressing wenden. Das gibt ihnen Geschmack und lässt sie beim Grillen gleichmäßig bräunen.

2. Wenn man die Brotwürfel auf Spieße steckt, sind sie auf dem Grill leichter zu handhaben.

3. Feste, aber reife Eiertomaten behalten ihre Form, selbst wenn sie stark gebräunt werden.

4. Über indirekter Hitze bräunen die Brotwürfel langsam und verkohlen nicht so leicht.

RINDERPAILLARDS MIT KÄSE

FÜR 4 PERSONEN
ZUBEREITUNGSZEIT: 20 MIN.

GRILLMETHODE: DIREKTE STARKE HITZE (230–290 °C)
GRILLZEIT: ETWA 3 MIN.

    4 Rindersteaks aus dem hohen Roastbeef, je etwa 200 g schwer und 1,5–2 cm dick, überschüssiges Fett und Silberhaut entfernt
Olivenöl
Grobes Meersalz
Frisch gemahlener schwarzer Pfeffer

FÜR DAS DRESSING
    4 EL Sauerrahm
    4 EL Mayonnaise
    2 EL Dijon-Senf
    ½ TL Worcestersauce

    1 große Fleischtomate, etwa 350 g, in 4 gleich große Scheiben geschnitten
    4 dünne Scheiben rote Zwiebel
    50 g milder Weichkäse, mind. 60% Fett i.Tr., in dünne Scheiben geschnitten, zimmerwarm

1. Die Steaks einzeln zwischen zwei Lagen Frischhaltefolie legen und flach klopfen, bis sie eine gleichmäßige Dicke von etwa 5 mm haben. Die Paillards dünn mit Öl bestreichen, salzen und pfeffern.

2. Die Zutaten für das Dressing in einer kleinen Schüssel vermischen und mit Salz abschmecken.

3. Den Grill für direkte starke Hitze vorbereiten.

4. Die Tomatenscheiben dünn mit Öl bestreichen und nach Geschmack salzen und pfeffern. Den Grillrost mit der Bürste reinigen. Die Tomaten über **direkter starker Hitze** 2–3 Min. grillen, bis sie auf einer Seite leicht gebräunt sind. Mit der gegrillten Seite nach oben auf ein Backblech legen.

5. Die Paillards über **direkter starker Hitze** bei geöffnetem Deckel 1,5–2 Min. grillen. Das Fleisch wenden, wenn die Unterseite das typische Grillmuster aufweist. Die zweite Seite benötigt nur noch 10–15 Sek. (für rosa/rot bzw. *medium rare*). Die Steaks garen während der Ruhezeit weiter.

6. Die Steaks mit der zuerst gegrillten Seite nach oben auf einer Platte oder Serviertellern anrichten. Je 1 Tomatenscheibe in die Mitte jedes Steaks legen.

7. Das Dressing gleichmäßig über die Tomaten verteilen. Die Zwiebelscheiben in Ringe teilen und jede Tomate damit belegen. Weichkäse daraufsetzen und mit etwas frisch gemahlenem Pfeffer bestreuen.

Drei Phasen eines Paillard: Links ein herkömmliches Lendensteak. Beim Steak in der Mitte wurden alle Fettränder sorgfältig entfernt, damit es sich leichter klopfen lässt. Rechts ein flach geklopftes Minutensteak, das nur noch eingeölt und gewürzt werden muss und dann bereit zum Grillen ist.

RIND UND LAMM

HOCHRIPPE ZUSCHNEIDEN

Viele Köche und Fleischliebhaber bezeichnen das Rib-Eye-Steak als ihr liebstes Grillsteak. Das Fleisch ist wunderbar zart und dank der feinen, milchweißen Fettmaserung voller Aromen. Leider sind die in Supermärkten angebotenen Rib-Eye-Steaks oft zu dünn geschnitten, sodass sie auf dem Grill gar werden, bevor sie genügend Aromen entwickeln können. Als Lösung bietet sich an, die Rib-Eye-Steaks aus der Hochrippe, die auch als hohes Roastbeef bezeichnet wird, selbst zu schneiden.

1. Mit einem langen, scharfen Messer an den Rippen entlangschneiden und sie vom Fleisch trennen.

2. Nun auf der ganzen Länge am Basisknochen entlangschneiden, um das Fleisch vollständig von den Knochen zu trennen.

3. Die Rippen nicht wegwerfen. Sie eignen sich wunderbar zum Grillen (siehe Seite 85).

4. Das Fett an der Oberseite des Rippenbratens größtenteils entfernen.

5. Jetzt könnte man den gesamten Braten für eine besondere Gelegenheit in einem Stück grillen (siehe Seite 91) oder man schneidet ihn in dicke Steaks und friert jene, die man nicht sofort verwendet, ein (Einfrieren von Steaks siehe Seite 294).

6. Mit der Schneide eines Tranchiermessers lässt sich die Dicke der Steaks abmessen. So werden alle Steaks gleich dick.

7. Die gewünschten Schnittstellen jeweils mit einem flachen Einschnitt markieren.

8. Die Steaks so gleichmäßig wie möglich schneiden. Die Schneide des Messers am besten mit einem zügigen Schnitt durch das Fleisch führen. Sägebewegungen reißen das Fleisch an der Oberfläche auf und lassen das Steak unvorteilhaft aussehen.

RIB-EYE-STEAKS VORBEREITEN

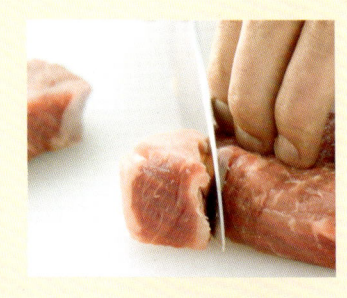

1. Wie bei Steaks üblich, sollte man alle Ränder, die mehr Fett als Fleisch enthalten, entfernen.

2. Rib-Eye-Steaks haben so viel Eigenaroma, dass sie keine Marinade oder aufwendige Sauce benötigen. Am besten eignet sich eine kräftige trockene Würzmischung – sie ergänzt den reichhaltigen Geschmack des Fleisches.

3. Das weiß marmorierte Steak enthält ausreichend Fett. Man muss es deshalb nur sehr dünn mit Öl bestreichen, damit es nicht am Grillrost haftet.

4. Die Steaks nach dem Würzen 20–30 Min. bei Zimmertemperatur ruhen lassen. So werden sie etwas schneller gar und bleiben saftiger.

RIB-EYE-STEAKS
MIT ESPRESSO-CHILI-KRUSTE

FÜR 4 PERSONEN
ZUBEREITUNGSZEIT: 10 MIN.

GRILLMETHODE: DIREKTE STARKE HITZE (230–290 °C)
GRILLZEIT: 6–8 MIN.
ZUBEHÖR: GEWÜRZMÜHLE

FÜR DIE WÜRZMISCHUNG
- 2 TL Kreuzkümmel, geröstet
- 2 EL dunkel geröstete Kaffee- oder Espressobohnen
- 1 EL Ancho-Chilipulver
- 1 TL edelsüßes Paprikapulver
- 1 TL grobes Meersalz
- 1 TL frisch gemahlener schwarzer Pfeffer

4 Rib-Eye-Steaks, je gut 200 g schwer und 2,5 cm dick
Olivenöl

1. Für die Würzmischung Kreuzkümmel und Kaffeebohnen in einer Gewürzmühle fein mahlen, dann in eine kleine Schüssel geben. Die restlichen Zutaten daruntermischen.

2. Die Steaks dünn mit Öl bestreichen und die Würzmischung gut in das Fleisch einmassieren. Die Steaks abdecken und vor dem Grillen 20–30 Min. Zimmertemperatur annehmen lassen. Den Grill für direkte starke Hitze vorbereiten.

3. Den Grillrost mit der Bürste reinigen. Die Steaks über **direkter starker Hitze** bei geschlossenem Deckel bis zum gewünschten Gargrad grillen (6–8 Min. für rosa/rot bzw. *medium rare*). Einmal wenden. (Wenn sich Flammen bilden, die Steaks vorübergehend über **indirekte starke Hitze** ziehen). Vom Grill nehmen und 3–5 Min. ruhen lassen. Warm servieren.

ESPRESSO-CHILI-WÜRZMISCHUNG ZUBEREITEN

1. Eine Kaffeemühle eignet sich auch gut zum Mahlen von Gewürzen. Sie lässt sich danach leicht reinigen, indem man rohen weißen Reis darin mahlt. Der Reis nimmt die Gewürzreste auf.

2. Kreuzkümmel und Kaffee sollten nach dem Mahlen eine körnige Textur aufweisen, ähnlich wie grobkörniges Salz.

ZUBEREITUNG VON SALSA MIT IN DER PFANNE GERÖSTETEM CHILI

1. Der besondere Geschmack der Salsa im nebenstehenden Rezept ergibt sich vor allem durch Ancho-Chilis, also getrockneten Poblano-Chilischoten. Anchos sind nicht sehr scharf, aber sie haben eine feurige Süße, besonders wenn sie vor der Verwendung geröstet werden.

2. Den Stiel der getrockneten Chilischote abschneiden und wegwerfen, dann die Schote aufschneiden und aufklappen.

3. Die Samen sind besonders scharf. Bei Bedarf die Samen sanft abklopfen oder vorsichtig mit dem Messer herausschaben.

4. Die Chilischote in einer heißen, trockenen Bratpfanne mit einem Pfannenwender flach drücken. Dadurch entfalten sich die Aromen. Den gerösteten Ancho anschließend 20–30 Min. in heißem Wasser einweichen.

5. Tomaten, Zwiebeln, Jalapeño-Chilischote und Knoblauch in derselben Bratpfanne rösten. Sie dürfen dabei ruhig ein wenig schwarz werden.

6. Püriert man nun alle Zutaten mit frischem Limettensaft, Salz und Oregano, erhält man eine geschmacklich außergewöhnliche Salsa zu den Steaks. Falls sie zu dickflüssig gerät, kann man sie mit etwas Einweichwasser von der Chilischote verdünnen.

RIB-EYE-STEAKS MIT CHILI-SALSA

FÜR 4 PERSONEN
ZUBEREITUNGSZEIT: 20 MIN.

GRILLMETHODE: DIREKTE STARKE HITZE (230–290 °C)
GRILLZEIT: 6–8 MIN.
ZUBEHÖR: GUSSEISERNE BRATPFANNE (Ø 30 CM)

FÜR DIE SALSA
- 1 mittelgroße getrocknete Ancho-Chilischote
- 1 EL Olivenöl
- 4 mittelgroße reife Tomaten, geviertelt, entkernt
- 1 Scheibe weiße Zwiebel, 2 cm dick
- 1 mittelgroße Jalapeño-Chilischote, Stiel entfernt
- 1 ungeschälte große Knoblauchzehe
- 1 TL frisch gepresster Limettensaft
- ½ TL grobes Meersalz
- ¼ TL getrockneter Oregano

FÜR DIE WÜRZMISCHUNG
- 1 EL grobes Meersalz
- 2 TL Paprikapulver
- 1 TL Zwiebelgranulat
- 1 TL frisch gemahlener schwarzer Pfeffer

4 Rib-Eye-Steaks, je gut 200 g schwer und 2,5 cm dick
Olivenöl

1. In einem kleinen Topf 500 ml Wasser aufkochen. Eine große gusseiserne oder ofenfeste Bratpfanne auf dem Seitenkocher des Grills oder auf dem Herd auf mittlerer Stufe erhitzen.

2. Den Stiel der Ancho-Chilischote entfernen und wegwerfen. Die Schote aufschneiden, aufklappen und die Samen entfernen. Die Schote in der heißen Pfanne mit einem Pfannenwender flach drücken und rösten, bis sich der Chiliduft verstärkt und sich Rauch entwickelt. Die Chilischote in dem Topf mit heißem Wasser 20–30 Min. einweichen. Das Wasser anschließend nicht weggießen.

3. Unterdessen das Öl in die Pfanne geben und Tomaten, Zwiebel, Jalapeño-Chili und Knoblauch darin auf mittlerer Stufe 10–15 Min. braten, bis es stellenweise schwarz wird und Blasen wirft. Gelegentlich wenden. Das Gemüse jeweils aus der Pfanne nehmen, wenn es gar ist. Abkühlen lassen. Den Knoblauch aus der Schale in eine Küchenmaschine oder einen Standmixer drücken. Ancho-Chili, Tomaten, Zwiebel, Jalapeño-Chili, Limettensaft, Salz und Oregano hinzufügen und alles zu einer feinstückigen Salsa verarbeiten. Falls eine dünnere Konsistenz gewünscht wird, etwas Chili-Einweichwasser hinzufügen.

4. Die Zutaten für die Würzmischung in einer kleinen Schüssel vermischen. Die Steaks auf beiden Seiten dünn mit Öl bestreichen und mit der Würzmischung einreiben. Die Steaks vor dem Grillen 20–30 Min. bei Zimmertemperatur ruhen lassen. Den Grill für direkte starke Hitze vorbereiten.

5. Den Grillrost mit der Bürste reinigen. Die Steaks über **direkter starker Hitze** bei geschlossenem Deckel bis zum gewünschten Gargrad grillen (6–8 Min. für rosa/rot bzw. *medium rare*). Einmal wenden. Das Fleisch vom Grill nehmen und 3–5 Min. ruhen lassen. Warm mit der Salsa servieren.

PIADINE GRILLEN

1. Der Teig sollte Zimmertemperatur haben. Arbeitsfläche und Nudelholz mit Mehl bestäuben.

2. Die Teigfladen auf einen Durchmesser von 20–25 cm und eine Dicke von knapp 1 cm ausrollen und zwischen Backpapier stapeln.

3. Die Teigfladen über direkter mittlerer Hitze bei geschlossenem Deckel grillen, bis sie an der Oberseite Blasen werfen und auf der Unterseite goldbraun sind. Dann mit einem Grillwender umdrehen und auf der anderen Seite grillen.

4. Während die zweite Seite grillt, Käse auf die Piadine streuen und schmelzen lassen. Die Teigfladen bei Bedarf auf dem Grillrost drehen und umplatzieren, damit sie gleichmäßig backen.

PIADINE MIT STEAK UND GORGONZOLA

FÜR 4 PERSONEN
ZUBEREITUNGSZEIT: 30 MIN.
GEHZEIT FÜR DEN TEIG: 1½–2 STD.

GRILLMETHODE: DIREKTE STARKE HITZE (230–290 °C) UND DIREKTE MITTLERE HITZE (175–230 °C)
GRILLZEIT: 14–18 MIN.
ZUBEHÖR: ELEKTRISCHER STANDMIXER

FÜR DEN TEIG
360 ml warmes Wasser (etwa 40 °C)
1 Päckchen Trockenhefe
½ TL Zucker
550 g feines Weizenmehl, plus etwas mehr zum Ausrollen
3 EL Olivenöl
2 TL grobes Meersalz

FÜR DAS DRESSING
2 EL Olivenöl
2 TL Aceto balsamico
1 kleine zerdrückte Knoblauchzehe
½ TL Dijon-Senf
¼ TL grobes Meersalz
1 kräftige Prise frisch gemahlener schwarzer Pfeffer

2 Rib-Eye-Steaks, je etwa 200 g schwer und 2,5 cm dick
Olivenöl
Grobes Meersalz
Frisch gemahlener schwarzer Pfeffer
220 g Gorgonzola dolce oder ein anderer milder Blauschimmelkäse, in kleine Stücke gebrochen
4 Handvoll (etwa 100 g) feine Rucolablätter oder Babyspinat

1. Wasser, Hefe und Zucker in die Rührschüssel eines elektrischen Standmixers geben, kurz verrühren und 5 Min. stehen lassen, bis sich an der Oberfläche feiner Schaum bildet (er zeigt an, dass die Hefe aktiv ist). Mehl, Öl und Salz hinzufügen. Mit einem Knethaken auf niedriger Stufe 1 Min. bearbeiten, bis sich die Masse verbindet. Den Mixer auf mittlere Stufe schalten. Die Zutaten mit dem Knethaken weitere 10 Min. zu einem klebrigen, glatten, elastischen Teig verarbeiten. Den Teig zu einer Kugel formen, in eine dünn mit Öl ausgestrichene Schüssel legen und darin wenden, bis er überall mit Öl überzogen ist. Mit Frischhaltefolie abdecken und an einem warmen Ort 1,5–2 Std. gehen lassen, bis sich sein Volumen verdoppelt hat.

2. Die Zutaten für das Dressing in einer kleinen Schüssel mit einem Schneebesen verrühren.

3. Die Fettränder an den Steaks größtenteils entfernen. Die Steaks vor dem Grillen 20–30 Min. bei Zimmertemperatur ruhen lassen. Den Grill für direkte starke Hitze vorbereiten.

Piadina ist ein dünnes Fladenbrot mit langer Tradition in der Emilia-Romagna. Mit Fleisch, Käse oder Gemüse gefüllt eignen sich Piadine als Snack oder kleine Mahlzeit.

4. Den Teig kurz kneten, auf eine leicht bemehlte Arbeitsfläche legen und in vier gleiche Teile schneiden. Vier Backpapierquadrate von 25 cm Seitenlänge zuschneiden und auf einer Seite dünn mit Öl bestreichen. Jedes Teigstück zu einem Fladen von 20–25 cm Durchmesser ausrollen, anschließend auf ein Stück geöltes Backpapier geben und auf einem Backblech beiseitestellen.

5. Die Steaks auf beiden Seiten dünn mit Öl bestreichen oder besprühen und gleichmäßig mit Salz und Pfeffer würzen. Den Grillrost mit der Bürste reinigen. Die Steaks über **direkter starker Hitze** bei geschlossenem Deckel bis zum gewünschten Gargrad grillen (6–8 Min. für rosa/rot bzw. *medium rare*). Einmal wenden. (Wenn sich Flammen bilden, die Steaks vorübergehend über indirekte starke Hitze legen.) Vom Grill nehmen, abdecken und warm stellen.

6. Die Grilltemperatur auf mittlere Hitze reduzieren. Zwei Teigfladen mit dem Backpapier nach oben über **direkte mittlere Hitze** legen. Das Backpapier an einer Ecke mit der Grillzange fassen und abziehen. Die Piadine bei geschlossenem Deckel 2–3 Min. grillen, bis sie auf der Unterseite goldbraun sind und das typische Grillmuster aufweisen. Bei Bedarf umplatzieren, damit sie gleichmäßig bräunen.

7. Die Piadine wenden und mit je einem Viertel des Käses bestreuen, dabei einen fingerdicken Rand freilassen. Etwa 2 Min. über **direkter mittlerer Hitze** weitergrillen, bis die Fladen knusprig und der Käse geschmolzen ist. Die Teigfladen auf dem Rost verschieben und drehen, damit sie gleichmäßig backen. Mit den restlichen Teigfladen ebenso verfahren.

8. Rucola oder Babyspinat in eine Salatschüssel geben, mit Dressing übergießen und vermischen.

9. Die Steaks in dünne Streifen schneiden, eventuelle Fettstellen wegschneiden. Die Steakstreifen auf die Piadine verteilen, ebenso den Salat. Die Piadine in der Mitte falten und wie ein Sandwich essen oder vorher mit einem gezahnten Messer in Viertel schneiden.

RINDERKOTELETTS AUS DER HOCHRIPPE SCHNEIDEN

Geschmack und Zartheit eines Fleischstücks hängen stark von seiner Lage im Körper des Tiers ab. Diejenigen Körperteile, die am meisten in Bewegung sind, wie Schulter oder Hinterteil (Nuss), entwickeln festeres Bindegewebe als jene, die weniger beansprucht werden, etwa Lende oder Rippen. Die Lende liefert die zarten Steaks wie Porterhouse, T-Bone und Strip-Steak. Die Hochrippe (unten im Bild) ergibt wunderbar zarte und saftige Rippensteaks (Koteletts).

1. Das Fleisch auf die schmale Seite stellen, sodass man die Knochenspitzen klar erkennen kann.

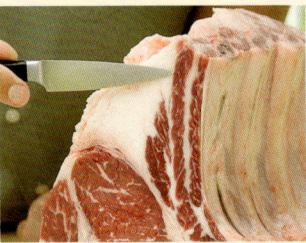

2. Grillt man Rib-Eye-Steaks am Knochen, kann dieser sein vorzügliches Aroma ans Fleisch abgeben. Zudem verlieren die Steaks beim Grillen weniger Feuchtigkeit.

3. Mit einem sehr scharfen Messer zwischen die Knochen schneiden, dabei Sägebewegungen möglichst vermeiden. Ein Messer mit Hohlschliff liefert beste Ergebnisse.

4. Was jetzt vor Ihnen liegt, ist ein großes, massiges Meisterstück von Rib-Eye-Steak am Knochen, auch Rippensteak genannt.

KNOBLAUCHPASTE ZUBEREITEN

Wenn die Zeit knapp ist und mir der Sinn nach einem üppigen Steakgenuss steht, ist frischer Knoblauch unverzichtbar. Da ich meine Steaks aber über sehr starker Hitze grille, kann gehackter Knoblauch auf der Fleischoberfläche verbrennen und bitter werden. Das Problem lässt sich vermeiden, wenn man stattdessen Knoblauchpaste zubereitet. Die Paste verbindet sich vollständig mit der Oberfläche des Steaks, Fett und Fleischsaft verhindern, dass der Knoblauch anbrennt.

1. Den Knoblauch zunächst mit einem scharfen Kochmesser in feine Blättchen schneiden.

2. Nun den Knoblauch fein zerkleinern, indem man die Messerspitze auf das Brett drückt und die Klinge hackend über den Knoblauch führt.

3. Eine Prise grobes Meersalz auf den Knoblauch streuen. Falls es sehr grob ist, eventuell mit den Fingern leicht zerreiben.

4. Das Salz hält den Knoblauch etwas zusammen, während man ihn zerdrückt.

5. Nun das Klingenblatt über den Knoblauch ziehen, dabei die freie Hand auf die Messerklinge pressen und den Knoblauch zu einer Paste zerdrücken.

6. Das Klingenblatt immer wieder über den Knoblauch ziehen, bis er ganz dünn und fast transparent ist. Anschließend kann man ihn auf die Steaks streichen.

RIB-EYE-STEAKS MIT KNOBLAUCHKRUSTE UND GEGRILLTEN BROKKOLINI

FÜR 4 PERSONEN
ZUBEREITUNGSZEIT: 15 MIN.

GRILLMETHODE: DIREKTE UND INDIREKTE STARKE HITZE (230–290 °C)
GRILLZEIT: 11–15 MIN.

FÜR DIE WÜRZPASTE
    4 große Knoblauchzehen
    1 EL grobes Meersalz
    4 EL fein gehackte frische glatte Petersilie
    4 EL Olivenöl
    2 TL Aceto balsamico
    1 TL frisch gemahlener schwarzer Pfeffer

    4 Rib-Eye-Steaks am Knochen, je 300–350 g schwer und 2,5 cm dick, überschüssiges Fett entfernt
    700 g Brokkolini (Spargelbrokkoli), Stängel nicht dicker als 1,5 cm
    Olivenöl
    Grobes Meersalz

1. Für die Würzpaste den Knoblauch auf einem Schneidebrett fein hacken, anschließend mit Salz bestreuen und mit einer Messerklinge zu einer Paste zerdrücken (siehe Seite 58). Die Knoblauchpaste in eine kleine Schüssel geben und die restlichen Zutaten hinzufügen.

2. Die Steaks auf beiden Seiten gleichmäßig mit der Paste einreiben. 20–30 Min. bei Zimmertemperatur ruhen lassen.

3. In der Zwischenzeit die Brokkolini 20–30 Min. in einer großen, mit Wasser gefüllten Schüssel einweichen. Dabei nehmen sie Wasser auf und können später auf dem Grill zusätzlich etwas dämpfen.

4. Den Grill für direkte und indirekte starke Hitze vorbereiten.

5. Das Wasser von den Brokkolini abgießen. Das Gemüse mit Öl beträufeln und mit ½ TL Salz würzen, dann gut vermischen.

6. Den Grillrost mit der Bürste reinigen. Die Steaks über **direkter starker Hitze** bei geschlossenem Deckel bis zum gewünschten Gargrad grillen (6–8 Min. für rosa/rot bzw. *medium rare*). Einmal wenden. (Wenn sich Flammen bilden, die Steaks vorübergehend über indirekte starke Hitze ziehen.) Vom Grill nehmen und ruhen lassen.

7. Unterdessen die Brokkolini mit einer Grillzange aus der Schüssel heben und gut abtropfen lassen. Über **direkter starker Hitze** bei geschlossenem Deckel 3–4 Min. grillen, bis sie stellenweise gebräunt sind. Gelegentlich drehen und wenden. Zum Schluss 2–3 Min. über **indirekter starker Hitze** grillen. Warm mit den Steaks servieren.

RIND UND LAMM

TEEPASTE ZUBEREITEN

1. Earl-Grey-Teeblätter verleihen dieser Würzpaste eine überraschende Geschmacksnote.

2. Der Pfeffer entfaltet sein Aroma am besten, wenn man ihn zusammen mit den anderen Gewürzen in einer Gewürzmühle mahlt. Beim Pfeffer gilt wie bei anderen Gewürzen auch: Frisch gemahlen ist am besten!

3. Alle Gewürze fein mahlen, damit sie ihre Aromen entfalten können, anschließend in einer Schüssel mit dem Öl zu einer Paste vermischen.

RIND UND LAMM

FILET MIGNON MIT TEEAROMA UND BUTTERCHAMPIGNONS

FÜR 4 PERSONEN
ZUBEREITUNGSZEIT: 25 MIN.

GRILLMETHODE: DIREKTE MITTLERE HITZE (175–230 °C)
GRILLZEIT: ETWA 8 MIN.
ZUBEHÖR: GEWÜRZMÜHLE, GUSSEISERNE BRATPFANNE (Ø 30 CM)

FÜR DIE WÜRZPASTE
- 2 TL (etwa 2 Teebeutel) Earl-Grey-Teeblätter
- 1 TL ganze schwarze Pfefferkörner
- 1 TL getrockneter Estragon
- 1 TL grobes Meersalz
- ½ TL getrockneter Thymian
- 3 EL Olivenöl

4 Rinderfiletsteaks, je gut 200 g schwer und 4 cm dick

FÜR DIE CHAMPIGNONS
- 200 g Champignons
- 2 EL Butter
- 2 EL Olivenöl
- 4 große Knoblauchzehen, in feine Scheiben geschnitten
- ¼ TL grobes Meersalz
- 1 kräftige Prise frisch gemahlener schwarzer Pfeffer
- 4 EL grob gehackte frische glatte Petersilie
- 1 TL Sherry- oder Rotweinessig

1. Teeblätter, Pfefferkörner, Estragon, Salz und Thymian in einer Gewürzmühle fein mahlen. Die Mischung in eine Schüssel geben, das Öl hinzufügen und alles zu einer Paste verrühren.

2. Die Filets von allen Seiten mit der Paste einreiben. Vor dem Grillen 20–30 Min. bei Zimmertemperatur ruhen lassen.

3. Bevor die Steaks auf den Grill kommen, die Champignons und alle anderen Zutaten vorbereiten. Die Champignons auf ein Brett legen und jeweils auf einer Seite etwa 0,5 cm wegschneiden. Dann die Champignons auf die Schnittfläche legen (sie können jetzt nicht mehr wegrollen) und in 0,5 cm dicke Scheiben schneiden.

4. Den Grill für direkte mittlere Hitze vorbereiten.

5. Den Grillrost mit der Bürste reinigen. Die Steaks über **direkter mittlerer Hitze** bei geschlossenem Deckel bis zum gewünschten Gargrad grillen (etwa 8 Min. für *medium rare*, also rosa/rot), dabei einmal wenden. Vom Grill nehmen und ruhen lassen, während die Champignons sautiert werden.

6. Auf dem Seitenkocher des Grills oder auf der Herdplatte die Butter mit dem Olivenöl in einer großen gusseisernen Bratpfanne erhitzen. Die Champignons hinzufügen und so verteilen, dass möglichst alle den Pfannenboden berühren. Ohne zu rühren 2 Min. anbraten, dann umrühren und Knoblauch, Salz und Pfeffer hinzufügen. Weitere 2–3 Min. braten, bis die Pilze zart, aber noch bissfest sind, dabei nur zwei- bis dreimal rühren. Petersilie und Essig hinzufügen und alles gut vermischen. Mit Salz und Pfeffer abschmecken. Die heißen Champignons vor dem Servieren auf den Steaks verteilen.

CHAMPIGNONS BRÄUNEN

1. Seitlich ein Stück von der runden Kappe abschneiden

2. Champignon aufstellen und in Scheiben schneiden.

3. Die Butter zusammen mit etwas Öl erhitzen, damit sie nicht verbrennt.

4. Die Champignons möglichst flach ausbreiten und während 2 Min. nicht rühren.

5. Das Salz erst am Ende hinzufügen. Es würde den Champignons Feuchtigkeit entziehen und verhindern, dass sie braun werden.

6. Ein Schuss Sherry-Essig am Ende der Garzeit bildet ein Gegengewicht zum schweren Buttergeschmack.

7. Man sollte der Verlockung widerstehen, die Champignons in der Pfanne allzu oft umzurühren. Sie bräunen schöner und entwickeln intensivere Aromen.

WÜRZBUTTER HERSTELLEN

Wenn Sie gerne Steaks oder anderes Fleisch, Geflügel oder Fisch grillen, sollten Sie mindestens eine Würzbutter im Kühl- oder Gefrierschrank vorrätig haben. Eine der sichersten Methoden, den eigenen Gaumen zu erfreuen und Gäste zu verwöhnen, besteht darin, ein gegrilltes Steak mit einem großzügigen Stück selbst hergestellter Würzbutter zu krönen. Die Hitze des Steaks lässt die Butter zerfließen, die sich mit dem Fleischsaft zu einer exquisiten Sauce verbindet.

1. Zunächst weiche Butter mit frischen Kräutern und anderen Gewürzen sowie in Rotwein gegarten Schalotten vermischen.

2. Die Butter auf Backpapier zu einem Zylinder formen.

3. Den Zylinder eng in das Backpapier einwickeln und beide Enden zusammendrücken.

4. Das Backpapier an den Enden mehrmals verdrehen und die Rolle in den Kühl- oder Gefrierschrank legen.

5. Wenn die Butter zum Einsatz kommen soll, ein Ende abschneiden.

6. Die gewünschte Anzahl Portionen scheibenweise von der Rolle schneiden und das Backpapier abziehen.

STEAKS MIT KREUZMUSTER GRILLEN

1. Die Steaks erhalten eine schöne Schraffur, wenn man sie zunächst in einem 45-Grad-Winkel zu den Streben auf den Rost legt.

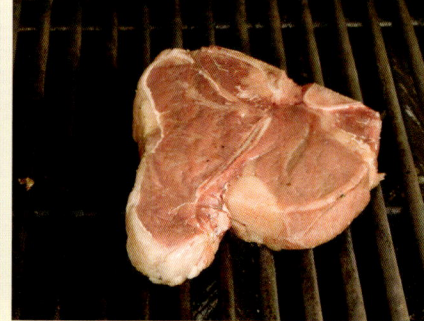

2. Nach einigen Minuten über starker Hitze die Steaks um 90 Grad drehen.

3. Die Steaks wenden und nach Belieben auf der anderen Seite genauso grillen.

PORTERHOUSE-STEAKS MIT ROTWEIN-SCHALOTTEN-BUTTER

FÜR 4–6 PERSONEN
ZUBEREITUNGSZEIT: 15 MIN.

GRILLMETHODE: DIREKTE STARKE HITZE (230–290 °C)
GRILLZEIT: 8–10 MIN.

FÜR DIE WÜRZBUTTER
- 3 EL kräftiger Rotwein
- 2 EL fein gehackte Schalotte
- 120 g weiche Butter
- 1 EL fein gehackte frische glatte Petersilie
- 1 EL fein gehackter frischer Estragon
- ½ TL grobes Meersalz
- ¼ TL frisch gemahlener schwarzer Pfeffer

- 4 Porterhouse-Steaks, je etwa 450 g schwer und 3 cm dick
- 2 EL Olivenöl
- 2 TL grobes Meersalz
- ½ TL frisch gemahlener schwarzer Pfeffer

1. Wein und Schalotten in einem kleinen Topf mit schwerem Boden auf hoher Stufe zum Kochen bringen. Etwa 3–5 Min. kochen lassen, bis der Wein fast vollständig eingekocht und von den Schalotten aufgesaugt ist. Die Schalotten in eine Schüssel umfüllen und abkühlen lassen.

2. Butter, Petersilie, Estragon, Salz und Pfeffer zu den Schalotten geben und alles gut vermischen. Die Mischung auf Back- oder Ölpapier geben und locker zu einem Zylinder von etwa 2,5 cm Durchmesser formen. Das Papier einrollen und an den Enden verdrehen. Die Rolle bis etwa 1 Std. vor dem Servieren im Kühlschrank aufbewahren. (Die Butter kann bis zu eine Woche im Voraus zubereitet werden.)

3. Die Steaks vor dem Grillen 20–30 Min. bei Zimmertemperatur ruhen lassen. Den Grill für direkte starke Hitze vorbereiten.

4. Die Steaks dünn mit Öl bestreichen und gleichmäßig mit Salz und Pfeffer würzen. Den Grillrost mit der Bürste reinigen. Die Steaks über **direkter starker Hitze** bei geschlossenem Deckel bis zum gewünschten Gargrad grillen (8–10 Min. für rosa/rot bzw. *medium rare*). Einmal wenden. (Wenn sich Flammen bilden, die Steaks vorübergehend über indirekte starke Hitze ziehen.) Die Steaks vom Grill nehmen und 3–5 Min. ruhen lassen. Mit je einer Portion Butter belegen und heiß servieren.

SEHR DICKE STEAKS GRILLEN

Eines der nobelsten Gerichte im Pantheon der internationalen Grillküche ist Bistecca alla fiorentina, ein riesiges Porterhouse-Steak, das über und neben der heißen Glut so lange gegrillt wird, bis es außen knusprig gebräunt und innen rosa und herrlich zart ist. Die Gewürze sind puristisch: grobes Salz, am besten Meersalz, und frisch gemahlener schwarzer Pfeffer. Zum Abschluss kommen einige Tropfen Zitronensaft und bestes Olivenöl darüber.

1. Während die meisten Steaks am besten gelingen, wenn man sie auf dem Grill möglichst in Ruhe lässt, ist dieses Exemplar so dick und schwer, dass es während des Grillens in Bewegung bleiben muss.

2. Ein Holzkohlefeuer gibt keine gleichmäßige Hitze ab, deshalb überrascht es nicht, dass das Steak an einzelnen Stellen schneller braun wird. Das Steak also öfter umplatzieren, um diese Unregelmäßigkeiten auszugleichen.

3. Bei diesem Rezept ist die Grillkohle ebenso wichtig wie die Gewürze. Der Rauch dringt in das Fleisch ein und entfaltet fantastische Aromen, die uns zu den Ursprüngen der Kochkunst führen.

BISTECCA ALLA FIORENTINA MIT GEGRILLTEN BOHNEN

FÜR 4 PERSONEN
ZUBEREITUNGSZEIT: 5 MIN.

GRILLMETHODE: DIREKTE UND INDIREKTE MITTLERE HITZE (175–230 °C)
GRILLZEIT: ETWA 25 MIN.

    1 Porterhouse-Steak, etwa 1,25 kg schwer und 6 cm dick
    Graues oder weißes grobes Meersalz
    Frisch gemahlener schwarzer Pfeffer
    2 Zitronen
    Olivenöl

1. Das Steak 1 Std. vor dem Grillen Zimmertemperatur annehmen lassen. Während dieser Zeit die Bohnen alla contadina (Rezept rechts) zubereiten und bis zum Servieren warm stellen.

2. Den Grill für direkte und indirekte mittlere Hitze vorbereiten.

3. Das Steak auf beiden Seiten großzügig mit Salz und Pfeffer würzen. Die Gewürze in das Fleisch einmassieren.

4. Das Steak 10–12 Min. über **direkter mittlerer Hitze** grillen und während dieser Zeit etwa alle 3 Min. um 45 Grad drehen, um eine gleichmäßige Kruste zu erhalten. Dann über **indirekte mittlere Hitze** legen und etwa 15 Min. weitergrillen, bis die Kerntemperatur von 50 °C (für blutig bzw. *rare*) erreicht ist. Das Steak immer wieder drehen, damit es gleichmäßig gar wird. Vor dem Aufschneiden 10 Min. ruhen lassen.

5. Zum Tranchieren zunächst die Filetseite so nahe wie möglich am Knochen abtrennen. Auf der Roastbeefseite ebenso vorgehen. Jedes Stück quer in fingerdicke Scheiben schneiden, jedoch in der Form belassen. Fleisch und Knochen in der ursprünglichen Form auf einer Servierplatte anrichten. Mit etwas Olivenöl beträufeln und mit Zitronenspalten und den gegrillten Bohnen servieren.

GEGRILLTE BOHNEN ALLA CONTADINA
ZUBEREITUNGSZEIT: 10 MIN.

GRILLMETHODE: INDIREKTE MITTLERE HITZE (175–230 °C)
GRILLZEIT: ETWA 15 MIN.

    2 Dosen (je 400 g) Cannellini- oder gelbe Bohnen, gespült und abgetropft
    200 ml Gemüsebrühe
    4 EL Tomatensauce
    1 EL Olivenöl
    1 TL fein gehackter frischer Thymian
    ½ TL grobes Meersalz
    1 zerdrückte Knoblauchzehe
    1 EL plus 1 TL fein gehackte frische glatte Petersilie

1. Den Grill für indirekte mittlere Hitze vorbereiten.

2. Die Bohnen in eine 22 x 22 cm große Backform geben.

3. Gemüsebrühe, Tomatensauce, Öl, Thymian und Salz in einer kleinen Schüssel verrühren und über die Bohnen gießen. Die Bohnen leicht in die Flüssigkeit drücken, dann über **indirekter mittlerer Hitze** bei geschlossenem Deckel etwa 15 Min. auf dem Grill garen, bis die meiste Flüssigkeit eingekocht ist.

4. Knoblauch und Petersilie vermischen und über die Bohnen streuen. Die gegrillten Bohnen mit dem Steak servieren.

BISTECCA TRANCHIEREN

1. Das Porterhouse-Steak ist ein großes Stück Fleisch mit einem T-förmigen Knochen. Auf der einen Seite befindet sich das Filet, auf der anderen das Roastbeef.

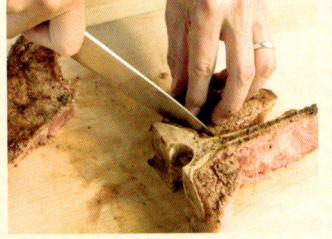

2. Traditionell serviert man das Steak, indem man die beiden großen Fleischstücke vom Knochen trennt und dann aufschneidet.

3. Das Filet quer in gleichmäßig dicke Scheiben schneiden.

4. Auch das Roastbeef in dicke Scheiben schneiden, dann alles wieder an seinen Platz um den Knochen legen.

SKIRT-STEAKS MIT KLEINEN KARTOFFELN UND FETA

FÜR 4 PERSONEN
ZUBEREITUNGSZEIT: 15 MIN.

GRILLMETHODE: INDIREKTE UND DIREKTE STARKE HITZE (230–290 °C)
GRILLZEIT: ETWA 35–45 MIN.
ZUBEHÖR: GELOCHTE GRILLPFANNE, GROSSE EINWEG-ALUSCHALE

FÜR DIE WÜRZMISCHUNG
   1 TL grobes Meersalz
   1 TL gemahlener Kreuzkümmel
   ½ TL Knoblauchgranulat
   ¼ TL frisch gemahlener schwarzer Pfeffer

   700 g kleine Kartoffeln (max. 5 cm Ø)
   2 EL Olivenöl
   ½ TL grobes Meersalz

   2 Skirt-Steaks (aus dem Rinderzwerchfell geschnitten), je etwa 350 g, überschüssiges Fett entfernt

   70 g zerkrümelter Feta
   2 EL gehackte frische glatte Petersilie
   Grobes Meersalz
   Frisch gemahlener schwarzer Pfeffer

1. Den Grill für direkte und indirekte starke Hitze vorbereiten.

2. Die Zutaten für die Würzmischung in einer kleinen Schüssel vermengen.

3. Die Kartoffeln schälen und vierteln. In einer großen Schüssel mit Öl und Salz gut vermischen.

4. Die Grillpfanne über **indirekter starker Hitze** etwa 10 Min. erhitzen. Die Kartoffeln in die Grillpfanne geben und bei geschlossenem Deckel 30–40 Min. grillen, bis sie gebräunt und weich sind. Während dieser Zeit zwei- bis dreimal wenden.

5. Wenn die Kartoffeln etwa 10 Min. auf dem Grill sind, die Steaks mit der Würzmischung einreiben. Die Gewürze gut ins Fleisch drücken. Die Steaks vor dem Grillen 20–30 Min. bei Zimmertemperatur ruhen lassen.

6. Die fertigen Kartoffeln in eine große Einweg-Aluschale geben. Käse und Petersilie hinzufügen, alles gut vermischen und mit Salz und Pfeffer abschmecken. Über indirekter Hitze warm halten, während die Steaks grillen.

7. Die Steaks über **direkter starker Hitze** bei geschlossenem Deckel grillen, bis sie den gewünschten Gargrad erreicht haben (4–6 Min. für rosa/rot bzw. *medium rare*). Einmal wenden. Auf ein Schneidebrett legen und 3–5 Min. ruhen lassen. Die Steaks quer zur Faser dünn aufschneiden und warm mit den Kartoffeln servieren.

SKIRT-STEAK ZUBEREITEN

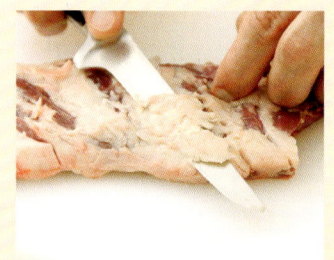

1. Das Fett an beiden Seiten des Skirt-Steaks mit einem scharfen Messer fast vollständig entfernen.

2. Je gründlicher das Fett entfernt wird, desto geringer ist die Gefahr, dass es beim Grillen zu Flammenbildung kommt.

3. Das Fleisch lässt sich auf dem Grill leichter handhaben, wenn man es in etwa 30 cm lange Stücke schneidet.

4. Die Steaks großzügig mit der Würzmischung einreiben. Die Gewürze ins Fleisch klopfen, damit beim Grillen nichts herunterfällt.

CARNE ASADA MIT BOHNEN-AVOCADO-SALAT

FÜR 4–6 PERSONEN
ZUBEREITUNGSZEIT: 20 MIN.

GRILLMETHODE: DIREKTE STARKE HITZE (230–290 °C)
GRILLZEIT: 4–6 MIN.

FÜR DEN SALAT
    1 Dose (440 g) schwarze Bohnen, gespült und abgetropft
    1 reife Avocado, fein gewürfelt
    200 g fein gewürfelte weiße Zwiebeln, im Sieb gespült
    300 g fein gewürfelte reife Tomaten
    2 EL grob gehacktes Koriandergrün
    1 EL frisch gepresster Limettensaft
    ½ TL grobes Meersalz
    ¼ TL reines Chilipulver
    ¼ TL gemahlener Kreuzkümmel
    1 kräftige Prise frisch gemahlener schwarzer Pfeffer

FÜR DIE WÜRZMISCHUNG
    1 TL reines Chilipulver
    1 TL grobes Meersalz
    ½ TL gemahlener Kreuzkümmel
    ¼ TL frisch gemahlener schwarzer Pfeffer

    700 g Skirt-Steak (aus dem Rinderzwerchfell geschnitten), überschüssiges Fett entfernt
    Olivenöl

In einer Salsa oder im Salat ist der Geschmack roher Zwiebeln manchmal zu dominant. Er wird etwas milder, wenn man die gewürfelten Zwiebeln unter fließendem Wasser spült.

1. Die Zutaten für den Salat in einer großen Schüssel vermischen. Den Salat direkt auf der Oberfläche mit Frischhaltefolie abdecken, damit sich die Avocado nicht verfärbt. Bis zum Servieren (max. 2 Std.) bei Zimmertemperatur beiseitestellen.

2. Die Zutaten für die Würzmischung in einer kleinen Schüssel vermengen. Das Fleisch in 30 cm lange Stücke schneiden. Die Steaks auf beiden Seiten dünn mit Öl bestreichen und gleichmäßig mit der Würzmischung einreiben. Vor dem Grillen 20–30 Min. bei Zimmertemperatur ruhen lassen. Den Grill für direkte starke Hitze vorbereiten.

3. Den Grillrost mit der Bürste reinigen. Die Steaks über **direkter starker Hitze** bei geschlossenem Deckel bis zum gewünschten Gargrad grillen (4–6 Min. für rosa/rot bzw. *medium rare*). Ein- oder zweimal wenden. Die Steaks vom Grill nehmen und 3–5 Min. ruhen lassen.

4. Die Steaks quer zur Faser in fingerdicke Scheiben schneiden und warm mit dem Salat servieren.

SCHALOTTEN VORBEREITEN

1. Das Wurzelende größtenteils entfernen.

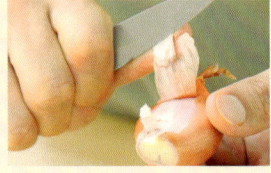

2. Die trockene Pergamenthaut abziehen.

3. Die Schalotten auf Alufolie ausbreiten und mit Öl beträufeln.

4. Die Folie darüberklappen und zu einem Paket falten.

STEAKS AUS DEM FALSCHEN FILET

1. Häufig ist das falsche Filet (Schulterfilet) wie im Bild rechts von einer kräftigen Sehne durchzogen.

2. Beim gebratenen Steak ist sie schwerer zu erkennen.

3. Damit jede Scheibe zart ist, die Sehne vor dem Servieren wegschneiden.

BISTRO-STEAKS MIT SENFSAUCE

FÜR 4 PERSONEN
ZUBEREITUNGSZEIT: 15 MIN.

GRILLMETHODE: INDIREKTE UND DIREKTE MITTLERE HITZE (175–230 °C)
GRILLZEIT: ETWA 1 STD.

8 große Schalotten, insgesamt etwa 350 g
Olivenöl
1¾ TL grobes Meersalz
1 TL getrockneter Thymian
1 TL Paprikapulver
¾ TL frisch gemahlener schwarzer Pfeffer

4 Steaks vom falschen Filet (Schulterfilet), je etwa 200 g schwer und 2,5 cm dick

125 g Sauerrahm
1 EL Dijon-Senf

1. Den Grill für direkte und indirekte mittlere Hitze vorbereiten.

2. Die Schalotten schälen und die Wurzelenden größtenteils entfernen. Größere Schalotten längs halbieren, Zwillingszwiebeln trennen. Die Schalotten in die Mitte eines großen Stücks Alufolie legen. Mit 1 EL Öl beträufeln und ¼ TL Salz bestreuen. Die Folie zu einem Paket falten. Die Schalotten über *indirekter mittlerer Hitze* bei geschlossenem Deckel 20–30 Min. grillen, bis sie durch und durch weich sind. Ein- oder zweimal wenden. Das Paket vom Grill nehmen.

3. In einer kleinen Schüssel die restlichen 1½ TL Salz mit Thymian, Paprikapulver und Pfeffer vermischen. Die Steaks auf beiden Seiten dünn mit Öl bestreichen und gleichmäßig mit den Gewürzen einreiben. Vor dem Grillen 20–30 Min. bei Zimmertemperatur ruhen lassen.

4. Sauerrahm und Senf in einer kleinen Schüssel verrühren.

5. Den Grillrost mit der Bürste reinigen. Die Steaks über *direkter mittlerer Hitze* bei geschlossenem Deckel grillen, bis sie den gewünschten Gargrad erreicht haben (8–10 Min. für rosa/rot bzw. *medium rare*). Einmal wenden. Gleichzeitig das Paket mit den Schalotten über *indirekter mittlerer Hitze* wieder erwärmen. Die Steaks vom Grill nehmen und 3–5 Min. ruhen lassen. Währenddessen die Schalotten auspacken und angebrannte Teile, falls vorhanden, entfernen.

6. Zum Tranchieren der Steaks das Fleisch zu beiden Seiten des Sehnenstrangs abschneiden und quer zur Faser in Streifen schneiden. Auf Serviertellern anrichten und warm mit den Schalotten und der Sauerrahm-Senf-Sauce servieren.

ASIATISCH GEWÜRZTES FLANK-STEAK MIT GRÜNEM SPARGEL UND GOMASIO

FÜR 4–6 PERSONEN
ZUBEREITUNGSZEIT: 25 MIN.
MARINIERZEIT: 3–4 STD.

GRILLMETHODE: DIREKTE MITTLERE HITZE (175–230 °C)
GRILLZEIT: 12–16 MIN.
ZUBEHÖR: MÖRSER

FÜR DIE MARINADE
    5 EL Sojasauce
    2 EL Zucker
    3 EL Reisweinessig
    2 EL geröstetes Sesamöl
    3 zerdrückte Knoblauchzehen
    1½ EL fein geriebener Ingwer
    1½ TL Sambal Oelek oder eine Paste aus frischem Chili
    100 g fein gehackte Frühlingszwiebeln, nur weiße und hellgrüne Teile
    4 EL grob gehacktes Koriandergrün

    1 Flank-Steak (aus der Dünnung geschnitten), 700–900 g schwer und etwa 2 cm dick

FÜR DAS GOMASIO
    4 EL Sesam
    1 TL Meersalz

FÜR DEN SPARGEL
    500 g grüner Spargel
    1 EL Olivenöl
    ½ TL grobes Meersalz

    2 EL fein gehacktes Koriandergrün oder glatte Petersilie

GOMASIO HERSTELLEN

1. Die Sesamsamen rösten, bis sie etwas dunklere Farbe annehmen.

2. Mit Salz im Mörser zerstoßen, ergibt sich ein köstliches Gewürz.

FLANK-STEAKS AUFSCHNEIDEN

1. Flank-Steaks sind schön mürbe, wenn man sie quer zur Faser aufschneidet.

2. Die Scheiben sollten höchstens 1 cm dick sein.

1. Sojasauce, Zucker, Essig, Öl, Knoblauch, Ingwer und Chilipaste in einer kleinen Schüssel verquirlen. Frühlingszwiebeln und Koriander hinzufügen. Das Steak in ein säurefestes Gefäß aus Glas oder Edelstahl geben, mit der Marinade begießen und darin wenden, damit es von allen Seiten überzogen ist. Abdecken und 3–4 Std. im Kühlschrank marinieren. Während dieser Zeit ein- bis zweimal wenden.

2. Für das Gomasio den Sesam in einer beschichteten Pfanne ohne Öl auf niedriger Stufe 2–3 Min. goldbraun rösten. Die Pfanne dabei rütteln und den Sesam umrühren. Auf einem Teller 10 Min. abkühlen lassen. Mit dem Salz im Mörser grob zerstoßen.

3. Die trockenen, holzigen Enden der Spargelstangen entfernen. Den Spargel dünn mit Öl bestreichen und salzen.

4. Den Grill für direkte mittlere Hitze vorbereiten.

5. Das Steak aus der Marinade nehmen und vor dem Grillen 20–30 Min. bei Zimmertemperatur ruhen lassen. Den Grillrost mit der Bürste reinigen. Das Steak über **direkter mittlerer Hitze** bei geschlossenem Deckel bis zum gewünschten Gargrad grillen (8–10 Min. für rosa/rot bzw. *medium rare*). Einmal wenden. Auf ein Schneidebrett legen und ruhen lassen, während der Spargel grillt.

6. Die Spargelstangen rechtwinklig zu den Streben auf den Grillrost legen und über **direkter mittlerer Hitze** bei geschlossenem Deckel 4–6 Min. grillen, bis sie leicht gebräunt und bissfest sind. Die Stangen währenddessen ab und zu auf dem Rost drehen und rollen. Vom Grill nehmen und auf einer Seite einer großen Servierplatte anrichten.

7. Das Steak schräg in feine Scheiben schneiden und auf der Platte mit dem Spargel anrichten. Beides mit Gomasio und Koriander oder Petersilie bestreuen und warm servieren.

GEFÜLLTEN ROLLBRATEN AUS DEM FLANK-STEAK VORBEREITEN

1. Die Silberhaut und den Großteil des Fetts von der Oberfläche entfernen.

2. Mit dem Messer parallel zur Arbeitsfläche einen flachen Längsschnitt in die Mitte des Steaks setzen.

3. Den flachen Schnitt auf der ganzen Länge vertiefen.

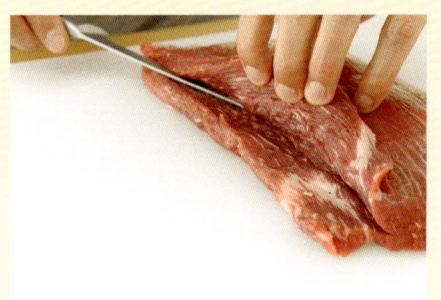

4. Mit der Spitze des Messers die Tasche immer weiter aufschneiden, mit der freien Hand das Fleisch aufklappen.

5. Weiterschneiden, bis nur noch ein etwa 1,5 cm breiter Fleischrand übrig ist.

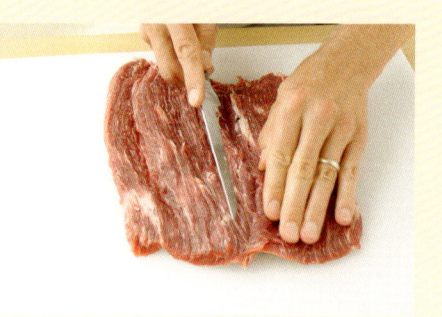

6. Das Steak wie ein Buch aufklappen und flach ausbreiten.

7. Das Steak umdrehen und den abstehenden Rand sorgfältig wegschneiden.

8. Das Steak wieder umdrehen, sodass die aufgeschnittene Seite oben liegt.

9. Das Steak so hinlegen, dass die Fleischfaser quer verläuft. Die Füllung auf dem Fleisch verteilen, dabei an den Seiten je 2 cm, oben 5–6 cm frei lassen.

10. Das Fleisch vom unteren Ende her gleichmäßig aufrollen.

11. Wenn der obere Fleischrand frei bleibt, kann die Füllung gut in die Rolle eingepackt werden.

12. Alle 5 cm ein Stück Küchengarn um den Braten binden und verknoten.

FLANK-STEAK-ROLLBRATEN

FÜR 6 PERSONEN
ZUBEREITUNGSZEIT: 40 MIN.

GRILLMETHODE: INDIREKTE MITTLERE HITZE (175–230 °C)
GRILLZEIT: 20–30 MIN.
ZUBEHÖR: KÜCHENGARN

- 80 g Feta, zerkrümelt
- 80 g Semmelbrösel
- 1 gegrillte kleine rote Paprikaschote (Zubereitung siehe Seite 290), in Würfel geschnitten
- 1 große Knoblauchzehe
- 5 EL frische glatte Petersilie
- 1 EL frischer Thymian
- ½ TL grobes Meersalz
- ¼ TL frisch gemahlener schwarzer Pfeffer

- 2 Flank-Steaks (aus der Dünnung geschnitten), je etwa 700 g
- 1 EL Olivenöl
- Grobes Meersalz
- Frisch gemahlener schwarzer Pfeffer

1. Käse, Semmelbrösel und Paprikawürfel in einer mittelgroßen Schüssel vermischen. Den Knoblauch zusammen mit den frischen Kräutern fein hacken und mit Salz und Pfeffer hinzufügen. Mit einer Gabel alles gründlich vermischen.

2. Ein Flank-Steak auf ein Schneidebrett legen. Mit einem scharfen Fleischmesser parallel zur Faser flach aufschneiden, bis man das Steak wie ein Buch aufklappen kann (siehe Anweisung Seite 70). Das zweite Steak ebenso zuschneiden.

3. Den Grill für indirekte mittlere Hitze vorbereiten.

4. Die Füllung gleichmäßig über die aufgeklappten Steaks verteilen, dabei die Ränder frei lassen (an der oben liegenden Seite mehrere Zentimeter). Eventuell bleibt etwas Füllung übrig, trotzdem nicht zu viel davon verwenden. Überschüssige Füllung fällt an den Seiten heraus und der Braten lässt sich schwerer rollen. Die Steaks mit der Füllung eng einrollen (die Fleischfaser verläuft beim Rollen quer) und im Abstand von jeweils etwa 5 cm mit Küchengarn in Form binden. Die Rollbraten mit Öl bestreichen und leicht salzen und pfeffern.

5. Den Grillrost mit der Bürste reinigen. Die Braten über **indirekter mittlerer Hitze** bei geschlossenem Deckel bis zum gewünschten Gargrad grillen (20–30 Min. für rosa/rot bzw. *medium rare*). Einmal wenden. Anschließend auf ein Schneidebrett legen, mit Alufolie abdecken und 10 Min. ruhen lassen.

6. Die Braten in 1,5–2 cm dicke Scheiben schneiden und warm servieren.

ARGENTINISCHE RINDERSPIESSE MIT CHIMICHURRI-SAUCE

FÜR 4–6 PERSONEN
ZUBEREITUNGSZEIT: 20 MIN.

GRILLMETHODE: DIREKTE STARKE HITZE (230–290 °C)
GRILLZEIT: 6–8 MIN.
ZUBEHÖR: HOLZSPIESSE, MIND. 30 MIN. GEWÄSSERT

FÜR DIE SAUCE
- 1 kleines Bund glatte Petersilie, Blätter samt zarten Stielen
- 1 Handvoll Basilikumblätter
- 4 EL fein gewürfelte weiße Zwiebel, im Sieb gespült
- 4 EL fein gewürfelte Möhre
- 1 Knoblauchzehe
- ½ TL grobes Meersalz
- 6 EL Olivenöl
- 2 EL Reisweinessig

FÜR DIE WÜRZMISCHUNG
- 1½ TL grobes Meersalz
- ½ TL Paprikapulver
- ½ TL gemahlene Koriandersamen
- ½ TL gemahlener Kreuzkümmel
- ¼ TL frisch gemahlener schwarzer Pfeffer

- 900 g Sirloin-Steak (flaches Roastbeef), 2,5–3 cm dick, in 2,5 cm große Würfel geschnitten
- Olivenöl
- 18 große Cocktailtomaten

1. Petersilie, Basilikum, Zwiebel, Möhre, Knoblauch und Salz in eine Küchenmaschine oder einen Standmixer geben und fein hacken. Öl und Essig bei laufendem Motor in dünnem Strahl hinzugießen – am Ende soll eine relativ dicke Sauce entstehen.

2. Die Zutaten für die Würzmischung in einer kleinen Schüssel vermengen.

3. Die Fleischwürfel in eine große Schüssel geben. Dünn mit Öl beträufeln und mit der Würzmischung bestreuen. Die Würfel mehrmals wenden, um die Gewürze gleichmäßig zu verteilen. Das Fleisch vor dem Grillen 20–30 Min. bei Zimmertemperatur ruhen lassen. Den Grill für direkte starke Hitze vorbereiten.

4. Fleischwürfel und Tomaten abwechselnd auf die Spieße stecken. Den Grillrost mit der Bürste reinigen. Die Spieße über **direkter starker Hitze** bei geschlossenem Deckel bis zum gewünschten Gargrad grillen (6–8 Min. für rosa/rot bzw. *medium rare*). Gelegentlich wenden. Die Spieße warm servieren. Die Sauce darüberträufeln oder separat dazu reichen.

SIRLOIN-STEAKS IN WÜRFEL SCHNEIDEN

Es ist wichtig, Fleischwürfel von möglichst gleicher Größe zu schneiden, damit sie gleichmäßig garen.

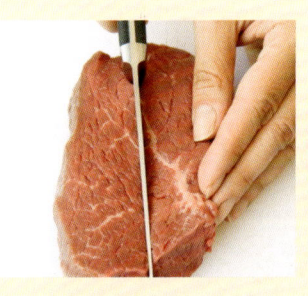

1. Man benötigt ein schönes, mind. 2,5 cm dickes Sirloin-Steak aus dem flachen Roastbeef ohne Knochen.

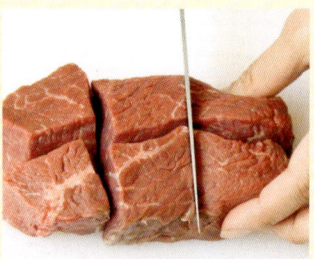

2. Längs und quer jeweils so schneiden, dass gleichmäßige, ungefähr 2,5 cm große Würfel entstehen.

3. Das in Würfel geschnittene Fleisch hat eine große Oberfläche und nimmt deshalb die Grillaromen besonders gut auf.

4. Wenn einige Würfel kleiner sind als der Rest, steckt man sie gesondert auf einen Spieß und grillt sie kürzer.

Das Mittelstück des Rinderfilets ist fast immer das teuerste Stück. Daraus schneidet man am besten Filetmedaillons. Für Spieße kann man die dünneren Filetspitzen verwenden – sie kosten weniger, haben aber dieselbe butterweiche Textur. Hauchdünne Zitronenscheiben ergänzen die Aromen der Finadene, einer sehr beliebten Marinade und Sauce aus der kulinarischen Tradition der Pazifikinsel Guam.

FILETSPIESSE MIT FINADENE-SAUCE

FÜR 4–6 PERSONEN
ZUBEREITUNGSZEIT: 20 MIN.
MARINIERZEIT: 1–2 STD.

GRILLMETHODE: DIREKTE STARKE HITZE (230–290 °C)
GRILLZEIT: 4–6 MIN.
ZUBEHÖR: HOLZSPIESSE, MIND. 30 MIN. GEWÄSSERT

FÜR DIE SAUCE
- 120 ml Sojasauce
- 4 EL fein gewürfelte weiße Zwiebel
- 3 EL frisch gepresster Zitronensaft
- 3 EL Wasser
- 1 TL fein gehackte Chilischote (vorzugsweise Jalapeño)

- 1 Rinderfiletbraten, etwa 1350 g
- 4 EL Olivenöl
- 2 Bio-Zitronen, in dünne Scheiben geschnitten

1. Die Zutaten für die Sauce in einer mittelgroßen Schüssel vermischen. Davon 5 EL in einer kleinen Schüssel beiseitestellen und später mit dem gegrillten Fleisch servieren.

2. Überschüssiges Fett und Sehnen vom Filet entfernen. Das Fleisch quer in 3 cm dicke Steaks und diese in 2,5–3,5 cm große Würfel schneiden (Fett und Sehnen erneut entfernen). Die Fleischwürfel in einen großen, wiederverschließbaren Plastikbeutel geben, die restliche Sauce dazugießen und das Öl hinzufügen. Die Luft aus dem Beutel streichen, den Beutel fest verschließen und mehrmals wenden, um Öl und Sauce zu vermischen und das Fleisch damit zu bedecken. Im Kühlschrank 1–2 Std marinieren.

3. Das Fleisch auf Spieße, dazwischen jeweils eine gefaltete dünne Zitronenscheibe stecken, damit die Würfel gleichmäßig garen. Die Spieße vor dem Grillen 20–30 Min. bei Zimmertemperatur ruhen lassen. Den Grill für direkte starke Hitze vorbereiten.

4. Den Grillrost mit der Bürste reinigen. Die Spieße über **direkter starker Hitze** bei geschlossenem Deckel bis zum gewünschten Gargrad grillen (4–6 Min. für rosa/rot bzw. *medium rare*). Zwei- bis dreimal wenden. Warm mit der beiseitegestellten Sauce servieren.

GURKE VORBEREITEN

1. Die Gurke mit einer groben Reibe zerkleinern.

2. Die geraspelte Gurke auf ein Stück festes Küchenpapier legen.

3. Behutsam ausdrücken und anschließend die Gurkenraspel in die Joghurtsauce rühren.

LAMMSPIESSE MIT ZAZIKI

FÜR 4 PERSONEN
ZUBEREITUNGSZEIT: 20 MIN.
MARINIERZEIT: 3–4 STD.

GRILLMETHODE: DIREKTE STARKE HITZE (230–290 °C)
GRILLZEIT: 6–7 MIN.
ZUBEHÖR: HOLZSPIESSE, MIND. 30 MIN. GEWÄSSERT

FÜR DIE MARINADE
    120 ml Olivenöl
    1 EL fein gehackter Knoblauch
    1 EL fein gehackte frische Oreganoblätter oder
       1 TL getrockneter Oregano
    1 TL grobes Meersalz
    ¼ TL frisch gemahlener schwarzer Pfeffer

    1 ausgelöste Lammkeule, etwa 700 g, überschüssiges Fett entfernt, in 4 cm große Würfel geschnitten
    2 mittelgroße gelbe oder grüne Paprikaschoten, in 3 x 3 cm große Stücke geschnitten
    24 große Cocktailtomaten

FÜR DAS ZAZIKI
    ½ Salatgurke, grob geraspelt
    250 g Naturjoghurt (vorzugsweise griechischer mit 10%)
    2 EL fein gewürfelte rote Zwiebel
    1 TL fein abgeriebene Schale von 1 Bio-Zitrone
    1 EL frisch gepresster Zitronensaft
    1 kleine zerdrückte Knoblauchzehe
    Grobes Meersalz
    Frisch gemahlener schwarzer Pfeffer

1. Die Zutaten für die Marinade in einer kleinen Schüssel verquirlen. Lammwürfel, Paprika und Tomaten abwechselnd auf die Spieße ziehen. Die Spieße in ein flaches Gefäß legen, mit der Marinade übergießen und darin wenden, bis sie gut bedeckt ist. Abdecken und 3–4 Std. kalt stellen, dabei gelegentlich wenden. Vor dem Grillen 20–30 Min. Zimmertemperatur annehmen lassen.

2. Die geraspelte Gurke gut ausdrücken (siehe Anweisung links), um möglichst viel Flüssigkeit zu entfernen. Die Gurke in eine kleine Schüssel geben und Joghurt, Zwiebel, Zitronenschale, Zitronensaft und Knoblauch unterrühren. Salzen und pfeffern. Abdecken und bis zum Servieren kalt stellen.

3. Den Grill für direkte starke Hitze vorbereiten. Den Grillrost mit der Bürste reinigen. Die Fleischspieße aus der Marinade nehmen (sie wird nicht mehr gebraucht) und über **direkter starker Hitze** bei geschlossenem Deckel grillen, bis das Fleisch den gewünschten Gargrad erreicht hat (6–7 Min. für rosa/rot bzw. *medium rare*). Gelegentlich wenden. Warm mit dem Zaziki servieren.

KALBSKOTELETTS MIT STEINPILZ-KRUSTE UND KRÄUTER-MASCARPONE

FÜR 4 PERSONEN
ZUBEREITUNGSZEIT: 15 MIN.

GRILLMETHODE: DIREKTE MITTLERE HITZE (175–230 °C)
GRILLZEIT: ETWA 6 MIN.
ZUBEHÖR: GEWÜRZMÜHLE

FÜR DEN KRÄUTER-MASCARPONE
    5 EL Mascarpone
    1 TL fein gehackter frischer Salbei
    ¼ TL grobes Meersalz
    ¼ TL frisch gemahlener schwarzer Pfeffer

    4 EL getrocknete Steinpilze
    2 TL grobes Meersalz
    1 TL frisch gemahlener schwarzer Pfeffer

    Olivenöl
    4 Kalbskoteletts, je etwa 250 g schwer und 2,5 cm dick

1. Die Zutaten für den Kräuter-Mascarpone in einer kleinen Schüssel vermischen. Abdecken und 1 Std. bei Zimmertemperatur ziehen lassen.

2. Die Steinpilze in einer Gewürzmühle fein mahlen (es sollten sich 2 EL ergeben). Das Steinpilzpulver in eine kleine Schüssel geben und mit Salz und Pfeffer mischen. Öl auf einem Backblech verstreichen und die Würzmischung daraufstreuen. Die Kalbskoteletts durch das Gewürzöl ziehen, bis sie gleichmäßig davon überzogen sind. Die Koteletts abdecken und vor dem Grillen 20–30 Min. bei Zimmertemperatur ruhen lassen. Den Grill für direkte mittlere Hitze vorbereiten.

3. Den Grillrost mit der Bürste reinigen. Die Koteletts über **direkter mittlerer Hitze** bei geschlossenem Deckel bis zum gewünschten Gargrad grillen (6 Min. für rosa/rot bzw. *medium rare*). Einmal wenden. Die Koteletts vom Grill nehmen und 3–5 Min. ruhen lassen. Heiß mit dem Kräuter-Mascarpone servieren.

Wenn Sie bei Kalbfleisch vor allem an zu stark panierte und zu lange gebratene fettige Schnitzel denken, sollten Sie sich dieses Kotelett nach toskanischem Rezept gönnen: Das über duftendem Feuer kurz gegrillte, magere Kalbskotelett, saftig und zart, verspricht ein köstliches Geschmackserlebnis.

KALBSKOTELETTS ZUBEREITEN

1. Die getrocknete Steinpilze *(porcini)* werden in einer Gewürz- oder Kaffeemühle fein gemahlen.

2. Hochwertiges Olivenöl auf ein Backblech geben und das mit Salz und Pfeffer vermischte Pilzpulver gleichmäßig darüberstreuen.

3. Die Kalbskoteletts in das Gewürzöl drücken.

4. Die Koteletts auf beiden Seiten mehrmals über das Backblech ziehen, bis sie gleichmäßig bedeckt sind.

LAMMKARREE FÜR DEN GRILL VORBEREITEN

1. Bei der Zubereitung von Lammkarree ist es wichtig, die aus den Koteletts herausstehenden Knochen zuerst von Fett zu befreien und gründlich zu säubern.

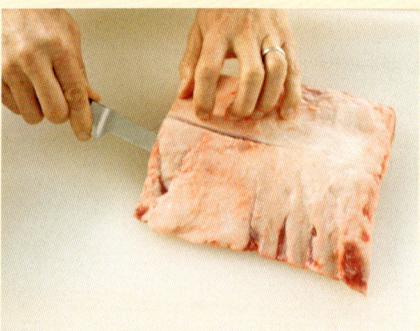

2. Um die Fettauflage, die die Rippenknochen und das Fleisch bedeckt, zu entfernen, zunächst einen langen Schnitt durch das Fett am Knochenansatz machen.

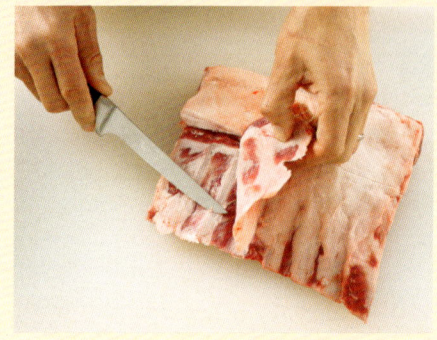

3. Mithilfe des Messers die Fettdecke von den Knochen lösen.

4. Das Fleisch zwischen den Rippen mit dem Messer wegschneiden und abschaben, bis die Knochen sauber sind.

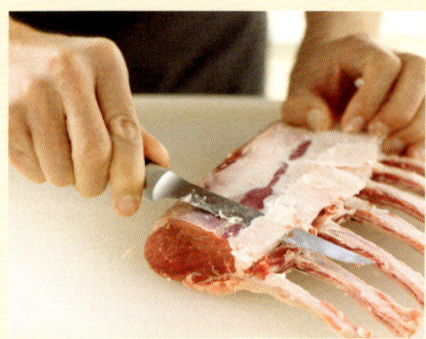

5. Nun die Fettauflage auf dem Fleisch entfernen, um Flammenbildung zu verhindern.

6. Idealerweise ist das Fleisch rosa bis rot, nicht bläulich. Je dunkler die Farbe, desto älter das Tier, von dem das Fleisch stammt.

LAMMKARREE GRILLEN

Lammkoteletts sind ein butterweicher Luxus. Man kann sie natürlich einzeln grillen. Saftiger und zarter werden sie, wenn man das ganze Lammkarree auf den Grill legt und erst anschließend in Koteletts teilt.

1. Den Grill so vorbereiten, dass die Holzkohle nur eine Hälfte bis drei Viertel des Kohlerosts bedeckt.

2. Das Lammkarree möglichst über direkter Hitze grillen.

3. Wenn sich Flammen bilden, das Fleisch auf die andere Seite des Grills über indirekte Hitze ziehen.

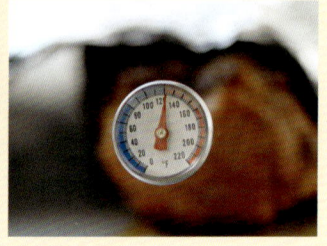

4. Sobald die Kerntemperatur etwas über 50 °C erreicht hat, das Lammkarree vom Grill nehmen, locker mit Alufolie abdecken und 5 Min. ruhen lassen, bevor man es in Koteletts zerteilt.

LAMMKARREE MIT ORANGEN-GRANATAPFEL-SIRUP

FÜR 4–6 PERSONEN
ZUBEREITUNGSZEIT: 40 MIN.

GRILLMETHODE: DIREKTE MITTLERE HITZE (175–230 °C)
GRILLZEIT: 15–20 MIN.

    2 Lammkarrees, je etwa 500–700 g

FÜR DIE WÜRZPASTE
    2 EL Olivenöl
    3 zerdrückte Knoblauchzehen
    1 EL Chilipulver (Gewürzmischung)
    2 TL grobes Meersalz
    1 TL frisch gemahlener schwarzer Pfeffer

FÜR DEN SIRUP
    120 ml frisch gepresster Orangensaft
    4 EL Granatapfelsaft
    2 EL Honig
    1 EL Aceto balsamico
    ½ TL grobes Meersalz

1. Fettauflage auf dem Lammkarree entfernen und Rippenknochen sauber abschaben (siehe Seite 76).

2. Die Zutaten für die Würzpaste in einer kleinen Schüssel vermischen. Das Lammfleisch damit bestreichen und vor dem Grillen 20–30 Min. bei Zimmertemperatur ruhen lassen.

3. Für den Sirup beide Säfte, Honig und Aceto balsamico in einem kleinen Topf vermischen und rasch aufkochen. Die Hitze reduzieren und die Mischung 15–20 Min. auf etwa 5 EL einkochen. Den Sirup mit Salz würzen und abkühlen lassen.

4. Den Grill für direkte mittlere Hitze vorbereiten. Den Grillrost mit der Bürste reinigen. Die Lammkarrees zuerst mit der Knochenseite nach unten über **direkter mittlerer Hitze** bei geschlossenem Deckel grillen, bis der gewünschte Gargrad erreicht ist (etwa 15–20 Min. für rosa/rot bzw. *medium rare*). In dieser Zeit ein- oder zweimal wenden. Wenn sich Flammen bilden, das Fleisch über indirekte Hitze ziehen. Sobald die Kerntemperatur etwas über 50 °C erreicht hat, die Karrees vom Grill nehmen und 5 Min. ruhen lassen (die Temperatur steigt während der Ruhezeit noch einmal um etwa 2 Grad), dann in Koteletts aufschneiden.

5. Den Sirup falls nötig auf niedriger Stufe erneut erhitzen, um ihn zu verflüssigen. Die Lammkoteletts mit Sirup beträufeln und warm servieren.

Natürlich kann man fertig geschnittene Lammkoteletts kaufen. Schneidet man sie aber aus einem ganzen Lammkarree, ist das einerseits preiswerter, andererseits kann man die Koteletts alle gleich dick schneiden. Dafür das Karree mit der Fleischseite nach unten auf ein Schneidebrett legen und mit einem möglichst glatten Schnitt genau zwischen zwei Rippen die Koteletts abtrennen.

LAMMKOTELETTS MIT INDISCHEN GEWÜRZEN

FÜR 4 PERSONEN
ZUBEREITUNGSZEIT: 10 MIN.
MARINIERZEIT: 1–2 STD.

GRILLMETHODE: DIREKTE STARKE HITZE (230–290 °C)
GRILLZEIT: 4–6 MIN.

FÜR DIE MARINADE
    4 EL Olivenöl
    2 EL frisch gepresster Limettensaft
    1 EL zerdrückter Knoblauch
    1½ TL grobes Meersalz
    1 TL gemahlene Koriandersamen
    1 TL gemahlener Kreuzkümmel
    ½ TL Ingwerpulver
    ½ TL frisch gemahlener schwarzer Pfeffer

    16 Lammkoteletts, je etwa 2 cm dick, überschüssiges Fett entfernt
    1 Limette, geachtelt (nach Belieben)

1. Die Zutaten für die Marinade in einer kleinen Schüssel verquirlen.

2. Die Lammkoteletts auf eine große Platte mit Rand legen. Mit der Marinade bestreichen oder begießen und darin wenden, bis sie gleichmäßig bedeckt sind. Mit Frischhaltefolie abdecken und 1–2 Std. im Kühlschrank marinieren.

3. Die Lammkoteletts 20–30 Min. vor dem Grillen aus dem Kühlschrank nehmen. Den Grill für direkte starke Hitze vorbereiten.

4. Den Grillrost mit der Bürste reinigen. Die Lammkoteletts über **direkter starker Hitze** bei geschlossenem Deckel grillen, dabei einmal wenden bis sie auf beiden Seiten das typische Grillmuster aufweisen und der gewünschte Gargrad erreicht ist (etwa 4–6 Min. für rosa/rot bzw. *medium rare*).

5. Die Koteletts vom Grill nehmen und 3–5 Min. ruhen lassen. Warm servieren und nach Belieben Limettenspalten dazu reichen.

LAMMKOTELETTS MIT USBEKISCHER MARINADE

FÜR 4 PERSONEN
ZUBEREITUNGSZEIT: 10 MIN.
MARINIERZEIT: 3–5 STD.

GRILLMETHODE: DIREKTE STARKE HITZE (230–290 °C)
GRILLZEIT: ETWA 8 MIN.

FÜR DIE MARINADE/SAUCE
    1 kleine Zwiebel, grob gewürfelt
    4 Eiertomaten aus der Dose
    120 ml Olivenöl
    4 große Knoblauchzehen
    2 EL Rotweinessig
    1 EL edelsüßes Paprikapulver
    1 EL getrockneter Thymian
    1 EL gemahlene Koriandersamen
    2 TL gemahlener Kreuzkümmel
    2 TL grobes Meersalz
    ½ TL Cayennepfeffer
    ½ TL frisch gemahlener schwarzer Pfeffer

    8 Lammkoteletts, je etwa 3 cm dick
    Olivenöl

1. Die Zutaten für die Marinade in einer Küchenmaschine oder mit dem Mixstab 1–2 Min. sehr fein pürieren.

2. Die Lammkoteletts nebeneinander in ein flaches Gefäß legen, mit der Marinade übergießen und gründlich darin wenden. Mit Frischhaltefolie abdecken und 3–5 Std. kalt stellen.

3. Die Koteletts aus dem Kühlschrank nehmen und die anhaftende Marinade mit Küchenpapier gründlich abtupfen. Das Fleisch dünn mit Öl bestreichen und vor dem Grillen 20–30 Min. bei Zimmertemperatur ruhen lassen. Den Grill für direkte starke Hitze vorbereiten.

4. Den Grillrost mit der Bürste reinigen. Die Koteletts über **direkter starker Hitze** bei geschlossenem Deckel grillen, bis der gewünschte Gargrad erreicht ist (etwa 8 Min. für rosa/rot bzw. *medium rare*). Die Koteletts gelegentlich wenden und nach Bedarf verschieben, damit sie gleichmäßig gar werden. Die Koteletts bei jedem Wenden oder Verschieben auf eine saubere Stelle des Grillrosts legen und die am Rost haftenden Marinadereste mit der Bürste entfernen.

5. Die Lammkoteletts vom Grill nehmen und 3–5 Min. ruhen lassen. Warm servieren.

Hat man Lammkoteletts in einem dicken Gemüsepüree mariniert, sollte man vor dem Grillen das meiste davon z.B. mit einem Pinsel entfernen oder mit Küchenpapier abtupfen. Zu viel Marinade verhindert, dass das Fleisch schön gebräunt wird. Keine Sorge, die Aromen der Marinade sind bereits tief ins Fleisch eingedrungen!

BASILIKUM-KNOBLAUCH-ÖL HERSTELLEN

1. Salzwasser in einem Topf sprudelnd aufkochen. Die Basilikumblätter hineingeben und 10 Sek. blanchieren.

2. Die Basilikumblätter sofort mit einem Schaumlöffel herausheben und in Eiswasser abschrecken. Der Garvorgang wird unterbrochen und die Blätter behalten ihre grüne Farbe.

3. Die Basilikumblätter auf Küchenpapier auslegen und trocken tupfen.

4. Basilikum, Öl und Knoblauch in eine Küchenmaschine oder einen Standmixer geben.

5. Die Zutaten zerkleinern, bis das Basilikum püriert ist. Anschließend die Mischung mit Salz und zerstoßenen Chiliflocken würzen.

6. Das Basilikum-Knoblauch-Öl rund um das gegrillte Fleisch träufeln. Ohne seine festen Bestandteile kann das restliche Öl bis zu einer Woche im Kühlschrank aufbewahrt werden.

STEAKS AUS DER LAMMSCHULTER VORBEREITEN

1. Lammsteaks aus der Schulter sind köstlich und im Vergleich zu Lendenfleisch oder Koteletts oft erheblich preiswerter.

2. Die Steaks vor dem Grillen mit Olivenöl bestreichen und kräftig würzen, z.B. mit Kräutern der Provence (siehe Seite 81).

3. Schultersteaks sind eher grobfaserig, deshalb empfiehlt es sich, sie langsam über indirekter Hitze zu garen, damit sie zart werden.

KRÄUTER DER PROVENCE

Die auch als »Herbes de Provence« bezeichnete Mischung getrockneter aromatischer Kräuter ist typisch für die südfranzösische Küche. Sie enthält in der Regel Thymian, Majoran, Petersilie, Estragon, Lavendel, Selleriesamen und Lorbeer.

STEAKS AUS DER LAMMSCHULTER MIT RATATOUILLE-SALAT UND BASILIKUM-KNOBLAUCH-ÖL

FÜR 4 PERSONEN
ZUBEREITUNGSZEIT: 25 MIN.

GRILLMETHODE: DIREKTE UND INDIREKTE MITTLERE HITZE (175–230 °C)
GRILLZEIT: 50–60 MIN.

FÜR DAS WÜRZÖL
- 1 EL plus ½ TL grobes Meersalz
- 2 Handvoll frische Basilikumblätter
- 180 ml Olivenöl
- 1 Knoblauchzehe, geschält
- ¼ TL zerstoßene rote Chiliflocken

FÜR DAS RATATOUILLE
- 1 große rote Paprikaschote
- 1 mittelgroße Aubergine, in 1,5 cm dicke Scheiben geschnitten
- 2 kleine Zucchini, längs halbiert
- 1 mittelgroße Zwiebel, quer in 4 dicke Scheiben geschnitten
- Olivenöl
- 4 Eiertomaten
- Grobes Meersalz
- Frisch gemahlener schwarzer Pfeffer

- 2 TL Kräuter der Provence
- 4 Lammsteaks aus der Schulter, je 300–350 g

1. In einem kleinen Topf Wasser mit 1 EL Salz sprudelnd aufkochen. Die Basilikumblätter hinzufügen und 10 Sek. blanchieren. Die Blätter sofort herausnehmen und in einer Schüssel mit Eiswasser abschrecken, anschließend auf Küchenpapier auslegen und trocken tupfen. In einer Küchenmaschine oder im Standmixer Basilikum, Öl und Knoblauch durchmixen, bis das Basilikum püriert ist. Mit ½ TL Salz und den Chiliflocken würzen. Das Würzöl in eine Kanne oder einen Krug mit Ausgießer geben und beiseitestellen.

2. Den Grill für direkte und indirekte mittlere Hitze vorbereiten.

3. Die Paprikaschote in 4 Teile schneiden, dabei Stielansatz, Trennhäute und Samen entfernen. Aubergine, Zucchini und Zwiebel dünn mit Öl bestreichen. Den Grillrost mit der Bürste reinigen. Das gesamte Gemüse, auch die Tomaten, über **direkter mittlerer Hitze** 6–8 Min. grillen, bis die Haut der Paprikaschote und der Tomaten schwarz ist und Blasen wirft und Aubergine, Zucchini und Zwiebel weich sind. Gelegentlich wenden. Das gegrillte Gemüse auf einen Teller legen. Die Haut der Paprika und Tomaten entfernen und wegwerfen. Das Gemüse klein schneiden, mit Salz und Pfeffer würzen und mit 2 EL Basilikum-Knoblauch-Öl beträufeln. Beiseitestellen.

4. In einer kleinen Schüssel 2 TL grobes Meersalz, ½ TL Pfeffer und die Kräuter der Provence vermischen. Die Lammsteaks dünn mit Öl bestreichen oder besprühen und mit der Kräutermischung würzen.

5. Den Grillrost mit der Bürste reinigen. Die Lammsteaks über **indirekter mittlerer Hitze** bei geschlossenem Deckel 45–50 Min. grillen, bis das Fleisch so weich ist, dass man es mit einer Gabel zerteilen kann. Ein- oder zweimal wenden.

6. Den Ratatouille-Salat gleichmäßig auf vier Teller verteilen. Auf jeden Teller ein gegrilltes Steak anrichten und etwas Basilikum-Knoblauch-Öl rund um das Fleisch und das Gemüse träufeln.

KURZE RIPPE ZUSCHNEIDEN

1. Kurze Rippenstücke vom Rind werden in verschiedenen Zuschnitten angeboten. Kaufen Sie für nebenstehendes Rezept möglichst dünn geschnittene Scheiben wie das Stück unten im Bild. Oft werden kurze Rippen auch wie die vier dickeren Stücke oben im Bild zugeschnitten.

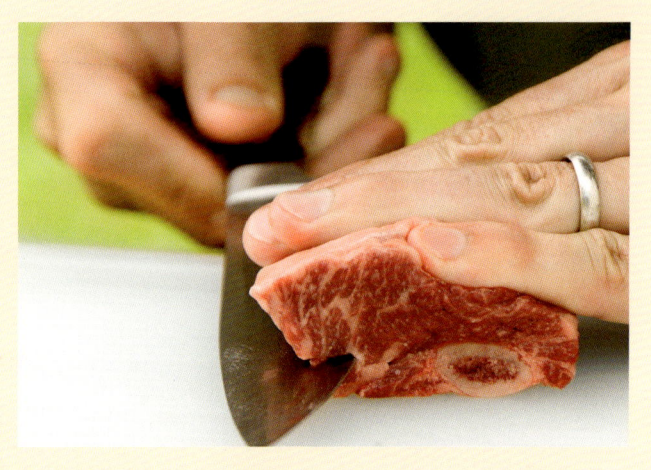

2. Die dickeren Stücke mit einzelnen Rippen muss man aufschneiden. Man beginnt mit einem horizontalen Schnitt knapp über den einzelnen Rippenknochen.

3. Nur so weit schneiden, dass das Stück noch zusammenhält.

4. Weiter horizontal aufschneiden, dabei das Fleisch aufklappen, bis es ca. 1,5 cm dick ist.

5. Das Fleisch mehrmals flach einschneiden, damit es zarter wird.

SCHEIBEN VON DER KURZEN RIPPE GRILLEN

1. In Scheiben geschnittene Rinderrippenstücke werden einfach einige Stunden im Kühlschrank mariniert. Überschüssige Flüssigkeit gut abtropfen lassen, bevor man die Fleischscheiben auf den Grill legt.

2. Die Rippenstücke über direkter starker Hitze bei geöffnetem Deckel grillen, damit man sie immer gut im Blick hat und rechtzeitig wenden kann.

KOREANISCHE BARBECUE-RINDERRIPPEN

FÜR 4–6 PERSONEN
ZUBEREITUNGSZEIT: 10 MIN.
MARINIERZEIT: 2–4 STD.

GRILLMETHODE: DIREKTE STARKE HITZE (230–290 °C)
GRILLZEIT: 3–5 MIN.

FÜR DIE MARINADE
- 1 Nashi-Birne, tennisballgroß, geschält, Kerngehäuse entfernt, grob gewürfelt
- 3 Frühlingszwiebeln, geputzt und in grobe Ringe geschnitten
- 6 große Knoblauchzehen
- 500 ml Wasser
- 180 ml Sojasauce
- 6 EL Zucker
- 4 EL Reisweinessig

- 12 dünne Rippenscheiben vom Rind, je etwa 1,5 cm dick, insgesamt knapp 2 kg
- 2 EL geröstete Sesamsamen

1. Für die Marinade Nashi-Birne, Frühlingszwiebeln und Knoblauch in einer Küchenmaschine fein hacken. Die restlichen Zutaten hinzufügen und alles zu einer homogenen Masse verarbeiten.

2. Die Rippenscheiben in eine große Schüssel geben und mit der Marinade begießen. Gut vermischen, damit das Fleisch überall bedeckt ist. Die Schüssel abdecken und für 2–4 Std. in den Kühlschrank stellen.

3. Den Grill für direkte starke Hitze vorbereiten.

4. Den Grillrost mit der Bürste reinigen. Die Rippenscheiben einzeln aus der Marinade heben und gut abtropfen lassen. Die Marinade weggießen. Das Fleisch über **direkter starker Hitze** bei geöffnetem Deckel 3–5 Min. grillen, bis es von beiden Seiten gut gebräunt und innen rosa oder rosa/rot (medium oder *medium rare*) ist. Gelegentlich wenden. Vom Grill nehmen und vor dem Servieren mit geröstetem Sesam bestreuen. Dazu passt gekochter weißer Reis.

Der süße Saft der knackigen, leicht durchsichtigen Nashi-Birnen eignet sich vorzüglich zum Marinieren von Rindfleisch.

RINDERRIPPEN GRILLEN

1. Kaufen Sie Rinderrippen mit möglichst viel Fleisch am Knochen und würzen Sie sie großzügig.

2. Die Rippen in Seitenlage in einer Einweg-Aluschale anordnen.

3. Rinderbrühe hinzufügen, damit die nötige Feuchtigkeit erhalten bleibt.

4. Die Schale mit Alufolie abdecken. Der entstehende Dampf macht das Fleisch zarter.

5. Die Folie an den Rändern dicht verschließen, damit kein Dampf entweicht.

6. Die Rinderrippen zunächst 1 Std. bei geschlossenem Deckel über indirekter Hitze garen.

7. Wichtig ist, dass die Temperatur im Grill konstant bei etwa 175 °C liegt.

8. Nach 1 Std. Holzkohle nachlegen, damit die Hitze erhalten bleibt.

9. Die Rippen wenden, damit sie gleichmäßig garen.

10. Die Schale erneut gut abdichten und die Rippen 1 weitere Std. garen.

11. Die Rippen aus der Schale nehmen und mit der Sauce bestreichen.

12. Die Rippen zuletzt über direkter Hitze grillen, damit sie knusprig gebräunt werden.

RINDERRIPPEN MIT BARBACOA-SAUCE

FÜR 2–4 PERSONEN
ZUBEREITUNGSZEIT: 45 MIN.

GRILLMETHODE: INDIREKTE UND DIREKTE MITTLERE HITZE (175–230 °C)
GRILLZEIT: ETWA 2¼ STD.
ZUBEHÖR: GROSSE EINWEG-ALUSCHALE, GUSSEISERNE BRATPFANNE

FÜR DIE WÜRZMISCHUNG
    2 TL Knoblauchgranulat
    1 TL gemahlener Zimt
    1 TL grobes Meersalz
    1 TL frisch gemahlener schwarzer Pfeffer

    ½ Rippenleiter vom Rind (7 Rippen), etwa 2–2,5 kg
    500 ml Rinderbrühe

FÜR DIE SAUCE
    2 getrocknete Ancho-Chilischoten
    2 mittelgroße Zwiebeln, fein gewürfelt
    1 TL getrockneter Oregano
    1 TL gemahlener Kreuzkümmel
    1 zerdrückte Knoblauchzehe
    2 EL Apfelessig
    1 EL Vollrohrzucker
    ¾ TL grobes Meersalz
    125 ml Ketchup

1. Die Zutaten für die Würzmischung in einer kleinen Schüssel vermengen.

2. Den Grill für direkte und indirekte mittlere Hitze vorbereiten.

3. Die Rippenleiter in einzelne Rippen teilen und auf einem Backblech gleichmäßig mit der Würzmischung bestreuen. Nebeneinander in eine große Einweg-Aluschale legen. Die Brühe hinzufügen und die Schale dicht mit Alufolie abdecken.

4. Die Aluschale über **indirekte mittlere Hitze** stellen, den Deckel schließen und die Rippen 1 Std. auf dem Grill garen. Danach die Folie mit einer Grillzange und isolierten Grillhandschuhen vorsichtig abnehmen und die Rippen umdrehen. Die Schale erneut gut verschließen und 1 weitere Std. über **indirekter mittlerer Hitze** garen. Bei Verwendung eines Holzkohlegrills nach jeder Stunde jeweils 6–8 Briketts auf jeder Seite der Glut nachlegen.

5. Während die Rippen in der Brühe garen, die Sauce vorbereiten. Eine gusseiserne Bratpfanne auf mittlerer Stufe erhitzen. Die getrockneten Chilischoten in die Pfanne geben und 3–5 Min. rösten, dabei gelegentlich mit einem Pfannenheber flach drücken, bis sie biegsam und stellenweise ziegelrot werden. Die gerösteten Schoten aus der Pfanne nehmen und etwas abkühlen lassen, dann aufschneiden und Stielansatz, Samen und Trennhäute entfernen. Die Chilis in eine Schüssel geben, mit 500 ml heißem Wasser übergießen und etwa 20 Min. einweichen. Abgießen, die Einweichflüssigkeit auffangen.

6. Chilischoten, Zwiebeln, Oregano, Kreuzkümmel und Knoblauch in einen Standmixer geben. 120 ml Einweichflüssigkeit zufügen und alles zu einer dicken Paste mixen. Wenn nötig noch etwas Flüssigkeit hinzufügen. Die Mischung in einem mittelgroßen Topf auf mittlerer Stufe zusammen mit Essig, braunem Zucker und Salz unter häufigem Rühren aufkochen. Die Sauce bei niedriger Hitze köcheln lassen, bis sie nach etwa 5 Min. leicht andickt. Vom Herd nehmen und den Ketchup einrühren, dann in eine Schüssel geben und abkühlen lassen.

7. Wenn die Rippen weich sind und von den Knochenenden sichtbar mehr frei liegt als zuvor, die Aluschale mit isolierten Grillhandschuhen vorsichtig vom Grill heben. Die Rippen aus der Schale nehmen und auf ein Backblech legen. Die Aluschale mit der restlichen Flüssigkeit wegwerfen. Die Rippen großzügig mit Sauce bestreichen und über **direkter mittlerer Hitze** 3–5 Min. grillen. Erneut mit Sauce bestreichen, wenden und weitere 3–5 Min. grillen. Die Rippen auf eine Platte legen und 5 Min. ruhen lassen. Mit der restlichen Sauce servieren.

LAMMKEULE MIT MAROKKANISCHEN GEWÜRZEN

FÜR 6–8 PERSONEN
ZUBEREITUNGSZEIT: 20 MIN.
MARINIERZEIT: 1 STD.

GRILLMETHODE: DIREKTE UND INDIREKTE STARKE HITZE (230–290 °C)
GRILLZEIT: ETWA 20–25 MIN.

FÜR DIE MARINADE
- 1 mittelgroße Zwiebel, gewürfelt
- 1 EL fein abgeriebene Schale von 1 Bio-Zitrone
- 4 EL frisch gepresster Zitronensaft
- 3 EL Olivenöl
- 2 Knoblauchzehen
- 1½ TL zerstoßene rote Chiliflocken
- 1 TL gemahlene Koriandersamen
- 1 TL gemahlener Kreuzkümmel
- 1 TL Paprikapulver
- 1 TL Ingwerpulver
- 1 TL grobes Meersalz

1 ausgelöste Lammkeule, etwa 1,25 kg, flach zugeschnitten (siehe unten), Fett und Sehnen entfernt

1. Die Zutaten für die Marinade in einer Küchenmaschine zu einer glatten Paste verarbeiten. An der Schüsselwand haftende feste Bestandteile zwischendurch mit einem Teigschaber nach unten schieben. Das Fleisch in einen großen, wiederverschließbaren Plastikbeutel geben und die Marinade darübergießen. Die Luft aus dem Beutel streichen, den Beutel fest verschließen und mehrmals wenden, um die Marinade gut zu verteilen. 1 Std. kalt stellen. Die marinierte Lammkeule vor dem Grillen 20–30 Min. Zimmertemperatur annehmen lassen. Den Grill für direkte und indirekte starke Hitze vorbereiten.

2. Die Lammkeule aus dem Beutel nehmen, die Marinade nicht abtupfen. Den Beutel samt restlicher Marinade wegwerfen. Den Grillrost mit der Bürste reinigen. Die Lammkeule über **direkter starker Hitze** bei geschlossenem Deckel etwa 6 Min. grillen, dabei einmal wenden, bis sie auf beiden Seiten goldbraun ist. Anschließend über **indirekter starker Hitze** bei geschlossenem Deckel weitergrillen, bis sie den gewünschten Gargrad erreicht hat (15–20 Min. für rosa/rot bzw. *medium rare*). In dieser Zeit einmal wenden. Vom Grill nehmen und etwa 5 Min. ruhen lassen. Quer zur Fleischfaser schräg in dünne Scheiben schneiden und warm servieren.

AUSGELÖSTE LAMMKEULE FLACH ZUSCHNEIDEN

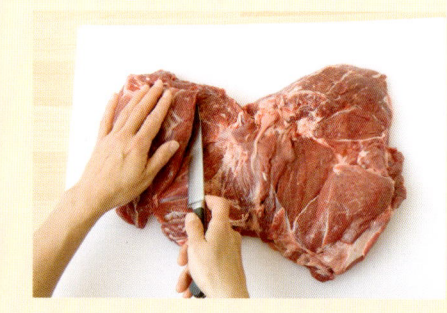

1. Eine ausgelöste Lammkeule besteht aus mehreren zusammenhängenden Muskeln unterschiedlicher Form und Stärke.

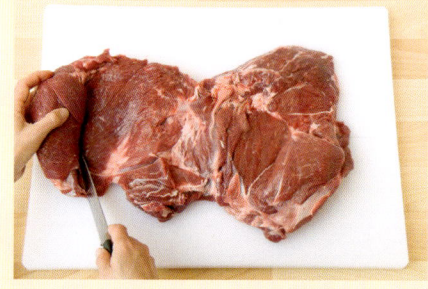

2. Um eine ganze Keule gleichmäßig zu grillen, muss man die dicksten Stellen dünner machen.

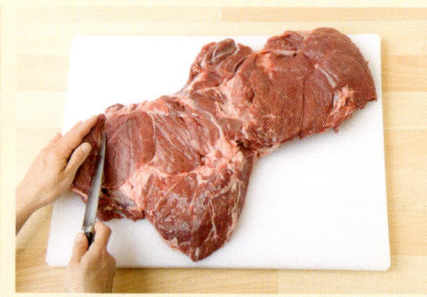

3. Dazu schneidet man das Fleisch an den zu dicken Stellen flach oder schräg ein und klappt es wie ein Buch auf.

HAWAIIANISCHER BÜRGERMEISTERBRATEN MIT ORANGENSAUCE

FÜR 6 PERSONEN
ZUBEREITUNGSZEIT: 20 MIN.

GRILLMETHODE: DIREKTE UND INDIREKTE MITTLERE HITZE (175–230 °C)
GRILLZEIT: ETWA 25–30 MIN.

FÜR DIE WÜRZPASTE
    2 EL Olivenöl
    2 EL fein gehackter frischer Ingwer
    2 EL Vollrohrzucker
    2 TL grobes Meersalz oder rotes Hawaii-Alaea-Salz
    2 zerdrückte Knoblauchzehen
    1 TL Chili-Knoblauch-Sauce (Asia-Laden)

    1 Rinderbraten (Bürgermeister- bzw. Pastorenstück), 1 kg schwer und etwa 3 cm dick, Fett und Silberhaut entfernt

FÜR DIE SAUCE
    240 ml Orangensaftkonzentrat (Internetversand oder Bio-Laden)
    2 EL Vollrohrzucker
    2 EL Apfelessig
    2 EL Sojasauce

1. Die Zutaten für die Würzpaste in einer mittelgroßen Schüssel vermischen. Den Braten gleichmäßig damit bestreichen. Vor dem Grillen 20–30 Min. bei Zimmertemperatur ruhen lassen. Den Grill für direkte und indirekte mittlere Hitze vorbereiten.

2. Die Saucenzutaten in einem mittelgroßen Topf auf mittlerer Stufe unter Rühren erhitzen und etwa 10–15 Min. köcheln lassen, bis die Flüssigkeit um etwa ein Drittel reduziert ist. Die Sauce beiseitestellen und kurz vor dem Servieren erneut erhitzen.

3. Den Grillrost mit der Bürste reinigen. Den Braten über **direkter mittlerer Hitze** bei geschlossenem Deckel 8–10 Min. grillen, dabei einmal wenden, bis er auf beiden Seiten das typische Grillmuster aufweist. Das Fleisch nun über **indirekter mittlerer Hitze** bei geschlossenem Deckel weitergrillen, bis es den gewünschten Gargrad erreicht hat, dabei etwa alle 5 Min. wenden. Nach 15–20 Min. ist es rosa/rot *(medium rare)*. Den Braten vom Grill nehmen, mit Alufolie abdecken und 5–10 Min. ruhen lassen. Quer zur Faser dünn aufschneiden und warm mit der Sauce servieren.

Der Braten in diesem Rezept erhält seine besondere Note durch Zutaten der hawaiianischen Küche. Sie stecken vor allem in der Würzpaste, die auch frischen Ingwer enthält. Die Schale der Ingwerwurzel lässt sich übrigens leicht mit einem Löffelrücken abschaben. Das Fleisch ist recht mager und schmeckt rosa/rot gebraten am besten.

RINDERFILET ZUBEREITEN UND GRILLEN

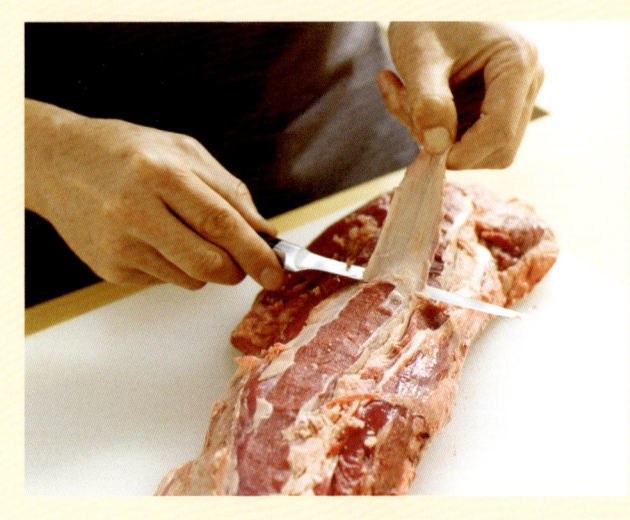

1. Mit einem scharfen Messer größere Fetteinlagerungen behutsam entfernen, dabei möglichst nicht ins Fleisch schneiden. Auch Streifen der Silberhaut, falls vorhanden, entfernen, sie sind hart und zäh.

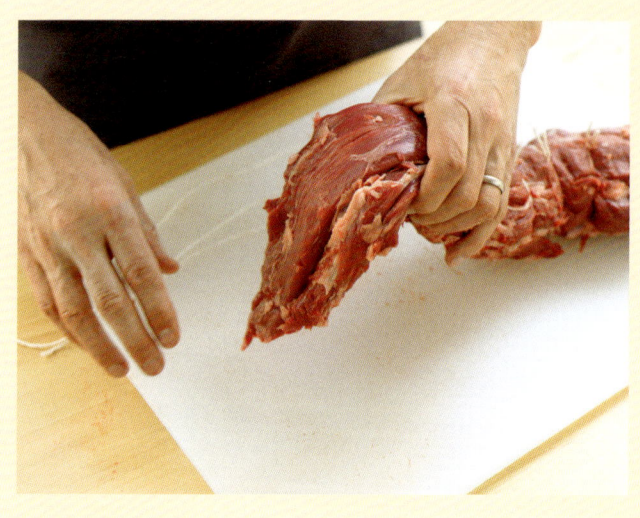

2. Den parierten Braten alle 5–7 cm mit Küchengarn zusammenbinden, um ihm eine kompakte Form zu geben. Das spitz zulaufende Endstück umklappen und mit Küchengarn festbinden.

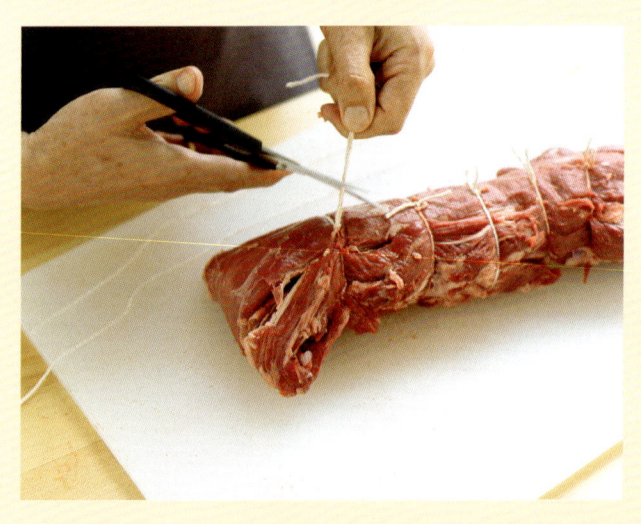

3. Die losen Enden des Küchengarns abschneiden.

4. Den Braten rundum mit Öl und der Würzmischung einreiben.

5. Das Rinderfilet zunächst über direkter Hitze grillen, bis es von allen Seiten schön gebräunt ist.

6. Den Braten über indirekter Hitze weitergrillen, damit er außen nicht verbrennt, bevor er innen gar ist.

RINDERFILET IN KRÄUTERKRUSTE MIT WEISSWEIN-SAHNE-SAUCE

FÜR 10–12 PERSONEN
ZUBEREITUNGSZEIT: 40 MIN.

GRILLMETHODE: DIREKTE UND INDIREKTE MITTLERE HITZE (175–230 °C)
GRILLZEIT: 35–45 MIN.
ZUBEHÖR: KÜCHENGARN

FÜR DIE WÜRZMISCHUNG
 1½ EL getrockneter Estragon
 2½ TL grobes Meersalz
 2 TL frisch gemahlener schwarzer Pfeffer
 1½ TL getrockneter Thymian
 1 gehäufter TL zerriebener getrockneter Salbei

 1 ganzes Rinderfilet, etwa 3 kg, nicht pariert
 Olivenöl

FÜR DIE SAUCE
 100 g fein gehackte Schalotte
 125 ml Reisweinessig
 1½ TL getrockneter Estragon
 ¼ TL getrockneter Thymian
 125 ml trockener Weißwein
 125 ml Hühnerbrühe
 350 g Schlagsahne
 1 gute Handvoll fein gehackte frische glatte Petersilie

 Grobes Meersalz

1. Die Zutaten für die Würzmischung in einer kleinen Schüssel vermengen.

2. Vom Rinderfilet überschüssiges Fett und Silberhaut entfernen. Darauf achten, dass das spitz zulaufende Endstück beim Parieren intakt bleibt. Das Filet mit der glattesten Seite nach oben flach auf die Arbeitsfläche legen. Das schmale Endstück nach unten umklappen, sodass der Braten eine relativ gleichmäßige Dicke hat. Den Braten im Abstand von jeweils etwa 5 cm mit Küchengarn in Form binden, das umgeklappte Ende mit zwei Fäden befestigen. Das Filet rundum dünn mit Öl bestreichen und mit der Würzmischung einreiben.

3. Den Braten vor dem Grillen 30–60 Min. bei Zimmertemperatur ruhen lassen. Den Grill für direkte und indirekte mittlere Hitze vorbereiten.

4. Schalotten, Essig, Estragon und Thymian in einer großen Bratpfanne auf hoher Stufe erhitzen und 3–4 Min. unter häufigem Rühren kochen, bis der Essig verdunstet ist. Wein und Brühe hinzugießen und weitere 3–4 Min. kochen, bis die Flüssigkeit auf die Hälfte eingekocht ist. Die Sahne hinzufügen und 5–7 Min. köcheln lassen, bis die Sauce auf etwa 350 ml reduziert ist. Vom Herd nehmen, abschmecken und beiseitestellen. Kurz vor dem Servieren wieder aufwärmen und die Petersilie hinzufügen.

5. Den Grillrost mit der Bürste reinigen. Den Braten über **direkter mittlerer Hitze** etwa 15 Min. auf allen Seiten scharf anbraten, dabei alle 3–4 Min. ein wenig drehen, damit er auf gleichmäßig bräunt. Über **indirekter mittlerer Hitze** bei geschlossenem Deckel weitergrillen, bis der gewünschte Gargrad erreicht ist (20–30 Min. für rosa/rot bzw. *medium rare* bei einer Kerntemperatur von 52–55 °C). Das Filet vom Grill nehmen, locker mit Alufolie abdecken und 10–15 Min. ruhen lassen. Die Kerntemperatur steigt in dieser Zeit noch einmal um 2–5 °C.

6. Das Küchengarn entfernen und das Filet quer in etwa 2 cm dicke Scheiben schneiden. Nach Belieben salzen und warm mit der Sauce servieren.

RIND UND LAMM

RINDERBRATEN VORBEREITEN

1. Für einen besonderen Anlass lohnt es sich, einen Rinderbraten aus der Hochrippe einige Tage im Voraus zu kaufen und im Kühlschrank noch etwas reifen zu lassen (sicherheitshalber nie länger als vier Tage). Trocken getupft und auf einem Rost über einer Aluschale im Kühlschrank gelagert, bekommt das Fleisch mehr Geschmack und wird mürber.

2. Nach dem Würzen den Braten 30–40 Min. Zimmertemperatur annehmen lassen, sodass er beim Grillen außen nicht zu schnell gart, bevor die ideale Kerntemperatur erreicht ist.

RINDERBRATEN AUF DEM RÄUCHERGRILL ZUBEREITEN

1. Ein bis zwei Lagen glühende Kohlen auf der einen Hälfte des Kohlerosts verteilen. Einige Holzstücke neben die Glut legen. Auf der anderen Seite eine mit Wasser gefüllte Aluschale platzieren. Das Wasser nimmt Hitze auf und gibt sie langsam wieder ab.

2. Zu Beginn liegt der Braten mit der dickeren Seite in Richtung Glut.

3. Mit einem Fleischthermometer erspart man sich das Rätselraten, ob der Braten schon gar ist. Für rosa/rot *(medium rare)* nimmt man ihn vom Grill, wenn die Kerntemperatur etwa 50 °C erreicht hat. Während das Fleisch ruht, steigt sie noch einmal um etwa 5 °C.

Die süßen, verlockenden Aromen von schwelendem Eichenholz sind eine wichtige Zutat in diesem Rezept. In vielen Heimwerkermärkten findet man entsprechende Holzteile, aber wenn Sie anderweitig an frisches Eichenholz kommen, können Sie Ihre eigenen Holzstücke schneiden. Den Stamm in kleinere Abschnitte sägen, dann mit Hammer und Meißel die Rinde entfernen – sie erzeugt bitteren Rauch. Die Holzteile schließlich in faustgroße Stücke spalten. Im Gegensatz zu fertigen Holzchips muss man größere Holzstücke nicht einweichen. Sie verbrennen langsam neben der Kohle und verleihen dem Fleisch den Duft von Freiheit und Abenteuer.

IM EICHENRAUCH GEGRILLTER RINDERBRATEN MIT ROTWEINSAUCE

FÜR 10 PERSONEN
ZUBEREITUNGSZEIT: 30 MIN.

GRILLMETHODE: INDIREKTE MITTLERE HITZE (175–190 °C)
GRILLZEIT: ETWA 1½ STD.
ZUBEHÖR: GROSSE EINWEG-ALUSCHALE, FLEISCHTHERMOMETER

1 ausgelöster Rinderbraten aus der Hochrippe, etwa 2,5 kg, überschüssiges Fett entfernt
Grobes Meersalz
Frisch gemahlener schwarzer Pfeffer
4 EL Dijon-Senf
½ Zwiebel, grob gerieben
3 zerdrückte Knoblauchzehen

2 faustgroße Stücke Eichenholz (nicht gewässert)

FÜR DIE SAUCE
3 EL kalte Butter
3 EL fein gehackte Schalotte
1 zerdrückte Knoblauchzehe
1 l Rindfleischbrühe, vorzugsweise selbst gemacht
350 ml Rotwein, vorzugsweise Syrah/Shiraz
1 EL Sojasauce
1½ TL Tomatenmark
¼ TL getrockneter Thymian
½ Lorbeerblatt

1. Den Braten mit 2 TL Salz und 1 TL Pfeffer würzen. Senf, Zwiebel und Knoblauch in einer kleinen Schale verrühren und die Oberseite des Bratens damit bestreichen. Das Fleisch vor dem Grillen 30–40 Min. bei Zimmertemperatur ruhen lassen.

2. Den Grill für indirekte mittlere Hitze vorbereiten (siehe Anweisungen Seite 90). Die beiden Eichenholzstücke neben die Glut legen. Den Grillrost mit der Bürste reinigen. Den Braten mit der dickeren Seite in Richtung Glut über **indirekte mittlere Hitze** legen und bei geschlossenem Deckel etwa 1,5 Std. grillen, bis die Kerntemperatur etwa 50 °C erreicht hat (für rosa/rot bzw. *medium rare*). Etwa nach der Hälfte der Grillzeit den Braten um 180 Grad drehen.

3. Für die Sauce in einem mittelgroßen schweren Topf 1 EL Butter schmelzen. Die Schalotten darin etwa 2 Min. glasig dünsten. Den Knoblauch hinzufügen und etwa 1 Min. sanft mitdünsten. Brühe, Wein, Sojasauce, Tomatenmark, Thymian und Lorbeer dazugeben und aufkochen. Unbedeckt etwa 30 Min. köcheln lassen, bis die Flüssigkeit auf etwa 500 ml reduziert ist. Mit Salz und Pfeffer abschmecken. Das Lorbeerblatt entfernen. Die Sauce warm halten.

4. Den Braten vom Grill nehmen, locker mit Alufolie abdecken und 20–30 Min. ruhen lassen. Dabei steigt die Kerntemperatur um etwa 5 °C. Den Braten in 1,5 cm dicke Scheiben schneiden, den Bratensaft auffangen. Vor dem Servieren die restliche kalte Butter unter die Sauce schlagen und den aufgefangenen Bratensaft hinzugießen. Den Braten warm mit der Sauce servieren.

RINDERBRUST AUF DEM GRILL ZUBEREITEN

1. Die erste der zahlreichen Aromaschichten in diesem Rezept besteht aus einer feurig-süßen Würzmischung und Senf. Nach dem Würzen wird die Rinderbrust 4–5 Std. im Räuchergrill gegart, wo sie reichlich Raucharomen aufnehmen kann. Das Fleisch sollte mit der schützenden dicken Fettschicht nach oben in einer großen Einweg-Aluschale liegen, in welcher der austretende Fleischsaft aufgefangen wird.

2. Wenn die Kerntemperatur rund 75 °C erreicht, nimmt man die Rinderbrust aus der Aluschale und packt sie in eine doppelte Lage extrastarker Alufolie. Dadurch bleibt der Saft im Fleisch und lockert das Bindegewebe.

3. Hat die Kerntemperatur an der dicksten Stelle um die 90 °C erreicht, nimmt man den Rinderbraten vom Räuchergrill. Während sich der köstliche Fleischsaft in der Alufolie sammelt, bleibt das Fleisch warm und gart noch 1–2 Std. nach.

4. Die Alufolie vorsichtig öffnen und den Braten herausnehmen. Die Folie an einer Stelle zu einem Ausguss formen und den Fleischsaft in eine Servierschüssel gießen.

5. Ein Stück von der Fettkappe abschneiden, um zu erkennen, in welche Richtung die Fleischfasern verlaufen. Am zartesten ist das Fleisch, wenn man es quer zur Faserrichtung aufschneidet.

6. Den Rinderbraten in gleichmäßig dünne Scheiben schneiden. Der pinkfarbene Ring ist das Ergebnis des Holzrauchs. Die Bratenscheiben mit etwas Fleischsaft begießen und genießen!

RINDERBRUSTBRATEN (BRISKET) AMERICAN STYLE

FÜR 6 PERSONEN
ZUBEREITUNGSZEIT: 15 MIN.
MARINIERZEIT: 6–8 STD.

GRILLMETHODE: INDIREKTE NIEDRIGE HITZE (110–120 °C)
GRILLZEIT: 6–8 STD. PLUS 1–2 STD. RUHEZEIT
ZUBEHÖR: GROSSE EINWEG-ALUSCHALE, FLEISCHTHERMOMETER

FÜR DIE WÜRZMISCHUNG
- 4 TL grobes Meersalz
- 2 TL Ancho-Chilipulver
- 2 TL Vollrohrzucker
- 2 TL Knoblauchgranulat
- 2 TL Paprikapulver
- 1 TL Selleriesamen (Gewürz)
- 1 TL grob gemahlener schwarzer Pfeffer

- 1 ausgelöste Rinderbrust, etwa 2,5 kg, mit Fettauflage
- 4 EL Senf
- 6 faustgroße Stücke Hickory- oder Eichenholz (nicht gewässert)
- 500 ml fertige Grillsauce (nach Geschmack)

1. Die Zutaten für die Würzmischung in einer kleinen Schüssel vermengen.

2. Rinderbrust mit der Fettauflage nach oben auf ein großes Schneidebrett legen. Die Fettschicht auf 1–1,5 cm Dicke zurückschneiden. Das Fleisch umdrehen und hartes Fett oder dünne Haut, falls vorhanden, entfernen.

3. Das Fleisch gleichmäßig mit Senf, dann mit der Würzmischung einreiben. Abdecken und 6–8 Std. kalt stellen.

4. Das Fleisch mit der Fettschicht nach oben in eine große Einweg-Aluschale legen.

5. Den Räuchergrill nach Anweisungen des Herstellers für indirekte niedrige Hitze vorbereiten.

6. Die Aluschale mit der Rinderbrust auf den Grillrost stellen und zwei Eichenholzstücke zur Glut hinzufügen. Den Braten zunächst 4–5 Std. bei 110–120 °C räuchern, bis die Kerntemperatur etwa 75 °C erreicht hat. Etwa jede Stunde ein Stück Eichenholz hinzufügen. Wenn nötig Kohle nachlegen, damit die Temperatur im Räuchergrill konstant bei 110–120 °C liegt.

7. Wenn die Kerntemperatur des Bratens etwa 75 °C erreicht hat, haben sich die Bindegewebsfasern im Fleisch fast vollständig aufgelöst. Die Aluschale nun vom Grill nehmen (den Deckel wieder schließen, damit die Hitze erhalten bleibt). Den Braten mit etwas Bratensaft und Fett aus der Schale bestreichen, dann herausheben und in eine doppelte Lage extrastarker Alufolie einwickeln. Die Aluschale wegwerfen.

8. Den Braten in den Räuchergrill zurücklegen und ohne Holz nachzulegen etwa 2–3 Std. weitergaren, bis die Kerntemperatur an der dicksten Stelle des Bratens etwa 90 °C beträgt. Der Messstab des Thermometers sollte ohne großen Widerstand in das Fleisch gleiten.

9. Den Braten vom Grill nehmen und in der Alufolie bei Zimmertemperatur 1–2 Std. ruhen lassen. Er bleibt warm und wird noch zarter.

10. Das Fleisch vorsichtig auspacken, ohne den Bratensaft in der Folie zu verschütten. Das Fleisch auf ein großes Schneidebrett legen, den Bratensaft in eine kleine Schüssel gießen.

11. Wenn nötig ein kleines Stück von der Fettkappe abschneiden, um die Richtung der Fleischfasern zu erkennen. Den Braten quer zur Faserrichtung in 3 mm dünne Scheiben schneiden und mit Fleischsaft beträufeln oder bestreichen. Warm mit der Grillsauce servieren.

Rinderbrustbraten – Brisket – gilt als der Olymp des amerikanischen Barbecue, nicht nur wegen seiner Größe, sondern weil er mit zahlreichen Herausforderungen aufwartet. Sollte er bei den ersten Versuchen nicht gleich wie geplant gelingen, geben Sie nicht auf. Der Lohn, der Sie erwartet, wenn Sie die Kunst des langsamen Räucherns beherrschen, ist unbeschreiblich.

SCHWEIN

GRILLPRAXIS

96	**BRATWURST** auf dem Grill schmoren
100	**SCHWEINEKOTELETTS** zubereiten: 5 Dinge, die man wissen sollte
102	Zubereitung von **SCHWEINEPAILLARDS**
102	**SCHWEINEPAILLARDS** grillen
105	Zubereitung von **SCHWEINEKOTELETTS** mit Sofrito-Barbecue-Sauce
110	Zubereitung von **SCHWEINELENDENBRATEN** am Spieß
112	Grillen von **SCHWEINELENDENBRATEN** am Knochen
114	Langsames Räuchern einer **SCHWEINESCHULTER**
116	Zubereitung von **PORCHETTA**
118	**SCHWEINEBRATEN** würzen
118	Zubereitung von **SCHWEINEBRATEN** auf dem Grill
120	**BARBECUE-RIBS** richtig zubereiten: 5 Dinge, die man wissen sollte
121	**BABY BACK RIBS** zubereiten
121	Den Holzkohlegrill zum **RÄUCHERN** vorbereiten
122	Zubereitung von **BABY BACK RIBS** auf dem Grill
124	Zubereitung von **STAPEL-RIBS** auf dem Grill
126	Zubereitung von **SPARERIBS** nach St.-Louis-Art
126	Anwendung der »**TEXAS-KRÜCKE**«
128	Zubereitung von **SPARERIBS** auf dem Räuchergrill

REZEPTE

97	In Cidre geschmorte **BRATWÜRSTE** mit Äpfeln und Zwiebeln
98	**SCHWEINEBURGER** mit Apfel-Estragon-Krautsalat
99	Buttermilchbrötchen mit **SCHINKEN** in Chiliglasur
101	In Cidre eingelegte **LENDENSTEAKS** mit gegrillten Äpfeln
103	**SCHWEINEPAILLARDS** mit Romesco-Sauce
104	Sandwich mit **SCHWEINESTEAK**, Paprika und Käse
105	**SCHWEINEKOTELETTS** mit Sofrito-Barbecue-Sauce
106	**SCHWEINEFILETS** mit Sahnemais
107	**SCHWEINEFILETS** mit Rauchpaprika-Rouille
108	**SCHWEINEMEDAILLONS** mit asiatischer Schwarze-Bohnen-Sauce
109	**SCHWEINELENDENBRATEN** mit Sauerkirsch-Chili-Glasur
111	**SCHWEINELENDENBRATEN** süß-sauer am Spieß
113	Im Holzrauch gegrillter **LENDENBRATEN** mit Johannisbeersauce
115	**PULLED-PORK**-Sandwiches
117	**SCHWEINESCHULTER** mit Porchetta-Füllung
119	**SCHWEINEBRATEN** Südamerika-Style
122	**BABY BACK RIBS** mit Soo-Wee-Sauce
125	**BABY BACK RIBS** vom Stapel
127	**SPARERIBS** mit süßer Ingwer-Soja-Glasur
129	Langsam geräucherte **SPARERIBS** mit süß-saurer Barbecue-Sauce
130	**DICKE RIPPE** mit Tamarindenglasur
131	**DICKE RIPPE** in grüner Chilisauce

BRATWURST AUF DEM GRILL SCHMOREN

1. Die Bratwürste mehrmals einstechen, damit sie beim Erhitzen nicht aufplatzen.

2. Für die erste Phase wird eine sehr heiße Glut auf einer Seite des Grillrosts benötigt.

3. Die Bratwürste zusammen mit Cidre und Zwiebelringen nebeneinander in eine Aluschale legen.

4. Die Würste im Cidre etwa 20 Min. köcheln lassen und gelegentlich wenden. Wenn die Flüssigkeit stark kocht, die Schale über indirekte Hitze ziehen.

5. Die Zwiebeln abgießen, zurück in die Schale geben und auf dem Grill mit braunem Zucker karamellisieren lassen.

6. Die Bratwürste über direkter Hitze einige Minuten grillen, bis die Oberfläche gebräunt ist.

IN CIDRE GESCHMORTE BRATWÜRSTE MIT ÄPFELN UND ZWIEBELN

FÜR 5 PERSONEN
ZUBEREITUNGSZEIT: 15 MIN.

GRILLMETHODE: DIREKTE STARKE HITZE (230–290 °C) UND DIREKTE MITTLERE HITZE (175–230 °C)
GRILLZEIT: 6–8 MIN.
ZUBEHÖR: 2 GROSSE EINWEG-ALUSCHALEN

FÜR DEN SENF
- 2 EL Apfelkraut
- 2 EL Dijon-Senf
- 2 EL körniger Senf

- 2 kleine Flaschen (je 0,33 l) Cidre
- 2 mittelgroße Zwiebeln, halbiert und in 0,5 cm breite Scheiben geschnitten
- 5 frische Bratwürste, mehrmals eingestochen
- 1 EL brauner Zucker
- 5 Mini-Baguettes oder längliche Brötchen, längs halbiert
- 2 Granny-Smith-Äpfel, entkernt und in feine Scheiben geschnitten

1. Die Zutaten für den Senf in einer kleinen Schüssel verrühren. Abdecken und bis zum Servieren bei Zimmertemperatur beiseitestellen.

2. Den Grill für direkte und indirekte starke Hitze vorbereiten. Den Grillrost mit der Bürste reinigen. Cidre, Zwiebeln und Bratwürste in eine große Einweg-Aluschale geben. Die Schale über **direkte starke Hitze** stellen, bis die Flüssigkeit leicht kocht. Den Grilldeckel so viel wie möglich geschlossen halten. Die Bratwürste etwa 20 Min. sanft schmoren, bis sie gleichmäßig Farbe annehmen und nicht mehr roh aussehen, dabei gelegentlich wenden. Wenn die Flüssigkeit stark aufkocht, die Schale über indirekte Hitze ziehen, damit die Würste nicht platzen.

3. Die Grilltemperatur auf mittlere Hitze absinken lassen. Die Bratwürste herausnehmen und in die zweite große Einweg-Aluschale legen. Zwiebeln und Cidre über der Schale mit den Würsten durch ein Sieb gießen. (Der Cidre hält die Würste warm, während Sie die Zwiebeln karamellisieren). Die Zwiebeln zurück in die Schale geben und mit dem braunen Zucker vermischen. Über **direkter mittlerer Hitze** bei geschlossenem Deckel etwa 15 Min. goldbraun karamellisieren lassen. Gelegentlich rühren. Die Zwiebeln über indirekter Hitze warm halten.

4. Die Bratwürste aus der Flüssigkeit nehmen und über **direkter mittlerer Hitze** 6–8 Min. grillen, bis sie gebräunt sind. Ein- bis zweimal wenden. Während der letzten Minute die Brötchen auf dem Grill rösten.

5. Die Bratwürste in die Brötchen legen und mit dem Senf bestreichen. Karamellisierte Zwiebeln und ein paar Apfelscheiben daraufgeben. Heiß servieren.

Besonders saftig werden diese Burger durch Apfelmus im Fleischteig und geriebenen Apfel im Krautsalat. Mit einer Küchenreibe lässt sich das saftige Fruchtfleisch eines entkernten Apfels leicht von der harten Schale trennen.

SCHWEINEBURGER MIT APFEL-ESTRAGON-KRAUTSALAT

FÜR 4 PERSONEN
ZUBEREITUNGSZEIT: 20 MIN.

GRILLMETHODE: DIREKTE MITTLERE HITZE (175–230 °C)
GRILLZEIT: 12–15 MIN.

FÜR DEN KRAUTSALAT
- 200 g fein gehobelter Weißkohl
- ½ säuerlicher grüner Apfel, grob gerieben
- 1 mittlere Möhre, grob gerieben
- 2 EL fein gehackter frischer Estragon
- 2 EL Apfelessig
- 1 EL Zucker
- ½ TL Selleriesamen (Gewürz)
- ¼ TL grobes Meersalz

FÜR DIE BURGER
- 750 g Schweinehackfleisch
- 6 EL Apfelmus
- 1½ TL grobes Meersalz
- 1 TL mittelscharfe Chilisauce (nach Geschmack; Asia-Laden)
- ½ TL frisch gemahlener schwarzer Pfeffer

4 Burger-Brötchen

1. Die Zutaten für den Krautsalat in einer großen Schüssel vermischen. Abdecken und bis zum Belegen der Burger in den Kühlschrank stellen.

2. Die Zutaten für die Burger in einer großen Schüssel vermengen und daraus 4 gleich große, etwa 2 cm dicke Burger formen. Mit dem Daumen oder einem Teelöffel eine flache, etwa 2,5 cm breite Vertiefung in die Mitte jedes Burgers drücken (siehe Seite 34). Den Grill für direkte mittlere Hitze vorbereiten.

3. Den Grillrost mit der Bürste reinigen. Die Burger über *direkter mittlerer Hitze* bei geschlossenem Deckel etwa 12–15 Min. grillen, bis sie durch sind. Einmal wenden, wenn die Burger sich leicht vom Rost lösen lassen. Während der letzten Grillminute die Brötchen mit der Schnittfläche nach unten über *direkter mittlerer Hitze* auf den Grill legen. Die Brötchen mit den Burgern und dem Krautsalat belegen und warm servieren.

BUTTERMILCHBRÖTCHEN MIT SCHINKEN IN CHILIGLASUR

FÜR 6 PERSONEN
ZUBEREITUNGSZEIT: 20 MIN.

GRILLMETHODE: INDIREKTE MITTLERE HITZE (ETWA 200 °C) UND DIREKTE MITTLERE HITZE (175–230 °C)
GRILLZEIT: 16–21 MIN.

FÜR DIE BUTTERMILCHBRÖTCHEN
   500 g Weizenmehl, plus etwas mehr zum Ausstechen
   5 TL Backpulver
   1 TL grobes Meersalz
   180 g kalte Pflanzenmargarine
   350 ml kalte Buttermilch
   1 EL Butter, zerlassen

   170 g mittelscharfes oder scharfes Chiligelee (Asia-Laden)
   1 kg geräucherter Kochschinken, in fingerdicke Scheiben geschnitten

1. Den Grill für indirekte mittlere Hitze vorbereiten.

2. Mehl, Backpulver und Salz in einer großen Schüssel vermengen. Die Margarine mit den Fingerspitzen oder einer Gabel krümelig einarbeiten. Die Buttermilch hinzufügen und nur so lange rühren, bis der Teig zusammenhält. Den Teig auf eine leicht bemehlte Arbeitsfläche legen und 20–30 Sek. sanft kneten. Den Teig mit bemehlten Händen vorsichtig flach drücken, bis er 2 cm dick ist. Eine runde Plätzchenform von etwa 7 cm Durchmesser in Mehl drücken und die Brötchen damit ausstechen. Teigreste einsammeln und ohne den Teig zu stark zu kneten erneut flach drücken. Insgesamt 12 Brötchen ausstechen, auf ein gefettetes Backblech legen und mit zerlassener Butter einpinseln.

3. Das Backblech über **indirekter mittlerer Hitze** stellen und die Brötchen bei geschlossenem Deckel 12–15 Min. backen, bis sie leicht gebräunt sind. (Die Grilltemperatur möglichst gleichmäßig bei 200 °C halten.) Das Blech bei Bedarf gelegentlich drehen, damit die Brötchen nicht anbrennen. Die fertigen Brötchen vom Grill nehmen und warm halten.

4. Den Grill für direkte mittlere Hitze vorbereiten.

5. Von dem Chiligelee 5 EL in einen kleinen Topf geben und auf niedriger Stufe flüssig werden lassen. Den Grillrost mit der Bürste reinigen. Die Schinkenscheiben über **direkter mittlerer Hitze** bei geschlossenem Deckel 4–6 Min. grillen, bis sie das typische Grillmuster angenommen haben und die Ränder kross sind. Dabei einmal wenden. Vor und nach dem Wenden mit dem warmen Gelee bestreichen.

6. Die Schinkenscheiben in passende Stücke schneiden, die Brötchen quer aufschneiden. Schinken und restliches Chiligelee zwischen je zwei Brötchenhälften anrichten.

ZUBEREITUNG VON BUTTERMILCHBRÖTCHEN

1. Zuerst die trockenen Zutaten in einer mittleren Schüssel vermengen. Kalte Margarine hinzufügen und mit den Fingerspitzen oder einer Gabel einarbeiten, bis grobe Streusel entstehen.

2. Buttermilch hinzufügen und nur so lange unterrühren, bis der Teig zusammenhält.

3. Teig auf bemehlter Fläche etwa 2 cm dick flach drücken. Mit einer Plätzchenform oder einem Trinkglas runde Plätzchen ausstechen.

SCHWEIN

SCHWEINEKOTELETTS ZUBEREITEN

5 DINGE, DIE MAN WISSEN SOLLTE

1 SCHWEINEFLEISCH
Heutzutage kommen Schweine jünger und kleiner auf den Markt als früher. Sie haben also weniger Zeit, Kollagen und Bindegewebe zu entwickeln – beides kann das Fleisch zäh machen. Deshalb sind Schweinekoteletts zart genug zum Grillen. Das ist die gute Nachricht.

2 EMPFEHLUNG: IN LAKE EINLEGEN
Die schlechte Nachricht ist, dass Schweine heute viel magerer sind als ihre Vorfahren. Schweinesteaks sind so mager wie Hühnerfleisch, das heißt, sie trocknen auf dem Grill rasch aus. Deshalb ist es immer ratsam, Koteletts und Steaks vor dem Grillen in eine würzige Salzlake einzulegen, was ihnen mehr Feuchtigkeit und Geschmack verleiht.

3 WELCHES STÜCK VOM SCHWEIN?
Schweinekoteletts werden aus dem Rippenstück beiderseits der Wirbelsäule geschnitten. Die vordersten Stücke (dicke Rippe) sind stärker durchwachsen und voller Geschmack, aber auch fester. Die weiter hinter liegenden Nackenkoteletts sind recht trocken und hart, deshalb empfehle ich sie nicht fürs Grillen. Die Stücke aus der Mitte (Stiel- und Lendenkoteletts) werden zart und saftig, wenn man sie richtig grillt.

4 KOTELETTS – JE DICKER, UMSO SANFTER
Im Gegensatz zu Rindersteaks werden Koteletts nicht außen dunkel und innen leicht roh serviert, sondern sie sollten von oben bis unten relativ gleichmäßig durch sein. Dafür benötigt man eine sanftere Hitze auf dem Grill, sodass die Stücke in der Mitte gut durchgaren können, ehe sie außen hart werden (Vgl. Tabelle S. 298).

5 EIN HAUCH VON ROSA
Es gibt nur einen korrekten Gargrad für Schweinekoteletts. Man kann es sehen und schmecken. Während des Grillens verändert sich die Farbe des Fleisches innen von kräftigem Rosarot in sehr helles Altrosa. Das ist die richtige Farbe! Weiteres Grillen macht das Fleisch nur grau und fad.

Beim Grillen von Fleisch dreht sich alles um die verschiedenen Geschmacksschichten. In diesem Rezept profitieren die Lendensteaks zum einen von der Cidre-Lake, die bis in die Mitte des Fleisches vordringt, zum andern von der Apfel-Brandy-Glasur, die sie umhüllt.

IN CIDRE EINGELEGTE LENDENSTEAKS MIT GEGRILLTEN ÄPFELN

FÜR 4 PERSONEN
ZUBEREITUNGSZEIT: 15 MIN.
EINLEGEZEIT: 1–1½ STD.

GRILLMETHODE: DIREKTE MITTLERE HITZE (175–230 °C)
GRILLZEIT: ETWA 12 MIN.

FÜR DIE LAKE
    350 ml Cidre
    90 g grobes Meersalz
    1 EL getrockneter Rosmarin
    1 EL getrockneter Salbei
    1½ TL getrockneter Thymian
    ½ TL ganze schwarze Pfefferkörner

    4 Schweinelendensteaks, je etwa 350 g schwer und 4 cm dick, überschüssiges Fett entfernt
    Olivenöl

FÜR DIE GLASUR
    6 EL Apfelgelee
    2 EL Butter
    2 EL Calvados oder Apfelbranntwein
    4 Granny-Smith-Äpfel, entkernt und in je 6 Spalten geschnitten

1. Die Zutaten für die Lake in einer großen Schüssel vermengen. Die Steaks in einen großen, wiederverschließbaren Plastikbeutel legen und die Lake darübergießen. Die Luft aus dem Beutel streichen, den Beutel verschließen und flach in ein geeignetes Gefäß legen. 1–1,5 Std. kalt stellen und den Beutel etwa alle 30 Min. wenden.

2. Die Steaks aus dem Beutel nehmen und die Lake weggießen. Die Steaks mit kaltem Wasser abspülen und mit Küchenpapier trocken tupfen. Die Steaks dünn mit Öl bestreichen oder besprühen und 20–30 Min. bei Zimmertemperatur ruhen lassen. Den Grill für direkte mittlere Hitze vorbereiten.

3. Apfelgelee und Butter in einem kleinen Topf bei mittlerer bis niedriger Hitze unter Rühren erwärmen, bis das Gelee schmilzt. Von Herd nehmen und den Calvados oder Branntwein einrühren. Wenn die Glasur zu stark abkühlt, durch sanftes Erwärmen wieder verflüssigen. Die Hälfte der Glasur beiseitestellen und später als Sauce mit dem Grillfleisch servieren. Mit dem Rest die Apfelspalten und Steaks bestreichen.

4. Den Grillrost mit der Bürste reinigen. Die Steaks über **direkter mittlerer Hitze** bei geschlossenem Deckel etwa 10 Min. grillen, bis sie innen zartrosa sind. Einmal wenden. Die Steaks vom Grill nehmen und 3–5 Min. ruhen lassen. Währenddessen die Äpfel über **direkter mittlerer Hitze** etwa 2 Min. grillen, bis sie leicht kross, aber noch weich sind, dabei einmal wenden. Steaks und Äpfel mit der restlichen Glasur warm servieren.

SCHWEIN

LAUCHSTANGEN VORBEREITEN

1. Junge, zarte Lauchstangen verwenden. Die dunkelgrünen Blattenden und unten die Wurzelfäden wegschneiden, die Wurzelenden jedoch intakt lassen.

2. Die Lauchstangen längs halbieren, sodass die einzelnen Blattschichten sichtbar werden. Die Wurzelenden halten die Schichten zusammen.

3. Lauch wächst zum Teil unter der Erde, deshalb befindet sich oft Erde oder Sand zwischen den Blattschichten. Die Schichten auffächern und unter fließendem Wasser spülen.

ZUBEREITUNG VON SCHWEINEPAILLARDS

1. Man benötigt dazu mind. 2,5 cm dicke Schweinesteaks. Die Steaks auf der Seite mit dem Fettrand in der Mitte bis auf 1 cm längs durchschneiden, sodass man das Fleisch wie einen Schmetterling aufklappen kann.

2. Das Steak mit der Hand flach drücken und überschüssiges Fett abschneiden.

3. Jedes Steak zwischen zwei große Lagen Frischhaltefolie legen. Mit der glatten Seite eines Fleischklopfers (oder dem Boden einer kleinen, schweren Kasserolle) die Steaks etwa 7 mm dünn klopfen.

SCHWEINEPAILLARDS GRILLEN

1. Während dicke Koteletts am besten über mittlerer Hitze gelingen, sollte man dünn geklopfte Paillards schnell über sehr starker Hitze grillen.

2. Die Paillards auf einer Seite bei geschlossenem Deckel etwa 3 Min. grillen, bis sie das typische Grillmuster aufweisen.

3. Die zweite Seite braucht meist nicht länger als 1 Min.

SCHWEINEPAILLARDS MIT ROMESCO-SAUCE

FÜR 4 PERSONEN
ZUBEREITUNGSZEIT: 25 MIN.

GRILLMETHODE: DIREKTE NIEDRIGE HITZE (120–175 °C) UND DIREKTE STARKE HITZE (230–290 °C)
GRILLZEIT: ETWA 20–25 MIN.

- 4 Schweinesteaks, je 170–200 g schwer und etwa 2,5 cm dick
- Olivenöl
- Grobes Meersalz
- Frisch gemahlener schwarzer Pfeffer
- 8 kleine Lauchstangen, nicht dicker als 2,5 cm (nach Belieben)

FÜR DIE SAUCE
- 1 gegrillte rote Paprikaschote (siehe Seite 290), grob gehackt
- 40 g Mandelsplitter, geröstet
- 1 EL Ketchup
- 1 EL Olivenöl
- 1 EL frisch gepresster Zitronensaft
- 1 TL grob gehackter Knoblauch
- ½ TL Paprikapulver
- 1 kräftige Prise Cayennepfeffer

- 1 EL fein gehackte frische glatte Petersilie

1. Die Steaks auf der Seite mit dem Fettrand längs aufschneiden (siehe Seite 102), aufklappen und überschüssiges Fett entfernen. Die Steaks einzeln zwischen zwei Lagen Frischhaltefolie legen und etwa 7 mm dünn klopfen. Mit Öl bestreichen oder besprühen und auf beiden Seiten mit Salz und Pfeffer würzen.

2. Vom Lauch die dunkelgrünen Enden abschneiden, etwa 5 cm oberhalb der Stelle, wo die Blätter dunkler werden. An der Wurzel die Fäden so abschneiden, dass die Lauchschichten verbunden bleiben. Die Stangen längs halbieren, äußere, harte Blätter eventuell entfernen. Die Lauchstangen unter fließendem Wasser spülen, dabei die Blätter vorsichtig auffächern, um Erdreste und Sand zu entfernen. Die Stangen trocken tupfen, dünn mit Öl bestreichen und nach Geschmack mit Salz und Pfeffer würzen.

3. Den Grill für direkte niedrige Hitze vorbereiten.

4. Den Grillrost mit der Bürste reinigen. Die Lauchstangen über **direkter niedriger Hitze** bei geschlossenem Deckel 15–20 Min. grillen, dabei alle paar Minuten wenden, bis sie weich und auf allen Seiten leicht gebräunt sind. Falls der Lauch zu stark bräunt, bevor er gar ist, über indirekte Hitze legen.

5. Die Zutaten für die Sauce in eine Küchenmaschine geben und grob pürieren. Mit Salz abschmecken.

6. Die Grilltemperatur auf starke Hitze erhöhen. Den Grillrost erneut mit der Bürste reinigen. Die Schweinepaillards über **direkter starker Hitze** auf einer Seite etwa 3 Min. grillen, bis sie das typische Grillmuster aufweisen. Für die zweite Seite genügt 1 Min. Grillzeit.

7. Die Paillards mit der zuerst gegrillten Seite nach oben auf eine Servierplatte oder einzelne Teller legen. Die Sauce mit dem Löffel darüber verteilen und die Steaks mit je 2 Lauchstangen belegen. Mit frischer Petersilie bestreuen und servieren.

Wenn die Sandwiches gefüllt sind, werden sie in Backpapier eingewickelt und unter gelegentlichem Wenden über direkter Hitze gegrillt. So wird das Fleisch wieder heiß und der Käse schmilzt.

SANDWICH MIT SCHWEINESTEAK, PAPRIKA UND KÄSE

FÜR 4 PERSONEN
ZUBEREITUNGSZEIT: 30 MIN.
MARINIERZEIT: 30 MIN.

GRILLMETHODE: DIREKTE STARKE HITZE (230–290 °C) UND DIREKTE MITTLERE HITZE (175–230 °C)
GRILLZEIT: 18–22 MIN.

FÜR DIE MARINADE
- 2 EL frisch gepresster Zitronensaft
- 1 TL getrockneter Oregano
- 1 TL fein gehackter frischer Rosmarin
- 1 TL fein gehackter Knoblauch
- 1 TL grobes Meersalz
- ¼ TL zerstoßene rote Chiliflocken
- 5 EL Olivenöl

- 6 Schweinesteaks aus der Lende, 60–120 g schwer und 1–1,5 cm dick, überschüssiges Fett entfernt
- 2 rote Paprikaschoten
- 4 knusprige Baguettebrötchen, längs halbiert
- 4 Scheiben milder Cheddar (vorzugsweise kalifornischer Pepper Jack)
- 100 g Babyspinat, gewaschen und getrocknet

1. In einer kleinen Schüssel Zitronensaft, Oregano, Rosmarin, Knoblauch, Salz und Chiliflocken verrühren. Öl unterschlagen. 2 EL der Marinade als Dressing beiseitestellen.

2. Die Steaks einzeln zwischen zwei Lagen Frischhaltefolie legen. Mit der glatten Seite eines Fleischklopfers gleichmäßig auf 7 mm flach klopfen. Die geklopften Steaks nebeneinander in einen großen, wiederverschließbaren Plastikbeutel legen und die Marinade darübergießen. Die Luft aus dem Beutel streichen und diesen verschließen. Den Beutel drehen, um die Marinade zu verteilen, dann auf einen Teller legen und die Steaks bei Zimmertemperatur 30 Min. marinieren. Den Grill für direkte starke Hitze vorbereiten.

3. Den Grillrost mit der Bürste reinigen. Paprikaschoten im Ganzen über **direkter starker Hitze** bei geschlossenem Deckel 10–12 Min. grillen, bis die Haut Blasen wirft und schwarze Flecken hat, dabei alle 3–5 Min. drehen. Die Paprikaschoten in eine Schüssel legen, mit Frischhaltefolie abdecken und 10–15 Min. ruhen lassen. Die Schoten aus der Schüssel nehmen und die verkohlte Haut abziehen. Stielansatz, Trennhäute und Samen entfernen. Längs in 1 cm breite Streifen schneiden.

4. Die Steaks aus dem Beutel nehmen, Beutel samt Marinade wegwerfen. Die Steaks über **direkter starker Hitze** bei geschlossenem Deckel etwa 4 Min. scharf anbraten, einmal wenden. Während der letzten Minute die Brötchenhälften über direkter Hitze rösten.

5. Die Spinatblätter in einer mittelgroßen Schüssel mit den beiseitegestellten 2 EL Marinade vermischen. Die Brötchen mit je 1 Scheibe Käse, 1–1½ der passend zugeschnittenen Steaks, Paprikastreifen und Spinat belegen.

6. Die Grilltemperatur auf mittlere Hitze absinken lassen. Jedes Sandwich in einen 30 x 30 cm großen Bogen Backpapier einwickeln. Die Enden zusammendrehen, um die Pakete gut zu verschließen. Über **direkter mittlerer Hitze** 4–6 Min. grillen, bis der Käse schmilzt und die Sandwiches heiß sind. Warm servieren.

SCHWEINEKOTELETTS MIT SOFRITO-BARBECUE-SAUCE

FÜR 4 PERSONEN
ZUBEREITUNGSZEIT: ETWA 45 MIN.

GRILLMETHODE: DIREKTE MITTLERE HITZE (175–230 °C)
GRILLZEIT: 7–9 MIN.

FÜR DIE SAUCE
- 3 fein gewürfelte Zwiebeln
- 3 EL Olivenöl
- 1 kleines Lorbeerblatt
- 1 EL fein gehackter Knoblauch
- 1 Dose (400 g) Tomatenstücke mit dem Saft
- Rauchsalz (nach Geschmack)
- 1 EL Sherry-Essig
- 125 ml Apfelsaft
- 1 TL Paprikapulver
- ½ TL getrockneter Oregano
- ¼ TL zerstoßene rote Chiliflocken
- ¼ TL grobes Meersalz
- ¼ TL frisch gemahlener schwarzer Pfeffer

FÜR DIE WÜRZMISCHUNG
- 1 TL grobes Meersalz
- ½ TL Paprikapulver
- ½ TL getrockneter Oregano
- ½ TL frisch gemahlener schwarzer Pfeffer

4 Schweinelendenkoteletts am Knochen, 2–2,5 cm dick
Olivenöl

1. Zwiebeln, Öl und Lorbeerblatt in einer mittelgroßen Pfanne auf mittlerer Stufe erhitzen. Wenn die Zwiebeln zu braten beginnen, die Temperatur herunterschalten und die Zwiebeln bei mäßiger Hitze etwa 30 Min. sanft weiterbraten, bis sie gleichmäßig gebräunt sind. Nach 15 Min. den Knoblauch hinzufügen. Inzwischen die Tomaten mit Rauchsalz nach Geschmack würzen. Die karamellisierten Zwiebeln mit dem Essig ablöschen und weiterkochen, bis er fast verdunstet ist, dann den Apfelsaft hinzufügen. Wenn sich die Flüssigkeit etwa halbiert hat, zunächst die Tomaten, dann die restlichen Saucenzutaten zugeben und weitere 5 Min. köcheln lassen.

2. Das Lorbeerblatt entfernen und die Sauce pürieren. 125 ml Sauce zum Bestreichen beiseitestellen, den Rest mit den Koteletts servieren.

3. Die Zutaten für die Würzmischung in einer kleinen Schüssel vermengen. Die Koteletts leicht mit Öl bestreichen, mit der Würzmischung bestreuen und 20–30 Min. bei Zimmertemperatur stehen lassen. Den Grill für direkte mittlere Hitze vorbereiten.

4. Den Grillrost mit der Bürste reinigen. Die Koteletts über **direkter mittlerer Hitze** bei geschlossenem Deckel 4–5 Min. grillen, dabei einmal wenden, bis sie auf beiden Seiten das typische Grillmuster aufweisen. Beidseitig mit der Sauce bestreichen und 3–4 Min. weitergrillen, bis die Koteletts innen noch leicht rosa sind. Ein- oder zweimal wenden. Vom Grill nehmen und 2–3 Min. ruhen lassen. Warm mit der restlichen Sauce servieren.

ZUBEREITUNG VON SCHWEINEKOTELETTS MIT SOFRITO-BARBECUE-SAUCE

1. In Spanien und weiten Teilen Südamerikas beginnt die Zubereitung von Saucen häufig mit *sofrito*, das heißt langsam gebräunten Zwiebeln und Knoblauch, gefolgt von Tomaten.

2. Zusammen mit Apfelsaft und Gewürzen wird aus diesem *sofrito* eine Barbecue-Sauce zum Bestreichen beim Grillen und als Beigabe zum fertigen Fleisch.

3. Die Koteletts grillen, bis sie das typische Grillmuster aufweisen. Erst dann die Sauce auftragen und ihre Aromen ins Fleisch einziehen lassen.

SCHWEIN

Um die harte Silberhaut von der Oberfläche des Schweinefilets zu entfernen, fahren Sie mit der Spitze eines schmalen, scharfen Messers unter ein Ende der Silberhaut. Das abgelöste Ende mit der anderen Hand stramm ziehen und knapp unter der Haut am Fleisch entlangschneiden. Ziel ist es, »saubere« Filets zu erhalten und dabei möglichst wenig Fleisch zu verlieren.

SCHWEINEFILETS MIT SAHNEMAIS

FÜR 4–6 PERSONEN
ZUBEREITUNGSZEIT: 25 MIN.
MARINIERZEIT: 1–3 STD.

GRILLMETHODE: DIREKTE MITTLERE HITZE (175–230 °C)
GRILLZEIT: 25–30 MIN.

FÜR DIE PASTE
    3 große Knoblauchzehen
    1 kleine Handvoll frische Oreganoblätter samt zarten Stielen
    1 TL grobes Meersalz
    4 EL Olivenöl
    2 EL Apfelessig
    ½ TL frisch gemahlener schwarzer Pfeffer

    2 Schweinefilets, je etwa 500 g

    5 Maiskolben, Hüllblätter entfernt
    Olivenöl
    1 fein gewürfelte rote Zwiebel
    3 Frühlingszwiebeln, in feine Ringe geschnitten
    250 g Sahne
    ¼ TL grobes Meersalz
    1 kräftige Prise frisch gemahlener schwarzer Pfeffer
    1 EL fein gehackter frischer Oregano
    Mittelscharfe Chilisauce (nach Belieben; Asia-Laden)

1. Den Knoblauch schälen und grob hacken, Oregano und Salz darüberstreuen und alles fein hacken. Den Knoblauch immer wieder mit der Messerklinge auf das Brett drücken, damit sich eine Paste ergibt (siehe Seite 58). Die Knoblauchpaste in eine Schüssel geben und mit Öl, Essig und Pfeffer vermengen.

2. Die Schweinefilets von Fett und Silberhaut befreien und auf allen Seiten mit der Paste einreiben. Abdecken und 1–3 Std. kalt stellen. 20–30 Min. vor dem Grillen aus dem Kühlschrank nehmen und Zimmertemperatur annehmen lassen. Den Grill für direkte mittlere Hitze vorbereiten.

3. Die Maiskolben dünn mit Öl bestreichen. Den Grillrost mit der Bürste reinigen. Den Mais über **direkter mittlerer Hitze** bei geschlossenem Deckel etwa 10 Min. grillen, bis er braune Stellen bekommt und knapp gar ist. Gelegentlich wenden. Die Maiskörner mit einem scharfen Messer vom Kolben schneiden.

4. In einer mittelgroßen Pfanne 2 EL Olivenöl bei mittlerer Hitze erwärmen. Zwiebeln und Frühlingszwiebeln hineingeben und unter gelegentlichem Rühren 3–4 Min. braten. Maiskörner, Sahne, Salz und Pfeffer hinzufügen und alles gut vermischen. Auf niedrige Hitze schalten und etwa 5–7 Min. sanft köcheln, bis die Sahne auf die Hälfte eingekocht ist. Mit dem Oregano und nach Belieben einigen Spritzern mittelscharfer Chilisauce würzen. Vom Herd nehmen.

5. Die Filets über **direkter mittlerer Hitze** bei geschlossenem Deckel 15–20 Min. grillen, bis sie außen gleichmäßig gebräunt und innen noch leicht rosa sind. Etwa alle 5 Min. drehen. Die Kerntemperatur sollte am Ende der Grillzeit 65 °C betragen.

6. Die Filets nach dem Grillen 3–5 Min. ruhen lassen. Inzwischen den Sahnemais auf mittlerer Hitze erwärmen. Die Filets in 1,5 cm dicke Scheiben aufschneiden und auf einer Platte oder einzelnen Tellern anrichten. Warm mit dem Sahnemais servieren.

SCHWEINEFILETS MIT RAUCHPAPRIKA-ROUILLE

FÜR 6 PERSONEN
ZUBEREITUNGSZEIT: 15 MIN.

GRILLMETHODE: DIREKTE MITTLERE HITZE (175–230 °C)
GRILLZEIT: 30–35 MIN.

FÜR DIE ROUILLE
  2 rote Paprikaschoten, je etwa 200 g
  2–3 kleine Knoblauchzehen, geschält
  ¾ TL grobes Meersalz
  50 g Semmelbrösel
  3 EL frisch gepresster Zitronensaft
  ¾ TL geräuchertes Paprikapulver (Feinkostladen)
  190 ml Olivenöl

  2 Schweinefilets, je etwa 500 g
  Olivenöl
  ½ TL grobes Meersalz
  ¼ TL frisch gemahlener schwarzer Pfeffer

Rouille ist eine rostrote Knoblauchpaste, die traditionell zur Bouillabaisse oder anderen Fischgerichten gereicht wird. Mit etwas Olivenöl verlängert, ergibt die *rouille* eine schöne Sauce. Für die glatte Konsistenz ist es wichtig, das Öl beim Mixen sehr langsam in die Paste einfließen zu lassen. Einige Geräte verfügen über ein praktisches kleines Loch im Einfüllstutzen, das verhindert, dass zu viel Öl auf einmal in die Emulsion gelangt.

1. Den Grill für direkte mittlere Hitze vorbereiten. Den Grillrost mit der Bürste reinigen. Die Paprikaschoten im Ganzen über **direkter mittlerer Hitze** bei geschlossenem Deckel 12–15 Min. grillen, bis ihre Haut Blasen wirft und stellenweise geschwärzt ist, dabei alle 3–5 Min. drehen. Die Paprika in eine Schüssel legen, mit Frischhaltefolie abdecken und 10–15 Min. ruhen lassen. Die Schoten aus der Schüssel nehmen und die verkohlte Haut abziehen. Stielansatz, Trennhäute und Samen entfernen.

2. In einer Küchenmaschine zuerst den Knoblauch hacken, dann die gegrillte Paprika, Salz und Semmelbrösel hinzufügen und mixen. Zitronensaft und Paprikapulver dazugeben, dann bei laufendem Motor das Öl langsam einfließen lassen. Weitermixen, bis die Sauce glatt und orangerot ist. Wenn die Rouille zu dick ist, etwa 1 EL Wasser einarbeiten. Nach Belieben nachsalzen.

3. Die Schweinefilets von Fett und Silberhaut befreien. Dünn mit Öl bestreichen und gleichmäßig mit Salz und Pfeffer würzen. Das Fleisch bei Zimmertemperatur 20–30 Min. stehen lassen.

4. Die Filets über **direkter mittlerer Hitze** bei geschlossenem Deckel 15–20 Min. grillen, bis sie außen gleichmäßig gebräunt sind und innen noch ein Hauch von Rosa sichtbar ist. Etwa alle 5 Min. drehen. Die Kerntemperatur sollte am Ende der Grillzeit 65 °C betragen.

5. Die Filets vom Grill nehmen und 3–5 Min. ruhen lassen, dann dünn aufschneiden. Warm oder auf Zimmertemperatur abgekühlt mit der Rouille servieren.

SCHWEIN

Die Schweinefilets in 4 cm dicke Scheiben schneiden und mit dem Handballen auf 2,5–3 cm flach drücken. Mind. 1 Std. marinieren, damit sie richtig saftig werden. Anschließend bei mittlerer Hitze sanft grillen, bis sie im Innern noch einen Hauch von Rosa aufweisen.

SCHWEINEMEDAILLONS MIT ASIATISCHER SCHWARZE-BOHNEN-SAUCE

FÜR 4 PERSONEN
ZUBEREITUNGSZEIT: 25 MIN.
MARINIERZEIT: 1 STD.

GRILLMETHODE: DIREKTE MITTLERE HITZE (175–230 °C)
GRILLZEIT: 4–5 MIN.

FÜR DIE MARINADE
 ½ TL fein abgeriebene Schale von 1 Bio-Orange
 4 EL frisch gepresster Orangensaft
 4 EL chinesischer Reiswein oder trockener Sherry
 2 EL Sojasauce
 1 EL Hoisin-Sauce (Asia-Laden)
 1 EL fein gehackter frischer Ingwer
 1 EL dunkles Sesamöl
 ¼ TL zerstoßene rote Chiliflocken

 2 Schweinefilets, je etwa 500 g, Silberhaut entfernt

FÜR DIE SAUCE
 2 EL fermentierte schwarze Sojabohnen (Asia-Laden)
 125 ml Hühnerbrühe
 2 EL chinesischer Reiswein oder trockener Sherry
 1 EL Sojasauce
 1 TL Zucker
 1½ TL Speisestärke
 1 EL Erdnuss- oder Pflanzenöl
 2 TL fein gehackter frischer Ingwer
 1 fein zerdrückte Knoblauchzehe
 2 EL frisch gepresster Orangensaft

1. Die Zutaten für die Marinade in einer mittelgroßen Schüssel vermischen.

2. Die dünnen, sich verjüngenden Enden der Filets abschneiden und anderweitig verwenden oder aber marinieren und zusammen mit den Medaillons grillen. Die Filets in 6 gleich große, etwa 4 cm dicke Scheiben schneiden. Diese einzeln auf eine Arbeitsfläche legen und mit dem Handballen auf 2,5–3 cm flach drücken. Die Medaillons in einem großen, wiederverschließbaren Plastikbeutel mit der Marinade übergießen, die Luft aus dem Beutel streichen, den Beutel fest verschließen und mehrmals wenden, um die Marinade gut zu verteilen. Mind. 1 Std. kalt stellen und ab und zu wenden.

3. Für die Sauce die Bohnen in einer kleinen Schüssel mit warmem Wasser 10–20 Min. einweichen. Abgießen, gut abtropfen lassen und grob hacken. In einer mittelgroßen Schüssel Brühe, Reiswein, Sojasauce und Zucker verquirlen, bis sich der Zucker aufgelöst hat. Die Speisestärke darüberstäuben und durch Rühren auflösen. Das Öl in einem kleinen Topf auf mittlerer Stufe erwärmen. Ingwer und Knoblauch zufügen und etwa 20 Sek. sanft anbraten. Zuerst die Bohnen, dann die Brühe-Mischung einrühren und weiterrühren, bis die Sauce leicht andickt. Vom Herd nehmen und den Orangensaft unterrühren.

4. Den Grill für direkte mittlere Hitze vorbereiten. Den Grillrost mit der Bürste reinigen. Das Fleisch aus dem Beutel nehmen, den Beutel samt Marinade wegwerfen. Die Medaillons über **direkter mittlerer Hitze** bei geschlossenem Deckel 4–5 Min. grillen, bis sie außen gleichmäßig gebräunt und innen noch ganz leicht rosa sind. Einmal wenden. Vom Grill nehmen und 2–3 Min. ruhen lassen. Heiß mit der Bohnensauce servieren.

SCHWEINELENDENBRATEN MIT SAUERKIRSCH-CHILI-GLASUR

FÜR 4–6 PERSONEN
ZUBEREITUNGSZEIT: 25 MIN.
EINLEGEZEIT: 1–2 STD.

GRILLMETHODE: DIREKTE UND INDIREKTE STARKE HITZE (230–290 °C)
GRILLZEIT: ETWA 35–40 MIN.
ZUBEHÖR: GROSSE EINWEG-ALUSCHALE

- 1 l Dr. Pepper (colaähnliches Softgetränk, nicht die kalorienarme Version)
- 120 g grobes Meersalz
- 1 ausgelöster Schweinelendenbraten, 1,5–2 kg

FÜR DIE GLASUR
- 1 Glas (250 g) Sauerkirschkonfitüre
- 125 ml Dr. Pepper
- 125 ml Wasser
- 1–2 EL fein gehackte Chipotle-Schoten in Adobo-Sauce (eingelegte TexMex-Chilischoten aus der Dose)
- 4 TL Dijon-Senf

Pflanzenöl

1. Das Softgetränk in eine große Schüssel gießen und das Salz langsam darin unter Rühren vollständig auflösen. (Es wird ordentlich schäumen!) Die Lake in einen großen, wiederverschließbaren Plastikbeutel gießen, den gefüllten Beutel in eine zweite große Schüssel stellen.

2. Vom Lendenbraten überschüssiges Fett und Silberhaut entfernen. Den Braten so in die Lake legen, dass er vollständig bedeckt ist. Den Beutel verschließen und für 1–2 Std. in den Kühlschrank legen.

3. Die Zutaten für die Glasur in einer kleinen Schüssel vermengen.

4. Das Fleisch aus dem Beutel nehmen und die Lake weggießen. Das Fleisch mit Küchenpapier trocken tupfen, dünn mit Öl bestreichen und vor dem Grillen 20–30 Min. bei Zimmertemperatur stehen lassen. Den Grill für direkte und indirekte starke Hitze vorbereiten.

5. Den Grillrost mit der Bürste reinigen. Das Fleisch über *direkter starker Hitze* bei geschlossenem Deckel 8–12 Min. scharf anbraten, bis es das typische Grillmuster aufweist, aber nicht verbrannt ist. Einmal wenden.

6. Eine große Einweg-Aluschale über *indirekte starke Hitze* stellen und die Glasur hineingießen. Das Fleisch in die Schale legen und in der Glasur wenden. In der Schale über *indirekter starker Hitze* bei geschlossenem Deckel 25–30 Min. grillen, bis das Innere des Bratens noch leicht rosa ist und die Kerntemperatur etwa 65 °C beträgt, dabei alle 8–10 Min. in der Glasur wenden. Wenn die Glasur zu fest wird oder anbrennt, ein wenig Dr. Pepper hinzufügen. Das Fleisch auf einem Schneidebrett 5 Min. ruhen lassen, dann in fingerdicke Scheiben schneiden und mit der restlichen Sauce aus der Schale servieren.

Damit Schweinelende auf dem Grill nicht trocken wird, legt man sie am besten in eine würzig-süße Lake, wo sie Feuchtigkeit und Geschmack aufnimmt. Dann über direkter Hitze anbraten und über indirekter Hitze fertig garen. Regelmäßig in der Glasur wenden.

SCHWEIN

ZUBEREITUNG VON SCHWEINELENDENBRATEN AM SPIESS

1. Große, dicke Fleischstücke werden beim Grillen fast immer saftiger als kleine dünne. Sie erhöhen also Ihre Chancen auf wunderbar saftige Ergebnisse, wenn Sie zwei Schweinelenden zusammenbinden.

2. Ein Bratenstück auf das andere legen, Fettseiten nach außen, und die beiden Stücke mit Küchengarn im Abstand von 2–3 cm auf der ganzen Länge zusammenbinden.

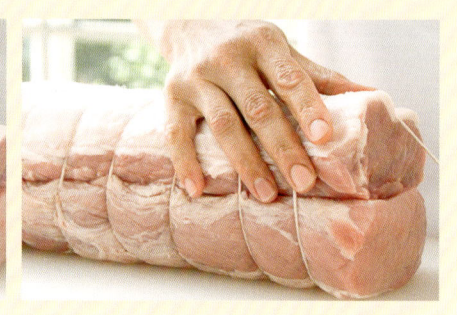

3. Zwei lange Garnstücke von etwa 120 cm jeweils an den Querfäden an den Enden des Bratens knüpfen und rund um den gesamten Braten längs durch die Querfäden weben.

4. Die Fäden an ihren Anfangspunkten wieder an die Querfäden knüpfen. Das Küchengarn hält das Fleisch in Form, wenn es beim Grillen ein wenig schrumpft.

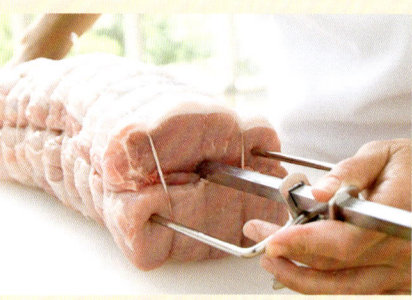

5. Den Spieß zwischen die zwei Fleischstücke schieben und die beiden Seitenzinken fest in die Fleischenden drücken.

6. Das Fleisch 1 Std. vor dem Grillen Zimmertemperatur annehmen lassen. Dann mit Öl bestreichen und gleichmäßig mit Salz und Pfeffer würzen.

7. Während sich der Spieß langsam dreht, versorgt der fleischeigene Saft das Fleisch innen und außen gleichmäßig mit Feuchtigkeit. Eine Aluschale unter dem Spieß verhindert, dass Fett in den Grill tropft.

8. Die Kerntemperatur wird in der Mitte des Bratens gemessen. Wenn sie etwa 65 °C erreicht hat, kann man den Drehmotor abschalten und den Spieß mit isolierten Grillhandschuhen aus dem Grill heben. Während das Fleisch ruht, erhöht sich die Innentemperatur noch einmal um 2–5 °C.

SCHWEINELENDENBRATEN SÜSS-SAUER AM SPIESS

FÜR 8–12 PERSONEN
ZUBEREITUNGSZEIT: 45 MIN.

GRILLMETHODE: INDIREKTE HITZE (ETWA 200 °C)
GRILLZEIT: 1–1¼ STD.
ZUBEHÖR: KÜCHENGARN, DREHSPIESS, GROSSE EINWEG-ALUSCHALE

FÜR DIE SAUCE
- 2 EL Olivenöl
- 3-4 fein gewürfelte Zwiebeln
- ½ TL grobes Meersalz
- 0,75 l Rotwein
- 200 g fein gewürfelte Trockenpflaumen
- 200 g Rosinen
- 1 EL fein abgeriebene Schale von 1 Bio-Orange
- 200 ml frisch gepresster Orangensaft
- 1 kräftige Prise gemahlene Gewürznelken
- Grobes Meersalz
- Frisch gemahlener schwarzer Pfeffer

- 2 ausgelöste Schweinelendenbraten, je gut 1,5 kg
- 2 EL Olivenöl
- 1½ TL grobes Meersalz
- 1 TL frisch gemahlener schwarzer Pfeffer

1. Das Öl in einem mittelgroßen Topf auf mittlerer Stufe erhitzen. Zwiebeln und Salz hinzufügen und die Zwiebeln unter häufigem Rühren etwa 15 Min. weich garen. Die Temperatur erhöhen, den Wein hinzugießen und während etwa 8 Min. auf die Hälfte einkochen. Pflaumen, Rosinen und Orangenschale einrühren, auf mittlere Hitze herunterschalten und die Früchte etwa 5–10 Min. weich kochen, dabei gelegentlich umrühren. Orangensaft und Nelken dazugeben, mit Salz und Pfeffer abschmecken und die Sauce warm stellen.

2. Die Bratenstücke auf gleiche Länge zurechtschneiden und mit der Fettseite nach außen aufeinanderlegen. Die Fettschicht schützt das Fleisch beim Grillen. Beide Fleischstücke zu einem großen zylindrischen Braten zusammenbinden. Vor dem Grillen etwa 1 Std. bei Zimmertemperatur ruhen lassen. Dann das Fleisch mit Öl bestreichen und mit Salz und Pfeffer würzen.

3. Den Grill für indirekte Hitze mit Drehspieß vorbereiten. Wenn Sie einen Gasgrill mit Infrarotbrenner haben, stellen Sie diesen auf *niedrig* und die äußeren Brennerkontrollknöpfe auf *niedrige Hitze*. Die Temperatur des Grills sollte etwa 200 °C betragen (evtl. müssen Sie die äußeren Brenner auf mittlere Hitze stellen).

4. Den einen Haltezinken auf einer Seite vorsichtig auf den Drehspieß ziehen und etwa 25 cm vom Spießende entfernt sichern, aber die Schraube noch nicht festziehen. Den Spieß durch die Mitte des Bratens führen und den Braten sanft auf die Haltezinken schieben, sodass diese fest im Fleisch verankert sind. Den anderen Haltezinken ebenfalls auf den Spieß ziehen und gut in das Fleisch drücken. Die Schraube sichern, aber noch nicht festziehen. Das spitze Ende des Spießes mit Grillhandschuhen in den Drehmotor stecken. Wenn der Braten nicht in der Mitte des Spießes sitzt, ihn nochmals verschieben, dann die Haltezinken festschrauben. Eine Aluschale unter den Braten stellen, um heruntertropfendes Fett aufzufangen. Den Motor des Drehspießes anstellen.

5. Den Braten etwa 1–1¼ Std. grillen, bis die Kerntemperatur 65 °C erreicht hat. Um die Temperatur zu prüfen, den Motor ausschalten und ein Fleischthermometer in die Mitte des Bratens schieben. Den Spieß mit Grillhandschuhen aus dem Grill heben und die Haltezinken vorsichtig lockern. Den Braten vom Spieß gleiten lassen, auf ein Schneidebrett legen, mit Folie abdecken und 15–30 Min. ruhen lassen. (Die Kerntemperatur wird in dieser Zeit noch einmal um 2–5 °C steigen.)

6. Den Braten aufschneiden und mit der Sauce servieren.

GRILLEN VON SCHWEINELENDENBRATEN AM KNOCHEN

1. Zum Grillen einer Schweinelende am Knochen ist eine mäßig heiße Glut von 175 °C ideal. Dazu füllt man einen Anzündkamin (siehe Seiten 10 und 27) zu zwei Dritteln mit Holzkohlebriketts und zündet sie an. Wenn die Briketts vollständig mit Asche bedeckt sind, schüttet man sie auf den Kohlerost.

2. Die Briketts auf einer Seite des Kohlerosts einlagig anordnen und ein Scheid Eichenholz davorlegen. Es wird Rauch entwickeln und ein herrliches Aroma zum Braten beisteuern.

3. Den Grillrost auflegen und den Braten mit der Knochenseite nach unten auf die Seite des Rosts legen, unter der sich keine Holzkohleglut befindet, wobei die dicke Fleischseite in Richtung Holzkohlen zeigt. Sollte das Holzstück Feuer fangen, die Flammen mit einem Wassersprüher löschen.

4. Nach 45 Min. Grillzeit bei geschlossenem Deckel den Braten um 180 Grad drehen, sodass die Knochenspitzen zur Glut zeigen. Während das Fleisch fertig gart, sollte die Grilltemperatur langsam auf etwa 150 °C abfallen.

5. Den Braten vom Grill nehmen, wenn die Kerntemperatur etwa 65 °C erreicht hat. Den Braten locker mit Folie bedecken und etwa 15 Min. ruhen lassen, damit sich der Fleischsaft im Inneren verteilen kann.

6. Am leichtesten lässt sich der Braten tranchieren, wenn die Knochenseite nach oben zeigt. So sieht man die Rippen am besten und kann zwischen ihnen durchschneiden.

Beim Kauf eines Lendenbratens am Knochen darauf achten, dass der Kamm (Rückgrat), der alle Rippen miteinander verbindet, entfernt wurde. Andernfalls ist es fast nicht möglich, zwischen den Rippen zu schneiden und einzelne Koteletts zu servieren. Und keine Angst vor zu viel Gewürz! Ein dicker Braten verträgt jede Menge Salz und Pfeffer.

IM HOLZRAUCH GEGRILLTER LENDENBRATEN MIT JOHANNISBEERSAUCE

FÜR 8 PERSONEN
ZUBEREITUNGSZEIT: 20 MIN.

GRILLMETHODE: INDIREKTE MITTLERE BIS NIEDRIGE HITZE (150–175 °C)
GRILLZEIT: 1½–2 STD.

- 1 Schweinelendenbraten am Knochen, 3,5–4 kg
- 3 EL Olivenöl
- 2 TL grobes Meersalz
- 1 TL frisch gemahlener schwarzer Pfeffer

- 1 Scheit Eichenholz, etwa 50 cm lang und 10 cm dick

FÜR DIE SAUCE
- 150 g rote Johannisbeerkonfitüre
- 125 ml Ketchup
- 125 ml Apfelsaft
- 2 EL Apfelessig
- 1 EL Sojasauce
- 1 EL Whisky
- ½ TL zerstoßene rote Chiliflocken

1. Das Fleisch dünn mit Öl bestreichen und mit Salz und Pfeffer würzen. Bei Zimmertemperatur 30 Min. ruhen lassen, während der Grill vorbereitet wird (siehe Anweisungen links).

2. Die glühenden Briketts eines zu zwei Dritteln gefüllten Anzündkamins auf einem Drittel des Kohlerosts anordnen. Das Eichenscheit an die Holzkohlen legen – nicht auf die Kohlen. Das Holz sollte langsam schwelen, aber nicht brennen. Sollte es dennoch Flammen schlagen, kann man diese mit Wasser aus einer Sprühflasche löschen. Den Grillrost auflegen und das Fleisch mit der Knochenseite nach unten und der Fleischseite in Richtung Glut über *indirekter mittlerer Hitze* (etwa 175 °C) bei geschlossenem Deckel etwa 45 Min. grillen.

3. Nach 45 Min. 8–10 Briketts nachlegen, um die Hitze zu erhalten. Das Fleisch um 180 Grad drehen, sodass die Knochenseite in Richtung Glut zeigt. Noch einmal 45–75 Min. über *indirekter mittlerer Hitze* bei geschlossenem Deckel grillen, bis die Kerntemperatur etwa 65 °C erreicht hat. Die Glut sollte langsam an Hitze verlieren und am Ende der Grillzeit etwa 150 °C heiß sein.

4. Die Zutaten für die Sauce in einem mittelgroßen Topf bei mittlerer Hitze erwärmen. Unter gelegentlichem Rühren köcheln lassen, bis die Beeren verkocht sind und alles gut vermischt ist. Den Topf vom Herd nehmen.

5. Den Braten auf ein Schneidebrett legen, locker mit Folie abdecken und 15–20 Min. ruhen lassen. Anschließend zwischen den Knochen in einzelne Koteletts aufschneiden und warm mit der Sauce servieren.

SCHWEIN

LANGSAMES RÄUCHERN EINER SCHWEINESCHULTER

1. Ein Räuchergrill kann Temperaturen zwischen 110 und 120 °C über mehrere Stunden halten, und genau das braucht man, damit sich das Bindegewebe in einem Schulterbraten löst.

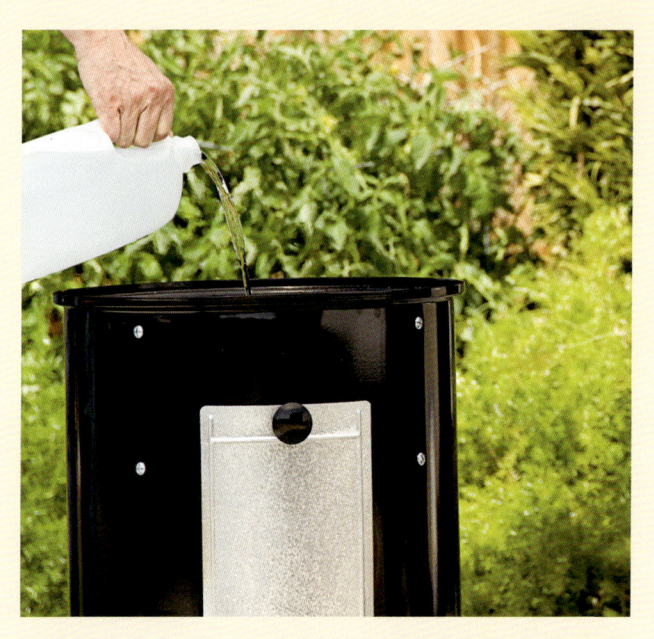

2. Den Wasserbehälter im Mittelteil füllen. Das Wasser wird einen Teil der Hitze von der Glut aufnehmen und sie zusammen mit Feuchtigkeit langsam wieder abgeben.

3. Nach 8–10 Std. Garzeit wird das Fleisch so zart sein, dass sich der Knochen sauber herausheben lässt.

4. Idealerweise verwendet man beim Anheben des Schulterbratens einen Wender und eine Grillzange, damit das Fleisch nicht auseinanderfällt.

5. Das Fleisch mit den Fingern oder zwei Gabeln zerteilen (engl. »Pulled Pork«). Fettklumpen wegwerfen, nicht aber die knusprige Schwarte, die sich außen gebildet hat.

6. Die rosa Färbung des Fleisches ist das Zeichen, dass der Rauch in das Fleisch eingedrungen ist und den Braten mit authentischem Barbecue-Aroma durchzogen hat.

PULLED-PORK-SANDWICHES

FÜR 10–12 PERSONEN
ZUBEREITUNGSZEIT: 25 MIN.

GRILLMETHODE: INDIREKTE NIEDRIGE HITZE (110–120 °C)
GRILLZEIT: 8–10 STD.

FÜR DIE WÜRZMISCHUNG
- 2 EL reines Chilipulver
- 2 EL grobes Meersalz
- 4 TL Knoblauchgranulat
- 2 TL frisch gemahlener schwarzer Pfeffer
- 1 TL Senfpulver

- 2 Schweineschulterbraten mit Knochen, je etwa 2,5–3 kg
- 3 große Handvoll Hickory-Holzchips, mind. 30 Min. gewässert

FÜR DIE SAUCE
- 250 ml Ketchup
- 175 ml Apfelessig
- 4 EL Vollrohrzucker
- 1½ TL Worcestersauce
- 1 TL Chilisauce (oder nach Geschmack; Asia-Laden)
- 1 TL grobes Meersalz
- ½ TL Senfpulver
- ¼ TL frisch gemahlener schwarzer Pfeffer

- 12 Burger-Brötchen

1. Den Räuchergrill nach den Angaben des Herstellers für indirektes Grillen über niedriger Hitze vorbereiten.

2. In einer kleinen Schüssel die Zutaten für die Würzmischung vermengen und das Fleisch rundum kräftig damit einreiben.

3. Die Braten über **indirekter niedriger Hitze** bei geschlossenem Deckel räuchern. Während der ersten drei Stunden jede Stunde 1 Handvoll abgetropfte Holzchips auf die Glut legen. Die gesamte Räucherzeit beträgt 8–10 Std. Wenn die Kerntemperatur nach dieser Zeit knapp 90 °C erreicht hat, sollte der Knochen leicht aus dem Fleisch rutschen und das Fleisch an einigen Stellen auseinanderfallen. Die Temperatur des Räuchergrills sollte konstant zwischen 110 und 120 °C gehalten werden.

4. In einem großen schweren Topf die Saucenzutaten vermengen und bei mittlerer Hitze aufkochen. Etwa 5 Min. köcheln lassen und gelegentlich umrühren. Abschmecken und wenn nötig nachwürzen. Die Sauce sollte scharf und würzig sein.

5. Die fertigen Braten auf ein Backblech legen, fest mit Alufolie abdecken und 30 Min. ruhen lassen.

6. Das noch warme Fleisch mit den Fingern oder zwei Gabeln zerteilen. Größere Fettstücke und Sehnen wegwerfen. In einer großen Schüssel das Fleisch mit der gewünschten Menge Sauce mischen. Die Brötchen mit dem Fleisch belegen und warm servieren, nach Belieben mit Krautsalat.

SCHWEIN

ZUBEREITUNG VON PORCHETTA

1. Die relativ dünnen Fleischstücke an beiden Enden des Schulterbratens abschneiden. Auch die dicken Stellen etwas zurechtschneiden, sodass der Braten auf der ganzen Länge ungefähr gleich dick ist.

2. Idealerweise ergeben sich 250–300 g abgeschnittenes Fleisch und Fett, die zusammen mit köstlichen Kräutern, Gewürzen, Knoblauch und Olivenöl zur Porchetta-Füllung verarbeitet werden.

3. Die Zutaten für die Füllung in einer Küchenmaschine zu einer mettartigen Masse verarbeiten (das Fleisch eventuell vorher in kleinere Stücke schneiden). Die Füllung auf der Innenseite des Bratens verstreichen.

4. Die Ränder freilassen, damit beim Zusammenrollen keine Füllung austritt. Vertiefungen im Fleisch mit der Porchetta-Mischung ausfüllen.

5. Das Fleisch von einer Schmalseite zur anderen zu einem gleichmäßig geformten Zylinder zusammenrollen.

6. Mit ausreichend Küchengarn längs und quer verschnüren. Vor dem Grillen 20–30 Min. bei Zimmertemperatur stehen lassen.

SCHWEIN

SCHWEINESCHULTER MIT PORCHETTA-FÜLLUNG

FÜR 6–8 PERSONEN
ZUBEREITUNGSZEIT: 30 MIN.

GRILLMETHODE: INDIREKTE MITTLERE HITZE (175–200 °C)
GRILLZEIT: 2–2½ STD.
ZUBEHÖR: KÜCHENGARN

FÜR DIE PORCHETTA-FÜLLUNG
- 125 ml Olivenöl
- 5 EL Rosmarinnadeln (etwa 3 Zweige)
- 16 große Salbeiblätter
- 1 EL fein abgeriebene Schale von 1 Bio-Zitrone
- 1 EL gehackter Knoblauch
- 1 TL grobes Meersalz
- ½ TL ganze Fenchelsamen
- ½ TL zerstoßene rote Chiliflocken

- 1 Schweineschulterbraten ohne Knochen, etwa 2,5 kg, vorbereitet wie in Step 1 und 2 auf Seite 116 beschrieben
- 1 EL Olivenöl
- ½ TL grobes Meersalz
- ½ TL frisch gemahlener schwarzer Pfeffer

1. Die Zutaten für die Füllung in einer Küchenmaschine glatt pürieren. Die abgeschnittenen Fleisch- und Fettteile hinzufügen und alles zu einer mettartigen Masse verarbeiten.

2. Den Braten mit der Hautseite nach unten auf eine Arbeitsfläche legen. Die Füllung gleichmäßig auf dem Fleisch verteilen, Ränder freilassen. Den Braten zusammenrollen und mit Küchengarn gut verschnüren. Das Fleisch außen mit Öl, Salz und Pfeffer einreiben und 20–30 Min. bei Zimmertemperatur stehen lassen. Den Grill für indirekte mittlere Hitze vorbereiten.

3. Den Grillrost mit der Bürste reinigen. Den Braten über *indirekter mittlerer Hitze* bei geschlossenem Deckel 2–2,5 Std. grillen, bis die Kerntemperatur 83–85 °C erreicht hat.

4. Den Braten auf ein Schneidebrett legen, locker mit Folie abdecken und 20–30 Min. ruhen lassen. Das Küchengarn entfernen und den Braten in dünne Scheiben aufschneiden. Warm servieren.

In Rom und Umgebung ist Porchetta eine Festtagsspezialität, zu der ein ganzes Schwein mit wildem Fenchel, Knoblauch und Gewürzen gefüllt und am Spieß gebraten wird. Für diese weniger aufwendige Version benötigen Sie lediglich eine ausgelöste Schweineschulter – Gewürze und Zubereitungsart garantieren allerdings authentischen Geschmack.

SCHWEINEBRATEN WÜRZEN

1. Den Knoblauch auf einer feinen Reibe zerkleinern.

2. Die Schwarte im Abstand von 5 cm kreuzweise einschneiden, ohne dabei in das Fleisch zu schneiden.

3. Den Braten auf allen Seiten mit der Knoblauch-Kräuter-Paste einreiben und die Paste in alle Fugen drücken.

4. Den gewürzten Braten in eine Schüssel geben, abdecken und 12–24 Std. kalt stellen.

ZUBEREITUNG VON SCHWEINEBRATEN AUF DEM GRILL

1. Eine Schweineschulter mit Knochen wird über indirekter niedriger Hitze (etwa 120 °C) gegart, sodass Kollagen und Fett schmelzen und das Fleisch weich und saftig machen, bevor es außen verbrennt. Dafür beginnt man mit einer halben Füllung des Anzündkamins und legt etwa jede Stunde 8–10 Briketts nach.

2. Wenn die Kerntemperatur 85–88 °C erreicht hat, den Braten vom Grill nehmen, in Folie einwickeln und gut 1 Std. ruhen lassen, damit sich der Fleischsaft im Inneren gut verteilen kann.

3. Den Braten in 1–1,5 cm dicke Scheiben schneiden oder in mundgerechte Stücke zerteilen. Dazu serviert man eine kräftige Knoblauch-Zitrus-Sauce, genannt Mojo (ausgesprochen »Mocho«).

SCHWEIN

SCHWEINEBRATEN SÜDAMERIKA-STYLE

FÜR 6–8 PERSONEN
ZUBEREITUNGSZEIT: 30 MIN.
MARINIERZEIT: 12–24 STD.

GRILLMETHODE: INDIREKTE NIEDRIGE HITZE (ETWA 120 °C)
GRILLZEIT: 5–7 STD. PLUS 1 STD. RUHEZEIT

FÜR DIE PASTE
    5 große Knoblauchzehen
    3 EL Olivenöl
    3 EL Apfelessig
    2 EL getrockneter Oregano
    1 EL und 2 TL grobes Meersalz
    1 EL frisch gemahlener schwarzer Pfeffer

    1 Schweineschulterbraten mit Knochen und Schwarte, 3–3,5 kg
    4 Handvoll Eichen- oder Hickory-Holzchips, mind. 30 Min. gewässert

FÜR DEN MOJO
    Fein abgeriebene Schale von 1 Bio-Orange
    250 ml frisch gepresster Orangensaft
    125 ml frisch gepresster Grapefruitsaft
    1 kleine weiße Zwiebel, fein gewürfelt
    2 EL Branntweinessig
    1 fein gehackte Chilischote (vorzugsweise Serrano)
    1 fein gehackte Knoblauchzehe
    1 TL Zucker
    Grobes Meersalz (nach Geschmack)
    3 EL fein gehacktes Koriandergrün

1. Für die Paste den Knoblauch schälen, anschließend fein reiben und in einer kleinen Schüssel mit den restlichen Zutaten vermengen.

2. Die Schwarte des Bratens im Abstand von etwa 5 cm kreuzweise bis knapp zur Fleischschicht einschneiden. Den Braten auf allen Seiten mit der Paste einreiben, in eine Schüssel geben, abdecken und 12–24 Std. kalt stellen. 1 Std. vor dem Grillen aus dem Kühlschrank nehmen und Zimmertemperatur annehmen lassen.

3. Den Grill für indirekte niedrige Hitze vorbereiten. Den Grillrost mit der Bürste reinigen. 1 Handvoll Holzchips abtropfen lassen und über die Kohlen verteilen oder nach den Angaben des Herstellers in die Räucherbox des Gasgrills geben. Den Braten mit der Schwarte nach unten über **indirekter niedriger Hitze** bei geschlossenem Deckel 5–7 Std. grillen, bis die Kerntemperatur 85–88 °C erreicht hat. Nach etwa 3 Std. einmal wenden und etwa jede Stunde 1 Handvoll Holzchips nachlegen, bis sie aufgebraucht sind. Das Fleisch vom Grill nehmen, auf eine Platte legen und in Alufolie wickeln. Etwa 1 Std. ruhen lassen.

4. In einer kleinen Servierschüssel alle Zutaten für den Mojo verrühren, bis Zucker und Salz aufgelöst sind. Die Schüssel abdecken und beiseitestellen. Das Koriandergrün erst kurz vor dem Servieren in die Sauce rühren.

5. Den Braten in 1–1,5 cm dicke Scheiben schneiden (das Fleisch kann beim Schneiden leicht auseinanderfallen, doch daran sollte man sich nicht stören). Warm mit dem Mojo servieren. Nach Belieben gekochten weißen Reis und schwarze Bohnen dazu reichen.

BARBECUE-RIBS RICHTIG ZUBEREITEN

5 DINGE, DIE MAN WISSEN SOLLTE

1 DIE BALANCE DER AROMEN

Perfekt gegrillte Ribs zeichnen sich durch die Harmonie der Aromen aus: die leicht knusprige Textur einer glänzenden Oberfläche, darunter die köstlichsten Fleischstückchen mit würzigem Holzraucharoma. Jede Phase der Zubereitung hat zum Ziel, Gewürze, Sauce und Rauch mit dem wunderbaren Eigengeschmack langsam gegrillten Schweinefleischs in Einklang zu bringen, ohne dass das eine das andere überlagert.

2 GAS, HOLZKOHLE ODER RÄUCHERN

Gasgrill, Holzkohlegrill oder Räuchergrill sind gleichermaßen geeignet. Mit jeder Methode kann man langsam gegrilltes, zartes Rippenfleisch mit köstlichem Holzraucharoma zubereiten. Allerdings benötigt man beim Gasgrill eine Räucherbox.

3 VORSICHT HITZE

Der Schlüssel für zarte Rippchen liegt in der über mehrere Stunden gehaltenen niedrigen Temperatur. Schwankungen machen das Fleisch zäh und trocken.

4 ALLES ZU SEINER ZEIT

Man sollte sich für Baby Back Ribs 3–4 Std., für Spareribs 5–6 Std. gedulden, doch das allein reicht noch nicht: Auch die Sauce darf nicht zu früh auf das Fleisch aufgetragen werden, was besonders für süße Saucen gilt, die wegen des Zuckers leicht verbrennen können. Die Sauce kommt erst 30 Min. vor Ende der Grillzeit aufs Fleisch oder kurz bevor die Ribs in Folie eingepackt werden.

5 TRICK 17 – ZUM SCHLUSS GUT EINPACKEN

Wenn man die Rippchen in der letzten Grillphase in Folie einpackt, halten sie die Feuchtigkeit besser und das Fleisch wird zarter. Dieser kleine Trick wird von einigen Grillprofis abschätzig als »Texas-Krücke« (siehe Seite 126) bezeichnet. Aber wissen Sie was? Es funktioniert wirklich.

BABY BACK RIBS ZUBEREITEN

1. An einem Ende der Ribs ein Tafelmesser unter die dünne Haut am Knochen schieben.

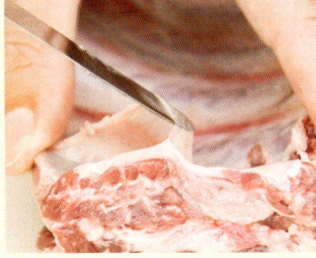

2. Die dünne Haut anheben und lockern, bis sie reißt.

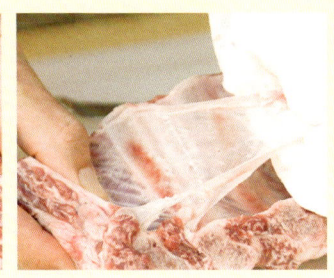

3. Eine Ecke der Haut mit Küchenpapier festhalten und die Haut abziehen.

4. Die Haut möglichst an einem Stück abziehen. Falls sie dennoch reißt, die Hautteile einzeln entfernen.

5. Die Rippchen großzügig auf der Fleischseite würzen. Die Gewürze fest ins Fleisch drücken, damit sie nicht herunterfallen.

6. Steckt man die Ribs aufrecht in einen Kotelett- oder Spare-Rib-Halter, kann man bei begrenztem Platz auf dem Grill die doppelte Menge zubereiten.

DEN HOLZKOHLEGRILL ZUM RÄUCHERN VORBEREITEN

1. Wenn Sie Holzchips verwenden, sollten sie zuvor mind. 30 Min. gewässert werden, sodass sie langsam schwelen und Rauch entwickeln, anstatt Flammen zu schlagen.

2. Die Holzkohle auf einer Seite des Kohlerosts anhäufen. Ein Kohlekorb hält die Kohlen kompakt zusammen und verlangsamt das Abbrennen. Etwa jede Stunde mit einer Zange an den Kohlekorb klopfen, damit die Asche durch die Korblöcher fällt.

3. Eine Aluschale auf die andere Seite des Kohlerosts stellen und zur Hälfte mit Wasser füllen, um im Innern des Grills etwas Dampf zu erzeugen. Die Rippchen grillen auf dem Rost direkt über der Wasserschale.

4. Einige Holzchips abtropfen lassen und direkt auf die Glut legen. Nach etwa einer Stunde, am besten dann, wenn Sie auch Kohle nachlegen, neue Chips auflegen.

SCHWEIN

ZUBEREITUNG VON BABY BACK RIBS AUF DEM GRILL

1. Um das Fleisch zu schützen, mit der Knochenseite in Richtung Glut beginnen.

2. Die Ribs nach der ersten Stunde mit einer Essig-Würzsauce bestreichen.

3. Die Position der Ribs im Spare-Rib-Halter regelmäßig wechseln, damit sie gleichmäßig garen.

4. Gegen Ende der Grillzeit die Ribs mit der Fleischseite zur Glut wenden, damit die Oberfläche schön gebräunt und knusprig wird.

5. Das Fleisch sollte so zart sein, dass es reißt, wenn man die Ribs auseinanderbiegt.

6. Die Ribs dünn mit Sauce einpinseln, wenn Sie sie vom Grill nehmen.

7. Die Stücke einzeln in Alufolie wickeln.

8. Die Ribs bleiben mind. 30 Min. warm und garen noch leicht nach.

BABY BACK RIBS MIT SOO-WEE-SAUCE

FÜR 4–6 PERSONEN
ZUBEREITUNGSZEIT: 20 MIN.

GRILLMETHODE: INDIREKTE NIEDRIGE HITZE (120–150 °C)
GRILLZEIT: 3–4 STD.
ZUBEHÖR: KOTELETT- ODER SPARE-RIB-HALTER

FÜR DIE WÜRZMISCHUNG
    2 EL grobes Meersalz
    2 EL Paprikapulver
    4 TL Knoblauchgranulat
    4 TL reines Chilipulver
    2 TL Senfpulver
    2 TL frisch gemahlener schwarzer Pfeffer

    4 Baby Back Ribs aus der Kotelettrippe, je 1–1,25 kg

FÜR DIE SAUCE
    250 ml Apfelsaft
    125 ml Ketchup
    3 EL Apfelessig
    1 EL Sojasauce
    2 TL Melasse (Reformhaus)
    ½ TL reines Chilipulver
    ½ TL Knoblauchgranulat
    ½ TL Senfpulver
    ¼ TL grobes Meersalz
    ¼ TL frisch gemahlener schwarzer Pfeffer

FÜR DIE WÜRZSAUCE
    175 ml Rotweinessig
    175 ml Wasser
    2 EL Sojasauce

    4 Handvoll Hickory-Holzchips, mind. 30 Min. gewässert

SCHWEIN

1. Einen Holzkohlegrill zum Räuchern über indirekter niedriger Hitze vorbereiten (siehe Seite 121).

2. Die Zutaten für die Würzmischung in einer kleinen Schüssel vermengen.

3. Mit der Spitze eines stumpfen Tafelmessers unter die dünne Haut auf der Rückseite der Ribs fahren. Die Haut anheben und lockern, bis sie reißt, dann eine Ecke der Haut mit Küchenpapier festhalten und die Haut abziehen (siehe Seite 121). Die Ribs auf allen Seiten mit der Würzmischung einreiben, besonders großzügig auf der Fleischseite. Die Ribs im Halter so aufstellen, dass alle in dieselbe Richtung zeigen. Vor dem Grillen sollten die Ribs 30–60 Min. bei Zimmertemperatur ruhen.

4. Wenn die Glut zu einer Temperatur von etwa 175 °C heruntergebrannt ist, 2 Handvoll Hickorychips abtropfen lassen und auf die Kohlen legen. Durch das feuchte Holz sinkt die Temperatur ein wenig. Den Grillrost auflegen und die Ribs mit der Knochenseite in Richtung Glut über **indirekter niedriger Hitze** (über der Aluschale) möglichst weit von der Kohle entfernt aufstellen. Den Deckel schließen, den Lüftungsschieber im Deckel halb schließen. Die Ribs 1 Std. räuchern. Während dieser Zeit durch Öffnen und Schließen des Lüftungsschiebers die Temperatur zwischen 120 °C und 150 °C halten. In der Zwischenzeit Sauce und Würzsauce zubereiten.

5. Die Zutaten für die Sauce in einem kleinen Topf vermischen, bei mittlerer Hitze erwärmen und etwa 5 Min. sanft köcheln. Vom Herd nehmen und mit Salz und Pfeffer abschmecken.

6. Die Zutaten für die Würzsauce in einer kleinen Schüssel verrühren.

7. Nach 1 Std. Grillzeit 8–10 frische Briketts und 2 Handvoll abgetropfte Holzchips auf die Glut legen. Die Ribs vom Halter nehmen und auf zwei Backbleche verteilen. Auf beiden Seiten großzügig mit der Würzsauce bestreichen. Den Grill während des Bestreichens offen lassen, damit die neuen Briketts schneller brennen. Die Ribs wieder gleich ausgerichtet in den Halter stellen und auf dem Grill platzieren, diesmal mit der Fleischseite Richtung Glut.

8. Den Deckel schließen und 1 Std. weitergrillen. Durch Öffnen und Schließen des Lüftungsschiebers die Temperatur erneut zwischen 120 °C und 150 °C halten.

9. Nach 2 Std. Grillzeit nochmals 8–10 frische Briketts auf die Glut legen. Die Ribs vom Halter nehmen und auf zwei Backbleche verteilen. Auf beiden Seiten großzügig mit der Würzsauce bestreichen. Den Grill wiederum offen lassen, damit die Briketts gut brennen. Die Ribs abermals gleich ausgerichtet in den Halter stellen, diesmal jedoch so, dass die Seite, die vorher nach oben gezeigt hat, nach unten zeigt. Stellen Sie auch die Ribs, die schon besser gegart erscheinen, in den hinteren Teil des Halters, also weiter weg von der Glut. Jetzt sollte die Knochenseite in Richtung Glut zeigen.

10. Den Deckel schließen und die Ribs 45 Min. grillen, dabei die Temperatur durch Öffnen und Schließen des Lüftungsschiebers konstant zwischen 120 °C und 150 °C halten.

11. Nach 3 Std. Grillzeit prüfen, ob schon Ribs vom Grill genommen werden können. Sie sind fertig, wenn ein Großteil der Knochenenden mind. 6 mm frei liegt. Hebt man die Ribs an einem Ende mit der Zange an, sollten sie sich in der Mitte biegen. Zudem sollte das Fleisch leicht reißen. Wenn nicht, müssen die Ribs noch weitergrillen. Die gesamte Grillzeit beträgt 3–4 Std. Nicht alle Ribs werden gleichzeitig fertig. Nach Ende der Grillzeit die Ribs auf ein sauberes Backblech legen und von beiden Seiten mit etwas Sauce bestreichen. Jedes Stück einzeln in Alufolie einwickeln und etwa 30 Min. ruhen lassen. Warm mit der restlichen Sauce servieren.

ZUBEREITUNG VON STAPEL-RIBS AUF DEM GRILL

1. Ob Sie mit Holzkohle oder Gas grillen: Eine platzsparende Lösung besteht darin, Ribs in der Mitte des Grills zu stapeln.

2. Die Ribs etwa 45 Min. bei geschlossenem Deckel und bei niedriger Hitze, die von beiden Seiten kommt, grillen.

3. Die Ribs nebeneinander auf den Grillrost legen.

4. Die Ribs auf beiden Seiten mit einem Teil der beiseitegestellten Marinade einpinseln.

5. Werden die Ribs neu gestapelt, sollten die Positionen gewechselt werden: Die oberen Ribs kommen nach unten, die unteren Ribs in die Mitte und die mittleren Ribs nach oben.

6. Die Ribs weitergrillen, dabei immer wieder einpinseln und die Positionen wechseln, bis etwa 6 mm von den Knochenenden frei liegen.

BABY BACK RIBS VOM STAPEL

FÜR 6–8 PERSONEN
ZUBEREITUNGSZEIT: 20 MIN.
MARINIERZEIT: 30 MIN.

GRILLMETHODE: INDIREKTE UND DIREKTE NIEDRIGE HITZE (150–160 °C)
GRILLZEIT: 2¾–3¼ STD.

FÜR DIE MARINADE
- 250 ml süße Chilisauce (Asia-Laden)
- 250 ml Wasser
- Abgeriebene Schale von 3 Bio-Limetten
- 5 EL frisch gepresster Limettensaft
- 4 große Knoblauchzehen, geschält
- 4 EL Sojasauce
- 3 EL grob gehackter frischer Ingwer

- 3 Baby Back Ribs aus der Kotelettrippe, je 1–1,25 kg
- 1 EL grobes Meersalz

1. Die Zutaten für die Marinade in einem Standmixer oder mit dem Pürierstab etwa 1 Min. pürieren. Davon 250 ml als Sauce zum Bestreichen auf dem Grill beiseitestellen.

2. Die dünne Haut von der Rückseite der Ribs entfernen (siehe Seite 121). Die Ribs auf der Fleischseite salzen und mit der restlichen Marinade bestreichen. Die Ribs bei Zimmertemperatur mind. 30 Min. stehen lassen. Den Grill für indirekte niedrige Hitze vorbereiten.

3. Den Grillrost mit der Bürste reinigen. Die Ribs mit der Knochenseite nach unten aufeinanderlegen und über *indirekter niedriger Hitze* bei geschlossenem Deckel 45 Min. grillen.

4. Die Ribs nebeneinander auf den Grill legen. Die Fleischseite mit einem Teil der beiseitegestellten Marinade bestreichen. Die Ribs erneut mit der Knochenseite nach unten stapeln, wobei nun die oberen Ribs nach unten, die unteren in die Mitte und die mittleren nach oben kommen. Über *indirekter niedriger Hitze* bei geschlossenem Deckel weitere 45 Min. grillen.

5. Den Stapel erneut ausbreiten. Die Fleischseite der Ribs wieder mit Marinade bestreichen. Die Ribs mit der Knochenseite nach unten neu aufstapeln, dabei die oberen Ribs nach unten, die unteren in die Mitte und die mittleren nach oben legen. Über *indirekter niedriger Hitze* bei geschlossenem Deckel weitere 1–1,5 Std. grillen. Während dieser dritten Runde die Position der Ribs im Stapel gelegentlich wechseln, sodass die bereits stärker gebräunten in der Mitte und die am wenigsten gebräunten oben liegen. Beim Positionswechsel die Fleischseite jeweils mit Marinade bestreichen.

6. Die Ribs mit der Knochenseite nach unten nebeneinander über *direkter niedriger Hitze* auf den Grillrost legen. Noch ein wenig von der Marinade auftragen und etwa 10–15 Min. weitergrillen, bis das Fleisch sehr zart ist und etwa 6 mm der Knochenenden frei liegen. Gelegentlich wenden, damit nichts anbrennt.

7. Die Ribs auf ein Backblech legen, mit Alufolie abdecken und 15 Min. ruhen lassen. Die Rippen einzeln aufschneiden und warm servieren.

ZUBEREITUNG VON SPARERIBS NACH ST.-LOUIS–ART

1. Auf der Knochenseite einer vollständigen Sparerib-Reihe befindet sich ein zäher Fleischlappen. Um »gewöhnliche« Spareribs in St.-Louis-Spareribs zu verwandeln, muss als Erstes dieser Fleischlappen entfernt werden.

2. Als Nächstes schneidet man den langen Streifen mit knorpeligem Fleisch, die sogenannten Brustrippchen, am unteren Ende der Ribs ab.

3. Auch die Fleischlappen an den seitlichen Enden werden weggeschnitten. Ziel ist ein möglichst regelmäßiges, rechteckiges Rippenstück.

4. Mit einem Tafelmesser oder einem anderen stumpfen Gegenstand unter die Haut fahren und sie so anheben, dass man eine Ecke mit einem Stück Küchenpapier greifen kann. Die Haut abziehen.

5. Die Ribs oben im Bild sind nach St.-Louis-Art zugeschnitten. Sie haben etwa die gleiche Länge wie die Baby Back Ribs darunter, die St.-Louis-Ribs sind jedoch breiter und fleischiger. Sie sind weniger zart und müssen deshalb länger gegrillt werden.

6. Um den Ribs einen intensiven Geschmack und eine knusprige Oberfläche zu verleihen, kann man sie einige Stunden vor dem Grillen in einer würzig-süßen Sauce marinieren.

ANWENDUNG DER »TEXAS-KRÜCKE«

1. In der Welt der Barbecue-Wettbewerbe bezeichnet man mit »Texas-Krücke« (engl. Texas crutch) eine Methode, bei der man die Ribs während der letzten Grillphase in Alufolie packt, oft zusammen mit etwas Flüssigkeit.

2. Die Theorie besagt, dass die Feuchtigkeit in der Folie das Fleisch saftig und zart macht. Einige Grillpuristen bezeichnen diese Technik jedoch abfällig als »Texas-Krücke«. Unklar ist, was die Methode mit Texas zu tun hat.

3. Viele Barbecue-Teams und Heimköche wenden diese Technik mit großem Erfolg an, indem sie die Ribs in der Folie auf dem Räuchergrill fertig garen oder einfach nach dem Grillen in Folie ruhen lassen.

SPARERIBS MIT SÜSSER INGWER-SOJA-GLASUR

FÜR 6 PERSONEN
ZUBEREITUNGSZEIT: 30 MIN.
MARINIERZEIT: 3 STD.

GRILLMETHODE: INDIREKTE NIEDRIGE HITZE (ETWA 150 °C)
GRILLZEIT: 4–5 STD.

FÜR DIE MARINADE
    120 g brauner Zucker
    125 ml Sojasauce
    125 ml Ketchup
    125 ml trockener Sherry
    2 EL fein gehackter frischer Ingwer
    1½ TL fein gehackter Knoblauch

    2 Spareribs (Schälrippen), je 2 kg

1. Die Zutaten für die Marinade in einer großen Schüssel verrühren.

2. Die Spareribs wie auf Seite 126 beschrieben nach St.-Louis-Art vorbereiten. Dazu die Ribs mit der Fleischseite nach oben auf ein Schneidebrett legen. Die Enden entlang der Fettlinie, die die fleischigen Rippchen von der zäheren Basis trennt, abschneiden. Die Ribs umdrehen und den Fleischlappen in der Mitte auf der ganzen Länge wegschneiden, ebenso die Fleischlappen an den Schmalseiten der Ribs. (Die Fleischlappen können separat gegrillt werden, werden aber nicht so zart wie die Ribs.) Die dünne Haut auf der Rückseite der Ribs abziehen.

3. Die Ribs nebeneinander auf ein großes Backblech legen und mit der Marinade übergießen. Die Ribs wenden, damit sie gleichmäßig mit Marinade bedeckt sind. Abdecken und 3 Std. kalt stellen, dabei gelegentlich wenden. Die Ribs vom Backblech nehmen und die restliche Marinade in eine Schüssel gießen. Die Ribs vor dem Grillen mind. 30 Min. bei Zimmertemperatur stehen lassen. Den Grill für indirekte niedrige Hitze vorbereiten.

4. Den Grillrost mit der Bürste reinigen. Die Ribs über *indirekter niedriger* Hitze bei geschlossenem Deckel 2 Std. grillen. Die Ribs vom Grill nehmen, auf beiden Seiten mit Marinade bestreichen, in Alufolie einwickeln und 2–3 Std. weitergrillen, bis die Knochenenden etwa 6 mm frei liegen und das Fleisch so zart ist, dass man es mit den Fingern zerteilen kann.

5. Die Ribs erneut in Alufolie wickeln und auf einem großen Backblech 30 Min. ruhen lassen. Aufschneiden und warm servieren.

ZUBEREITUNG VON SPARERIBS AUF DEM RÄUCHERGRILL

1. Die Brennkammer des Räuchergrills mit vorgeglühter Holzkohle füllen. Briketts brennen länger als normale Holzkohle, deshalb eignen sie sich besonders für Fleisch, das langsam geräuchert wird.

2. Gleich zu Beginn einige Stücke Hartholz auf die Glut legen. Sie müssen nicht erst eingeweicht werden, da sie ohnehin nicht viel Wasser aufnehmen und groß genug sind, um eine Weile Rauch abzugeben. Das Mittelteil des Grills einsetzen und den Wasserbehälter sofort zu drei Vierteln mit Wasser füllen. Er wird rasch heiß, deshalb das Wasser gleich einfüllen, sonst dampft und spritzt es beim Hineingießen.

3. Der Lüftungsschieber im Deckel sollte von Beginn an offen stehen, weil dadurch viel Rauch entweichen kann. Andernfalls wird das Fleisch zu stark geräuchert. Durch den Luftzug glühen auch die Kohlen gut.

4. Die Temperatur im Räuchergrill mit Hilfe der unteren Lüftungsschieber regulieren. Wenn die Temperatur abfällt, die Schieber ein wenig öffnen, damit mehr Luft hereinkommt. Steigt die Temperatur, sollte man die Lüftungsschieber schließen, um die Luftzufuhr zu drosseln.

5. Sobald die ersten Holzstücke verbrannt sind, die Tür der Brennkammer öffnen und ein bis zwei weitere Stücke auf die Glut legen. Bei geöffneter Tür zügig arbeiten, damit nicht zu viel Luft in den Räuchergrill gerät und die Grilltemperatur durcheinanderbringt.

6. Bei sehr langen Garzeiten müssen gegebenenfalls ein paar Handvoll Briketts nachgelegt werden.

LANGSAM GERÄUCHERTE SPARERIBS MIT SÜSS-SAURER BARBECUE-SAUCE

FÜR 8 PERSONEN
ZUBEREITUNGSZEIT: 30 MIN.

GRILLMETHODE: INDIREKTE NIEDRIGE HITZE (110–120 °C)
GRILLZEIT: 5–6 STD.

FÜR DIE WÜRZMISCHUNG
- 3 EL grobes Meersalz
- 2 EL reines Chilipulver
- 2 EL Vollrohrzucker
- 2 EL Knoblauchgranulat
- 2 EL Paprikapulver
- 4 TL getrockneter Thymian
- 4 TL gemahlener Kreuzkümmel
- 4 TL Selleriesamen (Gewürz)
- 2 TL frisch gemahlener schwarzer Pfeffer

4 Spareribs, nach St.-Louis-Art zugeschnitten (siehe Seite 126)

FÜR DIE WÜRZSAUCE
- 250 ml Apfelsaft
- 125 ml Apfelessig
- 2 EL Worcestersauce

5 faustgroße Stücke Hickory- oder Apfelholz (nicht gewässert)

FÜR DIE SAUCE
- 500 ml Ketchup
- 250 ml Apfelsaft
- 175 ml Apfelessig
- 2 EL Worcestersauce
- 2 EL Honig
- 2 EL von der Würzmischung (siehe oben)

1. Den Räuchergrill nach Anweisung des Herstellers für indirektes Grillen über niedriger Hitze vorbereiten.

2. Die Zutaten für die Würzmischung in einer mittleren Schüssel vermengen. Davon 2 EL für die Sauce beiseitestellen.

3. Die Ribs nach St.-Louis-Art zuschneiden (siehe Seite 126) und jeweils auf beiden Seiten großzügig mit der Würzmischung einreiben.

4. Die Zutaten für die Würzsauce in einer kleinen Schüssel verrühren.

5. Die Spareribs auf dem Grill räuchern, dabei 2 Holzstücke zu Beginn und 1 Stück jede weitere Stunde auf die Glut legen, bis alles Holz verbraucht ist. Weiterräuchern, bis die Knochenenden an einigen Stellen etwa 6 mm frei liegen und das Fleisch leicht reißt, wenn man die Ribs anhebt. Die Ribs alle 2 Std. auf beiden Seiten mit der Würzsauce bestreichen. Die gesamte Räucherzeit beträgt zwischen 5 und 6 Std., wobei nicht alle Ribs gleichzeitig fertig werden. Durch Öffnen und Schließen der unteren Lüftungsschieber im Räuchergrill eine konstante Temperatur von 110–120 °C aufrechterhalten.

6. Die Zutaten für die Sauce in einem mittelgroßen Topf bei mittlerer Hitze erwärmen und etwa 5 Min. köcheln lassen. Vom Herd nehmen.

7. Sobald das Fleisch an einigen Stellen mind. 6 mm vom Knochen zurückgewichen ist, die Ribs auf beiden Seiten mit der Sauce bestreichen.

8. Die Ribs weitere 30–60 Min. räuchern. Vom Grill nehmen und nach Belieben auf beiden Seiten erneut mit der Sauce bestreichen. Die Ribs in einzelne Stücke schneiden und warm mit der restlichen Sauce servieren.

Das Fruchtfleisch der Tamarindenschote (oben) verleiht vielen südostasiatischen Gerichten einen säuerlichen Geschmack. Die frischen Schoten sind nicht leicht zu finden, aber in den meisten Asia-Läden bekommt man Tamarindenpaste (unten). Man muss sie verdünnen, wenn man sie in einer Marinade oder Glasur verwenden will.

DICKE RIPPE MIT TAMARINDENGLASUR

FÜR 6 PERSONEN
ZUBEREITUNGSZEIT: 10 MIN.
MARINIERZEIT: 20–30 MIN.

GRILLMETHODE: INDIREKTE MITTLERE HITZE (175–230 °C)
GRILLZEIT: 45–50 MIN.

FÜR DIE GLASUR
    150 g Tamarindenpaste (Asia-Laden)
    5 EL Sojasauce
    5 EL Vollrohrzucker
    4 EL Wasser
    ½ TL frisch gemahlener schwarzer Pfeffer
    ½ TL Knoblauchgranulat
    ¼ TL Cayennepfeffer

12 Scheiben dicke Rippe, insgesamt 1,5–1,75 kg

1. Die Zutaten für die Glasur in einer mittelgroßen Schüssel vermengen. Davon 4 EL zum Bestreichen des Fleischs beim Grillen beiseitestellen.

2. Die Fleischstücke großzügig mit der Glasur bestreichen. Bei Zimmertemperatur 20–30 Min. marinieren lassen. Den Grill für indirekte mittlere Hitze vorbereiten.

3. Den Grillrost mit der Bürste reinigen. Das Fleisch über **indirekter mittlerer Hitze** bei geschlossenem Deckel 20 Min. grillen. Danach wenden, mit der beiseitegestellten Glasur bestreichen und weitere 25–30 Min. grillen.

4. Das Fleisch vom Grill nehmen, fest in Alufolie einwickeln und 30 Min. ruhen lassen. Warm servieren.

DICKE RIPPE IN GRÜNER CHILISAUCE

FÜR 6–8 PERSONEN
ZUBEREITUNGSZEIT: 30 MIN.

GRILLMETHODE: DIREKTE MITTLERE HITZE (175–230 °C)
GRILLZEIT: 30 MIN.
ZUBEHÖR: GROSSE EINWEG-ALUSCHALE

1,5 kg ausgelöste dicke Rippe, 2–3 cm dick, ohne Fett

1 mittelgroße weiße Zwiebel, in gut 1 cm breite Ringe geschnitten
2 Chilischoten (vorzugsweise Jalapeño)
Pflanzenöl

FÜR DIE WÜRZMISCHUNG
   1 EL gemahlener Kreuzkümmel
   1 EL brauner Zucker
   2 TL grobes Meersalz
   1 TL Pasilla- oder reines Chilipulver (TexMex)
   1 TL gemahlene Koriandersamen
   1 TL getrockneter Oregano

FÜR DIE SAUCE
   1 Dose (400 g) Tomatenstücke mit dem Saft
   Rauchsalz (nach Belieben)
   2 Dosen (je 200 g) eingelegte grüne Chilistücke (TexMex)
   400 ml Hühnerbrühe
   1 EL fein gehackter Knoblauch
   1 TL gemahlener Kreuzkümmel
   1 TL getrockneter Oregano

12 Mais- oder Weizenmehltortillas (Ø 18–20 cm)
250 g Sauerrahm (20%)
1 mittelgroße reife Avocado, geschält und gewürfelt
100 g geriebener Cheddar oder älterer Gouda
5 EL fein gehacktes Koriandergrün
2 Limetten, in Spalten geschnitten

1. Fleisch, Zwiebeln und Chilischoten dünn mit Öl bestreichen.

2. Die Zutaten für die Würzmischung in einer kleinen Schüssel vermengen. Das Fleisch auf beiden Seiten großzügig mit der Würzmischung einreiben. Vor dem Grillen 20–30 Min. Zimmertemperatur annehmen lassen. Den Grill für direkte mittlere Hitze vorbereiten.

3. Den Grillrost mit der Bürste reinigen. Fleisch, Zwiebelringe und Chilischoten über **direkter mittlerer Hitze** bei geschlossenem Deckel 10–12 Min. grillen, bis das Fleisch gut gebräunt, aber innen noch leicht rosa ist und die Zwiebelringe und Chilis leicht gebräunt und weich sind. Einmal wenden.

4. Fleisch und Gemüse vom Grill nehmen und etwas abkühlen lassen. Das Fleisch in 2 cm große Würfel schneiden. Die Zwiebeln grob hacken. Die Haut der Chilis abziehen, Stielansatz und Samen entfernen und das Fruchtfleisch fein hacken.

5. Die Tomaten mit Rauchsalz nach Geschmack würzen und zusammen mit den übrigen Saucenzutaten in einer großen Einweg-Aluschale vermengen. Die Schale über **direkte mittlere Hitze** stellen und die Sauce aufkochen. Fleisch, Zwiebeln und Chili hinzufügen und bei geschlossenem Deckel 15–20 Min. sanft köcheln, bis das Fleisch beim Gabeltest zart ist. (Wenn die Flüssigkeit zu schnell einkocht, die Schale über indirekte mittlere Hitze ziehen). Die Aluschale vorsichtig auf ein Backblech schieben und vom Grill nehmen.

6. Die Tortillas in einer Lage über **direkter mittlerer Hitze** etwa 1 Min. grillen – gerade lang genug, damit sie warm und weich werden. Einmal wenden. Die Tortillas stapeln und in ein Küchentuch einwickeln.

7. Das Fleisch mit reichlich Sauce in vorgewärmten tiefen Tellern anrichten. Mit Sauerrahm, Avocado, Käse und Koriandergrün garnieren. Mit den warmen Tortillas und Limettenspalten servieren.

Die dicken Rippenscheiben (aus der Brustspitze) ähneln eher Koteletts als Rippchen. Man kann sie mit Knochen oder ausgelöst kaufen. Das Fleisch ist etwas zäh, wird aber zart, wenn man es in einer pikanten grünen Chilisauce langsam gart.

SCHWEIN

GEFLÜGEL

GRILLPRAXIS

134	Zubereitung von **INVOLTINI DI POLLO** auf dem Grill
136	Zubereitung von **HÄHNCHENPAILLARDS**
140	**ENTENBRUST** vorbereiten
143	Zubereitung von **HÄHNCHENSPIESSEN**
144	Zubereitung von **HÄHNCHENBRUST**
146	Zubereitung von **HÄHNCHENFLÜGELN**
147	Zubereitung von **HÄHNCHEN-DRUMETTES** auf dem Grill
148	Zubereitung ganzer **HÄHNCHENSCHENKEL**
150	**ENTENKEULEN** grillen
151	Zubereitung von **BARBECUE-HÄHNCHENSCHENKELN**
152	Zubereitung von **HÄHNCHENSCHENKELN** auf dem Zedernbrett
154	Ausgelöste **HÄHNCHENSCHENKEL** grillen
158	**STUBENKÜKEN** halbieren
160	Zubereitung eines **BIERDOSEN-HÄHNCHENS**
162	**HÄHNCHEN AM SPIESS** grillen
164	Zubereitung von **GRILLHÄHNCHEN**
166	Zubereitung von **SCHMETTERLINGSHÄHNCHEN** vom Grill
168	Zubereitung von gegrillter **PUTENBRUST** im Speckmantel
170	Einen **TRUTHAHN** grillen: 5 Dinge, die man wissen sollte
171	**TRUTHAHN** am Vortag vorbereiten
171	**TRUTHAHN** auf dem Räuchergrill zubereiten
172	**TRUTHAHN** tranchieren
174	**PUTENBURGER** auf dem Holzbrett grillen

REZEPTE

135	**INVOLTINI DI POLLO** mit Schinken und Basilikum
137	**HÄHNCHENPAILLARDS** mit Tomaten-Oliven-Relish
138	**HÄHNCHENBRUST** mit Zitrone und Oregano
139	**TANDOORI-HÄHNCHENBRUST** mit Mango-Minz-Chutney
141	**ENTENBRUST** mit Portwein-Pflaumen-Sauce
142	**ENTENBRUST-TACOS** mit saurer Orangen-Zwiebel-Salsa
143	Scharfe **HÄHNCHENSPIESSE** mit Honig-Limetten-Sauce
145	Tunesische **HÄHNCHENBRÜSTE** mit Petersiliensauce
146	**HÄHNCHENFLÜGEL** mit Honig-Glasur
147	**HÄHNCHEN-DRUMETTES** im Hickoryrauch gegrillt mit Whisky-Glasur
149	**HÄHNCHENSCHENKEL** provenzalisch
150	**ENTENKEULEN** vom Grill mit Hoisin-Orangen-Glasur
151	**BARBECUE-HÄHNCHEN** mit drei Aromen
153	Auf dem Zedernbrett gegrillte **HÄHNCHENSCHENKEL** mit Soja-Ingwer-Glasur
154	Mexikanischer **HÄHNCHENSALAT**
155	Persische **HÄHNCHENSPIESSE**
157	**HÄHNCHEN-GEMÜSE-QUESADILLAS** mit Guacamole
158	In Whisky, Soja und Honig marinierte **STUBENKÜKEN**
159	Hawaiianisches **HULI-HULI-HÄHNCHEN**
161	**BIERDOSEN-HÄHNCHEN** im Hickory-Rauch gegrillt
163	Buttermilch-**HÄHNCHEN AM SPIESS** mit Aprikosenglasur
165	**GRILLHÄHNCHEN** mit Orange und Estragon
167	**MUSKATHÄHNCHEN** unter der Gusseisenpfanne
169	**PUTENBRUST** mit Kräuterfüllung im Speckmantel
172	**TRUTHAHN** im Hickoryrauch gegrillt mit Whisky-Sauce
174	Auf dem Ahornbrett gegrillte **PUTENBURGER**
175	**PUTENBURGER** mit Salsa-Krautsalat

ZUBEREITUNG VON INVOLTINI DI POLLO AUF DEM GRILL

1. Das Besondere an Involtini, der italienischen Version von Rouladen, ist die Möglichkeit, Fleischstücke ohne viel Eigengeschmack, beispielsweise Hähnchenbrust, mit den herrlichsten Aromen wie frischem Basilikum, luftgetrocknetem Schinken und würzigem Käse anzureichern.

2. Die Hähnchenbrustfilets zunächst mit der glatten Seite nach unten zwischen zwei Lagen Frischhaltefolie flach klopfen. Dann mit grobem Meersalz, Knoblauchgranulat und frisch gemahlenem schwarzem Pfeffer würzen.

3. Jede Hähnchenbrust nun mit 1 Scheibe Schinken, Käse sowie Basilikumblättern belegen.

4. Die belegten Brustfilets von der schmalen Seite her möglichst eng aufrollen.

5. Jede Hähnchenroulade zweimal mit Küchengarn zusammenbinden, dann die Oberfläche dünn mit Öl bestreichen.

6. Die Involtini über direkter mittlerer Hitze etwa 12 Min. grillen, bis das Hühnerfleisch ganz durch ist und der Käse zu schmelzen beginnt. Alle paar Minuten wenden.

INVOLTINI DI POLLO MIT SCHINKEN UND BASILIKUM

FÜR 4 PERSONEN
ZUBEREITUNGSZEIT: 20 MIN.

GRILLMETHODE: DIREKTE MITTLERE HITZE (175–230 °C)
GRILLZEIT: ETWA 12 MIN.
ZUBEHÖR: KÜCHENGARN

- 4 Hähnchenbrustfilets, je etwa 200 g
- 1 TL grobes Meersalz
- 1 TL Knoblauchgranulat
- ½ TL frisch gemahlener schwarzer Pfeffer
- 4 hauchdünne Scheiben Prosciuto (italienischer luftgetrockneter Schinken)
- 4 dünne Scheiben Provolone (ital. Hartkäse), halbiert
- 8 große Basilikumblätter, plus weitere zum Garnieren
- Olivenöl
- 450 ml hochwertige Tomatensauce

1. Den Grill für direkte mittlere Hitze vorbereiten.

2. Für jedes Hähnchenbrustfilet etwa 30 cm Frischhaltefolie vorbereiten. Das Fleisch mit der glatten Seite nach unten etwa 5 cm vom Rand entfernt auf eine Seite der Folie legen. Mit der anderen Seite das Fleisch abdecken, aber zwischen Fleisch und Folienumschlag 3 cm frei lassen. So bleibt genügend Platz, wenn die Filets beim Klopfen breiter werden. Man beginnt an der dicksten Stelle und klopft das Filet sanft mit der glatten Seite eines Fleischklopfers oder dem Boden einer kleinen, schweren Kasserolle nach und nach an allen Stellen, bis es etwa noch 7 mm dick und doppelt so groß ist wie zuvor. Vorsichtig klopfen, damit das Fleisch nicht reißt.

3. Die Filets auf beiden Seiten mit Salz, Knoblauchgranulat und Pfeffer würzen. Mit der glatten Seite nach unten auf eine Arbeitsfläche legen.

4. Auf jedes Filet 1 Scheibe Schinken, 2 halbe Scheiben Provolone und 2 Basilikumblätter legen. Die Filets vorsichtig, aber möglichst eng aufrollen und mit je zwei Fäden Küchengarn zusammenbinden. Die Fadenenden abschneiden. Die Involtini außen dünn mit Öl bestreichen.

5. Den Grillrost mit der Bürste reinigen. Die Involtini über **direkter mittlerer Hitze** bei geschlossenem Deckel etwa 12 Min. grillen, bis sie von allen Seiten goldbraun sind, dabei alle 3 Min. um 90 Grad drehen. Vom Grill nehmen und 3–5 Min. ruhen lassen. In der Zwischenzeit die Tomatensauce in einem kleinen Topf bei mittlerer bis starker Hitze erwärmen.

6. Das Küchengarn entfernen. Die Involtini in Scheiben schneiden und auf der Sauce anrichten. Mit klein gezupften Basilikumblättern garnieren und warm servieren.

ZUBEREITUNG VON HÄHNCHENPAILLARDS

1. Auf der Unterseite einer Hähnchenbrust befindet sich oft ein kleiner loser Streifen Fleisch, das sogenannte Filetherz. Damit die Hähnchenbrustfilets für dieses Rezept beim Klopfen richtig dünn werden, das Filetherz zuerst entfernen und anderweitig verwenden.

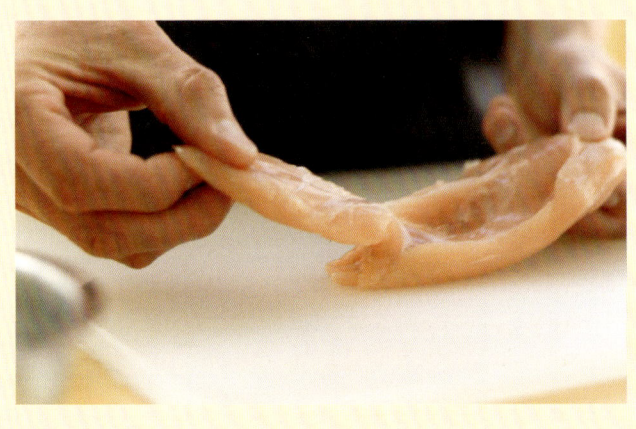

2. Das Brustfilet dazu mit einer Hand festhalten, mit der anderen den Fleischstreifen an der dicksten Stelle des Filets greifen und abreißen.

3. Das Brustfilet mit der glatten Seite nach unten zwischen zwei Lagen Frischhaltefolie legen und etwa 7 mm dünn klopfen.

4. Um eine gleichmäßige Stärke zu erreichen, den Boden einer kleinen, schweren Pfanne in der Mitte der Filets aufsetzen und in Richtung dünnere Enden drücken.

5. Die Hähnchenbrustfilets über starker Hitze überwiegend auf einer Seite grillen. Die Filets wenden, wenn der Rand der Oberseite weiß wird.

6. Die Festigkeit bietet den besten Anhaltspunkt für den Gargrad. Das Fleisch sollte auf Druck nur wenig nachgeben. Es darf weder weich noch hart sein.

HÄHNCHENPAILLARDS MIT TOMATEN-OLIVEN-RELISH

FÜR 4 PERSONEN
ZUBEREITUNGSZEIT: 30 MIN.

GRILLMETHODE: DIREKTE STARKE HITZE (230–290 °C)
GRILLZEIT: 4–5 MIN.

FÜR DIE WÜRZMISCHUNG
- 1 EL gemahlene Fenchelsamen
- 1½ TL grobes Meersalz
- ½ TL Knoblauchgranulat
- ½ TL frisch gemahlener schwarzer Pfeffer

- 4 Hähnchenbrustfilets, je etwa 170 g
- Olivenöl

FÜR DAS RELISH
- 150 g fein gewürfelte Tomaten
- 100 g fein gewürfelter Stangensellerie (mit den hellgrünen Blättchen)
- 100 g Kalamata-Oliven, abgespült, entsteint und fein gewürfelt
- 100 g grüne Oliven, abgespült, entsteint und fein gewürfelt
- 2 EL Olivenöl
- 2 TL fein gehackter frischer oder ½ TL getrockneter Thymian
- Grobes Meersalz

Frisch gepresster Saft von 1 Zitrone

1. Die Zutaten für die Würzmischung in einer kleinen Schüssel vermengen.

2. Die Filetherzen (siehe Foto links) an der Unterseite der Brustfilets entfernen (für andere Verwendung aufheben). Die Filets einzeln mit der glatten Seite nach unten zwischen zwei Lagen Frischhaltefolie legen und flach klopfen, bis sie gleichmäßig 7 mm dünn sind. Leicht mit Öl bestreichen und auf beiden Seiten mit der Würzmischung einreiben.

3. Den Grill für direkte starke Hitze vorbereiten.

4. Die Zutaten für das Relish in einer großen Schüssel vermengen, nach Geschmack salzen.

5. Den Grillrost mit der Bürste reinigen. Die Filets mit der glatten Seite nach unten über **direkter starker Hitze** bei geschlossenem Deckel 3–4 Min. grillen, bis ihr Fleisch nicht mehr rosa ist. Wenden und nur noch etwa 1 Min. weitergrillen, bis die Oberfläche leicht gebräunt ist. Die Filets mit der zuerst gegrillten Seite nach oben auf einer Servierplatte oder auf Tellern anrichten. Das Relish mit einem Löffel auf die Filets verteilen. Vor dem Servieren mit frischem Zitronensaft beträufeln.

HÄHNCHENBRUST
MIT ZITRONE UND OREGANO

FÜR 6 PERSONEN
ZUBEREITUNGSZEIT: 15 MIN.
MARINIERZEIT: 1–2 STD.

GRILLMETHODE: DIREKTE MITTLERE HITZE (175–230 °C)
GRILLZEIT: 8–12 MIN.

FÜR DIE MARINADE
- 4 EL Olivenöl
- Fein abgeriebene Schale und Saft von 2 Bio-Zitronen
- 1 EL getrockneter Oregano
- 1 EL fein gehackter Knoblauch
- 2 TL Paprikapulver
- 1½ TL grobes Meersalz
- ½ TL frisch gemahlener schwarzer Pfeffer

6 Hähnchenbrustfilets, je etwa 170 g

1. Die Zutaten für die Marinade in einer mittelgroßen Schüssel verquirlen.

2. Die Filets auf einen großen Teller geben und die Marinade mit einem Löffel oder Pinsel auf beiden Seiten gleichmäßig auftragen. Mit Frischhaltefolie abdecken und 1–2 Std. kalt stellen.

3. Den Grill für direkte mittlere Hitze vorbereiten.

4. Den Grillrost mit der Bürste reinigen. Die Hähnchenfilets mit der glatten Seite nach unten über **direkter mittlerer Hitze** bei geschlossenem Deckel 8–12 Min. grillen, bis das Fleisch druckfest und durchgegart ist. Ein- oder zweimal wenden. Warm servieren.

ZITRONENSCHALE ABREIBEN

1. Mit einer feinen Küchenreibe lässt sich die ölhaltige gelbe Schale einer Zitrone gut entfernen.

2. Von der bitteren weißen Schicht darunter sollte möglichst nichts in den Abrieb gelangen.

ZITRONEN AUSPRESSEN

1. Die Enden der Zitrone bis zum Fruchtfleisch abschneiden. Dann die Zitrone quer halbieren.

2. Ist die Zitrone so zugeschnitten, lässt sich der Saft leichter mit der Hand auspressen.

TANDOORI-HÄHNCHENBRUST MIT MANGO-MINZ-CHUTNEY

FÜR 4 PERSONEN
ZUBEREITUNGSZEIT: 20 MIN.
MARINIERZEIT: 2 STD.

GRILLMETHODE: DIREKTE MITTLERE HITZE (175–230 °C)
GRILLZEIT: 10–14 MIN.

FÜR DIE MARINADE
- 250 ml Vollmilchjoghurt
- 3 EL frisch gepresster Zitronensaft
- 1 EL gehackter Knoblauch
- 1 EL gehackter frischer Ingwer
- 2 TL Garam Masala
- 2 TL grobes Meersalz
- 1 TL edelsüßes Paprikapulver

4 Hähnchenbrustfilets, je etwa 170 g

FÜR DAS CHUTNEY
- 2 feste reife Mangos, Fruchtfleisch seitlich vom Kern geschnitten (siehe Foto rechts)
- ½ EL Pflanzenöl
- 2 EL fein gehackte frische Minze
- 2 EL Apfelessig
- ½ TL Zucker
- ¼ TL grobes Meersalz
- ¼ TL frisch gemahlener schwarzer Pfeffer

Pflanzenöl

1. Die Zutaten für die Marinade im Standmixer oder mit dem Pürierstab glatt pürieren. Bei Bedarf 1–2 EL Wasser hinzufügen. Die Hähnchenbrustfilets in einen großen, wiederverschließbaren Plastikbeutel legen und die Marinade darübergießen. Die Luft aus dem Beutel streichen, den Beutel fest verschließen und einige Male wenden, um die Marinade gleichmäßig zu verteilen. 2 Std. kalt stellen, gelegentlich wenden.

2. Den Grill für direkte mittlere Hitze vorbereiten.

3. Das Fruchtfleisch der Mangos dünn mit Öl bestreichen. Den Grillrost mit der Bürste reinigen. Die Mangos mit der flachen Seite nach unten über **direkter mittlerer Hitze** bei geschlossenem Deckel etwa 2 Min. grillen, bis sie braun sind. Nicht wenden. Die Mangos vom Grill nehmen und das Fruchtfleisch kreuzweise einschneiden. Die Fruchtfleischstücke mit einem Löffel aus der Schale heben, in eine kleine Schüssel geben und mit den übrigen Chutney-Zutaten behutsam vermengen.

4. Die Hähnchenbrustfilets aus dem Beutel nehmen; Beutel samt Marinade wegwerfen. Die Filets mit Küchenpapier abtupfen, dann mit Öl einpinseln. Über **direkter mittlerer Hitze** bei geschlossenem Deckel 8–12 Min. grillen, dabei einmal wenden, bis sie bei der Druckprobe fest und innen nicht mehr rosa sind. Warm mit dem Chutney servieren.

MANGO AUFSCHNEIDEN

1. Mangos haben einen großen, flachen Kern, der parallel zur Längsseite liegt.

2. Um möglichst viel Fruchtfleisch an einem Stück zu erhalten, stellt man die Mango parallel zur Messerklinge auf die Spitze.

3. Nun kann man auf beiden Seiten des Kerns fast die Hälfte des Fruchtfleischs der Länge nach abschneiden.

ZUBEREITUNG VON PFLAUMENSAUCE

1. Zunächst halbierte blaue Pflaumen über direkter mittlerer Hitze bei geschlossenem Deckel grillen, bis sie weich und süß sind.

2. Die gegrillten Pflaumen mit Portwein, Zucker und Schalotten köcheln. Pflaumen und Flüssigkeit durch ein Sieb passieren, dabei die festen Bestandteile gut ausdrücken, da sie viel Geschmack abgeben.

ENTENBRUST VORBEREITEN

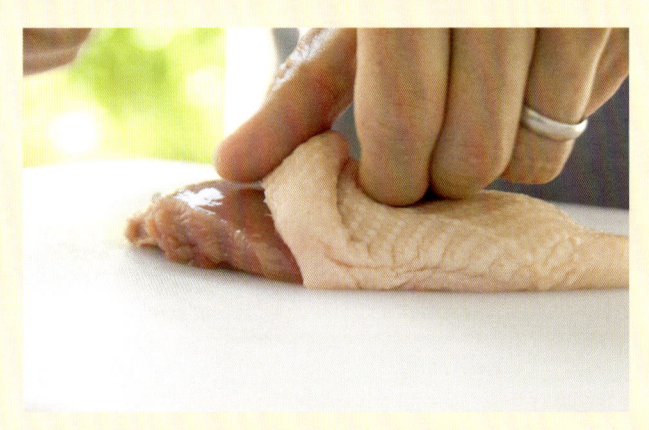

1. Die Haut der Entenbrust ist sehr fettreich. Damit sie beim Grillen nicht Flammen schlägt, kann man sie vorher entfernen.

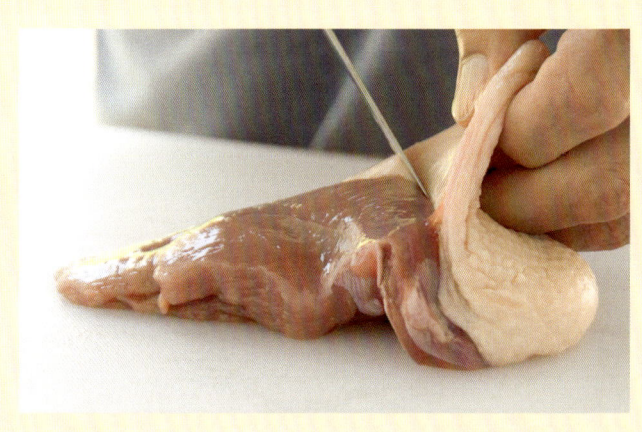

2. Die Haut an einem Ende anheben und mit der Spitze eines scharfen Messers vom Fleisch trennen, während man sie nach hinten zieht.

3. Das Geheimnis sowohl der Würzmischung als auch der Sauce ist das Rauchsalz. Man erhält es in Feinkostgeschäften, gut sortierten Supermärkten oder im Internet (z.B. www.salz-kontor.de).

4. Das Salz in der Würzmischung bringt nicht nur zusätzlichen Geschmack, es lockert auch die Muskelfasern und macht das Entenfleisch zarter.

ENTENBRUST MIT PORTWEIN-PFLAUMEN-SAUCE

FÜR 4 PERSONEN
ZUBEREITUNGSZEIT: 30 MIN.

GRILLMETHODE: DIREKTE MITTLERE HITZE (175–230 °C)
GRILLZEIT: ETWA 12 MIN.

FÜR DIE SAUCE
    500 g blaue Pflaumen, halbiert und entsteint
    1 EL Olivenöl
    125 ml Portwein
    3 EL Zucker
    1 Schalotte, in feine Ringe geschnitten
    Rauchsalz
    Frisch gemahlener schwarzer Pfeffer

FÜR DIE WÜRZMISCHUNG
    1 EL Rauchsalz
    1 EL grobes Meersalz
    1 EL brauner Zucker

    4 Entenbrustfilets, je etwa 150 g, ohne Haut
    1 EL Olivenöl

1. Den Grill für direkte mittlere Hitze vorbereiten. Den Grillrost mit der Bürste reinigen.

2. Die Pflaumen dünn mit Öl bestreichen. Über *direkter mittlerer Hitze* bei geschlossenem Deckel etwa 4 Min. grillen, bis sie eine leichte Markierung vom Rost aufweisen und weich werden. Einmal wenden. Die Pflaumen vom Grill nehmen und mit Portwein, Zucker und der Schalotte in einem mittelgroßen Topf zum Kochen bringen und bei reduzierter Hitze etwa 10 Min. köcheln lassen; gelegentlich umrühren. Den Topf vom Herd nehmen und die Pflaumen in der Sauce mit einem Holzlöffel vorsichtig zerdrücken. Die Sauce durch ein grobes Sieb in eine Schüssel passieren, dabei möglichst viel Fruchtfleisch durch das Sieb drücken. Das restliche Fruchtfleisch mit den Schalen wegwerfen. Die Sauce mit Rauchsalz und Pfeffer abschmecken und kurz vor dem Servieren erwärmen.

3. Die Zutaten für die Würzmischung in einer kleinen Schüssel vermengen. Die Entenbrüste in einen großen, wiederverschließbaren Plastikbeutel legen und die Würzmischung hinzufügen. Den Beutel verschließen und durchschütteln, damit das Fleisch überall mit den Gewürzen bedeckt ist. 10 Min. bei Zimmertemperatur stehen lassen. Das Fleisch aus dem Beutel nehmen, mit Küchenpapier abtupfen und dünn mit Öl bestreichen.

4. Den Grillrost mit der Bürste reinigen. Die Entenbrüste über *direkter mittlerer Hitze* bei geschlossenem Deckel etwa 8 Min. grillen, bis sie den gewünschten Gargrad erreicht haben. Dabei einmal wenden. Vor dem Servieren 5 Min. ruhen lassen, dann in etwa 1cm dicke Scheiben schneiden. Warm mit der Sauce servieren.

Tacos einmal anders – mit gepökelter Entenbrust, fein gehobeltem Chinakohl und Zwiebel-Salsa.

ENTENBRUST-TACOS MIT SAURER ORANGEN-ZWIEBEL-SALSA

FÜR 4–6 PERSONEN
ZUBEREITUNGSZEIT: 30 MIN.

GRILLMETHODE: DIREKTE MITTLERE HITZE (175–230 °C)
GRILLZEIT: ETWA 9 MIN.

    4 Entenbrustfilets, je etwa 150 g, ohne Haut
    2 EL grobes Meersalz
    2 EL Zucker

FÜR DIE SALSA
    2–3 rote Zwiebeln, in feine Ringe geschnitten
    125 ml frisch gepresster Orangensaft
    4 EL frisch gepresster Limettensaft
    4 EL fein gehackte milde Chilischoten
      (vorzugsweise Poblano)
    1 EL Zucker
    ¼ TL grobes Meersalz
    4 EL gehacktes Koriandergrün

    Olivenöl

    16 Maistortillas (Ø 20 cm)
    1 reife Avocado, geschält und in Streifen geschnitten
    60 g Radieschen, in dünne Scheiben geschnitten
    150 g Chinakohl, in feine Streifen geschnitten

1. Mit Hilfe eines kleinen scharfen Messers die Haut mit der dicken Fettschicht von den Entenbrüsten entfernen (siehe Seite 140).

2. Salz und Zucker in einer großen Schüssel vermengen und die Entenbrustfilets darin wenden. Bei Zimmertemperatur 20–30 Min. ruhen lassen, dabei ein- bis zweimal wenden.

3. Für die Salsa Zwiebeln, Orangen- und Limettensaft, Chili, Zucker und Salz in einem großen Topf auf mittlerer Stufe erhitzen und 15–18 Min. kochen lassen, bis die meiste Flüssigkeit verdampft ist. Gelegentlich umrühren, damit nichts ansetzt. Vom Herd nehmen und das Koriandergrün einrühren.

4. Den Grill für direkte mittlere Hitze vorbereiten.

5. Die Entenbrustfilets trocken tupfen und auf beiden Seiten großzügig mit Öl bestreichen.

6. Den Grillrost mit der Bürste reinigen. Die Entenbrüste über **direkter mittlerer Hitze** bei geschlossenem Deckel etwa 8 Min. grillen, bis sie auf beiden Seiten leicht gebräunt und innen noch schön rosa sind. Einmal wenden. Auf ein Schneidebrett legen und ruhen lassen. Unterdessen die Tortillas grillen.

7. Den Grillrost mit der Bürste reinigen. Die Tortillas über **direkter mittlerer Hitze** auf jeder Seite etwa 10 Sek. grillen. Die gegrillten Tortillas stapeln und in ein dickes Küchentuch einwickeln.

8. Die Entenbrustfilets dünn aufschneiden und zusammen mit Salsa, Avocado, Radieschen und Kohl in die warmen Tortillas füllen.

SCHARFE HÄHNCHENSPIESSE MIT HONIG-LIMETTEN-SAUCE

FÜR 4–6 PERSONEN
ZUBEREITUNGSZEIT: 30 MIN.
MARINIERZEIT: 2–3 STD.

GRILLMETHODE: DIREKTE STARKE HITZE (230–290 °C)
GRILLZEIT: 6–8 MIN.
ZUBEHÖR: GUMMI- ODER PLASTIKHANDSCHUHE, 8–12 HOLZSPIESSE, MIND. 30 MIN. GEWÄSSERT

FÜR DIE PASTE
- 1 sehr scharfe Chilischote (vorzugsweise Habanero)
- 2 große Handvoll frische Korianderblätter samt zarten Stielen
- 125 ml Olivenöl
- 4 Frühlingszwiebeln, nur weiße und hellgrüne Teile, grob gehackt
- 6 mittelgroße Knoblauchzehen, geschält
- 2 EL fein gehackter frischer Ingwer
- 2 EL Zucker
- 1 EL frisch gepresster Limettensaft
- 1 EL gemahlener Piment
- 2 TL grobes Meersalz
- 1 TL frisch gemahlener schwarzer Pfeffer

- 6 Hähnchenbrustfilets, je etwa 150 g

FÜR DIE SAUCE
- 125 g Sauerrahm (20%)
- ½ TL fein abgeriebene Schale von 1 Bio-Limette
- 1 EL frisch gepresster Limettensaft
- 1 EL Olivenöl
- 2 TL Honig
- ¼ TL grobes Meersalz
- 1 kräftige Prise frisch gemahlener schwarzer Pfeffer

1. Bei der Verarbeitung von Chilischoten Plastik- oder Gummihandschuhe tragen und jeglichen Hautkontakt mit den Schoten vermeiden. Die Chilischote halbieren, Stielansatz, weiße Trennhäute und Samen entfernen. Die Chilischote in einen Standmixer geben, die übrigen Zutaten für die Paste hinzufügen und alles fein pürieren.

2. Das Fett und die Filetherzen (siehe Seite 136) von den Hähnchenbrüsten entfernen, die Filets längs in gleichmäßige, 1–2 cm breite Streifen schneiden.

3. Filetstreifen und Filetherzen in einen großen, wiederverschließbaren Plastikbeutel geben. Die Paste einfüllen und gut in das Fleisch einarbeiten. Die Luft aus dem Beutel streichen, den Beutel fest verschließen und 2–3 Std. kalt stellen.

4. Die Zutaten für die Sauce in einer kleinen Schüssel gründlich verrühren. Mit Frischhaltefolie abdecken und kalt stellen. Die Sauce vor dem Servieren etwa 30 Min. lang Zimmertemperatur annehmen lassen. Den Grill für direkte starke Hitze vorbereiten.

5. Die Hähnchenstreifen mit Plastik- oder Gummihandschuhen durch die Mitte auf Holzspieße stecken. Wenn Sie ohne Schutzhandschuhe arbeiten, die Hände danach gründlich waschen.

6. Den Grillrost mit der Bürste reinigen. Die Spieße über **direkter starker Hitze** bei geschlossenem Deckel etwa 6–8 Min. grillen, bis das Fleisch fest und der austretende Saft klar ist, dabei ein- bis zweimal wenden. Warm mit der Sauce servieren.

ZUBEREITUNG VON HÄHNCHENSPIESSEN

1. Bei der Verarbeitung von scharfen Chilis wie Habanero sollte man Gummi- oder Plastikhandschuhe tragen, vor allem zum Entfernen der Samen und weißen Trennhäute.

2. Die Hähnchenstücke in der pürierten Paste marinieren, dann durch die Mitte auf Spieße aufziehen.

3. Wenn das Fleisch richtig aufgespießt wurde, sieht man nur am Anfang und am Ende jedes Spießes das Holz herausragen.

GEFLÜGEL

ZUBEREITUNG VON HÄHNCHENBRUST

1. Für die Sauce aus Petersilie, Olivenöl, Nüssen und Knoblauch kann man auch die zarten Stängel der Petersilie verwenden. Dazu ein Bund Petersilie an seinem Ende festhalten und Blätter sowie zartere Stängel abtrennen.

2. Diese von der tunesischen Küche inspirierte Würzpaste ist besonders aromatisch, wenn man die Gewürze in einem trockenen Topf bei mittlerer Hitze leicht anröstet.

3. Die gerösteten Gewürze im Mörser zerstoßen oder mit einer sauberen Kaffee- oder Gewürzmühle fein mahlen.

4. Um die Gewürze direkt auf das Fleisch aufzutragen, die Haut vom schmalen Ende der Hähnchenbrüste her mit den Fingerspitzen lösen, sie jedoch am breiten Ende nicht abtrennen.

5. Die Paste auf dem frei liegenden Hähnchenfleisch gut verteilen.

6. Die Haut wieder zurückklappen und etwas Würzpaste auf der Haut verstreichen.

TUNESISCHE HÄHNCHENBRÜSTE MIT PETERSILIENSAUCE

FÜR 4 PERSONEN
ZUBEREITUNGSZEIT: 20 MIN.

GRILLMETHODE: DIREKTE UND INDIREKTE MITTLERE HITZE (175–230 °C)
GRILLZEIT: ETWA 25–35 MIN.
ZUBEHÖR: MÖRSER ODER GEWÜRZMÜHLE

FÜR DIE SAUCE
- 3 große Handvoll fein gehackte frische glatte Petersilie
- 4 EL ganze Mandeln
- 1 mittelgroße Knoblauchzehe
- 125 ml Olivenöl
- 2 TL Dijon-Senf
- 1 TL Honig
- ¼ TL grobes Meersalz

FÜR DIE WÜRZPASTE
- 4 TL Koriandersamen
- 2 TL Kümmel
- 2 TL Kreuzkümmel
- 2 TL zerstoßene rote Chiliflocken
- 2 EL Olivenöl
- 1 TL grobes Meersalz

4 Hähnchenbrüste (mit Knochen und Haut), je etwa 300 g

1. In einer Küchenmaschine Petersilie, Mandeln und Knoblauch fein zerkleinern. Bei laufendem Motor das Öl langsam einlaufen lassen und alles zu einer Emulsion mixen. Senf, Honig und Salz hinzufügen und einarbeiten. Die Sauce kurz vor dem Servieren nochmals durchmixen.

2. Gewürzsamen und Chiliflocken in einer mittelgroßen Pfanne 2–3 Min. leicht anrösten, bis sie duften. Anschließend in einem Mörser oder einer Gewürzmühle fein mahlen. Die Gewürzmischung in eine Schüssel geben, Öl und Salz hinzufügen und zu einer Paste verrühren.

3. Die Haut der Hähnchenbrüste mit den Fingerspitzen vorsichtig anheben, ohne sie in der Nähe des Brustbeins abzulösen (siehe Seite 144). Das Brustfleisch mit je 1 TL Paste einreiben, die Haut wieder zurückklappen und die übrige Paste gleichmäßig darauf verteilen. Die Hähnchenbrüste auf einen Teller legen und mit Frischhaltefolie abdecken. Vor dem Grillen 20–30 Min. bei Zimmertemperatur stehen lassen. Den Grill für direkte und indirekte mittlere Hitze vorbereiten.

4. Den Grillrost mit der Bürste reinigen. Die Hähnchenbrüste mit der Haut nach unten über **direkter mittlerer Hitze** 3–5 Min. grillen, bis die Haut gebräunt ist. Wenden und über **indirekter mittlerer Hitze** bei geschlossenem Deckel 20–30 Min. weitergrillen, bis sie durchgegart sind. Die fertigen Hähnchenbrüste auf eine Servierplatte legen und 5–10 Min. ruhen lassen. Warm mit der Sauce servieren. Dazu passt weißer Reis.

ZUBEREITUNG VON HÄHNCHENFLÜGELN

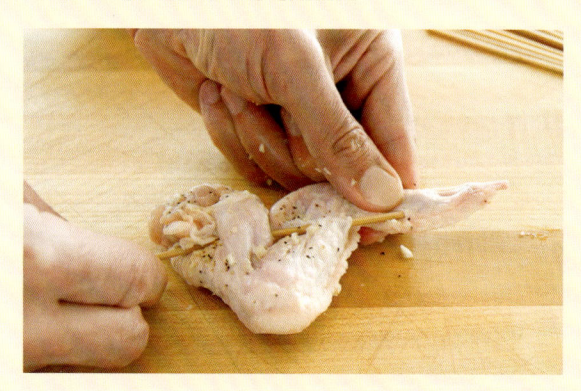

1. Hähnchenflügel müssen zwar nicht unbedingt auf Spießen gegrillt werden, sie halten die Flügel jedoch schön flach.

2. Je flacher die Flügel, desto mehr Kontakt haben sie mit dem Grillrost. Das verleiht ihnen eine knusprigere Haut und mehr Aroma.

3. Empfehlenswert ist auch, sie kurz vor dem Servieren mit der Honig-Glasur zu bestreichen.

HÄHNCHENFLÜGEL MIT HONIG-GLASUR

FÜR 4–6 PERSONEN ALS VORSPEISE
ZUBEREITUNGSZEIT: 20 MIN.
MARINIERZEIT: BIS ZU 4 STD.

GRILLMETHODE: DIREKTE UND INDIREKTE MITTLERE HITZE (175–230 °C)
GRILLZEIT: ETWA 20–25 MIN.
ZUBEHÖR: 12 HOLZSPIESSE, MIND. 30 MIN. GEWÄSSERT

FÜR DIE MARINADE
    6 EL frisch gepresster Zitronensaft
    1 EL fein gehackter Knoblauch
    1 TL grobes Meersalz
    ½ TL frisch gemahlener schwarzer Pfeffer

    12 Hähnchenflügel, etwa 1 kg
    150 g Honig
    1 EL mittelscharfe Chilisauce (oder nach Geschmack; Asia-Laden)

1. In einer großen Schüssel 3 EL Zitronensaft, den Knoblauch, Salz und Pfeffer vermengen. Die Hähnchenflügel hineingeben und mehrmals wenden, damit sie überall mit Marinade überzogen sind. Abdecken und bis zu 4 Std. im Kühlschrank marinieren.

2. In einer kleinen Schüssel die restlichen 3 EL Zitronensaft mit dem Honig und der Chilisauce vermischen.

3. Den Grill für direkte und indirekte mittlere Hitze vorbereiten.

4. Die Flügel einzeln auf Holzspieße ziehen. Darauf achten, dass jedes Flügelglied bis hin zum Knorpel der Flügelspitze aufgespießt ist. Die Flügel auf dem Spieß auseinanderziehen, als wären sie »im Flug«.

5. Den Grillrost mit der Bürste reinigen. Die Hähnchenflügel über **direkter mittlerer Hitze** bei geschlossenem Deckel 4–5 Min. grillen, in dieser Zeit einmal wenden. Anschließend über **indirekte mittlere Hitze** legen und 15–20 Min. bei geschlossenem Deckeln weitergillen, bis das Fleisch am Knochen nicht mehr rosa ist. Während der letzten 10 Min. ein- bis zweimal mit der Glasur bestreichen. Die Hähnchenflügel vom Grill nehmen, noch einmal mit Glasur bestreichen und warm servieren.

HÄHNCHEN-DRUMETTES IM HICKORYRAUCH GEGRILLT MIT WHISKY-GLASUR

FÜR 6–8 PERSONEN ALS VORSPEISE
ZUBEREITUNGSZEIT: 20 MIN.

GRILLMETHODE: INDIREKTE MITTLERE HITZE (175–230 °C)
GRILLZEIT: 20–30 MIN

FÜR DIE WÜRZMISCHUNG
    1 EL geräuchertes Paprikapulver (Feinkostladen)
    2 TL Senfpulver
    1 TL grobes Meersalz
    ½ TL Knoblauchgranulat
    ½ TL Zwiebelgranulat
    ¼ TL reines Chilipulver

    20 Hähnchen-Drumettes (obere Glieder der Hähnchenflügel), etwa 1,5 kg

FÜR DIE GLASUR
    2 EL Sojasauce
    2 EL Whisky
    1 EL Zuckerrübensirup
    1 EL Butter

    2 Handvoll Hickory-Holzchips, mind. 30 Min. gewässert

1. Die Zutaten für die Würzmischung in einer großen Schüssel vermengen. Die Hähnchen-Drumettes hinzufügen und mehrmals in der Mischung wenden, bis sie gleichmäßig mit den Gewürzen bedeckt sind.

2. Den Grill für indirekte mittlere Hitze vorbereiten.

3. Die Zutaten für die Glasur in einem kleinen Topf mit schwerem Boden bei starker Hitze zum Kochen bringen und weiterkochen, bis die Butter geschmolzen ist. Sofort in eine kleine Schüssel umgießen und abkühlen lassen.

4. Die Holzchips abtropfen lassen und über die Glut verteilen oder nach den Anweisungen des Herstellers in die Räucherbox eines Gasgrills legen. Den Grillrost mit der Bürste reinigen. Die Drumettes über **indirekter mittlerer Hitze** bei geschlossenem Deckel 20–30 Min. grillen, bis das Fleisch am Knochen nicht mehr rosa ist, dabei einmal wenden. Während der letzten 20 Min. ein- bis zweimal mit der Glasur bestreichen. Warm servieren.

ZUBEREITUNG VON HÄHNCHEN-DRUMETTES AUF DEM GRILL

1. Jeder Hähnchenflügel hat drei Glieder: eine Flügelspitze (links), einen Mittelteil mit zwei Knochen (Mitte) und ein oberes Glied (rechts).

2. Das obere Glied nennt man in den USA »Drumette«, weil es gebraten wie ein kleiner Hähnchenunterschenkel aussieht, den man »Drumstick« nennt.

3. Man grillt die Drumettes am besten über indirekter Hitze, damit sich die etwas zähen Fleischfasern lockern. Der Hickory-Rauch und die Glasur sorgen für die nötigen Aromen.

ZUBEREITUNG GANZER HÄHNCHENSCHENKEL

1. Die Hähnchenschenkel mit der Hautseite nach unten einzeln auf ein Brett legen und überhängende Haut entfernen. Das Fett unter der Haut schmilzt beim Grillen und kann unerwünschte Flammen verursachen.

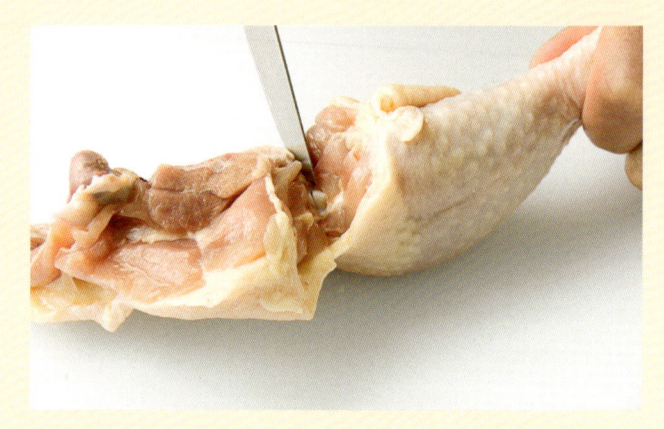

2. Das Fleisch um das Gelenk gart am langsamsten. Mit einem Einschnitt zwischen Unter- und Oberschenkel legt man das innere Fleisch frei und verkürzt dessen Garzeit.

3. Ein paar Schnitte am äußeren Teil des Schlegels lassen die Marinade schneller und tiefer einziehen.

4. Die provenzalischen Aromen dieses Rezepts kommen von getrockneten Kräutern wie Thymian, Majoran, Petersilie, Estragon, Lavendel, Selleriesamen und Lorbeer – meist fertig gemischt erhältlich als »Kräuter der Provence«.

5. Die Hähnchenschenkel in einen großen, wiederverschließbaren Plastikbeutel geben und die Marinade darübergießen. Die Luft aus dem Beutel streichen, den Beutel fest verschließen und mehrmals wenden, damit die Stücke gleichmäßig mit der Marinade bedeckt sind.

6. Den gefüllten Beutel am besten in eine Schüssel geben, bevor er zum Marinieren in den Kühlschrank kommt. So sind Sie sicher, dass keine Marinade ausläuft.

HÄHNCHENSCHENKEL PROVENZALISCH

FÜR 6 PERSONEN
ZUBEREITUNGSZEIT: 15 MIN.
MARINIERZEIT: 4–8 STD.

GRILLMETHODE: INDIREKTE MITTLERE HITZE (175–230 °C)
GRILLZEIT: 50–60 MIN.

FÜR DIE MARINADE
- 250 ml trockener Weißwein
- 5 EL Olivenöl
- 3 EL grobkörniger Senf
- 3 EL Weißweinessig
- 2 EL Kräuter der Provence
- 3 Knoblauchzehen, fein zerdrückt
- 2 TL grobes Meersalz
- ½ TL zerstoßene rote Chiliflocken

6 ganze Hähnchenschenkel, je etwa 300 g

1. Die Zutaten für die Marinade in einer mittelgroßen Schüssel verquirlen.

2. Die Hähnchenschenkel an den fleischigen Stellen mit einem scharfen Messer mehrmals tief einschneiden. Das Fleisch in einen großen, wiederverschließbaren Plastikbeutel legen und die Marinade darübergießen. Die Luft aus dem Beutel streichen. Den Beutel fest verschließen und mehrmals wenden, um die Marinade zu verteilen. Den gefüllten Beutel in eine Schüssel legen und 4–8 Std. kalt stellen. Gelegentlich wenden.

3. Den Grill für indirekte mittlere Hitze vorbereiten.

4. Die Hähnchenschenkel aus dem Beutel nehmen, die Kräuter am Fleisch belassen. Die Marinade weggießen. Den Grillrost mit der Bürste reinigen. Die Hähnchenschenkel über **indirekter mittlerer Hitze** bei geschlossenem Deckel 50–60 Min. grillen, bis beim Einstechen klarer Fleischsaft austritt und die Kerntemperatur an der dicksten Stelle des Schenkels (ohne mit dem Thermometer den Knochen zu berühren) 75 °C beträgt. Einmal wenden. Die Haut wird besonders knusprig, wenn die Schenkel während der letzten 5 Min. über **direkter mittlerer Hitze** grillen und einmal gewendet werden. Die Schenkel vom Grill nehmen und Ober- und Unterschenkel trennen.

ENTENKEULEN GRILLEN

1. Entenkeulen haben so viel Fett unter der Haut, dass sie beim Grillen über direkter Hitze schnell Flammen schlagen. Die ringförmig angeordnete Kohle lässt auf dem Rost genügend Platz zum langsamen Grillen über indirekter Hitze.

2. Seitlich überhängendes Fett von den Entenkeulen abschneiden, während die Kohlen auf die richtige Temperatur herunterbrennen und die Holzstücke zu rauchen beginnen.

3. Die Entenkeulen mit der Haut nach oben grillen, bis sie braun und knusprig sind. Die Hoisin-Orangen-Glasur erst gegen Ende der Grillzeit auftragen, damit sie nicht verbrennt.

ENTENKEULEN VOM GRILL MIT HOISIN-ORANGEN-GLASUR

FÜR 4 PERSONEN
ZUBEREITUNGSZEIT: 10 MIN.

GRILLMETHODE: INDIREKTE MITTLERE HITZE (ETWA 175 °C)
GRILLZEIT: ETWA 1 STD.

FÜR DIE GLASUR
  4 EL Orangenmarmelade
  4 EL frisch gepresster Orangensaft
  4 EL Mirin (Reiswein)
  2 EL Hoisin-Sauce (Asia-Laden)
  ½ TL zerstoßene rote Chiliflocken

FÜR DIE WÜRZMISCHUNG
  2 TL grobes Meersalz
  ¾ TL frisch gemahlener schwarzer Pfeffer
  ¾ TL chinesisches Fünf-Gewürze-Pulver

  8 ganze Entenkeulen, je etwa 200 g, überschüssiges Fett entfernt

  5 Apfelholzstücke (nicht gewässert)

1. Den Grill für indirekte mittlere Hitze vorbereiten, die Holzkohle ringförmig im Grill anordnen (siehe Foto oben links).

2. Die Zutaten für die Glasur in einem kleinen Topf vermengen und auf mittlerer Stufe köcheln lassen, bis die Marmelade aufgelöst ist. Vom Herd nehmen.

3. Die Zutaten für die Würzmischung in einer kleinen Schüssel vermengen und die Keulen gleichmäßig damit einreiben.

4. Die Holzstücke direkt auf die Glut legen. Sobald sie zu rauchen beginnen, die Entenkeulen mit der Haut nach oben über *indirekter mittlerer Hitze* bei geschlossenem Deckel etwa 1 Std. grillen, bis die Oberfläche gleichmäßig braun und knusprig und das Fleisch innen gar ist. Während der letzten 15–20 Min. die Keulen alle 5–10 Min. mit Glasur bestreichen. Warm servieren.

ZUBEREITUNG VON BARBECUE-HÄHNCHENSCHENKELN

1. Die Ober- und Unterschenkel auf allen Seiten mit der Würzmischung einreiben.

2. Die Hähnchenteile zuerst über direkter Hitze anbräunen, dann über indirekte Hitze schieben und im Rauch langsam fertig garen.

3. Einige Handvoll feuchte Holzchips geben 20–30 Min. lang Rauch ab.

4. Gewürze, Rauch und schließlich eine dünne Schicht Sauce – ein dreifaches Spiel mit den Aromen.

BARBECUE-HÄHNCHEN MIT DREI AROMEN

FÜR 4 PERSONEN
ZUBEREITUNGSZEIT: 30 MIN.

GRILLMETHODE: DIREKTE UND INDIREKTE MITTLERE HITZE (175–230 °C)
GRILLZEIT: ETWA 45 MIN.

FÜR DIE SAUCE
    2 EL Olivenöl
    1 fein gewürfelte Zwiebel
    2 TL fein gehackter Knoblauch
    250 ml Ketchup
    125 ml kohlensäurehaltige Limonade
      (nicht kalorienreduziert)
    4 EL frisch gepresster Zitronensaft
    4 EL Vollrohrzucker
    2 EL körniger Senf

FÜR DIE WÜRZMISCHUNG
    2 TL geräuchertes Paprikapulver (Feinkostladen)
    2 TL grobes Meersalz
    Fein abgeriebene Schale von 1 Bio-Zitrone
    ½ TL Knoblauchgranulat
    ½ TL frisch gemahlener schwarzer Pfeffer

    4 ganze Hähnchenschenkel, je etwa 300 g, in Ober- und Unterschenkel geteilt
    2 Handvoll Hickory-Holzchips, mind. 30 Min. gewässert

1. Für die Sauce das Öl in einem mittelgroßen Topf erhitzen und darin Zwiebeln und Knoblauch bei mittlerer Hitze unter häufigem Rühren etwa 10 Min. goldbraun braten. Die restlichen Zutaten für die Sauce einrühren, aufkochen und bei niedriger Hitze 10–15 Min. unter häufigem Rühren weiterkochen, bis die Sauce leicht andickt.

2. Die Zutaten für die Würzmischung in einer kleinen Schüssel vermengen. Die Hähnchenteile auf allen Seiten mit der Mischung bestreuen und 20–30 Min. bei Zimmertemperatur stehen lassen. Den Grill für direkte und indirekte mittlere Hitze vorbereiten.

3. Den Grillrost mit der Bürste reinigen. Die Hähnchenteile mit der Haut nach unten über **direkter mittlerer Hitze** bei geschlossenem Deckel 8–10 Min. goldbraun grillen, gelegentlich wenden. Die Hähnchenteile nun über **indirekte mittlere Hitze** schieben. Die Holzchips abtropfen lassen und über die Glut verteilen oder nach den Angaben des Herstellers in die Räucherbox eines Gasgrills geben. Die Hähnchenteile bei geschlossenem Deckel etwa 20 Min. weitergrillen. Auf beiden Seiten dünn mit der Sauce bestreichen und etwa 15 Min. weitergrillen, bis beim Einstechen klarer Fleischsaft austritt. Gelegentlich wenden und mit Sauce bestreichen. Warm oder auf Zimmertemperatur abgekühlt mit der restlichen Sauce servieren.

GEFLÜGEL

ZUBEREITUNG VON HÄHNCHENSCHENKELN AUF DEM ZEDERNBRETT

1. Das Zedernbrett mind. 1 Std. in Bier oder Wasser einweichen.

2. Das Brett mit einem Gewicht beschweren, damit es nicht nach oben treibt.

3. Das eingeweichte Brett über direkte mittlere Hitze legen und den Grilldeckel schließen, bis das Brett zu rauchen beginnt.

4. Das rauchende Brett umdrehen, die Hähnchenschenkel darauflegen und bei geschlossenem Deckel 5–10 Min. grillen.

5. Danach das Brett über indirekte Hitze ziehen und die Hähnchenschenkel gelegentlich mit der beiseitegestellten Marinade bestreichen. Bleibt das Brett zu lange über direkter Hitze, fängt es Feuer.

6. Den Gargrad prüft man am besten, indem man einen Schenkel vom Grill nimmt und von unten her einschneidet. Ist das Fleisch am Knochen noch rosa, muss man es zurücklegen und weitergrillen.

7. Das Brett mit den Hähnchenschenkeln mit zwei Grillzangen vorsichtig vom Grill heben und auf eine hitzebeständige Unterlage legen.

8. Vor dem Servieren die Hähnchenschenkel noch einmal mit der Glasur bestreichen.

AUF DEM ZEDERNBRETT GEGRILLTE HÄHNCHENSCHENKEL MIT SOJA-INGWER-GLASUR

FÜR 4–6 PERSONEN
ZUBEREITUNGSZEIT: 30 MIN.

GRILLMETHODE: DIREKTE UND INDIREKTE MITTLERE HITZE (175–230 °C)
GRILLZEIT: 40–50 MIN.
ZUBEHÖR: 1 UNBEHANDELTES, 30–40 CM LANGES, ETWA 1,5 CM DICKES ZEDERNHOLZBRETT, MIND. 1 STD. IN BIER ODER WASSER EINGEWEICHT

FÜR DIE GLASUR
- 175 ml Sojasauce
- 125 ml Aceto balsamico
- 100 g brauner Zucker
- 1 EL fein gehackter Knoblauch
- 1 EL fein gehackter frischer Ingwer
- 1 TL zerstoßene rote Chiliflocken
- 4 EL dunkles Sesamöl

10 Hähnchenoberschenkel (mit Knochen, ohne Haut), je etwa 150 g

1. Für die Glasur Sojasauce, Essig und Zucker in einem kleinen Topf sanft erhitzen und etwa 20 Min. köcheln, bis die Mischung zur Hälfte reduziert ist. Vom Herd nehmen und Knoblauch, Ingwer und Chiliflocken hinzufügen. Etwas abkühlen lassen, dann das Öl unterschlagen. Die Hälfte der Glasur zum Bestreichen beiseitestellen.

2. Die Schenkelstücke in eine große Schüssel legen. Die Glasur darübergießen und die Schenkel mehrmals darin wenden. Abdecken und kalt stellen.

3. Den Grill für direkte und indirekte mittlere Hitze vorbereiten. Das eingeweichte Brett über **direkte mittlere Hitze** stellen und den Deckel schließen. Wenn sich nach 5–10 Min. Rauch entwickelt, das Brett wenden.

4. Die Hähnchenschenkel aus der Schüssel nehmen (die Glasur wird nicht mehr gebraucht), auf dem rauchenden Brett anordnen und über **direkter mittlerer Hitze** bei geschlossenem Deckel 5–10 Min. grillen. Nun das Brett über **indirekte mittlere Hitze** ziehen und bei geschlossenem Deckel 35–40 Min. weitergrillen, bis beim Einstechen klarer Fleischsaft austritt. Während der letzten 10–15 Min. gelegentlich mit der beiseitegestellten Glasur bestreichen. Vom Grill nehmen und vor dem Servieren noch einmal mit Glasur bestreichen.

GEFLÜGEL

MEXIKANISCHER HÄHNCHENSALAT

FÜR 4–6 PERSONEN
ZUBEREITUNGSZEIT: 35 MIN.
MARINIERZEIT: 30–60 MIN.

GRILLMETHODE: DIREKTE MITTLERE HITZE (175–230 °C)
GRILLZEIT: 16–20 MIN.

FÜR DIE MARINADE
- 4 EL Olivenöl
- 2 EL frisch gepresster Limettensaft
- 1 TL getrockneter Thymian
- 1 TL getrockneter Majoran
- ½ TL grobes Meersalz
- ¼ TL frisch gemahlener schwarzer Pfeffer

6 ausgelöste Hähnchenoberschenkel ohne Haut, je 100 g

FÜR DAS DRESSING
- 1 große milde Chilischote (vorzugsweise Poblano)
- 125 g Sauerrahm (20%)
- 1 große Handvoll frische Korianderblätter
- 1 EL frisch gepresster Limettensaft
- 1 EL Olivenöl
- 1 große Knoblauchzehe
- ½ TL gemahlener Kreuzkümmel
- ½ TL grobes Meersalz
- ¼ TL frisch gemahlener schwarzer Pfeffer

FÜR DEN SALAT
- 1 Kopf Romanasalat, in feine Streifen geschnitten
- 100 g gelbe oder blaue (Blue Corn) Tortillachips
- 300 g reife Tomaten, in mittelgroße Würfel geschnitten
- 2 reife Avocados, in Würfel geschnitten
- 250 g Pinto- oder schwarze Bohnen (Dose), abgespült

1. Die Zutaten für die Marinade in einer Schüssel verquirlen. Die Hähnchenoberschenkel hinzufügen und mehrmals in der Marinade wenden. Abdecken und 30–60 Min. kalt stellen.

2. Den Grill für direkte mittlere Hitze vorbereiten. Den Grillrost mit der Bürste reinigen. Die Chilischote über **direkter mittlerer Hitze** unter gelegentlichem Wenden bei geschlossenem Deckel 8–10 Min. grillen, bis die Haut schwarz wird und Blasen wirft. In eine Schüssel geben, mit Frischhaltefolie abdecken und 10 Min. ausdampfen lassen. Vorsichtig häuten, Stielansatz und Samen entfernen und die Schote mit den übrigen Zutaten für das Dressing im Standmixer fein pürieren. Kalt stellen.

3. Auf einer Platte ein Bett aus Romanasalat auslegen. Chips, Tomaten, Avocado und Bohnen getrennt darauf anrichten.

4. Die Hähnchenoberschenkel aus der Marinade nehmen und über **direkter mittlerer Hitze** bei geschlossenem Deckel 8–10 Min. grillen, bis beim Einstechen klarer Fleischsaft austritt. Ein- oder zweimal wenden. Das Fleisch in fingerdicke Streifen schneiden und in der Mitte der Platte anrichten. Das Dressing kurz vor dem Servieren über den Salat geben.

AUSGELÖSTE HÄHNCHENSCHENKEL GRILLEN

1. Das Schenkelfleisch zuerst mit der glatten Seite nach unten über direkter Hitze grillen und in den ersten 4 Min. nicht wenden, sonst bleibt ein Teil des Fleisches am Rost hängen.

2. Falls sich das Fleisch einrollt, zieht man es mit einer Zange auseinander, sodass es möglichst flach auf dem Rost liegt.

3. Dreht man das Fleisch mit einer Zange so, dass es aufklafft, kann man feststellen, ob es schon gar ist. Dies ist der Fall, wenn kein rosa Schimmer mehr zu sehen ist.

GEWÄSSERTE HOLZ-SPIESSE AUF VORRAT EINFRIEREN

Um Holzspieße nicht jedes Mal neu einweichen zu müssen, kann man eine größere Menge davon etwa 1 Std. lang einweichen, dann abtropfen lassen und in einem Plastikbeutel einfrieren. Kurz vor dem Grillen die gewünschte Anzahl Spieße entnehmen.

Hähnchenwürfel auf Spießen bleiben länger saftig, wenn sie dicht, aber nicht gedrängt aneinanderliegen.

PERSISCHE HÄHNCHENSPIESSE

FÜR 4–6 PERSONEN
ZUBEREITUNGSZEIT: 15 MIN.
MARINIERZEIT: 30 MIN.

GRILLMETHODE: DIREKTE MITTLERE HITZE (175–230 °C)
GRILLZEIT: 8–10 MIN.
ZUBEHÖR: HOLZSPIESSE, MIND. 30 MIN. GEWÄSSERT

FÜR DIE MARINADE
    1 große Zwiebel, grob gewürfelt
    125 ml frisch gepresster Zitronensaft
    2 EL getrockneter Oregano
    2 TL edelsüßes Paprikapulver
    2 TL fein gehackter Knoblauch
    250 ml Olivenöl

10 ausgelöste Hähnchenoberschenkel ohne Haut, je gut 100 g, in 4 cm große Stücke geschnitten

1. Zwiebeln, Zitronensaft, Oregano, Paprikapulver und Knoblauch in einer Küchenmaschine oder einem Standmixer pürieren. Bei laufendem Motor das Öl langsam einlaufen lassen.

2. Die Hähnchenstücke in einen großen, wiederverschließbaren Plastikbeutel geben und die Marinade darübergießen. Die Luft aus dem Beutel streichen, den Beutel fest verschließen und mehrmals wenden, um die Marinade gut zu verteilen. 30 Min. bei Zimmertemperatur stehen lassen.

3. Den Grill für direkte mittlere Hitze vorbereiten.

4. Das Fleisch aus der Marinade nehmen und so auf Spieße stecken, dass sich die Stücke berühren, aber nicht zusammengeschoben werden. Die Marinade weggießen.

5. Den Grillrost mit der Bürste reinigen. Die Spieße über **direkter mittlerer Hitze** bei geschlossenem Deckel 8 bis 10 Min. grillen, bis das Fleisch gar, aber nicht trocken ist. Einmal wenden. Warm servieren.

GEFLÜGEL

ZUBEREITUNG VON QUESADILLAS AUF DEM GRILL

1. Zu einer richtigen Quesadilla gehört meistens Guacamole, also ein Avocado-Dip. Man halbiert eine Avocado, indem man die Frucht rund um den Kern längs einschneidet und dann die beiden Hälften gegeneinanderdreht.

2. Den nun frei liegenden Kern kann man elegant herausheben, indem man das hintere Ende einer Messerklinge mit einem leichten Schlag in den Kern treibt.

3. Man kann die Avocado gleich in der Schale durch Längs- und Querschnitte würfeln, dann mit einem Löffel herausheben, in eine Schüssel geben und zusammen mit Limettensaft, Knoblauch und Salz zerdrücken.

4. Auf der einen Hälfte einer Tortilla gegrilltes Hähnchenfleisch, Gemüse und etwas geriebenen Käse anhäufen – nur so viel, dass die Füllung beim Grillen nicht herausläuft.

5. Die andere Hälfte der Tortilla über die Füllung klappen und gut andrücken. Bis zum Grillen kann man die Quesadillas einige Stunden beiseitestellen.

6. Die Quesadillas über direkter mittlerer Hitze grillen, bis beide Seiten goldbraun geröstet sind. Hier haben wir einen der seltenen Fälle, wo man den Grilldeckel besser offen lässt. Quesadillas sollte man stets im Blick haben, denn sie brennen schnell an.

HÄHNCHEN-GEMÜSE-QUESADILLAS MIT GUACAMOLE

FÜR 4–6 PERSONEN
ZUBEREITUNGSZEIT: 30 MIN.

GRILLMETHODE: DIREKTE MITTLERE HITZE (175–230 °C)
GRILLZEIT: 10–13 MIN.

FÜR DIE WÜRZMISCHUNG
    1 TL reines Chilipulver
    1 TL grobes Meersalz
    ½ TL getrockneter Oregano
    ¼ TL Knoblauchgranulat
    ¼ TL Zwiebelgranulat
    ¼ TL frisch gemahlener schwarzer Pfeffer

    4 ausgelöste Hähnchenoberschenkel ohne Haut, je gut 100 g

    2 Zucchini, Enden abgeschnitten, längs halbiert
    2 Maiskolben, Hüllblätter entfernt
    Olivenöl
    2 TL gehackte frische Oreganoblättchen
    1 TL fein gehackter Knoblauch
    1 EL frisch gepresster Limettensaft
    Grobes Meersalz
    Frisch gemahlener schwarzer Pfeffer

FÜR DIE GUACAMOLE
    2 mittelgroße reife Avocados, in Würfel geschnitten
    2 TL frisch gepresster Limettensaft
    1 TL fein gehackter Knoblauch
    ¼ TL grobes Meersalz

    10 Weizenmehltortillas (Ø 25 cm)
    450 g geriebener milder Cheddar (vorzugsweise kalifornischer Pepper Jack)

1. Den Grill für direkte mittlere Hitze vorbereiten.

2. Die Zutaten für die Würzmischung in einer kleinen Schüssel vermengen. Hähnchenfleisch, Zucchini und Maiskolben dünn mit Öl bestreichen oder besprühen. Das Hähnchenfleisch mit der Würzmischung einreiben.

3. Den Grillrost mit der Bürste reinigen. Fleisch und Gemüse über **direkter mittlerer Hitze** bei geschlossenem Deckel grillen, bis das Fleisch fest ist und beim Einstechen klarer Fleischsaft austritt. Die Zucchinihälften sollten bissfest und die Maiskolben an einzelnen Stellen gut gebräunt sein. Das Fleisch einmal, das Gemüse mehrmals wenden. Das Hähnchenfleisch braucht 8–10 Min., das Gemüse 6–8 Min. Alles vom Grill nehmen und abkühlen lassen.

4. Hähnchenfleisch und Zucchini in 1 cm große Würfel schneiden. Die Maiskörner vom Kolben schneiden. In einer großen Schüssel Zucchini und Mais mit Oregano, Knoblauch und Limettensaft vermengen und mit Salz und Pfeffer abschmecken. Das Fleisch unter das Gemüse heben.

5. Für die Guacamole die Avocadowürfel in einer kleinen Schüssel grob zerdrücken und mit den übrigen Zutaten gründlich vermischen.

6. Die Tortillas nebeneinander auf eine Arbeitsfläche legen. Fleisch-Gemüse-Mischung und Käse gleichmäßig auf jeweils einer Fladenhälfte verteilen. Die freie Hälfte über die Füllung klappen und die entstandenen Halbkreise fest zusammendrücken.

7. Die Quesadillas über **direkter mittlerer Hitze** bei geöffnetem Deckel 2–3 Min. grillen, dabei einmal wenden. Dann vom Rost nehmen, auf ein Schneidebrett legen und in Drittel oder Viertel schneiden. Warm mit der Guacamole servieren.

STUBENKÜKEN HALBIEREN

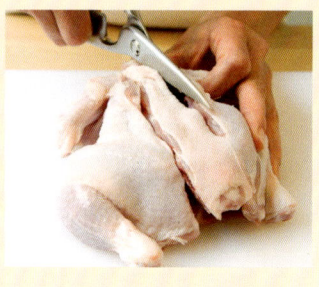

1. Mit einer Geflügelschere den Rücken links und rechts entlang des Rückgrats durchschneiden. Das Rückgrat wird nicht mehr gebraucht.

2. Die Brust in der Mitte durchschneiden.

3. Das Brustbein verbleibt in einer der beiden Hälften.

4. Halbierte Hähnchen nehmen Marinade besser auf und lassen sich schneller grillen als ganze.

IN WHISKY, SOJA UND HONIG MARINIERTE STUBENKÜKEN

FÜR 4 PERSONEN
ZUBEREITUNGSZEIT: 30 MIN.
MARINIERZEIT: 4–8 STD.

GRILLMETHODE: INDIREKTE MITTLERE HITZE (175–230 °C)
GRILLZEIT: ETWA 30 MIN.

FÜR DIE MARINADE
    350 ml Sojasauce
    175 ml Whisky
    6 Knoblauchzehen, fein zerdrückt
    2 EL Honig
    1½ EL frisch geriebener Ingwer

    4 küchenfertige Stubenküken, je etwa 400–500 g
    Olivenöl
    ½ TL frisch gemahlener schwarzer Pfeffer

1. Die Zutaten für die Marinade in einer mittelgroßen Schüssel vermengen.

2. Den Rücken der Hähnchen beiderseits des Rückgrats mit einer Geflügelschere durchschneiden, Rückgrat wegwerfen. Dann die Brust in der Mitte durchschneiden (siehe Fotos oben).

3. Die Hähnchenhälften nebeneinander in ein großes, flaches Gefäß legen und mit der Marinade begießen. Mehrmals wenden, damit sie gleichmäßig mit Marinade bedeckt sind. Anschließend abdecken und 4–8 Std. im Kühlschrank marinieren. (Nicht länger als 8 Std. stehen lassen, da der Ingwer das Fleisch sonst matschig macht.)

4. Das Fleisch aus der Marinade nehmen, die Marinade aufbewahren. Die Hähnchenhälften dünn mit Öl bestreichen und mit Pfeffer würzen. Vor dem Grillen 20–30 Min. Zimmertemperatur annehmen lassen. Den Grill für indirekte mittlere Hitze vorbereiten.

5. Die Marinade in einen kleinen Topf gießen, bei starker Hitze aufkochen und 30 Sek. kochen lassen. Als Glasur zum Bestreichen bereitstellen.

6. Den Grillrost mit der Bürste reinigen. Die Hähnchenhälften mit der Hautseite nach oben über *indirekter mittlerer Hitze* bei geschlossenem Deckel etwa 30 Min. grillen, bis die Haut goldbraun ist und die Kerntemperatur an der dicksten Stelle des Schenkels 75 °C erreicht hat. Die Hähnchen während der letzten 10 Min. mehrmals mit Glasur bestreichen. Vom Grill nehmen und mit Beilagen Ihrer Wahl warm servieren.

HAWAIIANISCHES HULI-HULI-HÄHNCHEN

FÜR 4–6 PERSONEN
ZUBEREITUNGSZEIT: 15 MIN.
MARINIERZEIT: ETWA 4 STD.

GRILLMETHODE: INDIREKTE MITTLERE HITZE (175–230 °C)
GRILLZEIT: 45–60 MIN.

FÜR DIE MARINADE
    250 ml Ananassirup
    125 ml Sojasauce
    4 EL Ketchup
    2 EL fein gehackter frischer Ingwer
    2 TL fein gehackter Knoblauch

    2 schwere küchenfertige Hähnchen, je 1,5–2 kg
    4 Handvoll Mesquite-Holzchips, mind. 30 Min. gewässert

1. Die Zutaten für die Marinade in einer mittelgroßen Schüssel verquirlen.

2. Das erste Hähnchen mit der Brust nach unten auf ein Schneidebrett legen. Das Rückgrat mit einer Geflügelschere herausschneiden und wegwerfen. Das Hähnchen aufklappen und auf einer Seite des Brustbeins längs durchschneiden. Überhängende Fettlappen entfernen, Flügelspitzen kappen. Mit dem zweiten Hähnchen ebenso verfahren. Die Hähnchenhälften in einen sehr großen, wiederverschließbaren Plastikbeutel geben und die Marinade darübergießen. Die Luft aus dem Beutel streichen, den Beutel fest verschließen und mehrmals wenden, bis alle Geflügelteile mit Marinade bedeckt sind. Den Beutel in eine Schüssel legen und etwa 4 Std. kalt stellen. Gelegentlich wenden.

3. Die Hähnchenteile aus dem Beutel nehmen, den Beutel samt Marinade wegwerfen.

4. Den Grill für indirekte mittlere Hitze vorbereiten.

5. Die Hälfte der Holzchips abtropfen lassen und auf die Glut legen oder nach den Angaben des Herstellers in die Räucherbox des Gasgrills geben. Wenn das Holz anfängt zu rauchen, kann man mit dem Grillen beginnen.

6. Den Grillrost mit der Bürste reinigen. Die Hähnchen zunächst mit der Haut nach oben über **indirekter mittlerer Hitze** bei geschlossenem Deckel 45–60 Min. grillen, bis beim Einstechen klarer Fleischsaft austritt und die Kerntemperatur an der dicksten Stelle des Schenkels (ohne mit dem Thermometer den Knochen zu berühren) 75 °C beträgt. Während dieser Zeit alle 15 Min. wenden. Nach den ersten 15 Min. Grillzeit die restlichen Holzchips abtropfen lassen und auflegen.

7. Die Hähnchenhälften vom Grill nehmen und bis zum Servieren etwa 10 Min. ruhen lassen.

Die Bezeichnung *Huli-Huli* kommt aus Hawaii und heißt so viel wie rotieren. Genau das sollte man mit den Hähnchen tun, damit die Marinade nicht verbrennt. Die Hähnchenhälften mit einem Grillwender vorsichtig umdrehen, damit sie nicht auseinanderfallen.

ZUBEREITUNG EINES BIERDOSEN-HÄHNCHENS

1. Bestreut man ein Hähnchen rundherum großzügig mit Salz und stellt es einige Stunden in den Kühlschrank, wird dem Fleisch ein Teil der Feuchtigkeit entzogen und der Hähnchengeschmack intensiviert sich. In einem nächsten Schritt wäscht man das Salz wieder ab.

2. Nach dem Waschen und Würzen des Hähnchens eine Bierdose öffnen und die Hälfte des Inhalts abgießen. Mit einem Dosenöffner zusätzliche Löcher in den Deckel stanzen, damit der Dampf entweichen kann.

3. Die Flügelspitzen hinter den Hähnchenrücken drehen, um sie vor der Grillhitze zu schützen.

4. Das Hähnchen auf einer stabilen Arbeitsfläche so weit wie möglich über die Bierdose stülpen.

5. Den Grill mit einer Wasserschale in der Mitte und Glut auf beiden Seiten vorbereiten. Ein paar Handvoll feuchte Holzchips auf der Glut verteilen.

6. Wenn das Holz zu rauchen beginnt, die Dose mit dem Hähnchen auf den Grillrost stellen. Das Hähnchen steht stabiler, wenn man die Hähnchenbeine nach vorne auf den Grillrost setzt, was zusammen mit der Dose eine Art Dreifuß ergibt.

7. Wenn das Hähnchen gar ist (75 °C an der dicksten Stelle des Schenkels), den Rücken mit einer Grillzange greifen und einen Grillwender unter die Bierdose schieben, um das Hähnchen hochzuheben. Vorsicht, das Bier ist sehr heiß! Das Hähnchen 10 Min. ruhen und abkühlen lassen, bevor man es von der Bierdose hebt.

BIERDOSEN-HÄHNCHEN IM HICKORY-RAUCH GEGRILLT

FÜR 4 PERSONEN
ZUBEREITUNGSZEIT: 10 MIN.
PÖKELZEIT: 1½–2 STD.

GRILLMETHODE: INDIREKTE MITTLERE HITZE (175–230 °C)
GRILLZEIT: 1¼ –1½ STD.

- 1 schweres küchenfertiges Hähnchen, etwa 2,5 kg
- 4 EL grobes Meersalz

FÜR DIE WÜRZMISCHUNG
- 2 TL Zwiebelgranulat
- 2 TL Knoblauchgranulat
- 1 TL Chilipulver (Gewürzmischung)
- ½ TL frisch gemahlener schwarzer Pfeffer

- 1 Dose (0,33 l) Bier, raumtemperiert
- 4 Handvoll Hickory-Holzchips, mind. 30 Min. gewässert

1. Überschüssiges Fett vom Hähnchen entfernen und wegwerfen. Das Hähnchen außen und innen mit Salz einreiben. Das Hähnchen mit Frischhaltefolie abdecken und 1,5–2 Std. in den Kühlschrank stellen.

2. Die Zutaten für die Würzmischung in einer kleinen Schüssel vermengen.

3. Das Hähnchen innen und außen unter fließendem kaltem Wasser waschen, dann mit Küchenpapier trocken tupfen. Die Flügelspitzen auf den Rücken drehen und das Hähnchen vor dem Grillen 20–30 Min. Zimmertemperatur annehmen lassen. Den Grill für indirekte mittlere Hitze vorbereiten.

4. Die Bierdose öffnen und die Hälfte des Biers abgießen. Mit einem Dosenöffner ein paar zusätzliche Löcher in den Dosendeckel stanzen. Die Dose auf eine feste Unterlage stellen und das Hähnchen mit der Bauchhöhle über die Dose stülpen.

5. Die Holzchips abtropfen lassen und auf die Glut legen oder nach den Angaben des Herstellers in die Räucherbox des Gasgrills geben. Wenn die Holzchips zu rauchen beginnen, die Dose mit dem Hähnchen so auf den Grill stellen, dass die Beine mit der Dose eine Art Dreifuß bilden (siehe Step 6 Seite 160). Das Hähnchen über *indirekter mittlerer Hitze* bei geschlossenem Deckel 1,25–1,5 Std. grillen, bis beim Einstechen klarer Fleischsaft austritt und die Kerntemperatur an der dicksten Stelle des Schenkels (ohne mit dem Thermometer den Knochen zu berühren) 75 °C beträgt. Das Hähnchen mit der Dose vorsichtig vom Grill heben (siehe Step 7 Seite 160) und etwa 10 Min. stehen lassen. Das Bier ist sehr heiß, also nichts verschütten. Nun das Hähnchen von der Dose heben und in servierfertige Portionen teilen.

HÄHNCHEN AM SPIESS GRILLEN

1. Zum Dressieren des Hähnchens die Flügelspitzen kappen und 120 cm Küchengarn unter Schenkel und Rücken legen.

2. Beide Enden des Garns anheben und zwischen den Schenkeln kreuzen, dann einen Faden unter einen Unterschenkel führen.

3. Mit dem anderen Faden unter den zweiten Unterschenkel fahren und beide Garnenden nach außen ziehen.

4. Die Garnenden an beiden Seiten des Hähnchens entlangführen, sodass Schenkel und Flügel am Körper anliegen.

5. Die beiden Enden über der Halsöffnung verknoten. Die Brust ggf. ein wenig nach unten schieben, damit der Nackenansatz frei liegt.

6. Das Hähnchen mit der Buttermilchmischung in einen wiederverschließbaren Beutel geben und im Kühlschrank 2–4 Std. marinieren.

7. Die Haltezinken auf den Spieß ziehen, den Spieß zwischen Nacken und Garnknoten in das Hähnchen einführen und auf der anderen Seite unterhalb der zusammengebundenen Unterschenkel wieder hinausführen. Die zweiten Haltezinken aufziehen und in den Hähnchenrücken drücken. Wenn das Hähnchen in der Mitte des Spießes sitzt, die Haltezinken festschrauben.

8. Den Spieß mit dem Hähnchen über einer Tropfschale mit Wasser positionieren. Den Motor anschalten und das Hähnchen über indirekter Hitze grillen. Die Brenner so regulieren, dass eine konstante Grilltemperatur von etwa 200 °C gehalten wird. Während der letzten 30 Min. das Hähnchen mehrmals mit der Glasur bestreichen. Für eine knusprige Haut den Infrarotbrenner am Ende der Grillzeit für einige Minuten dazuschalten.

BUTTERMILCH-HÄHNCHEN AM SPIESS MIT APRIKOSENGLASUR

FÜR 4 PERSONEN
ZUBEREITUNGSZEIT: 25 MIN.
MARINIERZEIT: 2–4 STD.

GRILLMETHODE: INDIREKTE MITTLERE HITZE (ETWA 200 °C)
GRILLZEIT: 1–1¼ STD.
ZUBEHÖR: KÜCHENGARN, DREHSPIESS, GROSSE EINWEG-ALUSCHALE, FLEISCHTHERMOMETER

FÜR DIE MARINADE
500 ml Buttermilch
4 EL grob gehackter frischer Rosmarin
4 große Knoblauchzehen, fein gehackt
2 EL grobes Meersalz
1 TL frisch gemahlener schwarzer Pfeffer

1 schweres küchenfertiges Hähnchen, etwa 2–2,5 kg

FÜR DIE GLASUR
250 ml Aprikosennektar
3 EL Ahornsirup
1 EL Dijon-Senf
1 EL Weißweinessig

1. Die Zutaten für die Marinade in einer großen Schüssel vermengen.

2. Das Hähnchen mit Küchengarn dressieren (siehe Seite 162), in einen großen, wiederverschließbaren Plastikbeutel legen und mit der Marinade begießen. Die Luft aus dem Beutel streichen und ihn fest verschließen. Den Beutel mehrmals wenden, um die Marinade gut zu verteilen, dann mit der Brust des Hähnchens nach unten in eine Schüssel legen und 2–4 Std. kalt stellen. Während dieser Zeit ein- oder zweimal wenden. Das Hähnchen 30 Min. vor dem Grillen aus dem Kühlschrank nehmen. Den Gill für indirekte Hitze von 200 °C vorbereiten, äußere Brenner auf mittel bis hoch, mittlere Brenner ausstellen.

3. Die Zutaten für die Glasur in einem Topf bei mittlerer Hitze zum Kochen bringen und etwa 5 Min. auf 250 ml einköcheln lassen. Die Hälfte der Glasur als Sauce beiseitestellen.

4. Das Hähnchen aus dem Beutel nehmen und mit Küchenpapier abtupfen. Die restliche Marinade weggießen. Das Hähnchen nach den Anweisungen des Herstellers mittig auf den Grillspieß ziehen, den Spieß einlegen und den Motor anschalten. Eine große Einweg-Aluschale mit 250 ml lauwarmem Wasser unter das Hähnchen stellen. Das Hähnchen über **indirekter mittlerer Hitze** bei geschlossenem Deckel 1–1,25 Std. grillen, bis die Kerntemperatur am dicksten Teil des Schenkels (ohne mit dem Thermometer den Knochen zu berühren) 75 °C erreicht hat. Während der letzten 30 Min. das Hähnchen mehrmals mit der Glasur bestreichen.

5. Wenn das Hähnchen gar ist, den Motor ausschalten und den Spieß mit den Grillhandschuhen vorsichtig aus dem Grill heben. Das Hähnchen über der Aluschale senkrecht stellen, damit die Flüssigkeit aus dem Innern in die Schale tropfen kann. Die Haltezinken lösen und das Hähnchen auf ein Schneidebrett gleiten lassen. Etwa 10 Min. ruhen lassen. Tranchieren und warm mit der Sauce servieren.

ZUBEREITUNG VON GRILLHÄHNCHEN

Die meisten heute im Supermarkt erhältlichen Hähnchen sind aus landwirtschaftlichen Großbetrieben, die Rassen nach der Festigkeit des Brustfleischs und der Farbe der Haut auswählen. Die Tiere werden in engen Käfigen mit preiswerter Nahrung aufgezogen, die rasches Wachstum, aber nicht den Geschmack fördert. Eine Möglichkeit, dem geschmacklichen Einerlei zu entkommen, bieten ältere Hühnerrassen. Sie kosten mehr, schmecken aber besser. Eine andere Möglichkeit der Geschmacksverbesserung bietet sich, wenn man das Hähnchen mit viel Butter, frischen Kräutern und Gewürzen unter der Haut zubereitet.

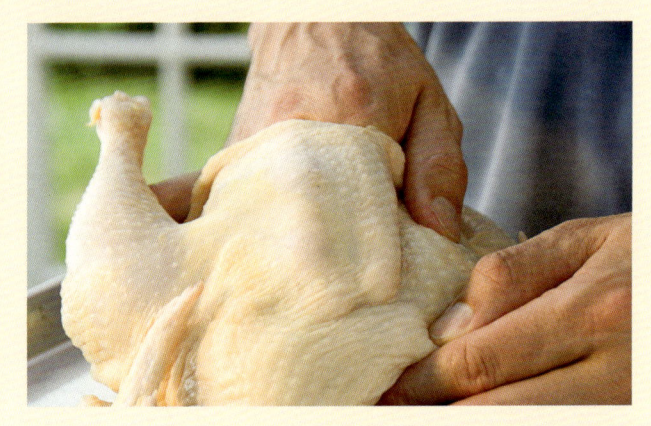

1. Vom hinteren Ende her mit den Fingern vorsichtig unter die Haut der Brust fahren. Die Haut sollte dabei möglichst intakt bleiben.

2. Um die Haut an den Oberschenkeln zu lösen, benutzt man am besten einen einzelnen Finger.

3. Die gewürzte Butter auf das Brustfleisch und, so gut es geht, auf die Oberschenkel streichen, ohne die Haut zu verletzen. Die restliche Butter gleichmäßig über die Außenseite des Hähnchens verteilen.

4. Ein Stück Küchengarn unter und um die Schenkel führen, die Fäden in der Mitte überkreuzen und die Unterschenkelknochen zusammenziehen.

5. Das Küchengarn fest verknoten. So bleibt das Hähnchen in Form und das Fleisch wird gleichmäßig gar.

6. Das Hähnchen in einer Einweg-Aluschale zubereiten, um die schmelzende Butter aufzufangen. Das Hähnchen gelegentlich mit der flüssigen Butter bestreichen.

GRILLHÄHNCHEN MIT ORANGE UND ESTRAGON

FÜR 4 PERSONEN
ZUBEREITUNGSZEIT: 15 MIN.

GRILLMETHODE: INDIREKTE MITTLERE HITZE (175–230 °C)
GRILLZEIT: 1¼–1½ STD.
ZUBEHÖR: GROSSE EINWEG-ALUSCHALE, KÜCHENGARN

FÜR DIE WÜRZBUTTER
    60 g weiche Butter
    1 EL fein gehackter frischer Estragon
    2 TL fein abgeriebene Schale von 1 Bio-Orange
    ½ TL grobes Meersalz
    ¼ TL frisch gemahlener schwarzer Pfeffer

    1 schweres küchenfertiges Hähnchen, etwa 2,5 kg
    1 TL grobes Meersalz
    ½ TL frisch gemahlener schwarzer Pfeffer

1. Die Zutaten für die Würzbutter in einer kleinen Schüssel mit einer Gabel gut vermischen.

2. Überschüssiges Fett vom Hähnchen entfernen und wegwerfen. Die Haut mit den Fingerspitzen vorsichtig lockern. Das Brustfleisch und, so gut es geht, das Schenkelfleisch mit der Butter bestreichen.

3. Das Hähnchen innen und außen mit Salz und Pfeffer würzen. Die Schenkel mit Küchengarn dressieren. Das Hähnchen mit der Brust nach oben in eine große Einweg-Aluschale legen und vor dem Grillen 20–30 Min. bei Zimmertemperatur stehen lassen. Den Grill für indirekte mittlere Hitze vorbereiten.

4. Den Grillrost mit der Bürste reinigen. Das Hähnchen über **indirekter mittlerer Hitze** bei geschlossenem Deckel 1,25–1,5 Std. grillen, bis beim Einstechen klarer Fleischsaft austritt und die Kerntemperatur an der dicksten Stelle der Schenkel 75 °C erreicht hat. Die Schale wenn nötig drehen, damit die Haut gleichmäßig braun wird. Das Hähnchen ab und zu mit der in der Schale angesammelten Butter bestreichen. Nach Ende der Garzeit das Hähnchen auf eine Platte legen, locker mit Alufolie abdecken und etwa 10 Min. ruhen lassen. Das Küchengarn entfernen, das Hähnchen tranchieren und warm servieren.

ZUBEREITUNG VON SCHMETTERLINGSHÄHNCHEN VOM GRILL

1. Die losen Fettklumpen am hinteren Ende des Hähnchens entfernen, damit das Fett nicht in den Grill tropft und Flammen schlägt.

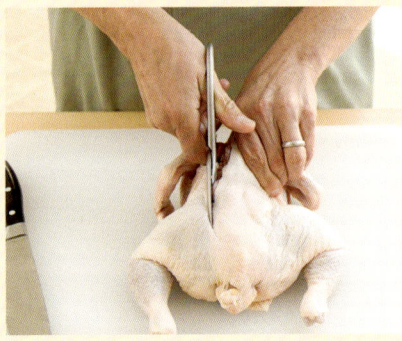

2. Das Hähnchen mit dem Rücken nach oben und der Halsöffnung zu Ihnen drehen. Mit einer Geflügelschere auf beiden Seiten am Rückgrat entlangschneiden und das Rückgrat entfernen. Es wird nicht mehr benötigt.

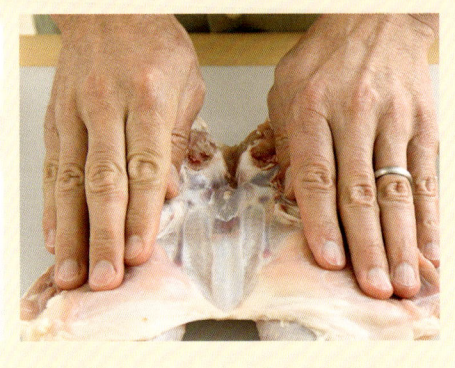

3. Das Hähnchen wie einen Schmetterling aufklappen und mit den Händen flach drücken.

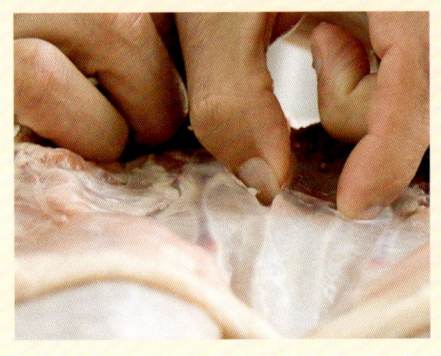

4. Mit zwei Fingern links und rechts am Brustbein entlangfahren, um es freizulegen.

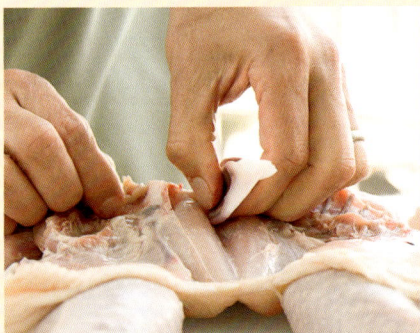

5. Das Brustbein mit den Fingern greifen und vorsichtig vom Fleisch lösen, dann ganz herausziehen und wegwerfen.

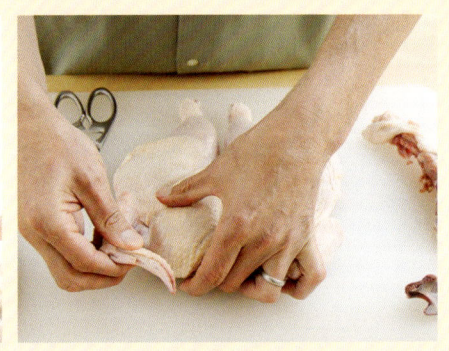

6. Die Flügelspitzen auf den Rücken des Hähnchens drehen, damit sie beim Grillen nicht anbrennen.

7. Eine der größten Hürden beim Grillen eines ganzen Hähnchens haben Sie nun genommen: die ungleichmäßige Form. Schmetterlingsförmig aufgeklappt hat das Hähnchen eine relativ gleichmäßige Dicke.

8. Das Hähnchen zunächst mit der Knochenseite nach unten grillen und dabei mit einem Gewicht beschweren. Grillen Sie bei mittlerer bis niedriger Hitze, damit das Fleisch sanft garen kann.

9. Das Hähnchen nach etwa 25 Min. mit einem Grillwender vorsichtig umdrehen und das Gewicht wieder daraufstellen. Mit der Hautseite nach unten können eher Flammen entstehen. In diesem Fall die mittleren Brenner ausschalten oder das Hähnchen zum Fertiggaren über indirekte Hitze ziehen.

MUSKATHÄHNCHEN UNTER DER GUSSEISENPFANNE

FÜR 4 PERSONEN
ZUBEREITUNGSZEIT: 30 MIN.
MARINIERZEIT: 2 STD.

GRILLMETHODE: DIREKTE MITTLERE BIS NIEDRIGE HITZE (ETWA 175 °C)
GRILLZEIT: 40–60 MIN.
ZUBEHÖR: GUSSEISERNE PFANNE ODER ALUSCHALE MIT ZWEI IN ALUFOLIE EINGEWICKELTEN ZIEGELSTEINEN, FLEISCHTHERMOMETER

FÜR DIE MARINADE
- 4 EL Olivenöl
- 2 EL fein gehackter frischer Rosmarin
- 1 EL fein gehackter Knoblauch
- 1 EL frisch gemahlene Muskatnuss
- 1 EL grobes Meersalz
- 1 EL Zucker
- 1 TL frisch gemahlener schwarzer Pfeffer

1 schweres küchenfertiges Hähnchen, etwa 2,5 kg

1. Die Zutaten für die Marinade in einer großen Schüssel oder einem 20 x 30 cm großen Bräter vermischen.

2. Das Hähnchen mit der Brust nach unten auf ein Schneidebrett legen. Mit einer Geflügelschere oder einem sehr scharfen Messer vom Nacken her auf beiden Seiten des Rückgrats entlangschneiden und das Rückgrat entfernen. Vorsicht, wenn Sie ein Messer verwenden: Das Durchtrennen der kleinen Knochen erfordert einige Kraft.

3. Wenn das Rückgrat entfernt ist, sieht man in das Innere des Hähnchens. Das knorpelige untere Ende des Brustbeins mit einem Einschnitt versehen, dann mit den Händen an die Rippenenden fassen und das Hähnchen aufklappen. Mit den Fingern auf beiden Seiten des Brustbeins entlangfahren, um es vom Fleisch zu lösen. Nun den Knochen greifen und zusammen mit dem Knorpel herausziehen. Das Hähnchen sollte nun flach auf dem Schneidebrett liegen.

4. Das Hähnchen in das Gefäß mit der Marinade legen und darin wenden, bis es gleichmäßig überzogen ist. Mit Frischhaltefolie abdecken und etwa 2 Std. im Kühlschrank marinieren.

5. Den Grill für mittlere bis niedrige Hitze vorbereiten.

6. Den Grillrost mit der Bürste reinigen. Das Hähnchen mit der Knochenseite nach unten über **direkte mittlere bis niedrige Hitze** legen und mit einer schweren Gusseisenpfanne oder einer Aluschale mit zwei in Alufolie eingewickelten Ziegelsteinen beschweren. Den Deckel schließen und das Hähnchen 20–30 Min. grillen. Das Gewicht herunternehmen, das Hähnchen wenden und wieder beschweren. Weitergrillen, bis beim Einstechen klarer Fleischsaft austritt und die Kerntemperatur an der dicksten Stelle des Schenkels (ohne mit dem Thermometer den Knochen zu berühren) 75 °C beträgt. Vom Grill nehmen, 3–5 Min. ruhen lassen und warm servieren.

ZUBEREITUNG VON GEGRILLTER PUTENBRUST IM SPECKMANTEL

1. Die Brust mit der glatten Seite nach unten auf ein Brett legen und in der Mitte längs aufschneiden (aber nicht ganz durchtrennen), damit sie so flach wie möglich wird.

2. Die aufgeklappte Putenbrust zwischen zwei Lagen Frischhaltefolie legen und flach klopfen, bis sie etwa 2 cm dick ist.

3. Die Füllung gleichmäßig auf dem Fleisch verteilen, jedoch die Ränder frei lassen. Nicht zu viel Füllung auftragen.

4. Das Fleisch der Länge nach zylindrisch aufrollen. Herausgefallene Füllung wegwerfen.

5. Die Speckscheiben in sechs aneinanderliegenden langen Streifen aus jeweils zwei Scheiben, deren Enden sich überlappen, anordnen.

6. Die aufgerollte Putenbrust längs in die Mitte der Speckscheiben legen und diese kreuzweise um das Fleisch klappen.

7. Den Braten im Abstand von jeweils 3 cm mehrmals mit Küchengarn umwickeln.

8. Ein langes Stück Küchengarn längs durch die Querfäden weben und am Ende zusammenknoten, sodass ein gleichmäßig geformter Braten entsteht und der Speck fest anliegt.

9. Eine Einweg-Aluschale unter den Grillrost stellen, um das herabtropfende Fett aufzufangen. Den Braten über indirekter Hitze grillen, bis die Kerntemperatur von Fleisch und Füllung knapp 75 °C erreicht hat, dabei gelegentlich drehen.

GEFLÜGEL

PUTENBRUST MIT KRÄUTERFÜLLUNG IM SPECKMANTEL

FÜR 4–6 PERSONEN
ZUBEREITUNGSZEIT: 30 MIN.

GRILLMETHODE: INDIREKTE STARKE HITZE (230–290 °C)
GRILLZEIT: 1–1¼ STD.
ZUBEHÖR: KÜCHENGARN, GROSSE EINWEG-ALUSCHALE, FLEISCHTHERMOMETER

FÜR DIE FÜLLUNG
- 150 g frisch geriebene Semmelbrösel
- 4 EL Hühnerbrühe
- 1 EL fein gehackter Knoblauch
- 2 TL fein gehackter frischer Rosmarin
- 2 TL fein gehackter frischer Oregano
- 1 TL fein abgeriebene Schale von 1 Bio-Zitrone
- ½ TL grobes Meersalz
- ½ TL frisch gemahlener schwarzer Pfeffer

450 g Frühstücksspeck, in 12 Scheiben geschnitten
1 ausgelöste, flach aufgeschnittene Putenbrust ohne Haut, etwa 1 kg

1. Die Zutaten für die Füllung in einer mittelgroßen Schüssel vermengen. Die Füllung sollte gut feucht, aber nicht tropfnass sein. Wenn nötig mehr Brühe hinzufügen.

2. Eine große Einweg-Aluschale vorsichtig unter den Grillrost schieben, um später das vom Speck abtropfende Fett aufzufangen. Den Grill für indirekte starke Hitze vorbereiten.

3. Die aufgeschnittene Putenbrust auf einer Arbeitsfläche zwischen zwei Lagen Frischhaltefolie flach klopfen, bis sie überall etwa 2 cm dick ist. Die Füllung gleichmäßig auf dem Fleisch verteilen (Ränder frei lassen), dann die Putenbrust der Länge nach zusammenrollen. Die Speckscheiben auf der Arbeitsfläche in sechs parallelen, aneinanderliegenden Doppelstreifen so anordnen, dass sich die Speckscheiben in der Mitte überlappen. Die Putenbrust längs in die Mitte der Streifen legen und den Speck kreuzweise über das Fleisch klappen. Den Braten mit Küchengarn zu einer festen, einheitlichen Form binden.

4. Den Grillrost mit der Bürste reinigen. Den Putenbraten mittig über die Tropfschale legen und über **indirekter starker Hitze** bei geschlossenem Deckel 1–1,25 Std. grillen, bis die Kerntemperatur knapp 75 °C erreicht hat. Den Braten gelegentlich drehen, damit der Speck auf allen Seiten knusprig wird. Den fertigen Putenbraten vom Grill nehmen, auf ein Schneidebrett legen und 10 Min. ruhen lassen (die Kerntemperatur erhöht sich währenddessen noch um 2–5 °C). Das Küchengarn entfernen, den Braten in 2 cm dicke Scheiben schneiden und warm servieren.

EINEN TRUTHAHN GRILLEN
5 DINGE, DIE MAN WISSEN SOLLTE

Jedes Jahr im November stellen sich Millionen Amerikaner die Frage, ob ihnen wohl zu Thanksgiving ein goldbrauner, saftiger Truthahn gelingen wird. Dabei ist es gar nicht so schwer. Man muss sich nur auf fünf entscheidende Dinge konzentrieren.

1 AM VORTAG: DIE SALZLAKE
Truthahnfleisch ist sehr mager und mild. Frühzeitiges Einlegen ist deshalb unverzichtbar. Im nachfolgenden Rezept wird der Truthahn trocken eingelegt, das heißt, einen Tag vor dem Grillen mit Salz eingerieben. Über Nacht im Kühlschrank entzieht das Salz dem Fleisch einen Teil seiner Feuchtigkeit. Sie verbindet sich mit dem Salz und zieht als Würzlake wieder ins Fleisch ein.

2 GLEICHMÄSSIGE TEMPERATUR
Eine gleichmäßige Grilltemperatur von 175–230 °C zu halten ist ein weiteres Schlüsselelement. Mit dem Gasgrill ist das einfach (solange der Gasvorrat reicht), mit dem Holzkohlegrill etwas schwieriger. Bevor Sie Ihren ersten Truthahn auf dem Holzkohlegrill zubereiten, sollten Sie schon ein wenig Erfahrung mit einer über mehrere Stunden gehaltenen Glut haben.

3 DAS BRUSTFLEISCH SCHÜTZEN
Weil die Brust schneller gart als die Schenkel, sollte man sie schützen und ihre Garzeit verlangsamen. Ich erreiche das, indem ich den Truthahn während der ersten Stunde mit der Brust nach unten in eine mit Brühe und Gemüse gefüllte Schale lege.

4 DEN GARZEITPUNKT ABPASSEN
Innerhalb kürzester Zeit kann ein zuvor wunderbar saftiger Truthahn trocken und faserig werden, deshalb ist ein Fleischthermometer unerlässlich. Zudem muss man den Truthahn vom Grill nehmen, wenn die Kerntemperatur an der dicksten Stelle des Schenkels (ohne mit dem Thermometer den Knochen zu berühren) 75 °C erreicht.

5 RUHEN LASSEN
Zu guter Letzt sollte man dem Truthahn nach dem Grillen eine Ruhepause gönnen. So kann das Fleisch fertig garen und die Säfte verteilen sich besser.

TRUTHAHN AM VORTAG VORBEREITEN

1. Den Truthahn innen und außen großzügig mit grobem Meersalz und frisch gemahlenem schwarzem Pfeffer würzen.

2. Den gewürzten Truthahn unbedeckt in einer Aluschale für 12 Std. kalt stellen. Die Haut darf ruhig trocken und gespannt aussehen.

TRUTHAHN AUF DEM RÄUCHERGRILL ZUBEREITEN

1. Den Truthahn aus dem Kühlschrank nehmen und 1 Std. bei Zimmertemperatur stehen lassen. Schenkel, Brust und Flügel mit weicher Butter bestreichen.

2. Gemüse, Kräuter und Hühnerbrühe in zwei ineinandergestapelte große Einweg-Aluschalen geben.

3. Die Kohle im Halbkreis auf der einen Seite des Kohlerosts anordnen. Eine Tropfschale mit warmem Wasser sorgt zusätzlich für gleichmäßige Hitze.

4. Den Truthahn mit der Brust nach unten auf das Gemüsebett in der doppelten Aluschale legen.

5. Abgetropfte Holzchips auf die Glut legen und die Schale mit dem Truthahn über die Tropfschale stellen. Die Beine zeigen zur Glut.

6. Sorgen Sie für eine gleichmäßige Grilltemperatur von 175–230 °C. Bei Bedarf Holzkohle nachlegen.

7. Nach 1 Stunde Grillzeit den Truthahn umdrehen, sodass die Brustseite oben liegt.

8. Während der Truthahn weitergrillt, gelegentlich einige abgetropfte Holzchips nachlegen.

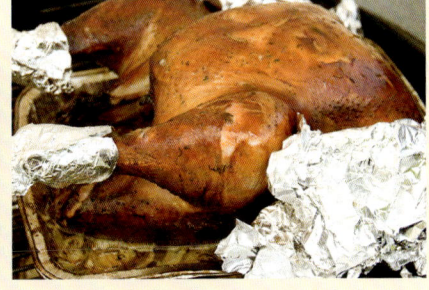

9. Nach etwa 1,5 Std. Grillzeit die Fleischteile, die zu dunkel werden, mit Folie abdecken.

TRUTHAHN TRANCHIEREN

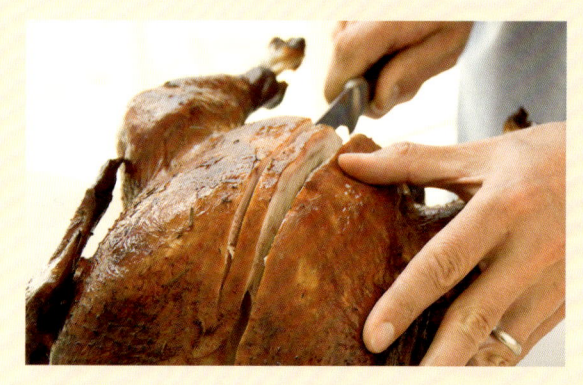

1. Zuerst die beiden Hälften der Truthahnbrust trennen. Dazu auf beiden Seiten des Brustbeins längs in das Fleisch schneiden.

2. Die erste Brusthälfte vom Brustbein klappen und mit einem scharfen Messer vorsichtig von den Rippen lösen. Mit der zweiten Hälfte ebenso verfahren.

3. Eine halbe Truthahnbrust lässt sich viel einfacher in gleichmäßige Scheiben schneiden, als wenn sie noch am Knochen ist.

TRUTHAHN IM HICKORY-RAUCH GEGRILLT MIT WHISKY-SAUCE

FÜR 8–12 PERSONEN
ZUBEREITUNGSZEIT: 20 MIN.
EINLEGEZEIT: 12 STD.

GRILLMETHODE: INDIREKTE MITTLERE HITZE (175–230 °C)
GRILLZEIT: ETWA 2½ STD.
ZUBEHÖR: 3 GROSSE EINWEG-ALUSCHALEN, FLEISCHTHERMOMETER

    1 ganzer Truthahn, etwa 5 kg
    2 EL grobes Meersalz
    2 TL frisch gemahlener schwarzer Pfeffer
    50 g weiche Butter

FÜR DAS GEMÜSEBETT
    2 grob gewürfelte Zwiebeln
    1 grob gewürfelte Möhre
    1–2 Stangen Sellerie, grob gehackt
    1 TL getrockneter Rosmarin
    1 TL getrockneter Thymian
    1 TL getrockneter Salbei
    500 ml Hühnerbrühe, plus etwas mehr für die Bratensauce

    4 Handvoll Hickory-Holzchips, mind. 30 Min. gewässert

FÜR DIE BRATENSAUCE
    60 g Butter
    60 g Weizenmehl
    3 EL Whisky
    ½ TL grobes Meersalz
    ¼ TL frisch gemahlener schwarzer Pfeffer

1. Am Vortag die Innereien, falls vorhanden, aus dem Truthahn entfernen und anderweitig verwenden. Den Truthahn unter fließendem kaltem Wasser abspülen und abtropfen lassen, aber nicht trocken tupfen. In einer kleinen Schüssel Salz und Pfeffer vermischen und den Truthahn innen und außen damit einreiben. Den Truthahn in eine Aluschale legen und unbedeckt für 12 Std. in den Kühlschrank stellen.

2. Am Tag der Zubereitung den Truthahn aus dem Kühlschrank nehmen. Falls die Haut trocken aussieht, ist das in Ordnung. Den Truthahn nicht abspülen. 1 Std. bei Zimmertemperatur ruhen lassen, dann Beine, Brust und Flügel mit weicher Butter bestreichen. Den Grill für indirekte mittlere Hitze vorbereiten.

3. Das Würzgemüse in zwei ineinandergestapelte Einweg-Aluschalen legen (keinen hochwertigen Metallbräter verwenden, er kann sich im Rauch verfärben) und die Hühnerbrühe dazugießen. Den Truthahn mit der Brustseite nach unten auf das Gemüsebett legen.

4. Die Hälfte der Holzchips abtropfen lassen und auf die Glut legen oder nach den Angaben des Herstellers in die Räucherbox des Gasgrills geben. Den Truthahn über **indirekter mittlerer Hitze** bei geschlossenem Deckel 1 Std. grillen.

5. Nach 1 Std. den Truthahn mit einer Grillzange wenden (unbedingt Grillhandschuhe tragen!), sodass nun die Brust oben liegt. Beim Holzkohlegrill 12–15 frische Briketts auf die Glut legen, damit die Hitze erhalten bleibt. Die 2 restlichen Handvoll Holzchips hinzufügen. Den Truthahn etwa 1,5 Std. weitergrillen und räuchern, bis er goldbraun ist und die Kerntemperatur an der dicksten Stelle des Schenkels (ohne mit dem Thermometer den Knochen zu berühren) 75 °C beträgt. Nach den ersten 1,5 Std. prüfen, ob die Flügelspitzen und Beinenden nicht zu dunkel werden. Falls nötig mit Folie umwickeln.

6. Den Truthahn und die Aluschale mit dem Gemüse vorsichtig vom Grill nehmen. Den Truthahn auf ein Schneidebrett legen und 20–30 Min. ruhen lassen. Den Inhalt der Schale für die Bratensauce verwenden.

7. Das Gemüse und den Fond durch ein Sieb in einen Fett-Trenner gießen, dabei mit dem Holzlöffel möglichst viel Flüssigkeit durch das Sieb drücken. Die Gemüsereste wegwerfen. Den Fond etwa 2 Min. stehen lassen, bis das Fett nach oben steigt, dann den Fleisch-Gemüse-Saft in einen Messbecher gießen. Es werden 750 ml Flüssigkeit benötigt. Falls nötig mit Hühnerbrühe auffüllen.

8. Für die Bratensauce die Butter in einem mittelgroßen schweren Topf erhitzen. Das Mehl unterrühren und etwa 2 Min. kräftig weiterrühren, bis die Mischung goldbraun ist. Den passierten Fond und den Whisky hinzufügen. Unter häufigem Rühren sanft erhitzen, bis die Sauce eindickt. Mit Salz und Pfeffer abschmecken.

9. Den Truthahn tranchieren (siehe Seite 172) und mit der Sauce servieren. Dazu passen Kartoffelpüree und grüne Bohnen.

AUF DEM AHORNBRETT GEGRILLTE PUTENBURGER

FÜR 6 PERSONEN
ZUBEREITUNGSZEIT: 20 MIN.

GRILLMETHODE: DIREKTE MITTLERE HITZE (175–230 °C)
GRILLZEIT: 20–30 MIN.
ZUBEHÖR: ZWEI UNBEHANDELTE, 30–40 CM LANGE, ETWA 1,5 CM DICKE AHORNBRETTER, MIND. 1 STD. IN BIER ODER WASSER EINGEWEICHT

FÜR DIE SAUCE
- 125 ml Ketchup
- 5 EL Worcestersauce
- 3 EL Sojasauce
- 1 EL Apfelessig
- 1 EL brauner Zucker
- 1½ TL Senfpulver
- 1½ TL gemahlener Kreuzkümmel
- 1 TL mittelscharfe Chilisauce (oder nach Geschmack; Asia-Laden)

- 1 kg Putenhackfleisch (vorzugsweise vom Schenkel)
- 4 EL fein gehackte Schalotten
- 50 g kernige Haferflocken
- 1 TL grobes Meersalz
- ½ TL frisch gemahlener schwarzer Pfeffer

- 6 Burger-Brötchen, aufgeschnitten
- 18 Scheiben süße Essiggurken
- Zwiebelringe (nach Belieben)

1. Die Zutaten für die Sauce in einer mittelgroßen Schüssel vermengen. Etwa 125 ml als Sauce für die Burger beiseitestellen.

2. Das Hackfleisch mit den Schalotten, Haferflocken, Salz und Pfeffer vermischen und zu 6 je 2 cm dicken Burgern formen. Mit dem Daumen oder einem Teelöffel eine flache Vertiefung in die Mitte der Burger drücken.

3. Den Grill für direkte mittlere Hitze vorbereiten.

4. Den Grillrost mit der Bürste reinigen. Die Ahornbretter abtropfen lassen und über **direkter mittlerer Hitze** bei geschlossenem Deckel 5–10 Min. erhitzen, bis sie sich verfärben und leicht zu rauchen beginnen. Die Bretter umdrehen und auf jedes Brett 3 Burger legen. Die Burger über **direkter mittlerer Hitze** bei geschlossenem Deckel 15–20 Min. grillen. Nach 10 Min. einmal wenden und mit Sauce bestreichen.

5. Während der letzten Grillminute die Burger-Brötchen mit der Schnittfläche nach unten über **direkter mittlerer Hitze** leicht rösten. Die Burger mit Essiggurken, der beiseitegestellten Sauce und Zwiebelringen in den Brötchen anrichten.

PUTENBURGER AUF DEM HOLZBRETT GRILLEN

1. Die Burger etwa 10 Min. auf dem Brett grillen, dann zum ersten Mal mit der Sauce bestreichen und wenden.

2. Die Burger weitere 5–10 Min. grillen, bis sie innen nicht mehr rötlich sind und die Kerntemperatur 75 °C beträgt. Gelegentlich mit Sauce bestreichen.

3. Burger aus dem dunkleren Fleisch der Oberschenkel werden saftiger als solche aus hellem Brustfleisch.

MAISKÖRNER VOM KOLBEN SCHNEIDEN

1. Das Stielende eines Maiskolbens (ohne Hüllblätter) flach abschneiden.

2. Den Kolben mit dem flachen Ende auf einen Teller stellen. Von oben nach unten senkrecht die Körner abschneiden.

KOHL IN FEINE STREIFEN SCHNEIDEN

1. Einen Kohlkopf längs in zwei Hälften schneiden und den harten Strunk mit einem Messer keilförmig herausschneiden.

2. Je eine Hälfte flach auf ein Schneidebrett legen und den Kohl in möglichst feine Streifen schneiden.

PUTENBURGER MIT SALSA-KRAUTSALAT

FÜR 4 PERSONEN
ZUBEREITUNGSZEIT: 20 MIN.

GRILLMETHODE: DIREKTE MITTLERE HITZE (175–230 °C)
GRILLZEIT: 8–10 MIN.

FÜR DEN KRAUTSALAT
    200 g Wirsing in feinen Streifen
    250 ml frische Tomaten-Salsa (siehe Seite 291)
    4 EL fein gehacktes Koriandergrün
    3 EL Sauerrahm (20%)

FÜR DIE BURGER
    700 g Putenhackfleisch (am besten vom Schenkel)
    40 g frische Maiskörner
    4 EL fein gehackte eingelegte Jalapeño-Chilischote
      (oder nach Geschmack)
    1 EL reines Chilipulver
    2 TL fein gehackter Knoblauch
    1½ TL grobes Meersalz
    1 TL gemahlener Kreuzkümmel

    4 Vollkorn-Burger-Brötchen

1. Die Zutaten für den Krautsalat in einer mittelgroßen Schüssel vermengen, abdecken und kalt stellen. Vor dem Servieren gut umrühren und überschüssige Flüssigkeit abgießen.

2. Den Grill für direkte mittlere Hitze vorbereiten.

3. Die Zutaten für die Burger in einer großen Schüssel sorgfältig vermengen und zu 4 je 2 cm dicken Burgern formen. Mit dem Daumen oder einem Teelöffel eine etwa 2 cm breite Vertiefung in die Mitte jedes Burgers drücken. Dadurch garen die Burger gleichmäßig und blähen sich beim Grillen nicht auf.

4. Den Grillrost mit der Bürste reinigen. Die Burger über *direkter mittlerer Hitze* bei geschlossenem Deckel 8–10 Min. grillen, bis sie ganz durch, aber noch saftig sind. Einmal wenden. Während der letzten Grillminute die aufgeschnittenen Brötchen mit der Schnittfläche nach unten über *direkter mittlerer Hitze* leicht rösten. Die Burger mit Krautsalat belegen und in den getoasteten Brötchen anrichten.

GEFLÜGEL

FISCH UND MEERESFRÜCHTE

GRILLPRAXIS

184	Zubereitung von **GARNELENPOPS** auf dem Grill
188	Zubereitung von **PAELLA**
192	Zubereitung von **AUSTERN** auf dem Holzkohlegrill
194	**HUMMERSCHWÄNZE** vorbereiten und grillen
196	Pazifische **TASCHENKREBSE** vorbereiten und grillen
200	**FISCH** richtig grillen: 5 Dinge, die man wissen sollte
201	Zubereitung von **LACHS** auf dem Grill
203	**LACHS** auf dem Holzbrett grillen
204	**LACHSSTEAKS** entgräten
214	**FISCHFILETS** in Bananenblättern grillen
216	**RED SNAPPER** oder **ROTBARSCH** filetieren
219	**GANZEN FISCH** vorbereiten
220	**FORELLE** im Korb grillen
224	**KALMAR** zubereiten und grillen
226	**KALAMARI** unter Ziegelsteinen grillen

REZEPTE

178	**JAKOBSMUSCHELN** mit Sauce aus gegrillten Tomaten
179	**JAKOBSMUSCHELN** im Schinkengürtel mit Linsen
180	Auf dem Zedernbrett gegrillte **JAKOBSMUSCHELN** mit Maissalat
181	Thailändische **GARNELEN** mit Wassermelonen-Salsa
182	Louisiana-**GARNELENSANDWICH** mit kreolischer Remoulade
183	**GARNELEN** mit Orangen-Fenchel-Aroma auf Brunnenkresse
185	Vietnamesische **GARNELENPOPS** mit Erdnusssauce
187	Saftige **GARNELEN** mit Chili-Avocado-Sauce
189	**PAELLA**
190	**MUSCHELN** in Kokos-Curry-Sauce
191	**CLAMBAKE** (Muscheltopf) nach Cajun-Art
193	**AUSTERN** mit 4 Saucen
195	**HUMMERBRÖTCHEN**
197	Pazifischer **TASCHENKREBS** mit Weißwein-Knoblauch-Butter
198	Quesadillas mit **KREBSFLEISCH** und Avocado
199	Italienische **MEERESFRÜCHTE**-Suppe
201	**LACHS** mit Nektarinen-Salsa
202	**LACHS** mit Kokos-Curry-Sauce
203	Auf dem Zedernbrett gegrillter **LACHS** mit Tarator-Sauce
205	**LACHS** mit Fenchel-Oliven-Salat
206	Mexikanische **FISCHWRAPS** mit pikantem Krautsalat
207	**HEILBUTTFILETS** mit indischer Tomatensauce
209	**GOLDMAKRELE** mit Mais-Champignon-Gemüse
210	Gegrilltes **THUNFISCH**-Poke
211	Salat von geräuchertem **THUNFISCH** und gegrillter Mango
212	**FISCH** vom Grill in karibischer Zitrusmarinade
213	**SCHWERTFISCH** mit Gemüse-Escabeche
215	**KOHLENFISCH** mit Ingwer und Miso im Bananenblatt gegrillt
217	**ROTBARSCH** in Kokosmilchbrühe
218	Mexikanischer **FISCH** aus der Grillpfanne
219	Ganzer **FELSENBARSCH** mit marokkanischer Marinade
221	**FORELLE** in Sake mariniert
223	Auf dem Zedernbrett gegrillte **FORELLE** mit Rucola-Fenchel-Orangen-Salat
225	Thailändischer **KALMAR**
227	**KALAMARISALAT** nach »Ziegelei-Art«

Vor dem Grillen von Jakobsmuscheln den harten Seitenmuskel, falls noch vorhanden, entfernen (Foto ganz oben). Nach dem Grillen sollte der glasige Schimmer fast vollständig verschwunden sein wie beim Muschelfilet in der Mitte (Foto oben). Das Filet links ist ein wenig zu roh, das Filet rechts etwas zu lange gegart.

JAKOBSMUSCHELN MIT SAUCE AUS GEGRILLTEN TOMATEN

FÜR 4 PERSONEN
ZUBEREITUNGSZEIT: 25 MIN.
MARINIERZEIT: 10–15 MIN.

GRILLMETHODE: DIREKTE MITTLERE HITZE (175–230 °C)
GRILLZEIT: 14–16 MIN.

FÜR DIE SAUCE
    500 g Eiertomaten
    3 Frühlingszwiebeln, Blatt- und Wurzelenden abgeschnitten
    1 TL fein abgeriebene Schale von 1 Bio-Zitrone
    2 EL frisch gepresster Zitronensaft
    1 EL Zucker
    1 TL helle Senfkörner
    1 TL Fenchelsamen
    ½ TL grobes Meersalz

    12 ausgelöste Jakobsmuscheln, je etwa 50 g

FÜR DIE MARINADE
    1 EL Butter, geschmolzen
    1 EL Olivenöl
    1 TL fein abgeriebene Schale von 1 Bio-Zitrone
    1 EL frisch gepresster Zitronensaft
    ½ TL grobes Meersalz
    ¼ TL frisch gemahlener schwarzer Pfeffer

    1 EL fein gehacktes frisches Basilikum oder glatte Petersilie

1. Den Grill für direkte mittlere Hitze vorbereiten. Den Grillrost mit der Bürste reinigen.

2. Für die Sauce Tomaten und Frühlingszwiebeln über **direkter mittlerer Hitze** bei geschlossenem Deckel grillen, bis die Frühlingszwiebeln nach etwa 4–5 Min. leicht braun werden und die Tomatenhaut nach etwa 10 Min. Blasen wirft und braun wird. Während dieser Zeit nach Bedarf wenden. Das gegrillte Gemüse auf ein Schneidebrett legen. Die Tomaten sorgfältig häuten und die Stielansätze entfernen. Die Tomaten in 1 cm große Würfel schneiden und mit dem Saft in eine große Pfanne geben. Die Frühlingszwiebeln in feine Ringe schneiden und mit den restlichen Saucenzutaten ebenfalls in die Pfanne geben. Die Sauce bei mittlerer Hitze 5–6 Min. köcheln, dabei gelegentlich umrühren. Bis zum Servieren warm halten.

3. Den kleinen, harten Seitenmuskel, falls noch vorhanden, von den Jakobsmuscheln entfernen. Die Zutaten für die Marinade in einer kleinen Schüssel vermischen. Die Jakobsmuscheln in der Marinade wenden und 10–15 Min. bei Zimmertemperatur ziehen lassen.

4. Den Grillrost mit der Bürste reinigen. Die Jakobsmuscheln aus der Marinade nehmen (die Marinade wird nicht mehr gebraucht) und mit genügend Abstand auf den Grillrost setzen. Über **direkter mittlerer Hitze** bei geschlossenem Deckel 4–6 Min. grillen, bis sie außen leicht gebräunt und innen gerade nicht mehr glasig sind (ein Muschelfilet anschneiden, um den Gargrad zu prüfen).

5. Basilikum oder Petersilie zur Tomatensauce geben. Die Sauce auf vorgewärmte Teller verteilen, die heißen Jakobsmuscheln darauf anrichten und servieren.

JAKOBSMUSCHELN IM SCHINKENGÜRTEL MIT LINSEN

FÜR 4 PERSONEN
ZUBEREITUNGSZEIT: 25 MIN.
MARINIERZEIT: 1 STD.

GRILLMETHODE: DIREKTE MITTLERE HITZE (175–230 °C)
GRILLZEIT: 4–6 MIN.

- 12 ausgelöste Jakobsmuscheln, je etwa 50 g, Seitenmuskel entfernt
- 6 dünne Scheiben Prosciutto (ital. luftgetrockneter Schinken), längs halbiert

FÜR DIE MARINADE
- 3 EL fein gehackte Schalotten
- 3 EL frisch gepresster Zitronensaft
- 2 EL Olivenöl
- 1½ EL Dijon-Senf
- ¾ TL getrockneter Estragon
- ¼ TL frisch gemahlener schwarzer Pfeffer

FÜR DIE LINSEN
- 6 dünne Scheiben Prosciutto (ital. luftgetrockneter Schinken), fein gehackt
- 2 EL Olivenöl
- 100 g fein gehackte Champignons
- 1–2 fein gehackte Schalotten
- ½ TL getrockneter Estragon
- 200 g grüne Linsen
- 750 ml Hühnerbrühe
- 1 TL fein abgeriebene Schale von 1 Bio-Zitrone
- 4 EL gehackte frische glatte Petersilie
- Grobes Meersalz
- Frisch gemahlener schwarzer Pfeffer

1. Jedes Muschelfilet mit 1 Schinkenstreifen umwickeln und diesen mit einem Zahnstocher feststecken.

2. Die Zutaten für die Marinade in einem flachen Gefäß vermischen. Die Muschelfilets behutsam in der Marinade wenden, dann nebeneinander anordnen. Das Gefäß mit Frischhaltefolie abdecken und 1 Std. in den Kühlschrank stellen. Inzwischen die Linsen vorbereiten.

3. In einem großen Topf den fein gehackten Schinken, Öl, Champignons, Schalotten und Estragon auf mittlerer Stufe erhitzen und etwa 5–7 Min. unter Rühren dünsten, bis das Gemüse leicht gebräunt ist.

4. Schlechte Linsen aussortieren, dann die Linsen unter kaltem Wasser spülen, abtropfen lassen und mit der Brühe in den Topf geben. Aufkochen, die Hitze reduzieren, den Deckel auflegen und die Linsen 40–55 Min. sanft köcheln, bis sie weich sind. Zitronenschale und Petersilie unterrühren und mit Salz und Pfeffer abschmecken. Bis zum Servieren warm halten.

5. Den Grill für direkte mittlere Hitze vorbereiten. Den Grillrost mit der Bürste reinigen. Die Jakobsmuscheln mit der flachen Seite nach unten auf den Grill legen und über **direkter mittlerer Hitze** bei geschlossenem Deckel 4–6 Min. grillen, bis sie leicht gebräunt und innen nicht mehr glasig sind. Einmal wenden. Vom Grill nehmen und warm mit den Linsen servieren.

JAKOBSMUSCHELN VORBEREITEN

1. Die Schinkenscheiben in der passenden Breite zuschneiden.

2. Je 1 Schinkenstreifen um ein Muschelfilet wickeln und mit einem Zahnstocher feststecken.

3. Die umwickelten Filets in Marinade wenden und vor dem Grillen 1 Std. kalt stellen.

4. Die Jakobsmuscheln mit der flachen Seite auf den Grillrost legen.

FISCH UND MEERESFRÜCHTE

AUF DEM ZEDERNBRETT GEGRILLTE JAKOBSMUSCHELN MIT MAISSALAT

FÜR 4–6 PERSONEN
ZUBEREITUNGSZEIT: 25 MIN.

GRILLMETHODE: DIREKTE MITTLERE HITZE (175–230 °C)
GRILLZEIT: ETWA 25–35 MIN.
ZUBEHÖR: EIN UNBEHANDELTES ZEDERNHOLZBRETT, 30–40 CM LANG UND ETWA 1,5 CM DICK, MIND. 1 STD. GEWÄSSERT

FÜR DIE MARINADE
- 5 EL Olivenöl
- 5 EL frisch gepresster Limettensaft
- 1 EL Honig
- 1 TL grobes Meersalz

20 ausgelöste große Jakobsmuscheln (Ø etwa 3 cm)

FÜR DEN SALAT
- ½ kleine rote Zwiebel, in 3 Spalten geschnitten
- 3 Maiskolben, Hüllblätter entfernt
- 1 rote Paprikaschote
- Olivenöl
- Grobes Meersalz
- Frisch gemahlener schwarzer Pfeffer
- ½ TL gemahlener Kreuzkümmel
- 1 TL mittelscharfe Chilisauce (Asia-Laden)

1. Die Zutaten für die Marinade in einer mittelgroßen Schüssel verquirlen. 3 EL Marinade für das Salatdressing in eine große Schüssel geben. Beide Schüsseln beiseitestellen.

2. Den kleinen, harten Seitenmuskel, falls noch vorhanden, von den Jakobsmuscheln entfernen (siehe Seite 178). Die Muscheln bis zum Grillen kühl stellen.

3. Den Grill für direkte mittlere Hitze vorbereiten. Zwiebel, Mais und Paprika dünn mit Öl bestreichen oder besprühen und gleichmäßig mit Salz und Pfeffer würzen. Den Grillrost mit der Bürste reinigen. Das Gemüse über **direkter mittlerer Hitze** bei geschlossenem Deckel grillen: die Zwiebelspalten, bis sie weich werden und die Form verlieren, die Maiskolben, bis sie überwiegend braun und an einigen Stellen schon schwarz sind, die Paprika, bis sie schwarz wird und Blasen wirft. Nach Bedarf wenden. Die Zwiebel braucht etwa 4 Min., der Mais 6–8 Min., die Paprika 10–12 Min. Die Paprika in eine Schüssel legen, mit Frischhaltefolie abdecken und abkühlen lassen.

4. Wenn das Gemüse genügend abgekühlt ist, die Zwiebelspalten fein würfeln, die Maiskörner von den Kolben schneiden, die verkohlte Haut der Paprika abziehen und Stielansatz, Trennhäute und Samen entfernen. Die Paprikaschote in mittelgroße Würfel schneiden, den Saft auffangen. Zwiebel, Mais und Paprika samt Saft zusammen mit dem Kreuzkümmel und der Chilisauce zu den 3 EL Marinade in die große Schüssel geben und alles vermischen.

5. Das gewässerte Zedernbrett über **direkte mittlere Hitze** legen und den Deckel schließen. Das Brett nach 5–10 Min., wenn es zu rauchen beginnt, umdrehen. Die Jakobsmuscheln in der Marinade wenden, bis sie gut bedeckt sind, dann nebeneinander auf das Brett legen. Die Muscheln bei geschlossenem Deckel 8–10 Min. grillen, bis sie außen leicht fest und innen nicht mehr glasig sind. Warm mit dem Maissalat servieren.

ZWIEBELSPALTEN SCHNEIDEN

1. Die einzelnen Schichten der Zwiebelspalten halten auf dem Grill zusammen, wenn man das Wurzelende intakt lässt.

2. Nach dem Schneiden der Spalten die trockenen Schalen entfernen.

DEN GARDGRAD PRÜFEN

Im Rauch gegrillte Jakobsmuscheln sind gar, wenn sie oben eine gewisse Festigkeit und rundum eine rauchige Tönung haben.

THAILÄNDISCHE GARNELEN MIT WASSERMELONEN-SALSA

FÜR 4 PERSONEN
ZUBEREITUNGSZEIT: 25 MIN.
MARINIERZEIT: 30 MIN.

GRILLMETHODE: DIREKTE STARKE HITZE (230–290 °C)
GRILLZEIT: 3–5 MIN.
ZUBEHÖR: 8 HOLZSPIESSE, MIND. 30 MIN. GEWÄSSERT

FÜR DIE SALSA
- 2 EL fein gehackte Schalotten
- 2 TL Reisweinessig
- 1 TL Zucker
- 1–2 EL fein gehackte Chilischote (vorzugsweise Jalapeño)
- 250 g kernloses Wassermelonenfruchtfleisch, in 1 cm große Würfel geschnitten
- ¼ Salatgurke, längs halbiert, entkernt, in dünne Halbmonde geschnitten
- 1 TL fein gehackte frische Minze
- ¼ TL grobes Meersalz

FÜR DIE MARINADE
- 1 große Handvoll frische Korianderblätter samt zarten Stielen
- 1 kleine Handvoll frische Minzeblätter
- 3 mittelgroße Knoblauchzehen, geschält
- 2 EL grob gehackter frischer Ingwer
- 2 EL Reisweinessig
- 2 EL Pflanzenöl
- 2 TL Zucker
- 1 TL thailändische rote Currypaste (Asia-Laden)
- ¼ TL grobes Meersalz

500 g sehr große Garnelen (Größenangabe 16/20), geschält, Darm entfernt, mit Schwanzsegmenten

1. Schalotten, Essig, Zucker und Chili in einer großen Schüssel verrühren. Wassermelone, Gurke, Minze und Salz hinzufügen und alles sorgfältig mischen. Bei Raumtemperatur 30–60 Min. ziehen lassen, damit sich die Aromen entfalten können.

2. Die Zutaten für die Marinade im Standmixer zu einem groben Püree verarbeiten. An den Wänden haftende feste Bestandteile zwischendurch mit dem Teigschaber nach unten streichen.

3. Die Marinade in eine mittelgroße Schüssel geben, die Garnelen hinzufügen und gleichmäßig darin wenden. Die Schüssel abdecken und 30 Min. kalt stellen. Die Garnelen nach 15 Min. einmal wenden. Den Grill für direkte starke Hitze vorbereiten.

4. Die Garnelen aus der Marinade nehmen (diese wird nicht mehr gebraucht) und auf Spieße stecken. Den Grillrost mit der Bürste reinigen. Die Spieße über **direkter starker Hitze** bei geschlossenem Deckel 3–5 Min. grillen, bis die Garnelen außen fest und leicht gebräunt und innen nicht mehr glasig sind. Einmal wenden. Warm oder lauwarm mit der Salsa servieren.

»Groß«, »mittel« oder »klein« sind keine normierten Größenbezeichnungen für Garnelen. Auch auf europäischen Packungen wird die Durchschnittsgröße von Garnelen häufig nach angelsächsischem Schema, also der Anzahl Garnelen pro englisches Pfund (454 g), angegeben. 16/20 bedeutet 16–20 Garnelen pro englisches Pfund. Die kleinste Garnele im Bild ist ein Beispiel für die Größe 36/45, rechts daneben die Größe 31/35. Es folgen 21/30 und ganz rechts die im Rezept empfohlene Größe 16/20. Im Allgemeinen sind die größeren Garnelensorten die beste Wahl fürs Grillen, weil sie leicht zu schälen sind und nicht so schnell austrocknen.

LOUISIANA-GARNELENSANDWICH MIT KREOLISCHER REMOULADE

FÜR 6 PERSONEN
ZUBEREITUNGSZEIT: 20 MIN.

GRILLMETHODE: DIREKTE STARKE HITZE (230–290 °C)
GRILLZEIT: 3–5 MIN.
ZUBEHÖR: GELOCHTE GRILLPFANNE

FÜR DIE REMOULADE
- 125 ml Mayonnaise
- 2 EL kreolischer oder Dijon-Senf
- 2 EL Sweet-Pickle-Relish (Feinkostladen)
- 1 EL Tafelmeerrettich
- 2 TL fein gehackter frischer Estragon
- 1 TL fein gehackter Knoblauch
- ½ TL mittelscharfe Chilisauce (oder nach Geschmack; Asia-Laden)
- ½ TL edelsüßes Paprikapulver
- ½ TL grobes Meersalz
- ¼ TL frisch gemahlener schwarzer Pfeffer

- 1 kg große Garnelen (Größenangabe 21/30), geschält, Darm und Schwanzsegment entfernt
- 2 EL Olivenöl
- 1 EL kreolische Würzmischung (Feinkostladen)
- 6 längliche Baguette-Brötchen, längs halbiert
- 4 Handvoll fein geschnittener Eisbergsalat
- 18 Scheiben reife Tomaten

Remoulade ist ein Aufstrich auf der Basis von Mayonnaise, gewürzt mit Senf und anderen Zutaten. Kreolischer Senf wird mit Meerrettich und in Essig eingelegter brauner Senfsaat hergestellt und ist daher besonders pikant.

1. Die Zutaten für die Remoulade in einer kleinen Schüssel vermischen. Abdecken und bis zum Servieren kalt stellen.

2. Den Grill für direkte starke Hitze vorbereiten. Die gelochte Grillpfanne etwa 10 Min. vorheizen.

3. Die Garnelen im Öl wenden und mit der kreolischen Würzmischung bestreuen. Die Garnelen in der Pfanne verteilen und über **direkter starker Hitze** bei geschlossenem Deckel 2–4 Min. grillen, bis sie außen fest und innen nicht mehr glasig sind. Einmal wenden. Vom Grill nehmen und warm stellen.

4. Die Brötchen mit der Schnittfläche nach unten über **direkter starker Hitze** 30–60 Sek. leicht rösten. Die Remoulade jeweils auf beiden Brötchenhälften verteilen, Salat, Tomaten und Garnelen in den Brötchen anrichten. Warm servieren.

GARNELEN MIT ORANGEN-FENCHEL-AROMA AUF BRUNNENKRESSE

FÜR 4 PERSONEN
ZUBEREITUNGSZEIT: 25 MIN.
MARINIERZEIT: 1 STD.

GRILLMETHODE: DIREKTE STARKE HITZE (230–290 °C)
GRILLZEIT: 2–4 MIN.
ZUBEHÖR: GELOCHTE GRILLPFANNE

FÜR DIE MARINADE
   Abgeriebene Schale von 2 Bio-Orangen
   125 ml frisch gepresster Orangensaft
   5 EL Olivenöl
   2 EL frisch gepresster Limettensaft
   1 EL fein gehackter Knoblauch
   1 TL gemahlene Fenchelsamen
   1 TL grobes Meersalz
   ½ TL Cayennepfeffer

   700 g große Garnelen (Größenangabe 21/30), geschält,
      Darm entfernt, mit Schwanzsegmenten
   2 Handvoll Brunnenkresse

1. Die Zutaten für die Marinade in einer mittelgroßen Schüssel vermischen. 125 ml als Salatdressing beiseitestellen.

2. Die Garnelen in einen großen, wiederverschließbaren Plastikbeutel geben und die Marinade darübergießen. Die Luft aus dem Beutel streichen, den Beutel fest verschließen und mehrmals wenden, um die Marinade gleichmäßig zu verteilen. Den Beutel flach auf einen großen Teller legen und 1 Std. in den Kühlschrank stellen.

3. Den Grill für direkte starke Hitze vorbereiten. Die gelochte Grillpfanne etwa 10 Min. vorheizen.

4. Die Garnelen in einem Sieb abtropfen lassen und nebeneinander in der Grillpfanne verteilen. Über **direkter starker Hitze** bei geschlossenem Deckel 2–4 Min. grillen, bis sie außen fest und innen nicht mehr glasig sind. Die Grillpfanne ein- oder zweimal rütteln, um die Garnelen zu wenden, damit sie gleichmäßig garen. Die Pfanne vom Grill nehmen und auf ein Backblech stellen. Die Garnelen in eine große Schüssel geben, damit sie nicht weitergaren.

5. Das beiseitegestellte Dressing zu den Garnelen geben und sorgfältig mischen. Die Brunnenkresse auf den Tellern verteilen. Die Garnelen darauf anrichten und sofort servieren.

GARNELEN SCHÄLEN UND DARM ENTFERNEN

1. Die Schale kurz vor dem Schwanz mit zwei Fingern aufbrechen.

2. Die Schale samt Beinen vom Fleisch lösen und entfernen.

3. Die geschälten Garnelen mit einem scharfen, spitzen Messer am Rücken flach aufschlitzen.

4. Den schwarzen Darm herausziehen und wegwerfen.

ZUBEREITUNG VON GARNELENPOPS AUF DEM GRILL

1. Mit zwei Löffeln, die man gegenläufig bewegt, lassen sich kleine runde Klößchen formen.

2. Der obere Löffel streicht von oben und hinten über die Garnelenmasse, der untere Löffel von unten und vorne.

3. Mit den Löffeln weiter über die Oberfläche streichen, bis die Klößchen glatt und wohlgeformt sind.

4. Jedes Klößchen mittig auf einen Holzspieß stecken und auf einem geölten Backblech wenden, bis es leicht von Öl überzogen ist.

5. Die Spieße mit den Garnelenpops über starker Hitze grillen. Die ungeschützten Enden der Spieße auf eine passend gefaltete Schicht Alufolie legen.

6. Die Pops auf einer Seite so lange grillen, bis sie ohne am Rost zu haften umgedreht werden können, was einfacher ist, als sie mit der Zange zu wenden.

VIETNAMESISCHE GARNELENPOPS MIT ERDNUSSSAUCE

FÜR 4–6 PERSONEN
ZUBEREITUNGSZEIT: 30 MIN.
KÜHLZEIT: 30–60 MIN.

GRILLMETHODE: DIREKTE STARKE HITZE (230–290 °C)
GRILLZEIT: 4–6 MIN.
ZUBEHÖR: HOLZSPIESSE, MIND. 30 MIN. GEWÄSSERT

FÜR DIE SAUCE
- 250 ml Kokosmilch
- 5 EL Erdnusscreme
- 1 TL fein abgeriebene Schale von 1 Bio-Limette
- 3 EL frisch gepresster Limettensaft
- 1 EL Sojasauce
- 1 EL brauner Zucker
- 1 TL scharfe Chilisauce (Asia-Laden)
- ½ TL frisch geriebener Ingwer

FÜR DIE GARNELENPOPS
- 500 g Schweinehackfleisch
- 700 g Garnelen, geschält, Darm entfernt
- ½ kleine Handvoll grob gehacktes frisches Basilikum
- 4 EL Panko (japanisches Paniermehl; Asia-Laden)
- 2 große Knoblauchzehen, geschält
- 1 EL Sojasauce
- ½ TL frisch gemahlener schwarzer Pfeffer

- 4 EL Pflanzenöl

1. Die Zutaten für die Sauce in einem schweren Topf vermischen. Auf mittlerer Stufe erhitzen (nicht aufkochen) und 2–3 Min. mit dem Schneebesen schlagen, bis die Sauce glatt und leicht angedickt ist (sie wird beim Abkühlen noch dicker). Vom Herd nehmen.

2. In einer Küchenmaschine oder im Standmixer die Zutaten für die Garnelenpops zu einer mettartigen Masse verarbeiten. Das Pflanzenöl auf ein Backblech geben und mit dem Pinsel gut verteilen. Aus der Fleischmasse mit zwei Löffeln kleine Klöße formen (siehe Seite 184) und auf das Backblech legen. Die Klöße wenden, bis sie überall mit Öl überzogen sind. Anschließend 30–60 Min. in den Kühlschrank stellen, damit sie etwas fester werden.

3. Den Grill für direkte starke Hitze vorbereiten.

4. Je 1 Klößchen auf das spitze Ende der Spieße stecken. Den Grillrost mit der Bürste reinigen. Einen Streifen Alufolie in die Mitte des Rosts legen. Die Garnelenpops mit den Spießen zur Mitte (siehe Seite 184) auf den Grillrost legen und über **direkter starker Hitze** bei geschlossenem Deckel 4–6 Min. grillen, bis sie innen keine rosa Stellen mehr aufweisen. Ein- bis zweimal wenden. (Zur Prüfung des Gargrades ein Klößchen mit dem Messer halbieren.) Die warmen Garnelenpops auf einer Servierplatte anrichten und die Sauce als Dip dazu reichen.

ZUBEREITUNG VON CHILI-AVOCADO-SAUCE

1. Die mild-pikanten Anaheim-Chilis über direkter mittlerer Hitze rösten, bis die Haut schwarz wird und Blasen wirft.

2. Haut, Stiel und Samen der Chilis entfernen und wegwerfen. Die Chilis mit Sauerrahm, Mayonnaise, Dill, Knoblauch, Salz und Pfeffer in eine Küchenmaschine geben.

3. Die Sauce rasch mixen. An den Wänden haftende feste Bestandteile zwischendurch mit dem Teigschaber nach unten streichen.

4. Wenn die Sauce zu dick wird, mit wenig Wasser verdünnen. Die Sauce lässt sich einige Tage im Kühlschrank aufbewahren.

GARNELEN FÜR DEN SPIESS VORBEREITEN

1. Verwenden Sie möglichst Garnelen der gleichen Größe, damit man sie ohne Zwischenräume zusammenstecken kann.

2. Die erste Garnele am Vorder- und am Schwanzende durchstechen. Die nächste Garnele nur am Vorderende aufspießen, wobei das Schwanzende in die andere Richtung als bei der ersten Garnele zeigt. Die übrigen Garnelen parallel zu der zweiten Garnele aufspießen, sodass alle Schwänze in dieselbe Richtung weisen.

3. Die aufgespießten Garnelen müssen ohne Zwischenräume dicht aneinanderliegen. Dadurch bleiben sie auf dem Grill ein wenig länger saftig.

SAFTIGE GARNELEN MIT CHILI-AVOCADO-SAUCE

FÜR 4–6 PERSONEN
ZUBEREITUNGSZEIT: 20 MIN.

GRILLMETHODE: DIREKTE MITTLERE HITZE (175–230 °C) UND DIREKTE STARKE HITZE (230–290 °C)
GRILLZEIT: 10–16 MIN.
ZUBEHÖR: 8–10 FLACHE ODER RUNDE HOLZSPIESSE, MIND. 30 MIN. GEWÄSSERT

FÜR DIE SAUCE
    3 fleischige milde Chilischoten (vorzugsweise Anaheim), etwa 15 cm lang
    1 reife Avocado
    4 EL Sauerrahm (20%)
    4 EL Mayonnaise
    2 EL grob gehackte frische Dillspitzen
    1 große Knoblauchzehe
    ½ TL grobes Meersalz
    ¼ TL frisch gemahlener schwarzer Pfeffer

FÜR DIE WÜRZMISCHUNG
    1 TL Knoblauchgranulat
    1 TL Paprikapulver
    ¾ TL grobes Meersalz
    ½ TL gemahlener Kreuzkümmel
    ¼ TL frisch gemahlener schwarzer Pfeffer

    1 kg große Garnelen (Größenangabe 21/30), geschält, Darm entfernt, mit Schwanzsegmenten
    Olivenöl

1. Den Grill für direkte mittlere Hitze vorbereiten. Den Grillrost mit der Bürste reinigen. Die Chilischoten über **direkter mittlerer Hitze** bei geschlossenem Deckel 8–12 Min. grillen, bis sie schwarze Flecken bekommen und Blasen werfen. Gelegentlich wenden. Die Chilischoten in eine Schüssel legen, mit Frischhaltefolie abdecken und 10 Min. abkühlen lassen, danach die Haut abziehen und Stiele und Samen entfernen. Die Chilis in eine Küchenmaschine oder einen Standmixer geben. Die restlichen Zutaten für die Sauce zufügen und alles zu einer glatten Dip-Sauce verarbeiten. Wenn sie zu dick erscheint, wenig Wasser hinzufügen. Die Sauce in eine Servierschale umfüllen.

2. Die Zutaten für die Würzmischung in einer kleinen Schüssel vermengen.

3. Jeweils 5–7 Garnelen auf eine Arbeitsfläche legen und so anordnen, dass alle Garnelen bis auf die erste gleich ausgerichtet sind (siehe Seite 186). Die Garnelen sollten möglichst gleich groß sein, damit man sie eng aneinander auf den Spieß stecken kann. Dadurch wird verhindert, dass sich die Garnelen verdrehen und auf dem Grill austrocknen. Die Garnelen einzeln auf den Spieß stecken und am Ende alle zusammenschieben. Diesen Vorgang mit den restlichen Garnelen wiederholen. Die Garnelenspieße dünn mit Öl bestreichen oder besprühen und gleichmäßig mit der Würzmischung einreiben.

4. Die Grilltemperatur auf starke Hitze erhöhen. Den Grillrost mit der Bürste reinigen. Die Garnelen über **direkter starker Hitze** bei geschlossenem Deckel 2–4 Min. grillen, bis sie außen leicht fest und in der Mitte nicht mehr glasig sind. Einmal wenden. Vom Grill nehmen und warm mit der Chili-Avocado-Sauce servieren.

»Frische« Garnelen auf dem Markt glänzen verlockend auf einem Eisbett, aber sie wurden mit Sicherheit bereits im Hafen oder auf dem Schiff tiefgekühlt und vor dem Verkauf wieder aufgetaut. Tatsächlich sind also tiefgefrorene Garnelen, die man erst zu Hause auftaut, noch etwas frischer als »frische« Garnelen vom Markt.

ZUBEREITUNG VON PAELLA

Paella ist ein spanisches Reisgericht, das traditionell in einer gleichnamigen großen, runden Eisenpfanne am offenen Feuer zubereitet wird. Der Reis kann dank der großen Fläche viel von den Holz- oder Holzkohlearomen aufnehmen. Eine große gusseiserne Pfanne eignet sich ebenso – für das wichtigste Gewürz der Paella, den Safran, gibt es jedoch keinen Ersatz.

1. Die Brühe mit Garnelenschalen, Weißwein, Lorbeerblättern, geräuchertem Paprikapulver, Salz, Chiliflocken und Safran erhitzen.

2. Die Garnelen über direkter starker Hitze halb gar grillen. Fertig gegart werden sie mit dem Reis.

3. Den Schinken in einer Pfanne erhitzen, bis das Fett schmilzt und der Schinken leicht kross wird.

4. Zwiebeln, Paprika und Knoblauch werden mit dem Schinken angedünstet und bilden die aromatische Grundlage für den Reis.

5. Mittel- oder Rundkornreis wie Arborio oder Valencia hinzufügen, keinen Langkornreis verwenden.

6. Den Reis andünsten und gut unterrühren, damit alle Reiskörner mit dem Gemüsesaft in der Pfanne in Berührung kommen.

7. Die durchgesiebte heiße Brühe hinzufügen und den Deckel des Grills schließen, sodass die Flüssigkeit sanft köchelt und der Holzrauch nicht verfliegt.

8. Wenn nötig die Pfanne ab und zu drehen oder verschieben, damit die Paella gleichmäßig gart.

9. Garnelen und Muscheln hinzufügen. Der Reis ist gar, wenn er den größten Teil der Brühe aufgenommen hat. Er sollte weich, aber nicht matschig sein.

PAELLA

FÜR 6–8 PERSONEN
ZUBEREITUNGSZEIT: 40 MIN.
WÄSSERUNGSZEIT (FÜR WILDE MIESMUSCHELN):
 30–60 MIN. (SIEHE HINWEIS SEITE 190)

GRILLMETHODE: DIREKTE STARKE HITZE (230–290 °C)
 UND DIREKTE MITTLERE HITZE (175–230 °C)
GRILLZEIT: ETWA 35 MIN.
ZUBEHÖR: GUSSEISERNE PFANNE (Ø 30 CM)

- 2 TL Olivenöl
- 250 g große Garnelen (Größenangabe 21/30), geschält, Darm entfernt, mit Schwanzsegmenten (Schalen für die Brühe verwenden)
- Grobes Meersalz
- Frisch gemahlener schwarzer Pfeffer

FÜR DIE BRÜHE
- Garnelenschalen
- 1 l Hühnerbrühe
- 175 ml trockener Weißwein
- 2 Lorbeerblätter
- 1½ TL geräuchertes Paprikapulver (Feinkostladen)
- 1 TL grobes Meersalz
- ½ TL zerstoßene rote Chiliflocken
- ¼ TL zerstoßene Safranfäden

- 12 frische Miesmuscheln, abgebürstet, Bärte entfernt
- 3 EL Olivenöl
- 100 g dicke Scheiben Prosciutto (ital. luftgetrockneter Schinken), in feine Würfel geschnitten
- 1 große oder 2 kleine rote Zwiebeln, fein gewürfelt
- 1 große rote Paprikaschote, fein gewürfelt
- 1 EL fein gehackter Knoblauch
- 400 g Risotto-Reis (z.B. Arborio)
- 150 g feine TK-Erbsen

1. Das Olivenöl in eine große Schüssel geben und die geschälten Garnelen darin wenden, dann gleichmäßig mit Salz und Pfeffer würzen. Abdecken und bis zum Grillen in den Kühlschrank stellen.

2. Die Garnelenschalen mit den übrigen Zutaten für die Brühe in einem mittelgroßen Topf aufkochen. Abseihen, die Schalen und Lorbeerblätter wegwerfen und die Brühe beiseitestellen. (Die Brühe kann bis zu 2 Std. im Voraus zubereitet werden).

3. Die Muscheln einzeln prüfen: Muscheln mit beschädigter Schale, geöffnete Muscheln, die sich nicht schließen, wenn man an die Schale klopft, oder besonders schwere Muscheln (sie enthalten wahrscheinlich Sand) aussortieren.

4. Den Grill auf der einen Seite für direkte starke Hitze, auf der anderen Seite für mittlere Hitze vorbereiten. Den Grillrost mit der Bürste reinigen. Die Garnelen über **direkter starker Hitze** etwa 2 Min. halb gar grillen (sie werden in der Brühe fertig gegart), dabei einmal wenden. Vom Grill nehmen und abkühlen lassen.

5. Die Gusseisenpfanne über **direkte starke Hitze** auf den Grillrost stellen und 3 EL Öl hineingeben. Die Schinkenwürfel dazugeben und unter gelegentlichem Rühren 3 Min. anbraten, bis der Schinken kross wird. Zwiebeln, Paprika und Knoblauch hinzufügen und unter gelegentlichem Rühren etwa 5 Min. dünsten, bis die Zwiebeln glasig sind. Die Pfanne bei Bedarf während des Garens immer wieder drehen oder verschieben.

6. Nun die Pfanne über **direkte mittlere Hitze** stellen. Den Reis einstreuen und etwa 2 Min. im Gemüse andünsten, dabei alles gut vermischen. Die Garnelenbrühe und die gefrorenen Erbsen hinzufügen. Den Grilldeckel schließen und den Reis in etwa 15 Min. bissfest garen. Die Garnelen vorsichtig unterheben. Die Muscheln mit den Schlössern (Scharnieren) nach unten hinzufügen. Die Paella bei geschlossenem Deckel 8–10 Min. weitergaren, bis sich die Muscheln geöffnet haben. Muscheln, die nach 10 Min. Garzeit noch nicht geöffnet sind, wegwerfen.

7. Die Pfanne vom Grill nehmen, mit Alufolie abdecken und 5 Min. stehen lassen. Die Paella heiß in der Pfanne servieren.

FISCH UND MEERESFRÜCHTE

MIESMUSCHELN

Prüfen Sie jede Muschel einzeln. Muscheln mit gebrochener Schale, geöffnete Muscheln, die sich nicht schließen, wenn man vorsichtig an die Schale klopft, sowie Muscheln, die sich besonders schwer anfühlen (sie enthalten Sand), aussortieren. Die Muscheln 30–60 Min. in kaltem Salzwasser einweichen und anschließend in einem Sieb abtropfen lassen, um den Sand zu entfernen. Wässern ist jedoch nur bei wilden Muscheln (oben links), die auf sandigem Grund wachsen, notwendig. Bei Muscheln aus Muschelkulturen (oben rechts) erübrigt sich dieser Vorgang.

MUSCHELN IN KOKOS-CURRY-SAUCE

FÜR 4 PERSONEN
ZUBEREITUNGSZEIT: 15 MIN.
WÄSSERUNGSZEIT (FÜR WILDE MIESMUSCHELN):
30–60 MIN.

GRILLMETHODE: DIREKTE MITTLERE HITZE (175–230 °C)
GRILLZEIT: 17–22 MIN.
ZUBEHÖR: GROSSE EINWEG-ALUSCHALE

FÜR DIE SAUCE
- 400 ml Kokosmilch
- 1 EL thailändische grüne Currypaste (Asia-Laden)
- 1 EL frisch gepresster Limettensaft
- 2 TL Vollrohrzucker
- 2 TL Fischsauce (Asia-Laden)
- 2 EL Erdnussöl
- 1 EL fein gehackter frischer Ingwer
- 1 EL fein gehackter Knoblauch

- 1 kg frische Miesmuscheln, abgebürstet, Bärte entfernt
- 4 EL fein gehacktes Koriandergrün

1. Den Grill für direkte und indirekte mittlere Hitze vorbereiten.

2. Kokosmilch, Currypaste, Limettensaft, Zucker und Fischsauce in einer mittelgroßen Schüssel verquirlen.

3. Erdnussöl, Ingwer und Knoblauch in einer großen Einweg-Aluschale verrühren. Die Schale über **direkte mittlere Hitze** stellen und den Deckel schließen. Etwa 1 Min. anziehen lassen. Die Kokosmilchmischung in die Schüssel gießen und behutsam umrühren. 5–6 Min. erhitzen, bis die Sauce kocht.

4. Die Muscheln hinzufügen. Die Aluschale mit einem Backblech abdecken (so können die Muscheln dämpfen), den Deckel schließen und 8–10 Min. garen. Prüfen, ob die Muscheln geöffnet sind. Wenn nicht, 3–5 Min. weitergaren. Das Backblech mit Grillhandschuhen vorsichtig von der Aluschale heben und die Aluschale vom Grill nehmen. Ungeöffnete Muscheln herausnehmen und wegwerfen. Die Muscheln mit Koriander bestreuen und mit der Sauce in tiefen Tellern servieren. Dazu passt Baguette oder ein anderes Weißbrot.

CLAMBAKE (MUSCHELTOPF) NACH CAJUN-ART

FÜR 4 PERSONEN
ZUBEREITUNGSZEIT: 45 MIN.

GRILLMETHODE: DIREKTE MITTLERE HITZE (175–230 °C)
GRILLZEIT: 20–25 MIN.
ZUBEHÖR: 20 × 20 CM GROSSE GRILLFESTE BACKFORM

- 125 g Butter, zerlassen
- 5 EL frisch gepresster Zitronensaft
- 1 EL Cajun-Gewürzmischung (Feinkostladen)
- 1 EL fein gehackter Knoblauch
- 2 TL gehackter frischer Thymian
- 4 mittelgroße rote Kartoffeln, längs halbiert und in 3 mm dicke Scheiben geschnitten

- 700 g Jumbo-Garnelen (Größenangabe 11/15), geschält, Darm entfernt, mit Schwanzsegmenten, gekühlt
- 1 kg Venusmuscheln (vorbereitet wie in Step 1 rechts beschrieben)
- 350 g pikante Räucherwurst (z.B. ital. Salsiccia), dünn geschnitten
- 2 frische Maiskolben, Hüllblätter entfernt, in je 4 Stücke geschnitten

1. Zerlassene Butter, Zitronensaft, Cajun-Gewürz, Knoblauch und Thymian in einer kleinen Schüssel vermengen.

2. Den Grill für direkte mittlere Hitze vorbereiten.

3. Acht große Stücke (50 × 30 cm) Alufolie vorbereiten. Eine 20 × 20 cm große Backform mit zwei über Kreuz gelegten Streifen Alufolie auskleiden. Den Boden der ausgekleideten Form mit Kartoffelscheiben belegen (die Kartoffelschicht schützt die Meeresfrüchte vor zu großer Hitze). Je ein Viertel der Garnelen, Muscheln, Wurstscheiben und Maisstücke gleichmäßig auf den Kartoffeln verteilen und großzügig mit der flüssigen Buttermischung begießen. Das Paket verschließen, indem man zuerst die beiden Enden der inneren Folienschicht über die Füllung faltet und gut andrückt, dann mit der äußeren Folienschicht ebenso verfährt. Das Paket aus der Form heben und die restlichen drei Pakete genauso vorbereiten.

4. Die Pakete über **direkter mittlerer Hitze** bei geschlossenem Deckel 20–25 Min. grillen, bis die Garnelen nicht mehr glasig und die Kartoffeln gar sind. Um den Gargrad zu prüfen, mit einer Zange eines der Pakete öffnen und eine Kartoffelscheibe herausnehmen. Darauf achten, dass der Folienboden nicht reißt. Mit einem Messer prüfen, ob die Kartoffeln weich genug sind. Wenn alles gar ist, die Pakete vom Grill nehmen und vorsichtig öffnen, damit der Dampf entweichen kann. Den Inhalt der Pakete in vorgewärmte Schüsseln füllen und sofort servieren.

CLAMBAKE VORBEREITEN

1. Die Muscheln unter fließendem kaltem Wasser abbürsten, dann einige Stunden in eiskaltem Salzwasser (4 TL Salz je Liter Wasser) einweichen, um Sand und Schmutz aus dem Inneren zu entfernen.

2. Die Garnelen können einige Zeit vor dem Grillen geschält und der Darm entfernt werden (siehe Seite 183).

3. Den Boden einer mit Alufolie ausgekleideten Kuchenform mit Kartoffelscheiben belegen, um die Zutaten vor der Hitze zu schützen.

4. Großzügig mit der Buttermischung begießen.

5. Die Enden der Folie fest zusammenfalten, damit keine Flüssigkeit ausläuft.

6. Das fertige Paket aus der Kuchenform heben und direkt auf den Grill legen, wo die Zutaten im eigenen Dampf garen können.

ZUBEREITUNG VON AUSTERN AUF DEM HOLZKOHLEGRILL

1. Zum Grillen verwendet man am besten Austern wie diese mit einer tiefen, runden Schale, die viel Flüssigkeit halten kann.

2. Die Auster mit der flachen Seite nach oben mit einem Tuch fassen und die Spitze eines Austernmessers durch die kleine Öffnung am Scharnier schieben.

3. Die Schale mit dem Messer vorsichtig aufhebeln.

4. Mit dem Messer auf allen Seiten zwischen die beiden Schalenhälften fahren.

5. Mit der flachen Klinge das Austernfleisch von der oberen Schalenhälfte lösen und diese entfernen.

6. Mit dem Messer unter das Austernfleisch fahren, um es von der unteren Schalenhälfte zu lösen.

7. Die geöffneten Austern flach auf ein Backblech legen, dabei möglichst wenig Flüssigkeit aus der Schale vergießen.

8. Austern werden nur sehr kurz gegrillt, die Saucen und Servierteller sollten also neben dem Grill bereitstehen.

9. Die Saucen mit einem Löffel in die Austern geben, die Schalen aber nicht zu voll machen.

10. Da die Austern nur wenige Minuten auf dem Grill liegen, muss das Holzkohlefeuer sehr heiß sein.

11. Die Austern vom Grill nehmen, sobald der Saft zu köcheln beginnt.

12. Das Austernfleisch sollte warm, aber nicht durchgegart sein.

AUSTERN MIT 4 SAUCEN

FÜR 4–6 PERSONEN
ZUBEREITUNGSZEIT: 30 MIN.

GRILLMETHODE: DIREKTE STARKE HITZE (230–290 °C)
GRILLZEIT: 2–4 MIN.
ZUBEHÖR: AUSTERNMESSER

    24 frische große Austern
    Zitronenspalten
    Mittelscharfe Chilisauce (Asia-Laden)
    Cocktailsauce

1. Die Auster mit der flachen Seite nach oben mit einem gefalteten Küchentuch fassen. Mit der Spitze eines Austernmessers am Scharnier einstechen und die beiden Schalenhälften auseinanderhebeln. Es sollte möglichst wenig von der Flüssigkeit in der Auster verschüttet werden. Mit der flachen Messerklinge das Austernfleisch zunächst von der oberen, dann vorsichtig von der unteren Schalenhälfte ablösen. Die obere, flachere Schale wegwerfen, die Austern samt Saft in der unteren, tieferen Schale weiterverarbeiten.

2. Den Grill für direkte starke Hitze vorbereiten.

3. Mit einem Löffel die gewünschte Sauce (siehe Rezepte rechts) auf die Austern geben.

4. Den Grillrost mit der Bürste reinigen. Die Austern in der Schale über **direkter starker Hitze** bei geschlossenem Deckel 2–4 Min. grillen, bis der Austernsaft zu köcheln beginnt und das Muschelfleisch an den Rändern wellig wird. Die Austern mit einer Zange vom Grill nehmen und mit Zitronenspalten, Chili- und Cocktailsauce servieren.

KNOBLAUCH-THYMIAN-BUTTER

MENGE: ALLE VIER SAUCEN SIND AUSREICHEND FÜR 24 AUSTERN

    60 g Butter
    1 EL fein gehackter Knoblauch
    2 TL Sherry-Essig
    4 EL Weißwein
    2 TL fein gehackter frischer Thymian
    ¼ TL grobes Meersalz

In einer kleinen Pfanne 1 EL Butter auf mittlerer Stufe erhitzen. Den Knoblauch darin etwa 2 Min. anbraten, bis er Farbe annimmt. Essig und Wein hinzufügen und etwa 2 Min. köcheln, bis sie um die Hälfte reduziert sind. Vom Herd nehmen und die restliche Butter mit dem Schneebesen unterschlagen. Mit Thymian und Salz würzen.

GRAPEFRUIT-BASILIKUM-AIOLI

    4 EL Mayonnaise
    1 EL gehacktes frisches Basilikum
    1½ TL fein abgeriebene Schale von 1 Bio-Grapefruit
    2 TL frisch gepresster Grapefruitsaft
    1 TL fein gehackter Knoblauch
    ¼ TL grobes Meersalz

Die Zutaten in einer kleinen Schüssel gut vermischen.

ASIATISCHE BUTTERSAUCE

    1 EL Sesamöl
    2 TL fein gehackter frischer Ingwer
    2 EL Austernsauce (Asia-Laden)
    1 TL Sojasauce
    ¼ TL gemahlene Senfkörner
    60 g Butter, in kleine Stücke geschnitten

Öl und Ingwer in einer kleinen Pfanne auf mittlerer Stufe erhitzen, bis das Öl zu brutzeln beginnt. Vom Herd nehmen und Austernsauce, Sojasauce und Senfkörner einrühren. Die Butter stückchenweise mit einem Schneebesen unterrühren.

GORGONZOLA-TOMATENSAUCE

    1 EL Butter
    1 EL fein gehackte Schalotte
    1 TL fein gehackter Knoblauch
    125 ml Tomatensaft
    2 TL Tafelmeerrettich
    ½ TL grobes Meersalz
    4 EL zerkrümelter Gorgonzola

Die Butter in einem kleinen Topf auf mittlerer Stufe zerlassen und Schalotte und Knoblauch 2 Min. darin anbraten. Saft, Meerrettich und Salz hinzufügen, aufkochen, dann vom Herd nehmen. Vor dem Grillen die Sauce auf die Austern geben und den Gorgonzola darüberstreuen.

HUMMERSCHWÄNZE VORBEREITEN UND GRILLEN

1. Hummerschwänze sind in unterschiedlichen Sorten und Größen auf dem Markt erhältlich. Auf dem Bild sehen Sie von links nach rechts Hummerschwänze aus Neuseeland (etwa 200 g), Maine (etwa 150 g), Westaustralien (etwa 250 g) und Südafrika (etwa 130 g). Die Grillzeit richtet sich nach der Größe.

2. Den Hummerschwanz auf der Unterseite mit der Küchenschere in der Mitte aufschneiden.

3. Umdrehen und die harte Rückenseite bis zu den Flossen aufschneiden.

4. Mit einem scharfen, schweren Küchenmesser jeden Hummerschwanz entlang der Einschnitte in zwei Teile durchschneiden.

5. Die Hummerschwänze mit der Fleischseite nach unten grillen, bis das Fleisch nicht mehr glasig ist.

6. Die Hummerschwänze mit der Schale nach unten drehen und mit Knoblauchbutter bestreichen, während das Fleisch bis zum Kern gar wird.

HUMMERBRÖTCHEN

FÜR 4 PERSONEN
ZUBEREITUNGSZEIT: 25 MIN.

GRILLMETHODE: DIREKTE MITTLERE HITZE (175–230 °C)
GRILLZEIT: 6–7 MIN.

- 3 große Knoblauchzehen, leicht zerdrückt
- 6 EL Butter
- 4 Hummerschwänze, je 150–200 g
- Grobes Meersalz
- 4 EL Mayonnaise
- 1 fein gewürfelte Eiertomate
- 2 EL fein gehackte Frühlingszwiebel, nur weiße und hellgrüne Teile
- 2 TL frisch gepresster Zitronensaft
- Mittelscharfe Chilisauce (Asia-Laden)
- 2 TL gehackter frischer Kerbel
- 4 Hot-Dog-Brötchen
- 1–2 Handvoll in Streifen geschnittene Romanasalatherzen

1. Knoblauch und Butter in einem kleinen Topf sanft erhitzen, bis die Butter schmilzt. 2 EL Knoblauchbutter zum Bestreichen der Brötchen beiseitestellen.

2. Den Grill für direkte mittlere Hitze vorbereiten. Die Hummerschwänze längs in zwei Teile schneiden (siehe Seite 194). Das Hummerfleisch salzen und mit etwas Knoblauchbutter bestreichen. Den Grillrost mit der Bürste reinigen. Die Hummerschwänze mit der Fleischseite nach unten über *direkter mittlerer Hitze* bei geöffnetem Deckel 2–3 Min. grillen, bis das Fleisch weiß und nicht mehr glasig ist. Die Hummerschwänze wenden und erneut mit Knoblauchbutter bestreichen. Etwa 3 Min. weitergrillen, bis das Fleisch leicht fest ist. Vom Grill nehmen und abkühlen lassen.

3. Mayonnaise, Tomate, Frühlingszwiebel und Zitronensaft in einer großen Schüssel vermischen. Nach Geschmack mit Salz und mittelscharfer Chilisauce würzen. Das Hummerfleisch aus den Schalen lösen, in fingerdicke Stücke schneiden und in die Mayonnaise-Mischung legen. Das Aroma entfaltet sich am besten, wenn man die Mischung 1 Std. kalt stellt. Den Kerbel erst kurz vor dem Servieren daruntermischen.

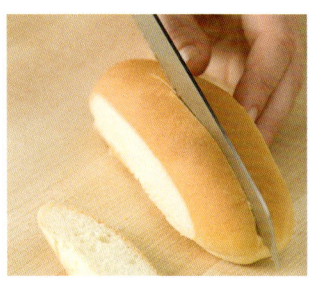

4. Von jedem Brötchen längs auf beiden Seiten einen kleinen Deckel abschneiden. Die restliche Knoblauchbutter auf die Schnittflächen streichen. Die Brötchen über *direkter mittlerer Hitze* auf beiden Seiten goldbraun rösten, dann in der Mitte aufschneiden.

5. Die Salatstreifen gleichmäßig in die Brötchen verteilen und das angemachte Hummerfleisch einfüllen.

PAZIFISCHE TASCHENKREBSE VORBEREITEN UND GRILLEN

1. Im Gegensatz zu den USA müssen lebende Krebse z.B. in Deutschland in sprudelnd kochendem Wasser getötet werden.

2. Das herabhängende Schwanzende an der Unterseite der einen Krebshälfte wegschneiden.

3. Von der anderen Hälfte das Schwanzende ebenfalls entfernen.

4. Die Teile des Mauls, die aus jeder Hälfte hervorstehen, wegschneiden.

5. Die Hälften umdrehen und jeweils die obere Panzerhälfte abziehen.

6. Die fedrigen Kiemen entfernen.

7. Die bräunlichen Eingeweide in einer Schüssel mit kaltem Wasser herausspülen.

8. Die Hälfte links ist gesäubert, die Hälfte rechts noch nicht.

9. Die Krebshälften mit einem Beil oder scharfen Messer zwischen den Beinen zerteilen.

10. Von jeder Krebshälfte sollten Sie fünf Beine erhalten.

11. Vor dem Grillen mit einem sauberen Hammer oder einem Nussknacker die Schalen aufbrechen.

12. Die Krebsbeine über direkter starker Hitze auf jeder Seite einige Minuten grillen, damit sie das Raucharoma annehmen.

13. Die Krebsteile in den Sud aus Butter, Knoblauch, Wein, Zitrone und Chili geben.

14. Die Krebsteile in der Mischung immer wieder wenden, bis sie gar sind.

PAZIFISCHER TASCHENKREBS MIT WEISSWEIN-KNOBLAUCH-BUTTER

FÜR 2 PERSONEN ALS HAUPTGANG ODER 4 PERSONEN ALS VORSPEISE
ZUBEREITUNGSZEIT: 30 MIN.

GRILLMETHODE: DIREKTE STARKE HITZE (230–290 °C)
GRILLZEIT: 9–11 MIN.
ZUBEHÖR: GUSSEISERNE PFANNE (Ø 30 CM)

  2 große lebende pazifische Taschenkrebse
  125 g Butter, in 8 gleich große Stücke geschnitten
  2 EL fein gehackter Knoblauch
  Fein abgeriebene Schale und Saft von 1 Bio-Zitrone
  ½ TL zerstoßene rote Chiliflocken
  ½ TL grobes Meersalz
  ¼ TL frisch gemahlener schwarzer Pfeffer
  150 ml trockener Weißwein
  1 Baguette, in mundgerechte Stücke zerpflückt

1. Den Grill für direkte starke Hitze vorbereiten.

2. Laut deutschem Tierschutzgesetz müssen lebende Krebse – wie hier die Taschenkrebse – in sprudelnd kochendem Wasser getötet werden. Dafür in einem großen Topf mind. 3 l Salzwasser aufkochen, den ersten Krebs mit dem Kopf voraus in den sprudelnd kochenden Sud geben und ein paar Minuten garen. Mit einem Schaumlöffel herausheben, das Wasser erneut sprudelnd zum Kochen bringen und den zweiten Krebs genauso töten. Die Krebse vor der weiteren Verarbeitung abkühlen lassen. Die Taschenkrebse wie in Bild 1 auf Seite 196 gezeigt mit einem Fleischerbeil und einem Gummihammer in der Mitte durchtrennen. Die herabhängenden Schwanzlappen und Maulpartien entfernen und wegwerfen. Den Krebs umdrehen. Den oberen Panzer entfernen und wegwerfen, ebenso die Kiemen. Beide Krebshälften unter fließendem kaltem Wasser oder in einer Schüssel mit Wasser abspülen, dabei die dunklen Innereien mit den Fingern entfernen. Jede Hälfte zwischen den Beinen in fünf Stücke zerteilen. Mit einem Hammer (oder einem Nussknacker) den Panzer jedes Beinglieds knacken, damit man später leichter an das Fleisch im Innern kommt.

3. Butter, Knoblauch, Zitronenschale, Zitronensaft, Chiliflocken, Salz und Pfeffer in eine gusseiserne Pfanne von 30 cm Durchmesser geben und gut vermischen.

4. Die Pfanne über *direkte starke Hitze* stellen und 2–3 Min. erhitzen, bis die Butter schmilzt und der Knoblauch goldgelb wird. Den Wein hinzufügen und aufkochen. Die Pfanne vom Grill nehmen und auf eine feuerfeste Unterlage stellen.

5. Die Krebsteile über *direkter starker Hitze* bei geöffnetem Deckel etwa 4 Min. grillen, dabei einmal wenden. Anschließend in die Pfanne geben und diese über *direkte starke Hitze* auf den Grill stellen. Die Krebsteile während 2–3 Min. mit einer Zange vorsichtig in der Sauce wenden, bis die Flüssigkeit kocht und das Krebsfleisch gar ist. Die Krebse warm servieren und dazu Brotstückchen reichen, die man in die restliche Sauce in der Pfanne tunkt.

QUESADILLAS MIT KREBSFLEISCH UND AVOCADO

FÜR 4–6 PERSONEN
ZUBEREITUNGSZEIT: 20 MIN.

GRILLMETHODE: DIREKTE MITTLERE HITZE (175–230 °C)
GRILLZEIT: 2–4 MIN.

500 g frisches Krebsfleisch
1 kleine Handvoll fein gehacktes frisches Basilikum
Fein abgeriebene Schale und Saft von 2 Bio-Zitronen
1 EL fein gehackte Chilischote (vorzugsweise Jalapeño)
½ TL grobes Meersalz
¼ TL frisch gemahlener schwarzer Pfeffer
125 g Sauerrahm (20%)
6 Weizenmehltortillas (Ø 20 cm)
2 reife Avocados, entkernt, geschält, in Würfel geschnitten
200 g fein gewürfelte Tomaten
250 g milder Cheddar (vorzugsweise kalifornischer Monterey Jack), gerieben
Olivenöl

1. Krebsfleisch, Basilikum, die Hälfte der Zitronenschale, Zitronensaft, Chili, Salz und Pfeffer in eine mittelgroße Schüssel geben und gut vermischen.

2. Den Sauerrahm mit der restlichen Zitronenschale in einer kleinen Schüssel vermengen und beiseitestellen.

3. Den Grill für direkte mittlere Hitze vorbereiten.

4. Die Tortillas einzeln auf eine Arbeitsfläche legen. Jeweils die eine Fladenhälfte mit dem gewürzten Krebsfleisch, Avocadowürfeln, Tomaten und Käse belegen. Die freie Hälfte der Tortilla über die Füllung klappen, sodass ein Halbkreis entsteht, und an den Seiten leicht andrücken. Die gefüllten Tortillas dünn mit Öl bestreichen. Den Grillrost mit der Bürste reinigen. Die Quesadillas über **direkter mittlerer Hitze** bei geschlossenem Deckel 2–4 Min. grillen, bis der Käse schmilzt und die Tortillas das typische Grillmuster aufweisen. Während dieser Zeit einmal vorsichtig wenden. Jede Quesadilla in Viertel oder Drittel schneiden und zusammen mit dem Sauerrahm servieren.

Der Qualitätsunterschied zwischen frischem Krebsfleisch und solchem aus der Dose ist frappierend. Von Hand ausgelöstes Fleisch frisch gefangener Krebse der Saison schmeckt süß und köstlich, Krebsfleisch aus der Dose ist pasteurisiert und hat einen metallischen Geschmack. Selbst tiefgefrorenes frisches Krebsfleisch kann mit dem echten frischen nicht mithalten. Für dieses Rezept zählt weniger die Krebsart (pazifischer oder atlantischer Taschenkrebs) als vielmehr die Frische. Man benötigt auch nicht die teuren, großen Krebsfleischstücke. Die kleineren, preiswerteren Stücke eignen sich sehr gut und haben ein hervorragendes Aroma.

ITALIENISCHE MEERESFRÜCHTE-SUPPE

FÜR 4 PERSONEN
ZUBEREITUNGSZEIT: 30 MIN.

GRILLMETHODE: DIREKTE MITTLERE HITZE (175–230 °C) UND DIREKTE STARKE HITZE (230–290 °C)
GRILLZEIT: 17–19 MIN.
ZUBEHÖR: GELOCHTE GRILLPFANNE

FÜR DIE SUPPE
    2 kleine Fenchelknollen
    1 Bio-Zitrone, Enden abgeschnitten, quer halbiert
    2 rote Paprikaschoten, in flache Stücke geschnitten
    4–5 Schalotten (etwa 200 g), geschält
    Olivenöl
    ¼ l Muschel- oder Fischfond
    ¼ l Gemüsebrühe
    ½ TL Paprikapulver
    1 kräftige Prise zerstoßene rote Chiliflocken
    Einige wenige Safranfäden
    Grobes Meersalz
    Frisch gemahlener schwarzer Pfeffer

    4 große ausgelöste Jakobsmuscheln, je etwa 50 g
    8 Jumbo-Garnelen (Größenangabe 11/15), geschält, Darm entfernt
    1 Seebarschfilet ohne Haut, etwa 250 g, in 4 Stücke geschnitten
    1 Schwertfischfilet ohne Haut, etwa 250 g, in 4 Stücke geschnitten
    2 EL Olivenöl

    4 dicke Scheiben Weißbrot
    4 EL fein gehackte frische glatte Petersilie

1. Den Grill für direkte mittlere Hitze vorbereiten.

2. Die Grillpfanne etwa 10 Min. über direkter mittlerer Hitze vorheizen. Unterdessen das Gemüse vorbereiten. Vom Fenchel die dicken Stängel wegschneiden und anderweitig verwenden. Die Fenchelknollen vierteln und den Strunk herausschneiden. Den Fenchel in 0,5 cm dicke Streifen schneiden. Die Zitronenhälften, Paprikaschoten und Schalotten dünn mit Öl bestreichen. Das Gemüse auf die Grillpfanne legen und über **direkter mittlerer Hitze** bei geschlossenem Deckel etwa 10 Min. grillen, bis es weich ist. Mehrmals wenden.

3. Das Gemüse in eine große Schüssel geben, mit Alufolie abdecken und 10 Min. im eigenen Dampf stehen lassen. Verkohlte Stellen von den Schalotten abziehen. Die Schalotten zusammen mit den Paprikaschoten grob hacken, dann mit dem Fenchel und dem Saft einer halben gegrillten Zitrone im Standmixer fein pürieren. Muschel- oder Fischfond und Gemüsebrühe hinzufügen und erneut pürieren (der Mixer kann sehr voll werden). Die Suppe durch ein Sieb in einen mittelgroßen Topf gießen, den Siebinhalt wegwerfen. Mit Paprikapulver, Chiliflocken und Safran nach Geschmack würzen. Auf niedriger Stufe warm halten. Mit dem Saft der zweiten gegrillten Zitronenhälfte, Salz und Pfeffer abschmecken.

4. Die Grilltemperatur auf starke Hitze erhöhen. Von den Jakobsmuscheln den kleinen, harten Seitenmuskel, falls noch vorhanden, entfernen. Garnelen und Fischfilets dünn mit Öl bestreichen und mit Salz und Pfeffer würzen. Den Grillrost mit der Bürste reinigen. Fischfilets und Meeresfrüchte über **direkter starker Hitze** bei geschlossenem Deckel grillen, bis die Garnelen außen gut gebräunt und innen nicht mehr glasig, die Jakobsmuscheln außen leicht fest und innen nicht mehr glasig und das Fleisch der Fischfilets leicht blättrig und innen nicht mehr glasig ist. Einmal wenden. Die Garnelen brauchen 3–5 Min., die Jakobsmuscheln 4–6 Min., die Fischfilets 6–8 Min.

5. Das Brot über direkter Hitze etwa 1 Min. rösten, einmal wenden. Fisch und Meeresfrüchte in Suppenteller verteilen, mit Suppe übergießen und mit Petersilie bestreuen. Das Brot dazu servieren.

FISCH RICHTIG GRILLEN

5 DINGE, DIE MAN WISSEN SOLLTE

1 ÜBUNG MACHT DEN MEISTER
Viele Grillfreunde betrachten Fischfilets und Fischsteaks als ihre größte Herausforderung. Sie denken an Fisch, der am Rost klebt und bei dem Versuch, ihn vom Grill zu nehmen, zerfällt. Die Erfolgsaussichten steigen, wenn man mit fettreicheren, festfleischigen Fischarten beginnt, etwa Lachs, Schwertfisch oder Thunfisch.

2 NUR NICHT ÜBERTREIBEN
Fische und Meeresfrüchte haben nicht die gleiche Muskelstruktur und Festigkeit wie Landlebewesen. Marinaden wirken deshalb auf Fischfleisch viel schneller. Um ein zu starkes Aufweichen zu vermeiden, beschränkt man die Marinierzeit auf wenige Stunden. Vor allem aber darf Fisch nicht zu lange garen.

3 GUT EINHEIZEN
Keine Angst vor großer Hitze. Sie erzeugt auf der Oberfläche des Fischs eine dünne Kruste, was das Ablösen vom Rost erleichtert. Je dünner die Filets oder Steaks, desto größer sollte die Hitze sein.

4 EINMAL WENDEN REICHT
Jedes Mal, wenn man den Fisch auf dem Grill wendet, läuft man Gefahr, dass er am Rost hängen bleibt. Deshalb während der Grillzeit nur einmal umdrehen.

5 EIN SCHNELLER ABGANG
Der Fisch sollte auf der ersten Seite länger grillen als auf der zweiten. Dadurch entsteht auf der ersten Seite eine schöne Kruste. Grillt man mit geschlossenem Deckel (und das sollte man!), beginnt zudem die Oberseite schon zu garen, während die Unterseite noch gegrillt wird. Die zweite Seite braucht deshalb weniger lang.

LACHS MIT NEKTARINEN-SALSA

FÜR 4 PERSONEN
ZUBEREITUNGSZEIT: 20 MIN.

GRILLMETHODE: DIREKTE STARKE HITZE (230–290 °C)
GRILLZEIT: 8–11 MIN.

FÜR DIE SALSA
- 500 g Nektarinen, das Fruchtfleisch in 1 cm große Würfel geschnitten
- 100 g fein gewürfelte rote Paprikaschote
- 4 EL fein gewürfelte rote Zwiebel
- 4 EL fein gehackter frischer Kerbel
- 1 Chilischote (vorzugsweise Jalapeño), Stiel und Samen entfernt, fein gewürfelt
- 2 EL fein gehackte frische Minze
- 1 EL Honig
- 1 EL frisch gepresster Limettensaft
- ¼ TL zerstoßene rote Chiliflocken
- ¼ TL grobes Meersalz

- 4 Lachsfilets mit Haut, je etwa 200 g schwer und 2,5 cm dick
- ½ TL grobes Meersalz
- ¼ TL zerstoßene rote Chiliflocken
- 2 EL frisch gepresster Limettensaft
- 1 EL Olivenöl

1. Die Zutaten für die Salsa in einer mittelgroßen Schüssel vermischen. Abdecken und bis zum Servieren kalt stellen.

2. Den Grill für direkte starke Hitze vorbereiten.

3. Die Lachsfilets auf beiden Seiten mit Salz und Chiliflocken würzen sowie mit Limettensaft und Öl beträufeln. Den Grillrost mit der Bürste reinigen. Die Lachsfilets mit der Fleischseite nach unten über **direkter starker Hitze** bei geschlossenem Deckel 6–8 Min. grillen, bis sie sich ohne kleben zu bleiben mit der Zange vom Rost heben lassen. Die Filets wenden und bis zum gewünschten Gargrad weitergrillen – für *medium rare* (halb durchgebraten) 2–3 Min. Einen Grillwender zwischen Haut und Fleisch der Lachsfilets schieben, die Filets von der Haut heben und auf Servierteller legen. Warm mit der Nektarinen-Salsa servieren.

ZUBEREITUNG VON LACHS AUF DEM GRILL

1. Großzügig eingeölte Lachsfilets, Fleischseite nach unten, auf den sauberen, heißen Grillrost legen.

2. Über starker Hitze grillen und erst dann wenden, wenn sich das Lachsfilet leicht anheben lässt.

3. Wenn der Lachs gar ist, mit einem Grillwender vorsichtig zwischen Fleisch und Haut fahren.

4. Das Lachsfleisch von der Haut heben und anrichten. Nach Belieben die Haut mitservieren.

FISCH UND MEERESFRÜCHTE

Die Sauce für dieses Rezept enthält einige klassische thailändische Zutaten wie Kokosmilch und rote Currypaste. Die Sahne, die sich bei gekühlter Kokosmilch an der Oberfläche sammelt, ist sehr fetthaltig. Brät man die Currypaste darin an, kann sie ihre würzigen Aromen entfalten, bevor man den Rest der Kokosmilch und die anderen Saucenzutaten untermischt.

LACHS MIT CURRY-KOKOS-SAUCE

FÜR 4–6 PERSONEN
ZUBEREITUNGSZEIT: 25 MIN.

GRILLMETHODE: DIREKTE STARKE HITZE (230–290 °C)
GRILLZEIT: 3–6 MIN.
ZUBEHÖR: 12 HOLZSPIESSE, MIND. 30 MIN. GEWÄSSERT

- 300 ml gekühlte Kokosmilch
- 2½ EL thailändische rote Currypaste (Asia-Laden)
- 1 EL Fischsauce (Asia-Laden)
- 1 EL Sojasauce
- 1½ TL Vollrohrzucker
- 1 Lachsfilet ohne Haut, etwa 1 kg
- 2 EL Pflanzenöl
- 2 EL fein gehackte Frühlingszwiebel

1. Von der Sahne, die sich bei der gekühlten Kokosmilch oben abgesetzt hat, 4 EL abschöpfen und in einem kleinen Topf auf mittlerer Stufe aufkochen. 1 EL Currypaste hinzufügen und unter ständigem Rühren 3–5 Min. kochen, bis sich der Curryduft voll entfaltet. Die restliche Kokosmilch hinzufügen und alles gut verrühren. Fischsauce, Sojasauce und Zucker hinzufügen, erneut aufkochen und bei niedriger Hitze 5–10 Min. köcheln lassen, bis die Sauce leicht eindickt. Vom Herd nehmen.

2. Den Grill für direkte starke Hitze vorbereiten.

3. Noch vorhandene Gräten mit einer Pinzette aus dem Lachsfilet entfernen. Das Filet in 2 cm dicke Streifen schneiden und diese einzeln auf Holzspieße aufziehen.

4. In einer kleinen Schüssel die restlichen 1½ EL Currypaste mit dem Öl verrühren und den Lachs mit der Mischung bestreichen. Den Grillrost mit der Bürste reinigen. Die Fischspieße über **direkter starker Hitze** bei geschlossenem Deckel 2–4 Min. grillen, bis sie sich mit einer Zange leicht vom Rost lösen lassen. Die Spieße wenden und bis zum gewünschten Gargrad weitergrillen. Nach 1–2 Min. sind sie *medium rare* (halb durch). Die Sauce erneut erwärmen und in eine Servierschüssel füllen oder auf den einzelnen Tellern verteilen. Die Lachsspieße darauf anrichten und mit den Frühlingszwiebeln bestreuen. Warm servieren.

AUF DEM ZEDERNBRETT GEGRILLTER LACHS MIT TARATOR-SAUCE

FÜR 4 PERSONEN
ZUBEREITUNGSZEIT: 20 MIN.

GRILLMETHODE: DIREKTE MITTLERE HITZE (175–230 °C)
GRILLZEIT: 20–30 MIN.
ZUBEHÖR: EIN UNBEHANDELTES ZEDERNHOLZBRETT, 30–40 CM LANG UND ETWA 1,5 CM DICK, MIND. 1 STD. IN SALZWASSER GEWÄSSERT

FÜR DIE SAUCE
2 Scheiben festes Weißbrot, Rinde entfernt
60 g leicht geröstete, gehäutete Haselnusskerne
2 Knoblauchzehen, geschält
3 EL frisch gepresster Zitronensaft
125 ml Olivenöl
1 kleine Handvoll frische glatte Petersilie
Grobes Meersalz
Frisch gemahlener schwarzer Pfeffer

1 Lachsfilet mit Haut, etwa 1 kg
100 g brauner Zucker

1. Das Brot kurz in Wasser einweichen, ausdrücken und beiseitestellen. Die Haselnüsse zusammen mit dem Knoblauch in einer Küchenmaschine oder im Standmixer fein mahlen. Brot und Zitronensaft hinzufügen und alles zu einer glatten Masse verarbeiten. Bei laufendem Motor das Öl langsam, aber gleichmäßig dazugießen. Petersilie, ½ TL Salz und ¼ TL Pfeffer hinzufügen und kurz durchmixen. Wenn nötig mit Salz, Pfeffer und weiterem Zitronensaft abschmecken.

2. Den Grill für direkte mittlere Hitze vorbereiten. Noch vorhandene Gräten aus dem Lachsfilet entfernen. Das Lachsfleisch quer in vier Portionen schneiden, die Haut jedoch intakt lassen (siehe Foto unten). Großzügig mit Salz und Pfeffer würzen.

3. Das eingeweichte Brett über **direkte mittlere Hitze** legen und den Grilldeckel schließen. Wenn sich nach 5–10 Min. Rauch entwickelt, das Brett umdrehen und das Lachsfilet mit der Hautseite nach unten darauflegen. Den braunen Zucker vorsichtig über die gesamte Oberfläche des Filets streuen. Den Deckel schießen und den Lachs garen, bis die Oberfläche leicht gebräunt und der gewünschte Gargrad erreicht ist. Die Garzeit hängt von der Dicke des Filets ab. Nach 15–20 Min. ist das Filet *medium rare* (halb durchgebraten). Den Lachs vom Grill nehmen und warm mit der Sauce servieren.

LACHS AUF DEM HOLZBRETT GRILLEN

Auf dem Zedernbrett gegrillter Lachs kann nicht am Grillrost festbacken und erhält durch das Holz köstliche Raucharomen.

1. Mit den Fingerspitzen über den Lachs streichen, um mögliche Gräten zu ertasten, die sich mit einer Zange oder Pinzette gut herausziehen lassen.

2. Den rohen Fisch in vier Portionen teilen, ohne dabei die Haut zu durchtrennen. So lässt sich der Fisch später einfacher servieren.

3. Den Lachs auf das leicht gebräunte, rauchende Brett legen und den braunen Zucker darüberstreuen.

4. Während der Zucker auf der Oberfläche schmilzt und karamellisiert, gibt der Zedernrauch sein Aroma an den Fisch ab.

FENCHEL VORBEREITEN

1. Die dicken Stängel über der Knolle wegschneiden. Das Wurzelende, das die Knolle zusammenhält, unversehrt lassen. Die Knolle mit dem Messer längs halbieren.

2. Einen Teil des aromatischen Fenchelgrüns fein hacken, um den Salat damit zu würzen.

3. Die Fenchelhälften in Salzwasser halb gar kochen. Anschließend im Eisbad abschrecken, damit sie nicht weitergaren.

4. Den Wurzelansatz entfernen und den Fenchel in feine Streifen schneiden.

LACHSSTEAKS ENTGRÄTEN

1. Feine Gräten ertasten und mit einer Zange oder Pinzette entfernen.

2. Dünne, herabhängende Fleischlappen wegschneiden.

3. Von oben beginnend am Knochen entlangschneiden.

4. Weiter am Knochen und an den Rippen entlangschneiden.

5. Auf der anderen Seite ebenso verfahren.

6. Darauf achten, möglichst wenig Fleisch wegzuschneiden.

7. Ganz oben den Knochen bis auf ein kleines Stück, das die Hälften zusammenhält, herausschneiden.

8. Beide Hälften zusammenfügen und die Enden mit einem gekürzten Holzspieß zusammenstecken.

LACHS MIT FENCHEL-OLIVEN-SALAT

FÜR 4 PERSONEN
ZUBEREITUNGSZEIT: 30 MIN.

GRILLMETHODE: DIREKTE STARKE HITZE (230–290 °C)
GRILLZEIT: 8–11 MIN.
ZUBEHÖR: 4 HOLZSPIESSE, MIND. 30 MIN. GEWÄSSERT

FÜR DEN SALAT
- 1 mittelgroße Fenchelknolle
- 125 g mit Paprikapaste gefüllte grüne Oliven, geviertelt
- 3 fein gehackte Frühlingszwiebeln, nur weiße und hellgrüne Teile
- 2 EL gehacktes Fenchelgrün (siehe Step 2 Seite 204 oben)
- 1 EL Olivenöl
- ½ TL fein abgeriebene Schale von 1 Bio-Zitrone

- 4 Lachssteaks oder Lachsfilets mit Haut, je etwa 200 g schwer und 3 cm dick
- 2 EL Olivenöl
- ½ TL grobes Meersalz
- ¼ TL frisch gemahlener schwarzer Pfeffer

1. Vom Fenchel die dicken Stängel abschneiden und anderweitig verwenden, das Wurzelende intakt lassen. Die Fenchelknolle längs halbieren. In einem kleinen Topf Wasser sprudelnd aufkochen und leicht salzen. Auf mittlere Stufe zurückschalten und die Fenchelhälften 3 Min. blanchieren. Herausheben und sofort im Eisbad abschrecken. Den Fenchel aus dem Wasser nehmen, den Wurzelansatz entfernen und den Fenchel in feine Streifen schneiden.

2. Die Zutaten für den Salat in einer großen Schüssel gut vermischen. Den Salat beiseitestellen, damit sich die Aromen entfalten, während Sie den Lachs grillen.

3. Den Grill für direkte starke Hitze vorbereiten.

4. Die Lachssteaks wie auf Seite 204 gezeigt vorbereiten, mit Öl bestreichen und mit Salz und Pfeffer würzen. Den Grillrost mit der Bürste reinigen. Den Lachs über **direkter starker Hitze** bei geschlossenem Deckel 6–8 Min. grillen, bis er nicht mehr am Rost haftet und sich mit der Zange leicht ablösen lässt. Wenden und bis zum gewünschten Gargrad weitergrillen (2–3 Min. für *medium*). Falls Sie statt Steaks Filets (siehe Seite 201) verwenden, einen Grillwender zwischen Fleisch und Haut schieben und den Lachs von der Haut heben. Den Lachs auf Teller legen und den Salat darauf anrichten.

Chipotles – getrocknete, geräucherte Jalapeño-Chilis – sind eine sehr wirkungsvolle Zutat der Grillküche. Sie werden auch in Adobo, einer würzigen Tomatensauce, in Dosen angeboten. Übrig gebliebene Chipotles kann man einfrieren, indem man sie mit einem Löffel auskratzt und das Fruchtfleisch mit etwas Saft in eine Eiswürfelform gibt. Die gefrorenen Würfel straff in Frischhaltefolie einwickeln und in einem Gefrierbeutel im Tiefkühler aufbewahren.

MEXIKANISCHE FISCHWRAPS MIT PIKANTEM KRAUTSALAT

FÜR 6 PERSONEN
ZUBEREITUNGSZEIT: 20 MIN.

GRILLMETHODE: DIREKTE STARKE HITZE (230–290 °C)
GRILLZEIT: 7–8 MIN.

FÜR DIE WÜRZMISCHUNG
   ½ TL reines Chilipulver
   ½ TL gemahlener Kreuzkümmel
   ½ TL grobes Meersalz
   ¼ TL Cayennepfeffer
   ¼ TL gemahlener Zimt

   4 Heilbutt- oder Lachsfilets oder zwei von jedem, mit Haut, je etwa 200 g schwer und 3 cm dick
   Pflanzenöl

FÜR DEN KRAUTSALAT
   300 g sehr fein gehobelter Weißkohl
   4 EL grob gehacktes Koriandergrün
   4 EL Mayonnaise
   2 EL frisch gepresster Limettensaft
   2 TL Zucker
   1 TL fein gehackte Chipotle-Schoten in Adobo-Sauce (siehe oben)
   ½ TL grobes Meersalz

   6 Weizenmehltortillas (Ø 25–30 cm)

1. Die Zutaten für die Würzmischung in einer kleinen Schüssel vermengen. Die Fischfilets dünn mit Öl bestreichen und mit der Würzmischung einreiben. Abdecken und kalt stellen.

2. Die Zutaten für den Krautsalat in einer großen Schüssel vermischen. Bis zur weiteren Verwendung beiseitestellen. Den Grill für direkte starke Hitze vorbereiten.

3. Den Grillrost mit der Bürste reinigen. Die Fischfilets über **direkter starker Hitze** bei geschlossenem Deckel etwa 4 Min. grillen, bis man sie mit einem Wender leicht vom Rost heben kann. Wenden und 2–3 Min. weitergrillen, bis sie innen nicht mehr glasig sind. Auf einen Teller legen. Die Tortillas 0,5–1 Min. über **direkter starker Hitze** erwärmen, dabei einmal wenden.

4. Zur Herstellung eines Wraps 1 Fischfilet grob zerpflücken, auf eine Hälfte 1 Tortilla geben und mit Krautsalat bedecken. Die Tortilla aufrollen, dabei die Seiten nach innen falten. Die gefüllten Wraps in zwei Hälften schneiden. Warm oder auf Zimmertemperatur abgekühlt servieren.

Heilbutt hat ein angenehmes, mildsüßes Aroma, ist jedoch recht mager und trocknet bei zu langem Grillen rasch aus. Entscheidend ist, den Fisch vom Grill zu nehmen, bevor er blättrig zerfällt. Am besten prüft man bei jedem Filet mit einem spitzen Messer, ob das Fleisch nicht mehr glasig ist.

HEILBUTTFILETS MIT INDISCHER TOMATENSAUCE

FÜR 4 PERSONEN
ZUBEREITUNGSZEIT: 30 MIN.

GRILLMETHODE: DIREKTE MITTLERE HITZE (175–230 °C) UND DIREKTE STARKE HITZE (230–290 °C)
GRILLZEIT: 19–23 MIN.
ZUBEHÖR: GUSSEISERNE PFANNE (Ø 30 CM)

FÜR DIE SAUCE
- 3 EL Erdnussöl
- 1 mittelgroße Zwiebel, halbiert und in dünne Streifen geschnitten
- 1 EL fein gehackter Knoblauch
- 2 TL fein geriebener frischer Ingwer
- 1 TL gemahlene Koriandersamen
- 1 TL Paprikapulver
- ½ TL gemahlene Kurkuma (Gelbwurz)
- ½ TL grobes Meersalz
- ¼ TL Cayennepfeffer
- 1 große Dose (800 ml) Tomatenstücke mit dem Saft
- 175 ml Kokosmilch

- 4 EL Erdnussöl
- 1 TL fein geriebener frischer Ingwer
- 1 TL grobes Meersalz
- ½ TL frisch gemahlener schwarzer Pfeffer
- ¼ TL gemahlene Kurkuma (Gelbwurz)
- 4 Heilbuttfilets, je etwa 200 g schwer und 3 cm dick
- 2 EL zerzupfte frische Basilikumblätter (nach Belieben)

1. Den Grill auf einer Seite für direkte mittlere Hitze und auf der anderen Seite für direkte starke Hitze vorbereiten. Den Grillrost mit der Bürste reinigen. Das Öl in der gusseisernen Pfanne über **direkter mittlerer Hitze** erwärmen. Die Zwiebeln hineingeben und unter Rühren etwa 5 Min. braten, bis sie weich und leicht gebräunt sind. Knoblauch, Ingwer, Koriander, Paprikapulver, Kurkuma, Salz und Cayennepfeffer hinzufügen. Gut vermischen und 2–3 Min. unter Rühren weiterbraten. Tomaten und Kokosmilch einrühren. Nach Bedarf mit weiteren Gewürzen abschmecken. Die Sauce 5 Min. köcheln lassen.

2. Öl, Ingwer, Salz, Pfeffer und Kurkuma in einer kleinen Schüssel vermischen. Die Fischfilets auf beiden Seiten großzügig mit der Mischung bestreichen.

3. Die Fischfilets über **direkter starker Hitze** bei geschlossenem Deckel 4–5 Min. ohne Wenden grillen, bis sie sich leicht vom Rost lösen. Die Filets mit einem breiten Grillwender einzeln vom Grill heben und mit der gegrillten Seite nach oben in die Sauce legen. Den Deckel schließen und die Filets über **direkter mittlerer Hitze** 3–5 Min. garen, bis sie blättrig auseinanderfallen, wenn man mit der Spitze eines Messers hineinsticht.

4. Die Pfanne vom Grill nehmen. Die Filets mit Basilikum bestreuen und warm servieren.

HEILBUTT VORBEREITEN UND GRILLEN

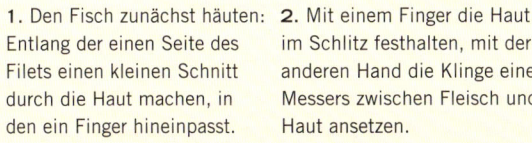

1. Den Fisch zunächst häuten: Entlang der einen Seite des Filets einen kleinen Schnitt durch die Haut machen, in den ein Finger hineinpasst.

2. Mit einem Finger die Haut im Schlitz festhalten, mit der anderen Hand die Klinge eines Messers zwischen Fleisch und Haut ansetzen.

3. Mit der Klinge vom Körper weg zwischen Fleisch und Haut schräg nach unten entlangfahren.

4. Die Fischfilets nur auf einer Seite grillen, bis sie sich leicht vom Rost lösen lassen.

5. Die Filets mit der gegrillten Seite nach oben in eine Pfanne mit warmer Tomatensauce legen.

6. Die Sauce hält den Fisch feucht, während er fertig gart.

GOLDMAKRELENFILETS HÄUTEN

1. Die Klinge eines langen, scharfen Messers auf einer Seite des Filets zwischen Haut und Fleisch ansetzen.

2. Das Filet mit der einen Hand festhalten, während die andere Hand das Messer über die Haut führt.

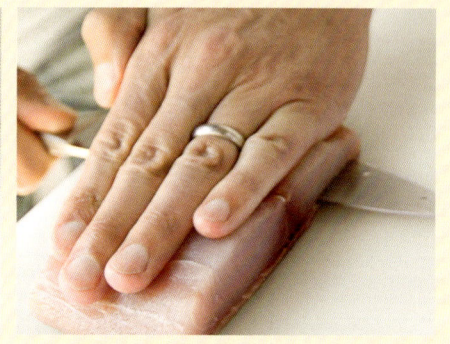

3. Das Messer aus Sicherheitsgründen beim Schneiden vom Körper weg führen und leicht nach unten geneigt halten, um nicht in das Fleisch des Filets zu schneiden.

ZUBEREITUNG VON MAIS-CHAMPIGNON-GEMÜSE

1. Die Grillzeit ist nur sehr kurz, deshalb sollten alle Zutaten vorher abgemessen und klein geschnitten, d.h. *mise en place* sein.

2. Die frischen Maiskörner in einer sehr heißen Pfanne anbraten, dabei gelegentlich umrühren, damit sie nicht aus der Pfanne springen.

3. Ziel ist es, den im Mais enthaltenen natürlichen Zucker zu karamellisieren. Dadurch werden die Maiskörner goldbraun und sehr süß.

4. Die Champignons in derselben heißen Pfanne anbraten. Je weniger man sie umrührt, desto brauner und aromatischer werden sie.

5. Tomatillos, schwarze Bohnen und Knoblauch nur so lange anbraten, bis der Knoblauch leicht braun wird.

6. Champignons und Mais dazugeben und würzen, aber nur noch kurz auf dem Feuer lassen, bis sich die Aromen verbunden haben.

GARGRAD BEI FISCHFILETS PRÜFEN

Steckt man einen Metallspieß in die Mitte eines Fischfilets und legt ihn dann rasch, aber vorsichtig an die Daumenwurzel, sollte er sich warm anfühlen. Ist er noch nicht warm, ist auch der Fisch noch nicht gar. Fühlt sich der Spieß jedoch heiß an, war der Fisch schon zu lange auf dem Feuer.

GOLDMAKRELE
MIT MAIS-CHAMPIGNON-GEMÜSE

FÜR 4 PERSONEN
ZUBEREITUNGSZEIT: 25 MIN.
MARINIERZEIT: BIS ZU 1 STD.

GRILLMETHODE: DIREKTE STARKE HITZE (230–290 °C)
GRILLZEIT: 13–15 MIN.
ZUBEHÖR: GUSSEISERNE PFANNE (Ø 30 CM)

FÜR DIE WÜRZMISCHUNG
    1 TL reines Chilipulver
    1 TL Knoblauchgranulat
    1 TL Paprikapulver
    1 TL grobes Meersalz
    ½ TL gemahlene Koriandersamen
    ½ TL gemahlener Kreuzkümmel
    ½ TL frisch gemahlener schwarzer Pfeffer

    4 Goldmakrelenfilets ohne Haut, je gut 200 g schwer und 2 cm dick
    4 EL Olivenöl

FÜR DAS GEMÜSE
    2 frische Maiskolben, Hüllblätter entfernt
    50 g Champignons ohne Stiele, geputzt
    3–4 mittelgroße Tomatillos (siehe Hinweis rechts unten)
    3 EL Olivenöl
    100 g gegarte schwarze Bohnen
    2 TL fein gehackter Knoblauch
    2 EL grob gehacktes Koriandergrün
    2 TL frisch gepresster Limettensaft
    ½ TL grobes Meersalz
    ¼ TL frisch gemahlener schwarzer Pfeffer
    Scharfe Chilisauce (Asia-Laden)

1. Die Zutaten für die Würzmischung in einer kleinen Schüssel vermengen. Die Goldmakrelenfilets von beiden Seiten großzügig mit Öl bestreichen und gleichmäßig mit der Würzmischung einreiben. Abdecken und bis zu 1 Std. kalt stellen.

2. Die Maiskörner vom Kolben schneiden (siehe Seite 175). Die Champignons zunächst in 0,5 cm dicke Scheiben, dann in 0,5–1 cm große Stücke schneiden. Die Tomatillos in 0,5–1 cm große Würfel schneiden. Alle Gemüse getrennt in kleinen Schüsseln bereitstellen.

3. Den Grill für direkte starke Hitze vorbereiten.

4. In einer gusseisernen Pfanne 1 EL Öl über **direkter starker Hitze** rauchend heiß erhitzen. Den Mais einfüllen und flach in der Pfanne verteilen. Etwa 2 Min. braten, bis die Maiskörner goldbraun und knusprig-zart sind, dabei mehrmals umrühren. Den Mais in eine mittelgroße Schüssel geben. Wieder 1 EL Öl in der Pfanne erhitzen. Wenn das Öl zu rauchen beginnt, die Champignons hineingeben und flach verteilen. Ohne Rühren 30 Sek. anbraten, dann einmal umrühren und etwa 3 Min. weiterbraten, bis die Champignonstücke gebräunt und weich sind. Die Champignons zum Mais in die Schüssel geben. Erneut 1 EL Öl in die Pfanne gießen und sofort die Tomatillos, die schwarzen Bohnen und den Knoblauch hinzufügen. Alles gut vermischen und etwa 30 Sek. anbraten, bis der Knoblauch braun wird. Mais und Champignons hinzufügen, die restlichen Zutaten einfüllen und etwa 1 Min. erhitzen. Abschmecken und bei Bedarf nachwürzen. Das Gemüse in eine mittelgroße Schüssel geben und abkühlen lassen, während der Fisch gegrillt wird.

5. Falls Sie mit Holzkohle grillen, müssen Sie wahrscheinlich einige Briketts nachlegen, damit die Glut für den Fisch ausreichend heiß ist. Die Goldmakrelenfilets über **direkter starker Hitze** bei geschlossenem Deckel 6–8 Min. grillen, bis sie vollständig gar, aber noch saftig sind. Einmal wenden.

6. Die warmen Fischfilets mit dem Gemüse servieren.

Tomatillos sind eine Physalis-Art und sehen aus wie grüne Tomaten. Mit ihrem leicht säuerlichen Geschmack sind sie eine beliebte Zutat in mexikanischen Salsas, Eintöpfen und Gemüsegerichten.

GEGRILLTES THUNFISCH-POKE

FÜR 4 PERSONEN ALS VORSPEISE
ZUBEREITUNGSZEIT: 15 MIN.

GRILLMETHODE: DIREKTE STARKE HITZE (230–290 °C)
GRILLZEIT: ETWA 2 MIN.

2 EL getrocknete japanische Arame-Algen oder andere essbare Algen, frisch oder getrocknet (Asia-Laden)
4 EL fein gewürfelte milde Zwiebel
4 EL in feine Ringe geschnittene Frühlingszwiebeln, nur weiße und hellgrüne Teile
2 EL Sojasauce
1 EL dunkles Sesamöl
1 TL frisch geriebener Ingwer
½ TL fein gehackte scharfe Chilischote (vorzugsweise Serrano)

2 Thunfischfilets (Sushi-Qualität!), je etwa 200 g schwer und etwa 2 cm dick
Pflanzenöl
Grobes Meersalz oder rotes Hawaii-Alaea-Salz
Frisch gemahlener schwarzer Pfeffer
2 EL gerösteter Sesam
1 Zitrone, geachtelt (nach Belieben)

Poke ist ein beliebtes haiwaiianisches Gericht aus klein gewürfeltem rohem Fisch mit Algen oder Nüssen und einem Dressing. In diesem Rezept gewinnt der Fisch durch kurzes Grillen an Aroma und Textur. Getrocknete Algen müssen vor der Verwendung etwa 15 Min. in Wasser eingeweicht werden.

1. Wenn Sie getrocknete Algen verwenden, diese in einer kleinen Schüssel mit Wasser bedecken und 15 Min. einweichen. In ein Sieb abgießen, abtropfen lassen und vor der Verwendung grob hacken.

2. Den Grill für direkte starke Hitze vorbereiten.

3. Zwiebeln, Frühlingszwiebeln, Sojasauce, Sesamöl, Ingwer und Chili in einer mittelgroßen Schüssel vermischen. Die Algen hinzufügen.

4. Die Thunfischfilets mit Öl bestreichen, leicht salzen und pfeffern und die Gewürze in das Fleisch klopfen. Den Grillrost mit der Bürste reinigen. Die Filets über **direkter starker Hitze** bei geöffnetem Deckel etwa 2 Min. grillen, bis sie außen gebräunt, aber innen noch roh sind. Einmal wenden.

5. Die Filets auf ein Schneidebrett geben und in etwa fingerdicke Würfel schneiden. In die Schüssel mit den übrigen Zutaten geben und alles vermischen. Das Thunfisch-Poke gleichmäßig auf Servierschalen verteilen. Mit Sesam bestreuen und warm servieren. Nach Belieben Zitronenspalten dazu reichen.

SALAT VON GERÄUCHERTEM THUNFISCH UND GEGRILLTER MANGO

FÜR 4–6 PERSONEN
ZUBEREITUNGSZEIT: 30 MIN.

GRILLMETHODE: DIREKTE MITTLERE HITZE (175–230 °C)
GRILLZEIT: ETWA 10 MIN.
ZUBEHÖR: 4–6 ZEDERNHOLZBLÄTTER (SIEHE FOTO UNTEN) UND KÜCHENGARN, ALLES 10 MIN. GEWÄSSERT

FÜR DAS DRESSING
- 5 EL Honig
- 3 EL Dijon-Senf
- 2 EL Reisessig
- 2 EL Mayonnaise
- ½ TL grobes Meersalz
- ¼ TL Chilipulver (Gewürzmischung)

- 2 feste, aber reife Mangos
- Pflanzenöl
- 200 g Zuckerschoten
- ¼ TL grobes Meersalz
- 2 Thunfischsteaks, je etwa 450 g schwer und 2,5 cm dick
- 150 g gemischte zarte grüne Salatblätter, gewaschen und trocken geschwenkt
- 125 g geröstete, gesalzene Cashewkerne
- Frisch gemahlener schwarzer Pfeffer

1. Die Zutaten für das Dressing in einer kleinen Schüssel mit dem Schneebesen verrühren. 5 EL als Dressing für den Thunfisch beiseitestellen.

2. Die Mangos aufschneiden (siehe Seite 139). Vorsichtig, ohne die Schale zu verletzen, das Fruchtfleisch kreuzweise einschneiden, sodass Würfel entstehen. Die Mangohälften mit Öl bestreichen.

3. Die Zuckerschoten auf eine Hälfte eines 30 x 30 cm großen Stücks Alufolie legen und salzen. Die andere Hälfte der Folie darüberklappen und die Seiten fest verschließen. Jedes Thunfischsteak in gleichmäßige Streifen von passender Länge schneiden und diese jeweils auf ein Zedernblatt legen. Den Fisch großzügig mit dem Dressing bestreichen und die Blätter von beiden Seiten einrollen. Mit Küchengarn fixieren.

4. Den Grill für direkte mittlere Hitze vorbereiten. Den Grillrost mit der Bürste reinigen. Die Zedernbündel über **direkter mittlerer Hitze** bei geschlossenem Deckel etwa 6 Min. grillen, bis der Thunfisch rosa, aber noch saftig ist. Einmal wenden. Sollte das Zedernholz Feuer fangen, mit Wasser besprühen. Die Bündel vom Grill nehmen, das Küchengarn aufschneiden, den Fisch herausheben und abkühlen lassen. Vorsichtig zerteilen.

5. Die Mangos und das Folienpaket mit den Zuckerschoten über **direkte mittlere Hitze** legen und bei geschlossenem Deckel etwa 4 Min. garen, dabei einmal wenden. Vom Grill nehmen. Die Folie öffnen und den Dampf entweichen lassen, damit das Gemüse nicht zerkocht. Wenn die Mangos handwarm sind, aus jeder Hälfte das Fruchtfleisch nach außen stülpen. So lassen sich die Würfel leicht herauslösen.

6. Die Salatblätter gleichmäßig auf Teller verteilen. Mit gegrillter Mango, Zuckerschoten, Thunfischstückchen und Cashewkernen belegen. Mit etwas Dressing beträufeln und mit frisch gemahlenem Pfeffer bestreuen.

THUNFISCH IN ZEDERNHOLZBLÄTTERN RÄUCHERN

1. Die Zedernholzblätter und das Küchengarn 10 Min. wässern. Das spezielle Grillpapier *(cedar papers)* ist nur über das Internet erhältlich, z.B. bei www.fireandflavor.com

2. Die Thunfischsteaks in Streifen von passender Länge schneiden. Je ein Stück parallel zur Maserung des Holzes auf ein Zedernblatt legen und mit Dressing bestreichen.

3. Das Zedernblatt von beiden Seiten einrollen und mit Küchengarn fixieren.

4. Auf jeder Seite einige Minuten grillen, sodass der Fisch im sich entwickelnden Rauch garen kann.

Beim Grillen von Fisch und Meeresfrüchten zählen vor allem Frische und Festigkeit. Ein Rezept, das beispielsweise nach Zackenbarsch verlangt, gelingt nicht nur mit diesem Fisch. Wenn bei Ihrem Fischhändler am Tag Ihres Einkaufs der Zackenbarsch nicht frisch ist, nehmen Sie etwas anderes – Hauptsache frisch und fest. Gute Alternativen wären in diesem Fall Schwertfisch, Jakobsmuscheln, Garnelen oder Seebarsch.

FISCH VOM GRILL IN KARIBISCHER ZITRUSMARINADE

FÜR 6 PERSONEN
ZUBEREITUNGSZEIT: 15 MIN.
MARINIERZEIT: 3 STD.

GRILLMETHODE: DIREKTE STARKE HITZE (230–290 °C)
GRILLZEIT: FISCHFILETS 8–10 MIN., GARNELEN UND JAKOBSMUSCHELN 4–6 MIN.

FÜR DIE MARINADE
2 TL fein abgeriebene Schale von 1 Bio-Orange
125 ml frisch gepresster Orangensaft
1 TL fein abgeriebene Schale von 1 Bio-Limette
4 EL frisch gepresster Limettensaft
4 EL Olivenöl
4 EL reines Chilipulver
1½ EL fein gehackter Knoblauch
1½ TL gemahlene Koriandersamen
1 TL fein gehackte Chilischote (vorzugsweise Jalapeño)
¾ TL gemahlener Piment
¾ TL frisch gemahlener schwarzer Pfeffer
¼ TL Cayennepfeffer

6 Fischfilets (Zackenbarsch, Seebarsch, Flunder, Kabeljau oder Heilbutt) mit Haut, je etwa 150 g schwer und 2,5 cm dick, oder 700 g große Garnelen oder ausgelöste Jakobsmuscheln
Olivenöl
Grobes Meersalz

1. Die Zutaten für die Marinade in einer mittelgroßen Schüssel vermischen. Etwa 5 EL der Marinade kalt stellen und später mit dem gegrillten Fisch servieren.

2. Die Fischfilets oder Meeresfrüchte nebeneinander in ein etwa 20 x 20 cm großes flaches Gefäß geben. Mit der restlichen Marinade begießen und darin wenden. Abdecken und 3 Std. im Kühlschrank marinieren.

3. Den Grill für direkte starke Hitze vorbereiten.

4. Fisch oder Meeresfrüchte aus der Marinade nehmen (die Marinade wird nicht mehr gebraucht), dünn mit Öl bestreichen und leicht salzen.

5. Den Grillrost mit der Bürste reinigen. Die Fischfilets mit der Hautseite nach oben über **direkter starker Hitze** bei geschlossenem Deckel 8–10 Min. grillen, bis das Fleisch innen nicht mehr glasig ist. Nach 6–7 Min., wenn sich die Filets leicht vom Grillrost lösen, einmal wenden. Garnelen oder Jakobsmuscheln über **direkter starker Hitze** 4–6 Min. grillen, dabei einmal wenden. Fischfilets oder Meeresfrüchte auf Tellern anrichten und die kalt gestellte Marinade darüberlöffeln.

SCHWERTFISCH MIT GEMÜSE-ESCABECHE

FÜR 4 PERSONEN
ZUBEREITUNGSZEIT: 30 MIN.
MARINIERZEIT: BIS ZU 2 STD.

GRILLMETHODE: DIREKTE MITTLERE HITZE (175–230 °C)
GRILLZEIT: 14–18 MIN.

FÜR DIE MARINADE
- 125 ml Olivenöl
- 3 EL Sherry-Essig
- 1 EL fein gehackter Knoblauch
- 1 TL getrockneter Oregano
- ¾ TL grobes Meersalz
- ½ TL zerstoßene rote Chiliflocken
- ¼ TL frisch gemahlener schwarzer Pfeffer

- 8 Champignons
- 2 Eiertomaten, längs halbiert und entkernt
- 1 große, fleischige milde Chilischote (vorzugsweise Anaheim)
- 1 kleiner gelber oder grüner Zucchino, längs halbiert
- 4 Schwertfischsteaks, je etwa 250 g schwer und etwa 2,5 cm dick

FÜR DIE ESCABECHE
- 250 ml Hühnerbrühe
- 1 EL Sherry-Essig
- ¼ TL getrockneter Oregano
- 1 kräftige Prise frisch gemahlener schwarzer Pfeffer

1. Die Zutaten für die Marinade in einer kleinen Schüssel verquirlen. 4 EL davon in eine mittelgroße Schüssel geben, das Gemüse hinzufügen und alles gut vermischen.

2. Die Steaks nebeneinander in ein flaches Gefäß legen. Die restliche Marinade darübergießen und die Steaks darin wenden. Mit Fischhaltefolie abdecken und bis zu 2 Std. kalt stellen.

3. Den Grill für direkte mittlere Hitze vorbereiten. Den Grillrost mit der Bürste reinigen. Das Gemüse über **direkter mittlerer Hitze** bei geschlossenem Deckel 6–8 Min. grillen, bis es knapp gar ist; gelegentlich wenden. Das Gemüse vom Grill nehmen.

4. Die Chilischote in eine Schüssel geben und mit Plastikfolie abdecken. Wenn sie genügend abgekühlt ist, Haut, Stielansatz und Samen entfernen. Alle Gemüse grob hacken.

5. Die Zutaten für die Escabeche in einer mittelgroßen Pfanne vermischen und aufkochen. Das Gemüse hinzufügen, in der Pfanne verteilen und 3–5 Min. garen. Die Pfanne vom Herd nehmen, abdecken und warm stellen.

6. Die Schwertfischsteaks aus der Marinade nehmen. Überschüssige Marinade abtropfen lassen (die Marinade wird nicht mehr gebraucht). Den Grillrost mit der Bürste reinigen. Die Steaks über **direkter mittlerer Hitze** bei geschlossenem Deckel 8–10 Min. grillen, bis der Fisch innen nicht mehr glasig, aber noch saftig ist. Einmal wenden. Den Schwertfisch warm mit der Escabeche servieren.

ZUBEREITUNG VON SCHWERTFISCH-ESCABECHE

1. Für diese Zubereitungsart eignet sich auch jeder andere festfleischige Fisch. Die harte Außenhaut vor dem Marinieren entfernen.

2. Durch das Grillen des Gemüses wird der Geschmack intensiver und raffinierter.

3. Als Escabeche bezeichnet man ein Fischgericht in pikanter Essigsauce. Das gegrillte Gemüse macht sie noch schmackhafter.

FISCHFILETS IN BANANENBLÄTTERN GRILLEN

Je näher man dem Äquator kommt, desto häufiger legt man Fisch, Gemüse, Reis oder Tamal (Maiskuchen) in Bananenblätter gewickelt zum Dämpfen auf den Grill. Die preiswerten Blätter, die tiefgefroren in vielen Asia-Läden erhältlich sind, halten das Grillgut feucht und verleihen ihm zusätzlich ein feines, teeähnliches Aroma. Ob man die Blätter vor der Verwendung einige Stunden im Kühlschrank auftaut oder kurz mit kochendem Wasser übergießt – wichtig ist, dass sie weich und biegsam sind.

1. Die Blätter rechteckig zuschneiden – groß genug, dass man jeweils ein Filet gut einwickeln kann. Die feste Seitenrippe am Rand intakt lassen, sie hält das Blatt zusammen.

2. Die zugeschnittenen Blätter auf beiden Seiten mit einem feuchten Tuch säubern, dabei in Faserrichtung wischen, damit keine Risse entstehen.

3. Den marinierten Fisch in die Mitte des Blatts legen, dann das Blatt von beiden Seiten darüberklappen.

4. Nun die beiden Enden so umklappen, dass sie in der Mitte übereinanderliegen. Wenn das Blatt Risse bekommt, das Paket in ein weiteres Blatt einwickeln.

5. Die Blätter mit einem Zahnstocher fixieren, dabei nur durch die Blattschichten, nicht in den Fisch stechen.

6. Jedes Paket großzügig mit Wasser bestreichen, damit es nicht austrocknet. Die Pakete auf ein Backblech legen und bis zum Grillen mit feuchten Küchentüchern abdecken.

7. Die Holzkohle auf mittlere Hitze herunterbrennen lassen.

8. Die Fischpakete überwiegend mit den Zahnstochern nach oben grillen, damit das Holz nicht Feuer fängt.

9. Nach Ende der Garzeit die Bananenblätter aufklappen und den Fisch direkt darauf stilvoll servieren.

KOHLENFISCH MIT INGWER UND MISO IM BANANENBLATT GEGRILLT

FÜR 6 PERSONEN
ZUBEREITUNGSZEIT: 20 MIN.
MARINIERZEIT: 2 STD.

GRILLMETHODE: DIREKTE MITTLERE HITZE (175–230 °C)
GRILLZEIT: 8–10 MIN.
ZUBEHÖR: ZAHNSTOCHER

FÜR DIE MARINADE
- 5 EL weiße Misopaste (Asia-Laden)
- 4 EL Kokosmilch
- 2 TL fein gehackter Knoblauch
- 2 TL Zucker
- 1 TL fein geriebener frischer Ingwer

- 6 Kohlenfischfilets (auch als Schwarzfisch oder engl. Sablefish bekannt) oder Kabeljaufilets, je etwa 150 g schwer und 1,5 cm dick
- 6 Bananenblätter, je etwa 30 x 30 cm groß
- 6 Frühlingszwiebeln, nur weiße und hellgrüne Teile, in feine Ringe geschnitten
- 1½ TL nicht zu salzige Sojasauce
- 1–1,5 kg gedämpfter Reis (nach Belieben)

1. Die Zutaten für die Marinade in einer kleinen Schüssel zu einer Paste vermengen. Die Fischfilets auf allen Seiten damit bestreichen. Mit Frischhaltefolie abdecken und 2 Std. im Kühlschrank marinieren.

2. Die Bananenblätter unter fließendem kaltem Wasser abspülen oder mit einem feuchten, weichen Tuch vorsichtig abwischen.

3. Den Grill für direkte mittlere Hitze vorbereiten.

4. Überschüssige Marinade von den Filets entfernen (die Marinade wird nicht mehr gebraucht). Je 1 Filet in die Mitte eines Bananenblatts legen. Mit etwas Frühlingszwiebeln bestreuen und das Bananenblatt um das Filet zu einem Paket falten (siehe Seite 214). Das Blatt mit einem Zahnstocher feststecken, ohne dabei in den Fisch zu stechen. Die fertigen Pakete auf beiden Seiten mit Wasser einpinseln.

5. Den Grillrost mit der Bürste reinigen. Die Pakete über **direkter mittlerer Hitze** bei geschlossenem Deckel 8–10 Min. grillen, bis die Blätter schwarze Stellen aufweisen. Einmal wenden. (Falls die Blätter durchschmoren, die Pakete über indirekte mittlere Hitze legen.) Ein Paket vom Grill nehmen und den Gargrad des Fischs prüfen. Er ist gar, wenn er auch innen nicht mehr glasig ist. Andernfalls noch einige Min. weitergrillen.

6. Jedes Paket vorsichtig öffnen. Gräten, falls vorhanden, aus den Filets entfernen. Jedes Filet mit wenig Sojasauce (nach Geschmack auch mehr) beträufeln und nach Belieben mit gedämpftem Reis servieren.

RED SNAPPER ODER ROTBARSCH FILETIEREN

1. Den Fisch schuppen und den Kopf entfernen. Entlang des Rückgrats auf der ganzen Länge einen flachen Schnitt anbringen.

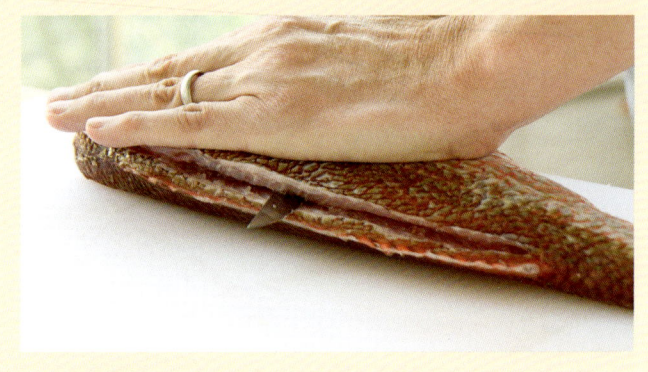

2. Das Messer zwischen dem oberen Filet und den Gräten gerade hindurchziehen.

3. Mit der anderen Hand den Fisch stabil halten, während man das Messer vom Kopfende bis zum Schwanz zieht. Das obere Filet abheben.

4. Den Fisch umdrehen und auf der anderen Seite des Rückgrats einen zweiten flachen Schnitt anbringen.

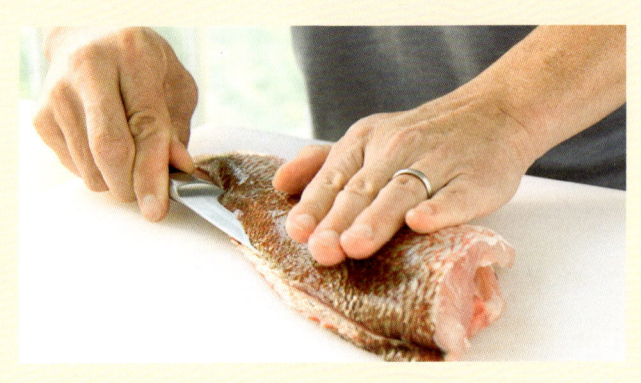

5. Mit der Messerspitze oberhalb der Gräten immer tiefer einschneiden.

6. Mit der anderen Hand den bereits abgelösten Teil des Filets vorsichtig anheben.

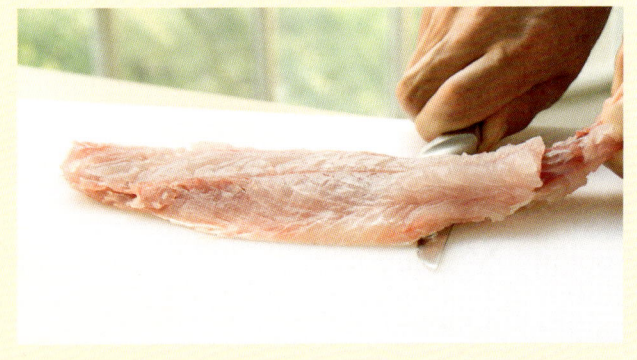

7. Zum Häuten der Filets das Ende der Haut mit den Fingerspitzen festhalten und das Messer unter dem Fleisch hindurchführen.

8. Die Filets in Portionen teilen.

ROTBARSCH IN KOKOSMILCHBRÜHE

FÜR 8 PERSONEN
ZUBEREITUNGSZEIT: 20 MIN.

GRILLMETHODE: DIREKTE STARKE HITZE (230–290 °C)
GRILLZEIT: 4–5 MIN.

FÜR DIE BRÜHE
    3 EL Erdnussöl
    2–3 fein gewürfelte Möhren
    4 EL fein gehackte Schalotten
    1 TL frisch geriebener Ingwer
    1 TL fein abgeriebene Schale von 1 Bio-Limette
    400 ml Kokosmilch
    125 ml Wasser
    3 EL frisch gepresster Limettensaft
    1 EL Zucker
    2 TL gehackte oder in feine Streifen geschnittene rote Thai-Chilis
    1 TL Fischsauce (Asia-Laden)

    8 Rotbarschfilets (oder Red Snapper) ohne Haut, je etwa 180–230 g schwer und etwa 1,5 cm dick
    Erdnuss- oder Rapsöl
    Grobes Meersalz
    Frisch gemahlener schwarzer Pfeffer

1. Das Öl in einem kleinen Topf auf mittlerer Stufe erhitzen. Möhren, Schalotten, Ingwer und Limettenschale hinzufügen. Unter häufigem Rühren 3–5 Min. dünsten, bis die Möhren weich sind. Die restlichen Zutaten für die Brühe hinzufügen, alles gut vermischen und 2–3 Min. köcheln lassen.

2. Den Grill für direkte starke Hitze vorbereiten. Die Filets auf beiden Seiten dünn mit Öl bestreichen und mit Salz und Pfeffer würzen. Den Grillrost mit der Bürste reinigen. Den Fisch über *direkter starker Hitze* bei geschlossenem Deckel 4–5 Min. grillen, bis er fast blättrig zerfällt, wenn man mit einer Messerspitze hineinsticht. Einmal mit dem Grillwender umdrehen. Inzwischen die Brühe auf mittlerer Stufe erhitzen.

3. Die Brühe gleichmäßig auf acht tiefe Teller verteilen. Jeweils 1 Filet in die Mitte setzen und warm servieren.

VERWENDUNG EINER GRILLPFANNE FÜR GEMÜSE UND FISCH

1. Die Fischfilets auf beiden Seiten mit einem Pinsel großzügig mit Marinade bestreichen.

2. Die Grillpfanne vor dem Grillen etwa 10 Min. über mittlerer Hitze vorheizen, damit das Grillgut nicht ansetzt.

3. Das Gemüse auf die Grillpfanne legen und grillen, bis es gebräunt und weich ist.

4. Die Fischfilets zuerst mit der Fleischseite nach unten grillen. Erst dann mit einem Grillwender umdrehen, wenn sie sich leicht von der Grillpfanne lösen.

MEXIKANISCHER FISCH AUS DER GRILLPFANNE

FÜR 4 PERSONEN
ZUBEREITUNGSZEIT: 15 MIN.
MARINIERZEIT: 30 MIN.

GRILLMETHODE: DIREKTE MITTLERE HITZE (230–290 °C)
GRILLZEIT: 16–20 MIN.
ZUBEHÖR: GELOCHTE GRILLPFANNE

FÜR DIE MARINADE
- 4 EL Olivenöl
- 4 TL frisch gepresster Limettensaft
- 2 TL reines Chilipulver
- 1½ TL grobes Meersalz
- ½ TL gemahlener Kreuzkümmel
- ½ TL Knoblauchgranulat
- ½ TL getrockneter Oregano
- ½ TL Paprikapulver

- 4 Dorsch-, Zackenbarsch- oder Rotbarschfilets mit Haut, je 180–230 g schwer und etwa 2 cm dick
- Grobes Meersalz

- 2 milde Chilischoten (vorzugsweise Poblano), Stielansatz und Samen entfernt, in 1 cm breite Ringe geschnitten
- 4 Eiertomaten, entkernt und in 1 cm dicke Scheiben geschnitten
- 8 Knoblauchzehen, geschält
- 4 große Frühlingszwiebeln, gewaschen und Enden entfernt

1. Die Zutaten für die Marinade in einer kleinen Schüssel vermischen. 2 EL davon in eine große Schüssel geben.

2. Die Fischfilets nebeneinander auf ein Backblech legen und die Marinade aus der kleinen Schüssel gleichmäßig über die Filets gießen. Die Filets leicht salzen, mit Frischhaltefolie abdecken und bei Zimmertemperatur 30 Min. marinieren.

3. Chili, Tomaten, Knoblauch und Frühlingszwiebeln in die große Schüssel geben und mit der Marinade vermischen.

4. Den Grill für direkte mittlere Hitze vorbereiten. Den Grillrost mit der Bürste reinigen. Die Grillpfanne etwa 10 Min. über **direkter mittlerer Hitze** vorheizen. Wenn sie heiß ist, das Gemüse daraufgeben und bei geschlossenem Deckel 6–8 Min. grillen, bis die Chilis und Tomaten weich und der Knoblauch und die Frühlingszwiebeln gebräunt sind. Gelegentlich wenden. Das Gemüse aus der Pfanne nehmen und beiseitestellen. Die Fischfilets mit der Haut nach oben auf die Grillpfanne legen und über **direkter mittlerer Hitze** bei geschlossenem Deckel 10–12 Min. grillen, bis sie nicht mehr glasig, aber noch saftig sind. Wenn sich der Fisch gut von der Pfanne lösen lässt, einmal vorsichtig wenden.

5. Die Fischfilets und das Gemüse auf einer Servierplatte anrichten und warm servieren.

GANZER FELSENBARSCH MIT MAROKKANISCHER MARINADE

FÜR 4–6 PERSONEN
ZUBEREITUNGSZEIT: 10 MIN.
MARINIERZEIT: 2–3 STD.

GRILLMETHODE: DIREKTE MITTLERE HITZE (175–230 °C)
GRILLZEIT: 12–15 MIN.

FÜR DIE MARINADE
  5 EL Olivenöl, plus etwas mehr zum Bestreichen
  4 EL frisch gepresster Zitronensaft
  4 EL gehackte frische glatte Petersilie
  4 EL gehacktes Koriandergrün
  1 EL fein gehackter Knoblauch
  1½ TL edelsüßes Paprikapulver
  1 TL gemahlener Kreuzkümmel
  1 TL grobes Meersalz
  ½ TL frisch gemahlener schwarzer Pfeffer
  ¼ TL Cayennepfeffer

  2 ganze Felsen- oder Wolfsbarsche, je 700–1000 g, geschuppt, ausgenommen und Flossen entfernt

1. Die Zutaten für die Marinade in einer mittelgroßen Schüssel vermischen. Von der Marinade 5 EL beiseitestellen.

2. Die Fische auf beiden Seiten im Abstand von 2–3 cm drei- bis viermal etwa 1 cm tief schräg einschneiden.

3. Die Fische auf ein Backblech legen, innen und außen sowie in den Einschnitten gründlich mit der Marinade bestreichen. Die Fische mit Frischhaltefolie abdecken und 2–3 Std. im Kühlschrank marinieren.

4. Den Grill für direkte mittlere Hitze vorbereiten.

5. Die Fische aus dem Kühlschrank nehmen und zusätzlich mit etwas Olivenöl bestreichen. Über **direkter mittlerer Hitze** bei geschlossenem Deckel 12–15 Min. grillen, bis das Fleisch am Rückgrat nicht mehr glasig, aber noch saftig ist. Einmal vorsichtig wenden. Die Fische auf eine Platte legen und die beiseitegestellte Marinade darüberträufeln. Nach Belieben mit dem Relish (siehe Rezept unten) servieren.

RELISH MIT GEGRILLTER PAPRIKA UND OLIVEN
ZUBEREITUNGSZEIT: 10 MIN.

  2 gegrillte rote Paprikaschoten (siehe Seite 290), gehäutet, Samen entfernt, fein gewürfelt
  1 Zitrone, filetiert, Fruchtfleisch grob gehackt
  100 g schwarze Oliven, entsteint, grob gehackt
  5 EL Olivenöl
  2 EL frisch gepresster Zitronensaft
  2 EL gehacktes Koriandergrün
  Grobes Meersalz
  Frisch gemahlener schwarzer Pfeffer

Die Zutaten in einer mittelgroßen Schüssel vermischen, nach Geschmack salzen und pfeffern. Vor dem Servieren bei Zimmertemperatur 30 Min. ziehen lassen.

GANZEN FISCH VORBEREITEN

1. Den Fisch schuppen und die Brustflossen mit einer Küchenschere wegschneiden.

2. Die stacheligen Rückenflossen ebenfalls wegschneiden.

3. Auch die Bauchflossen mit der Schere entfernen.

4. Den Fisch auf beiden Seiten drei- bis viermal im Abstand von 2–3 cm etwa 1 cm tief schräg einschneiden.

FORELLE IM KORB GRILLEN

Einen Fisch im Ganzen zu grillen, ohne dass er mit der Haut am Rost kleben bleibt, ist gar nicht so einfach. Mit Hilfe eines Fischkorbs lässt sich dies vermeiden. Wichtig ist, den Korb selbst gut einzuölen, damit sich der Fisch nach dem Grillen sauber ablösen lässt.

1. Hier wird der Fisch auf ein Bett von Orangenscheiben in den Korb gelegt.

2. Bei dieser Zubereitung verbindet sich der Orangensaft mit der Sake-Marinade auf dem Fisch.

3. Der bewegliche Teil des Fischkorbs sollte fest auf der oberen Schicht Orangenscheiben aufliegen, damit sich beim Grillen nichts verschiebt.

4. Der Fisch kann so auch ohne Grillrost gegrillt werden. Man hält den Korb mit den Händen (unbedingt Grillhandschuhe anziehen!) über die Glut und wendet ihn ab und zu, damit alles gleichmäßig gart.

5. Falls Flammen hochschlagen, den Fischkorb rasch vom Feuer wegdrehen.

6. Die Orangen sollen leicht verkohlt, der Fisch gut durchgegart und die Haut nicht verbrannt sein.

FORELLE IN SAKE MARINIERT

FÜR 4 PERSONEN
ZUBEREITUNGSZEIT: 25 MIN.
MARINIERZEIT: 15–30 MIN.

GRILLMETHODE: DIREKTE MITTLERE HITZE (175–230 °C)
GRILLZEIT: ETWA 8 MIN.
ZUBEHÖR: FISCHKORB

FÜR DIE MARINADE
- 75 ml Sake oder trockener Sherry
- 4 EL Sojasauce
- 4 EL Mirin (süßer Reiswein; Asia-Laden)
- 2 EL fein gehackter frischer Ingwer
- 2 EL Reisweinessig (Asia-Laden)
- 2 Knoblauchzehen, fein gehackt
- ¼ TL zerstoßene rote Chiliflocken

- 4 ganze Forellen, je etwa 350 g, ausgenommen, geschuppt und entgrätet
- Pflanzenöl
- 4–6 Orangen, in 32 gut 0,5 cm dicke Scheiben geschnitten

1. Die Zutaten für die Marinade in einer mittelgroßen Schüssel verquirlen. Die Forellen in einen großen, wiederverschließbaren Plastikbeutel geben und die Marinade hineingießen. Die Luft aus dem Beutel streichen, den Beutel verschließen und mehrmals wenden, um die Marinade zu verteilen. Anschließend 15–30 Min. kalt stellen. Den Fisch nicht zu lange in der Marinade lassen (obschon diese Marinade nicht sehr säurehaltig ist, könnten Reiswein und Sojasauce das zarte Forellenaroma übertönen).

2. Die Forellen aus dem Beutel nehmen und auf ein Backblech legen. Die Marinade durch ein Sieb in einen mittelgroßen Topf gießen und bei mittlerer Hitze aufkochen. In 10–15 Min. sirupartig auf etwa 4 EL einkochen, dann beiseitestellen.

3. Den Grill für direkte mittlere Hitze vorbereiten.

4. Den Fischkorb innen dünn mit Öl bestreichen. 4 Orangenscheiben nebeneinander in den Korb geben und eine Forelle darauflegen. Mit 4 weiteren Orangenscheiben belegen. Mit den übrigen Forellen ebenso verfahren, dann den Fischkorb fest verschließen. (Ist der Grillkorb zu klein, kann man die Fische auch nacheinander grillen.) Die Forellen über **direkter mittlerer Hitze** bei offenem Deckel etwa 8 Min. grillen, bis das Fleisch innen nicht mehr durchsichtig ist und Fischhaut und Orangen gebräunt sind. Den Korb alle 2 Min. wenden und auf dem Grill verschieben, damit die Fische gleichmäßig gar werden. Die Fische mit einem Grillwender vorsichtig aus dem Korb heben und auf einer Servierplatte anrichten. Heiß mit der eingekochten Marinade servieren.

FORELLE VORBEREITEN

1. Brustbein mit der Schere, Kopf mit dem Messer abtrennen.

2. Die Rückenflosse abschneiden.

3. Beide Bauchflossen abschneiden.

4. Die Seitenflosse am hinteren Ende abschneiden.

5. Die sehr schmalen Ränder am Bauch wegschneiden.

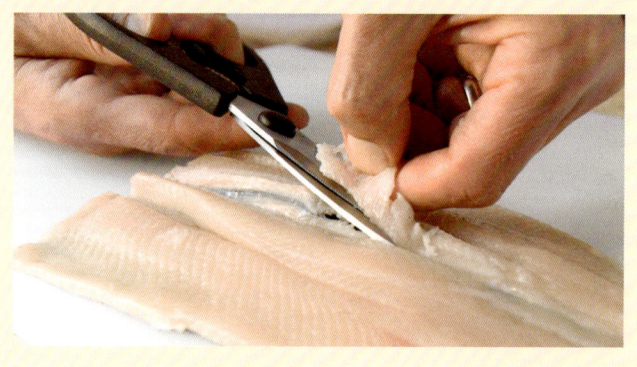

6. Das zwischen den Filets liegende Stück Rückgrat herausschneiden.

EINE ORANGE FILETIEREN

1. Die Enden abschneiden und die Orange aufrecht stellen. Schale und weiße Haut portionsweise wegschneiden, dabei so wenig Fruchtfleisch wie möglich entfernen.

2. Die einzelnen Segmente über einer Schüssel aus den Trennhäuten herausschneiden.

3. Das »Orangenskelett« über einer weiteren Schüssel ausdrücken und den Saft auffangen.

4. Die Orangenfilets für den Salat und den Saft für das Dressing verwenden.

Die eingeweichten Zedernbretter auf dem Grill erhitzen, bis sie Rauch abgeben und braun werden. Die Bretter umdrehen und die Forellen daraufleifen, um sie im Rauch zu garen.

AUF DEM ZEDERNBRETT GEGRILLTE FORELLE MIT RUCOLA-FENCHEL-ORANGEN-SALAT

FÜR 4–6 PERSONEN
ZUBEREITUNGSZEIT: 20–25 MIN.

GRILLMETHODE: DIREKTE MITTLERE BIS STARKE HITZE (190–230 °C)
GRILLZEIT: 11–18 MIN.
ZUBEHÖR: ZWEI UNBEHANDELTE ZEDERNHOLZBRETTER, JE 30–40 CM LANG UND ETWA 1,5 CM DICK, MIND. 1 STD. GEWÄSSERT

- 2 EL Rotweinessig
- 1 kleine Schalotte, fein gehackt
- 2 Bio-Orangen
- 4 EL Traubenkernöl
- Grobes Meersalz
- Frisch gemahlener schwarzer Pfeffer

- 4 ganze, entgrätete Forellen, je etwa 350 g, ausgenommen, Kopf, Flossen und Schwanz entfernt (siehe Seite 222)
- Olivenöl

- 3 Handvoll Rucolablätter
- 1 mittelgroße Fenchelknolle, Strunk entfernt, in feine Streifen geschnitten

1. Essig und Schalotte in eine kleine Schüssel geben. Die Schale einer Orange abreiben und hinzufügen. Die Orangen anschließend schälen und filetieren, den Saft auffangen (siehe Seite 222). Die Orangenfilets beiseitestellen. Den Orangensaft (es sollten etwa 4 EL sein) und die Schalotten-Essig-Mischung mit dem Schneebesen verquirlen. Das Öl langsam hineinträufeln und weiterschlagen. Mit Salz und Pfeffer abschmecken und beiseitestellen.

2. Den Grill für direkte mittlere bis starke Hitze vorbereiten. Die Forellen mit kaltem Wasser abspülen und mit Küchenpapier trocken tupfen. Die Innenseite dünn mit Öl bestreichen und großzügig mit Salz und Pfeffer würzen.

3. Die eingeweichten Zedernbretter über **direkte mittlere bis starke Hitze** legen und den Deckel schließen. Die Bretter nach 5–10 Min., wenn sie zu rauchen beginnen, umdrehen und auf jedem Brett 2 Forellen leicht überlappend anordnen. Über **direkter mittlerer bis starker Hitze** bei geschlossenem Deckel 6–8 Min. grillen, bis sich der Fisch fest anfühlt und durchgegart ist.

4. Die Fische einzeln mit einem Grillwender vorsichtig vom Brett heben und aufgeklappt wie ein Buch mit der Haut nach unten auf Servierteller legen.

5. Die Rucolablätter und die Orangenfilets mit dem Fenchel in separate Schüsseln geben. Beides salzen und pfeffern und mit der beiseitegestellten Orangen-Vinaigrette vermischen. Einen Teil der Orangen-Fenchel-Mischung auf die Fische geben, etwas Rucolasalat darüberstreuen und mit der restlichen Orangen-Fenchel-Mischung garnieren.

KALMAR ZUBEREITEN UND GRILLEN

1. Sind ganze Kalmare (links) küchenfertig vorbereitet, bleiben am Ende der schlauchartige Körper und einzelne Fangarme übrig (rechts).

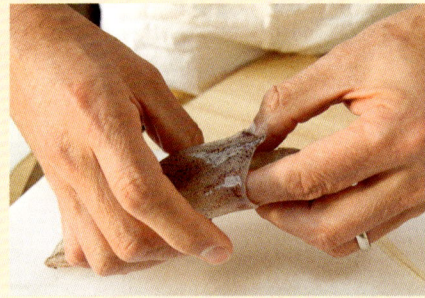

2. Zuerst die Fangarme mit Kopf aus dem Körper ziehen. Nun kann man ins Innere greifen und den Schulp (Fischbein) aus Chitin herausziehen.

3. Den transparenten Schulp ganz aus dem Körperbeutel ziehen und wegwerfen.

4. Den Körperbeutel fest zusammendrücken, um die Innereien zu entfernen.

5. Die rötlich braune Haut fassen und abziehen. Haut und Innereien wegwerfen.

6. Die Fangarme knapp vor den Augen abtrennen. Die Augen wegwerfen.

7. Die harten Kauwerkzeuge aus den Armen herausdrücken und wegwerfen.

8. Eine Messerklinge in den Körperbeutel stecken.

9. Mit dem Messer im Inneren kann man den Beutel außen mehrmals einschneiden, ohne ihn zu zerteilen.

10. Nach dem Marinieren überschüssige Flüssigkeit gut abschütteln, damit die Kalmare besser bräunen.

11. Die Körperbeutel so kurz wie möglich über sehr starker Hitze grillen.

12. Die Arme garen noch schneller. Vorsicht, sie fallen leicht durch den Rost!

THAILÄNDISCHER KALMAR

FÜR 4 PERSONEN
ZUBEREITUNGSZEIT: 45 MIN.
MARINIERZEIT: 20 MIN.

GRILLMETHODE: DIREKTE STARKE HITZE (230–290 °C)
GRILLZEIT: 2–3 MIN.

12 ganze, kleine Kalmare

FÜR DIE MARINADE
4 EL fein gehacktes Koriandergrün
4 EL frisch gepresster Limettensaft
4 EL Fischsauce (Asia-Laden)
2 EL Zucker
1 EL fein gehackter Knoblauch
½ TL frisch gemahlener schwarzer Pfeffer

1. Die Kalmare einzeln festhalten und die Fangarme mit dem Kopf aus dem Körperbeutel ziehen. Den Schulp und alle anderen noch vorhandenen Innereien herausziehen und wegwerfen. Die rötlich braune Haut abziehen, den Körperbeutel ausspülen und beiseitestellen. Die Fangarme knapp vor den Augen abschneiden und den Kopfteil wegwerfen. Die Kauwerkzeuge aus den Armen herausdrücken und wegwerfen. Die rauen »Zähne« an den Fangarmen unter fließendem kaltem Wasser durch Reiben entfernen.

2. Die Zutaten für die Marinade in einer großen Schüssel vermengen. Die Kalmare hinzugeben und gut mit der Marinade vermischen. Abdecken und 20 Min. kalt stellen. Den Grill für direkte starke Hitze vorbereiten.

3. Die Kalmare aus der Marinade nehmen und abtropfen lassen, die Marinade weggießen. Den Grillrost mit der Bürste reinigen. Die Kalmare über **direkter starker Hitze** bei geöffnetem Deckel 2–3 Min. grillen, bis sie gerade nicht mehr glasig und nass erscheinen, dabei einmal wenden. Warm servieren.

KALAMARI UNTER ZIEGELSTEINEN GRILLEN

1. Körperbeutel und Fangarme der Kalmare getrennt auf einem Backblech anordnen und in Marinade wenden.

2. Die Körperbeutel in Vierergruppen auf dem Grill anordnen. Jede Gruppe sofort mit einem mit Alufolie umwickelten Ziegelstein (glatte Seite der Folie nach unten) beschweren.

3. Die Körperbeutel etwa 2 Min. grillen. Dann den Ziegelstein vorsichtig wegklappen, damit die Kalmare gewendet werden können.

4. Die Fangarme neben den Ziegelsteinen grillen, dabei einmal wenden. Vorsicht, sie fallen leicht durch den Rost!

5. Die Kalamari werden besonders aromatisch und zart, wenn man sie über sehr starker Hitze nur kurz grillt, bis sie leicht angebräunt sind, und sofort herunternimmt, bevor sie wieder hart werden.

KALAMARISALAT NACH »ZIEGELEI-ART«

FÜR 4 PERSONEN
ZUBEREITUNGSZEIT: 25 MIN.
MARINIERZEIT: 30 MIN.

GRILLMETHODE: DIREKTE STARKE HITZE (230–290 °C)
GRILLZEIT: ETWA 4 MIN. PRO DURCHGANG
ZUBEHÖR: ZWEI MIT ALUFOLIE UMWICKELTE ZIEGELSTEINE

FÜR DAS DRESSING
- 3 EL frisch gepresster Zitronensaft
- 1 TL fein gehackter Knoblauch
- ½ TL zerstoßene rote Chiliflocken
- ½ TL grobes Meersalz
- ¼ TL frisch gemahlener schwarzer Pfeffer
- 5 EL Olivenöl

- 12 ganze, kleine Kalmare, küchenfertig vorbereitet (siehe Seite 224)
- ¼ TL grobes Meersalz
- ¼ TL frisch gemahlener schwarzer Pfeffer
- 300 g Cocktailtomaten, halbiert
- 4 EL fein gewürfelte rote Zwiebel
- 2 große, reife Avocados, in Würfel geschnitten (siehe Seite 156)
- 1½ EL gehackter frischer Oregano

1. Für das Dressing Zitronensaft, Knoblauch, Chili, Salz und Pfeffer in einer mittelgroßen Schüssel vermischen. Das Olivenöl langsam einfließen lassen und mit einem Schneebesen unterschlagen.

2. Die Kalamari auf ein Backblech legen und mit Salz und Pfeffer würzen. 2 EL Dressing darübergeben, die Kalamari darin wenden und 30 Min. bei Zimmertemperatur marinieren.

3. Den Grill für direkte starke Hitze vorbereiten. Den Grillrost mit der Bürste reinigen.

4. Die Körperbeutel der Kalamari in zwei Reihen zu je 3–4 Stück über **direkter starker** Hitze auf den Grillrost legen. Die Ziegelsteine mit der glatten Folienseite nach unten auf die Kalamari legen und diese bei geschlossenem Deckel etwa 2 Min. grillen, bis sie sich leicht vom Rost lösen. Die Steine mit isolierten Grillhandschuhen und einer Zange vorsichtig von den Kalamari wegklappen, die Kalamari wenden und wieder mit den Ziegelsteinen beschweren. Weitere 2 Min. grillen, dann auf eine Servierplatte legen. Den Rost mit der Bürste reinigen, dann die restlichen Körperbeutel auf gleiche Weise grillen. Die Fangarme währenddessen neben den Ziegelsteinen etwa 4 Min. grillen, dabei einmal wenden.

5. Tomaten und Zwiebeln in die Schüssel mit dem restlichen Dressing geben und gut vermischen. Tomatensalat und Avocadowürfel mit einem Löffel auf die Kalamari verteilen und mit Oregano bestreuen.

GEMÜSE

LOWER FLOOR

Fresh PICKED DAILY

GRILLPRAXIS

230	**POLENTA** zubereiten
232	**MAIS IN DEN HÜLLBLÄTTERN** grillen
233	**GANZE MAISKOLBEN** vorbereiten
235	**PAK CHOI UND SHIITAKE-PILZE** auf dem Grill zubereiten
236	**PORTOBELLO-CHAMPIGNONS** auf dem Grill zubereiten
238	**PIZZA** auf dem Grill zubereiten
241	**ZWIEBELN** grillen
242	**TOMATEN** grillen
244	**ARTISCHOCKENHERZEN** vorbereiten und grillen
246	**GRÜNEN SPARGEL** grillen
248	**BROKKOLI** grillen
249	**GRÜNE BOHNEN** grillen
250	**MÖHREN** grillen
252	**TOFU** grillen
254	**KNOBLAUCHKNOLLE** auf dem Grill rösten
254	**AUBERGINEN** vorbereiten und grillen
256	**SANDWICHES** grillen
259	**FENCHEL** grillen
261	**SÜSSKARTOFFELN** grillen
262	Selbst gemachte **FLADEN**

REZEPTE

231	**POLENTA** mit Frischkäse und Tomatillo-Sauce
232	Gegrillte **MAISKOLBEN** mit Zitronen-Curry-Butter
233	**MAISKOLBEN** mit Ingwer-Limetten-Glasur
234	**CHAMPIGNON-RISOTTO** mit gegrilltem Mais
235	Marinierter **PAK CHOI** mit Shiitake-Pilzen
236	**PORTOBELLO-SANDWICH** mit Balsamico-Aioli
237	Marinierte **PORTOBELLO-CHAMPIGNONS** mit Asiago
239	**PIZZA** mit gegrilltem Gemüse und geräuchertem Mozzarella
240	**BRUSCHETTA** mit gegrillter Paprika und Speck
241	**SALAT** mit gegrillter Paprika, Zwiebeln und Feta
242	**SUPPE** von gegrillten Tomaten mit Parmesan-Croûtons
243	**PANZANELLA-SPIESSE** mit Sherry-Vinaigrette
245	**ARTISCHOCKENHERZEN** mit Tomaten-Knoblauch-Aioli
247	**GRÜNER SPARGEL** mit Schinken und Zitronenvinaigrette
248	**BROKKOLI** mit Zitrone
249	**GRÜNE BOHNEN** mit Zitronenöl
251	**MÖHREN** mit Orangenglasur
252	**TOFU-STEAKS** mit Möhren-Cashew-Salat
253	**GEFÜLLTE CHILIS** mit Tomaten-Salsa und Guacamole
255	**DIP** aus gegrillten Auberginen
256	**VEGETARISCHE SANDWICHES** mit sonnengetrockneten Tomaten
257	**KÜRBIS** mit Honig-Curry-Glasur
258	**BUNTE BETEN** mit Kürbiskernen und Feta
259	**FENCHEL** mit Fontina
260	**KARTOFFELSALAT** mit Pistazienpesto
261	**SÜSSKARTOFFELN** mit Kokosglasur
262	Gegrillte **FLADEN** mit dreierlei Aufstrich

POLENTA ZUBEREITEN

1. Sobald die Polenta zu kochen beginnt, die Hitze auf niedrige Stufe stellen und mit einem Holzlöffel umrühren, damit die heiße Masse nicht überkocht.

2. Auf niedriger Stufe weitergaren, bis die Polenta dick und nicht mehr körnig ist. Immer wieder umrühren, damit am Boden und an den Seiten nichts ansetzt.

3. Die heiße Polenta auf ein geöltes Blech streichen und mit dem Rücken eines angefeuchteten Löffels oder einem Teigschaber glatt streichen. Einige Std. abkühlen und fest werden lassen. Dann auf ein Brett stürzen und in servierfertige Portionen schneiden.

4. Tomatillos liefern angenehm herbe, grüne Aromen als Basis für die Sauce. Die Frucht ist von einer papierenen Hülle umschlossen. Nach dem Entfernen der Hülle die Tomatillos gut waschen, um klebrige Rückstände auf der Oberfläche zu entfernen.

5. Die Tomatillos über direkter mittlerer Hitze grillen, bis die Haut aufplatzt, dabei gelegentlich wenden. Während des Grillens werden die Aromen reifer, süßer und intensiver.

6. Die Chilischote und die Zwiebelscheiben gleichzeitig mit den Tomatillos grillen. Den Chili schälen und entkernen, dann das Gemüse mit etwas Olivenöl, Koriandergrün, braunem Zucker und Salz pürieren. Die würzige Gemüsesauce passt herrlich zur gegrillten Polenta.

POLENTA MIT FRISCHKÄSE UND TOMATILLO-SAUCE

FÜR 4 PERSONEN
ZUBEREITUNGSZEIT: 40 MIN.
KÜHLZEIT: 2 STD.

GRILLMETHODE: DIREKTE UND INDIREKTE MITTLERE HITZE (175–230 °C)
GRILLZEIT: 18–22 MIN.

FÜR DIE POLENTA
    2 EL Butter
    1 fein gewürfelte Zwiebel
    1 l Milch
    170 g Polenta (Maisgrieß)
    1 TL Chilipulver (Gewürzmischung)
    ¾ TL grobes Meersalz
    Olivenöl

FÜR DIE SAUCE
    2 ca. 1 cm dicke Zwiebelscheiben
    250 g Tomatillos, trockene Schale entfernt
    1 milde Chilischote (vorzugsweise Poblano), 7–10 cm lang
    4 EL frische Korianderblätter
    ½ TL brauner Zucker
    ¼ TL grobes Meersalz

    100 g Queso fresco (mexik. Frischkäse aus Vollmilch) oder milder Feta, zerbröckelt
    1 reife Avocado

1. Für die Polenta die Butter in einem großen Topf über mittlerer Hitze zerlassen. Zwiebeln hinzufügen und 3–5 Min. leicht anbräunen. Gelegentlich umrühren. Milch, Polenta, Chilipulver und Salz hinzufügen und mit einem Schneebesen gut verrühren. Immer wieder rühren, bis die Mischung zu kochen beginnt. Die Hitze sofort auf kleinste Stufe reduzieren und die Polenta mit einem Holzlöffel ständig rühren, damit nichts überkocht oder anbrennt. 15–20 Min. weiterrühren, bis die Polenta sehr dick und nicht mehr körnig ist.

2. Ein 20 x 20 cm großes Blech mit 1 EL Öl ausstreichen. Die heiße Polenta auf das Blech geben und gleichmäßig verstreichen. Bei Zimmertemperatur 2 Std. auskühlen lassen. Den Grill für direkte und indirekte mittlere Hitze vorbereiten.

3. Zwiebelscheiben, Tomatillos und Chilischote mit Olivenöl bestreichen. Den Grillrost mit der Bürste reinigen. Das Gemüse über **direkter mittlerer Hitze** bei geschlossenem Deckel grillen, bis die Zwiebeln leicht gebräunt sind, die Tomatillos langsam weich werden und die Form verlieren und der Chili leicht gebräunt und weich ist. Die Zwiebeln brauchen 8–10 Min., die Tomatillos etwa 10 Min., der Chili 10–12 Min. Nach Bedarf wenden. Das Gemüse jeweils vom Grill nehmen. Den Chili in eine Schale geben, mit Frischhaltefolie abdecken und 10–15 Min. ausdampfen lassen.

4. Den Chili häuten, Stielansatz und Samen entfernen. Das Gemüse mit dem Koriander, braunen Zucker und Salz pürieren. Mit Zucker und Salz abschmecken.

5. Das Blech mit der Polenta auf ein Schneidebrett stürzen. Falls sich die Polenta nicht löst, einige Male auf den Blechboden klopfen. Die Polenta in 4–8 Stücke schneiden.

6. Die Polentastücke mit der glatten, öligen Seite nach unten über **indirekte mittlere Hitze** auf den Grill legen. Den Käse vorsichtig auf die Stücke verteilen. Die Polenta bei geschlossenem Deckel 8–10 Min. grillen, bis sie warm ist und der Käse zu schmelzen beginnt. Nicht wenden. Während die Polenta grillt, die Avocado schälen und in feine Spalten schneiden.

7. Die Polenta auf Servierteller anrichten. Die Tomatillo-Sauce darüberlöffeln und mit Avocadospalten garnieren.

MAIS IN DEN HÜLLBLÄTTERN GRILLEN

1. Von den Kolben die bräunlichen Fäden abschneiden und so viele Hüllblätter entfernen, bis einzelne Maiskörner durch die Blätter durchschimmern. Auf diese Weise können die Holzkohlearomen bis zu den Maiskörnern vordringen.

2. Die Maiskolben auf oder neben die fast verglühten Kohlen legen und immer wieder wenden, bis die Hüllblätter an einzelnen Stellen schwarz sind.

3. Die Maiskolben etwas abkühlen lassen, dann die restlichen Hüllblätter entfernen. Den Mais auf einem Blech oder in einer Aluschale mit geschmolzener Zitronen-Curry-Butter fertig garen.

GEGRILLTE MAISKOLBEN MIT ZITRONEN-CURRY-BUTTER

FÜR 4 PERSONEN
ZUBEREITUNGSZEIT: 10 MIN.

GRILLMETHODE: DIREKTE MITTLERE HITZE (175–230 °C)
NUR FÜR DEN HOLZKOHLEGRILL GEEIGNET
GRILLZEIT: 20–25 MIN.

FÜR DIE BUTTER
60 g weiche Butter
1 EL fein gehackte frische Dillspitzen
2 TL fein abgeriebene Schale von 1 Bio-Zitrone
1 TL Currypulver
½ TL grobes Meersalz
1 kräftige Prise frisch gemahlener schwarzer Pfeffer

4 frische Maiskolben mit Hüllblättern

1. Den Holzkohlegrill wie links im Bild vorbereiten. Die Glut auf mittlere Hitze herunterbrennen lassen.

2. Die Zutaten für die Butter in einer kleinen Schüssel mit einer Gabel gut zerdrücken und zu einer gleichmäßigen Masse verarbeiten.

3. Die spitzen oberen Enden der Maiskolben einkürzen und die feinen Fäden, die aus den Hüllblättern herausragen, entfernen. Ein bis zwei Schichten der harten äußeren Hüllblätter ebenfalls entfernen. Man sollte einzelne Maiskörner durch die transparenten Blätter durchschimmern sehen.

4. Die Maiskolben nebeneinander auf den Kohlerost legen, teils auf, teils neben die Glut. Den Deckel schließen und die Maiskolben 15–20 Min. grillen, bis die Hüllblätter stellenweise schwarz und die Körner zart sind. Zwischendurch die Maiskolben umplatzieren und wenden, damit sie gleichmäßig garen. Sollten die Maiskörner an einzelnen Stellen freiliegen, diese Seite von der Glut wegdrehen. Die Hüllblätter dürfen jedoch verkohlen.

5. Die Maiskolben mit einer langstieligen Zange behutsam vom Rost nehmen und einige Minuten abkühlen lassen, bis man sie anfassen kann. Hüllblätter und restliche Fäden abziehen. Den Stängel nicht abschneiden, er eignet sich als Griff.

6. Die Maiskolben nebeneinander auf ein Blech legen, das auf den Grill passt. Die Zitronen-Curry-Butter hineingeben und das Blech auf den Grillrost stellen. Über **direkter mittlerer Hitze** bei geschlossenem Deckel etwa 5 Min. grillen, bis die Butter schmilzt und die Maiskolben warm sind. Gelegentlich wenden. Die Maiskolben können auf dem Blech über indirekter Hitze warm gehalten werden, bis man beispielsweise andere Speisen für die Mahlzeit fertig gegrillt hat.

MAISKOLBEN MIT INGWER-LIMETTEN-GLASUR

FÜR 6 PERSONEN
ZUBEREITUNGSZEIT: 15 MIN.

GRILLMETHODE: DIREKTE MITTLERE HITZE (175–230 °C)
GRILLZEIT: 10–15 MIN.

FÜR DIE GLASUR
- 5 EL Hühnerbrühe
- 4 EL Butter
- 1 EL Zucker
- 1 TL fein abgeriebene Schale von 1 Bio-Limette
- 1 TL grobes Meersalz
- 1 TL frisch geriebener Ingwer

6 frische Maiskolben mit Hüllblättern

1. Den Grill für direkte mittlere Hitze vorbereiten.

2. Die Zutaten für die Glasur in einem mittelgroßen Topf auf mittlerer bis hoher Stufe unter Rühren aufkochen. Weitere 5–7 Min. kochen, bis die Glasur eindickt. Warm halten.

3. Die Maiskolben an der Spitze oberhalb der ersten Körnerreihe einkürzen. Einige Hüllblätter entfernen und in etwa fingerbreite Streifen schneiden. Die restlichen Hüllblätter nach hinten ziehen, jedoch nicht abreißen. Die feinen Fäden entfernen. Die Hüllblätter am unteren Ende des Kolbens mit einem Blattstreifen zu einem Griff zusammenbinden. Die Glasur umrühren und den Mais auf allen Seiten damit bestreichen. Den Grillrost mit der Bürste reinigen. Den Mais über **direkter mittlerer Hitze** bei geschlossenem Deckel 10–15 Min. grillen, wobei die Hüllblätter über indirekter Hitze liegen sollten, damit sie nicht anbrennen. Den Mais grillen, bis er zart und an einigen Stellen braun ist. Gelegentlich wenden. Auf einer Servierplatte anrichten und mit der restlichen Glasur bestreichen.

GANZE MAISKOLBEN VORBEREITEN

1. Die Hüllblätter nach hinten ziehen, aber nicht abreißen, sie eignen sich ausgezeichnet als Griff. Die feinen Fäden entfernen.

2. Einige äußere Hüllblätter in Streifen schneiden und damit die zurückgebogenen Hüllblätter zu einem Griff zusammenbinden.

3. Die frei liegenden Maiskörner mit etwas Glasur bestreichen.

4. Den Mais über direkter mittlerer Hitze grillen. Die »Griffe« sollten über indirekter Hitze liegen, um nicht anzubrennen.

GEMÜSE

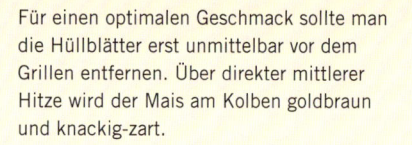

Für einen optimalen Geschmack sollte man die Hüllblätter erst unmittelbar vor dem Grillen entfernen. Über direkter mittlerer Hitze wird der Mais am Kolben goldbraun und knackig-zart.

CHAMPIGNON-RISOTTO MIT GEGRILLTEM MAIS

FÜR 4–6 PERSONEN
ZUBEREITUNGSZEIT: 50 MIN.

GRILLMETHODE: DIREKTE MITTLERE HITZE (175–230 °C)
GRILLZEIT: 8–10 MIN.
ZUBEHÖR: BRATPFANNE (Ø 30 CM)

- 250 g Champignons mit etwa 4 cm breiten Köpfen
- 1 milde Chilischote (vorzugsweise Poblano), etwa 15 cm lang
- 3 frische Maiskolben, Hüllblätter entfernt
- 1 mittelgroße Zwiebel, in gut 1 cm breite Scheiben geschnitten
- Olivenöl
- 1¼ l Hühnerbrühe
- 2 EL Butter
- 200 g Risotto-Reis (vorzugsweise Arborio)
- ½ TL grobes Meersalz
- 120 g geriebener milder Cheddar (vorzugsweise kalifornischer Pepper Jack)
- 50 g geriebener Cotija (mexik. Hartkäse aus Schafmilch) oder zerkrümelter Feta
- 4 EL gehacktes Koriandergrün

1. Den Grill für direkte mittlere Hitze vorbereiten.

2. Die Champignons mit einem feuchten Tuch oder Küchenpapier abreiben. Das verfärbte Ende der Stiele abschneiden und wegwerfen. Champignons, Chilischote, Mais und Zwiebelscheiben dünn mit Öl bestreichen.

3. Das Gemüse über **direkter mittlerer Hitze** bei geschlossenem Deckel 8–10 Min. grillen, bis die Champignons und Zwiebeln weich werden, der Mais braun und weich und der Chili gut gebräunt bis schwarz ist und Blasen wirft. Mehrmals wenden. Das Gemüse vom Grill nehmen und abkühlen lassen. Die Champignons klein schneiden, die Maiskörner von den Kolben schneiden. Die Haut der Chilischote abziehen, Stiel und Samen entfernen, Fruchtfleisch fein hacken. Die Zwiebel klein schneiden und beiseitestellen. In einer mittelgroßen Schüssel Champignons, Chili und Mais vermischen. (Das Gemüse kann 3–4 Std. bei Zimmertemperatur stehen bleiben.)

4. Die Brühe in einem großen Topf aufkochen.

5. Die Butter in der Bratpfanne auf hoher Stufe zerlassen. Zwiebeln und Reis hinzufügen und 2–3 Min. glasig dünsten, dabei häufig umrühren. Eine Tasse heiße Hühnerbrühe hinzufügen und immer wieder umrühren, bis der Reis die Flüssigkeit aufgenommen hat.

6. Die heiße Brühe tassenweise hinzufügen und jeweils sanft köcheln lassen, bis die Flüssigkeit aufgesogen ist. Häufig umrühren. Nach 20–30 Min. ist der Reis gar. Er sollte cremig sein, aber noch Biss haben. Das gegrillte Gemüse unterheben und mit Salz abschmecken.

7. Den Risotto vom Herd nehmen und den Cheddar unterrühren, bis er geschmolzen ist. Den Risotto in vorgewärmten Tellern anrichten und mit Cotija oder Feta sowie Koriandergrün bestreut servieren.

MARINIERTER PAK CHOI MIT SHIITAKE-PILZEN

FÜR 4 PERSONEN
ZUBEREITUNGSZEIT: 15 MIN.
MARINIERZEIT: 1–2 STD.

GRILLMETHODE: DIREKTE MITTLERE HITZE (175–230 °C)
GRILLZEIT: ETWA 5 MIN.
ZUBEHÖR: GELOCHTE GRILLPFANNE

FÜR DIE MARINADE
    5 EL nicht zu salzige Sojasauce
    4 EL trockener Sherry
    1 EL Vollrohrzucker
    1 EL dunkles Sesamöl
    4 Scheiben geschälter frischer Ingwer, je etwa 3 mm dick, grob zerdrückt
    2 Knoblauchzehen, zerdrückt
    ¼ TL zerstoßene rote Chiliflocken

    4 Köpfe Baby Pak Choi, größere Köpfe halbiert
    20 große Shiitake-Pilze

1. Die Zutaten für die Marinade in einer mittelgroßen Schüssel verquirlen, bis sich der Zucker aufgelöst hat.

2. Die Pak-Choi-Köpfe ganz in klares Wasser tauchen und den Schmutz zwischen den Blättern herausspülen. Anschließend gut abtropfen. Die Pilze mit einem feuchten Tuch oder Küchenpapier abreiben. Die Stiele entfernen und wegwerfen.

3. Pak Choi und Pilze in einen großen, wiederverschließbaren Plastikbeutel geben und die Marinade darübergießen. Die Luft aus dem Beutel streichen und den Beutel fest verschließen. Mehrmals wenden, um die Marinade zu verteilen, dann bei Zimmertemperatur 1–2 Std. marinieren. Gelegentlich wenden.

4. Den Grill für direkte mittlere Hitze vorbereiten. Die Grillpfanne etwa 10 Min. über **direkter mittlerer Hitze** vorheizen.

5. Das Gemüse aus dem Beutel nehmen, die Marinade aufheben. Pak Choi und Pilze nebeneinander auf die vorgeheizte Grillpfanne legen. Über **direkter mittlerer Hitze** bei geschlossenem Deckel etwa 5 Min. grillen, bis der Pak Choi gar, aber noch bissfest ist, und die Shiitake-Pilze durchgehend erhitzt sind. Ein- oder zweimal wenden und gelegentlich mit der restlichen Marinade bestreichen. Heiß servieren.

PAK CHOI UND SHIITAKE-PILZE AUF DEM GRILL ZUBEREITEN

1. Die Pak-Choi-Blätter in klarem Wasser von Schmutz befreien.

2. Die harten Stiele der Shiitake-Pilze abschneiden und wegwerfen.

3. Größere Pak-Choi-Köpfe halbieren, dabei das Wurzelende intakt lassen.

4. Kleinere Köpfe ganz lassen.

5. Das Gemüse zusammen in einem großen Plastikbeutel marinieren.

6. Pak Choi und Pilze auf der vorgeheizten Grillpfanne grillen und gelegentlich mit Marinade bestreichen.

PORTOBELLO-SANDWICH MIT BALSAMICO-AIOLI

FÜR 6 PERSONEN
ZUBEREITUNGSZEIT: 20 MIN.
MARINIERZEIT: 15–20 MIN.

GRILLMETHODE: DIREKTE MITTLERE HITZE (175–230 °C)
GRILLZEIT: 8–12 MIN.

FÜR DAS AIOLI
    5 EL Mayonnaise
    2 EL Aceto balsamico
    1 TL grobes Meersalz
    ½ TL fein gehackter Knoblauch

FÜR DIE MARINADE
    175 ml Olivenöl
    4 EL Rotweinessig
    2 EL fein gehackte Schalotte
    1 TL fein gehackter Knoblauch
    1 TL grobes Meersalz
    ½ TL frisch gemahlener schwarzer Pfeffer

    6 große Champignons (Portobello), geputzt, Stiele und dunkle Lamellen entfernt (siehe Fotos unten)
    Grobes Meersalz
    Frisch gemahlener schwarzer Pfeffer

    6 Brötchen, halbiert
    1 Handvoll Feldsalat- oder Rucolablätter, gewaschen und getrocknet

1. Die Zutaten für das Aioli in einer kleinen Schüssel verrühren. Bis zum Bestreichen der Sandwiches kalt stellen.

2. Die Zutaten für die Marinade in einer kleinen Schüssel mit dem Schneebesen verrühren. Die Pilzhüte mit der Lamellenseite nach unten auf ein großes Backblech legen, großzügig mit Marinade bestreichen und umdrehen. Die restliche Marinade mit einem Löffel in die Pilze füllen. 15–20 Min. marinieren.

3. Den Grill für direkte mittlere Hitze vorbereiten.

4. Die Champignons vom Backblech nehmen, die Marinade aus den Pilzhüten in eine Schüssel gießen und beiseitestellen. Die Champignons leicht salzen und pfeffern. Den Grillrost mit der Bürste reinigen. Die Champignons mit der Lamellenseite nach unten über **direkter mittlerer Hitze** bei geschlossenem Deckel 4–6 Min. grillen, bis sie langsam weich werden. Die Pilze mit der restlichen Marinade bestreichen, umdrehen und 4–6 Min. weitergrillen, bis sie weich und zart sind, wenn man sie mit dem Messer anschneidet.

5. Die Brötchenhälften mit der Schnittfläche nach unten über **direkter mittlerer** Hitze 30 Sek. leicht rösten.

6. Die gerösteten Brötchen mit Aioli bestreichen und mit je 1 Pilz und Salatblättern belegen. Warm servieren.

PORTOBELLO-CHAMPIGNONS AUF DEM GRILL ZUBEREITEN

1. Die Stiele sowie eingerollte Ränder an den Pilzhüten wegschneiden.

2. Die dunklen Lamellen, die Erde enthalten können, mit einem Löffel vorsichtig wegkratzen.

3. Zum Marinieren und Bestreichen der Champignons eine Vinaigrette verwenden.

4. Gegen Ende der Grillzeit sollten die Champignons mit der Stielseite nach oben liegen, sodass sich der Saft in den Pilzhüten sammeln kann.

MARINIERTE PORTOBELLO-CHAMPIGNONS MIT ASIAGO

FÜR 6 PERSONEN
ZUBEREITUNGSZEIT: 10 MIN.
MARINIERZEIT: 15–20 MIN.

GRILLMETHODE: DIREKTE MITTLERE HITZE (175–230 °C)
GRILLZEIT: 8–12 MIN.

FÜR DIE MARINADE
    4 EL Olivenöl
    3 EL Aceto balsamico
    1 EL Sojasauce
    1 TL fein gehackter frischer Rosmarin oder
      ½ TL getrockneter, zerstoßener Rosmarin
    ½ TL frisch gemahlener schwarzer Pfeffer
    ¼ TL grobes Meersalz

6 große Champignons (Portobello), mind. handtellergroß
100 g frisch geriebene Semmelbrösel
1 EL fein gehackte frische glatte Petersilie
150 g geriebener reifer Asiago-Käse (halbfester
   ital. Schnittkäse)
Grobes Meersalz
Frisch gemahlener schwarzer Pfeffer

1. Die Zutaten für die Marinade in einer kleinen Schüssel mit dem Schneebesen verrühren.

2. Die Champignons mit feuchtem Küchenpapier abreiben. Die Stiele abschneiden und wegwerfen. Die schwarzen Lamellen mit einem Teelöffel vorsichtig aus den Pilzhüten kratzen (siehe Foto Seite 236). Die Champignons mit der Rundung nach oben auf einen Teller mit Rand legen und mit der Marinade bestreichen. Umdrehen und die andere Seite bestreichen. 15–20 Min. bei Zimmertemperatur marinieren. Den Grill für direkte mittlere Hitze vorbereiten.

3. Semmelbrösel und Petersilie in einer kleinen Schüssel vermischen.

4. Den Grillrost mit der Bürste reinigen. Die Champignons mit der Rundung nach oben über **direkter mittlerer Hitze** bei geschlossenem Deckel 4–6 Min. grillen, bis sie langsam weich werden. Die Champignons mit der restlichen Marinade vom Teller bestreichen, dann umdrehen und in jeden Champignon 3–4 EL Käse geben. Den Deckel schließen und noch 4–6 Min. grillen, bis die Champignons weich und zart sind, wenn man sie mit dem Messer anschneidet. Während der letzten Grillminute die Semmelbrösel-Petersilien-Mischung auf die Champignons verteilen. Vom Grill nehmen, nach Belieben salzen und pfeffern und sofort servieren.

PIZZA AUF DEM GRILL ZUBEREITEN

1. Eine Grillpfanne ist ein praktisches Zubehör zum Grillen von Pizzabelägen wie klein geschnittenen Champignons oder Paprikastreifen. Der Knoblauch wird in Alufolie eingewickelt und dann zum Rösten auf den Grill gelegt.

2. Wenn der Teig Zimmertemperatur angenommen hat, lässt er sich problemlos formen, ohne sich wieder zusammenzuziehen. Fertigteig sollte man einige Stunden bei Zimmertemperatur stehen lassen, damit er sich besser bearbeiten lässt.

3. Ein wenig Olivenöl an den Händen und auf der Arbeitsfläche macht den Teig geschmeidiger. Am Ende wird jedes Teigstück auf einem Blatt Backpapier flach gedrückt.

4. Das Backpapier hält den Teig in Form, während man ihn auf den Grill legt. Nach etwa 1 Min. auf dem Grill das Papier abziehen.

5. Das Öl auf dem Teig verhindert ein Anbacken und sorgt für gleichmäßiges Bräunen. Wenn der Boden knusprig geröstet ist, die Teigfladen mit der gegrillten Seite nach oben auf eine Arbeitsfläche legen.

6. Den Belag auf die gegrillte Seite geben und die Pizza wieder auf den Grill legen, bis die Unterseite knusprig und der Käse geschmolzen ist.

PIZZA MIT GEGRILLTEM GEMÜSE UND GERÄUCHERTEM MOZZARELLA

FÜR 8 PERSONEN
ZUBEREITUNGSZEIT: 25 MIN.
GEHZEIT FÜR DEN TEIG: 1½–2 STD.

GRILLMETHODE: DIREKTE MITTLERE HITZE (175–230 °C) UND DIREKTE MITTLERE BIS STARKE HITZE (ETWA 230 °C)
GRILLZEIT: ETWA 30–45 MIN.
ZUBEHÖR: ELEKTRISCHER STANDMIXER; GELOCHTE GRILLPFANNE

FÜR DEN TEIG
- 350 ml warmes Wasser (etwa 40 °C)
- 1 Packung Trockenhefe
- ½ TL Zucker
- 500 g Weizenmehl
- 3 EL Olivenöl
- 2 TL grobes Meersalz

- 4 EL Olivenöl, mit ½ TL groben Meersalz und ¼ TL frisch gemahlenen schwarzen Pfeffer vermischt
- 10 mittelgroße Knoblauchzehen, geschält
- 1 große rote Paprikaschote, in 1 cm breite Streifen geschnitten
- 250 g kleine Champignons, geputzt, Stiele entfernt, geviertelt
- 250 g geräucherter Mozzarella, gerieben

1. Wasser, Hefe und Zucker in die Rührschüssel eines Standmixers geben, kurz vermischen und 5 Min. stehen lassen, bis sich an der Oberfläche dünner Schaum bildet (er zeigt an, dass die Hefe aktiv ist). Mehl, Öl und Salz hinzufügen. Mit dem Knetarm des Mixers auf niedriger Stufe 1 Min. bearbeiten, bis sich die Zutaten verbinden. Den Mixer auf mittlere Stufe schalten und die Masse weitere 10 Min. zu einem klebrigen, glatten, elastischen Teig kneten. Den Teig zu einer Kugel formen, in eine dünn mit Öl ausgestrichene Schüssel legen und darin wenden, bis er überall mit Öl überzogen ist. Den Teig mit Frischhaltefolie abdecken und an einem warmen Ort 1,5–2 Std. gehen lassen, bis sich sein Volumen verdoppelt hat.

2. Die Knoblauchzehen in die Mitte eines 20 x 20 cm großen Stücks Alufolie legen und 1 EL des gewürzten Öls darübergeben. Die Folie zu einem lockeren Paket falten und verschließen, sodass etwas Platz für den Dampf bleibt.

3. Paprikastreifen und Champignons mit dem restlichen Würzöl gründlich vermischen.

4. Den Grill für direkte mittlere bis starke Hitze vorbereiten. Eine gelochte Grillpfanne über *direkter mittlerer bis starker Hitze* etwa 10 Min. vorheizen. In der Zwischenzeit das Knoblauchpaket über *direkter mittlerer bis starker Hitze* legen und 15–20 Min. grillen, bis der Knoblauch weich und leicht gebräunt ist. Das Paket vom Grill nehmen. Sobald die Grillpfanne richtig heiß ist, Champignons und Paprikastreifen mit einer Zange möglichst in einer Lage darauf verteilen. Etwa 6 Min. grillen, bis alles leicht gebräunt und gar ist, dabei ein- bis zweimal wenden. Die Grillpfanne mit Grillhandschuhen vom Rost heben und auf eine feuerfeste Unterlage stellen.

5. Den Teig in acht gleiche Teile schneiden. Acht Backpapierquadrate von je 22 x 22 cm auf einer Seite dünn mit Öl bestreichen. Auf jedem Backpapier ein Teigstück mit den Händen zu einem runden Fladen von knapp 1 cm Dicke und 15–20 cm Durchmesser ziehen. Die Teigoberfläche dünn mit Öl bestreichen. Die Fladen bei Zimmertemperatur 5–10 Min. ruhen lassen.

6. Die Grilltemperatur auf mittlere Hitze absinken lassen. Den Grillrost mit der Bürste reinigen. Zunächst 4 Teigfladen mit dem Papier nach oben auf den Rost legen. Über *direkter mittlerer Hitze* bei geschlossenem Deckel 2–5 Min. grillen, bis der Teig unten die typische Markierung aufweist und fest ist. Bei Bedarf die Fladen verschieben, damit sie gleichmäßig backen. Das Backpapier abziehen und wegwerfen. Die Pizzaböden mit der gegrillten Seite nach oben auf eine Arbeitsfläche legen. Mit den anderen 4 Teigfladen ebenso verfahren.

7. Den Käse gleichmäßig auf die Pizzaböden verteilen und mit Knoblauch, Champignons und Paprikastreifen belegen. Die Pizzas wieder auf den Grill legen und über *direkter mittlerer Hitze* bei geschlossenem Deckel 2–5 Min. grillen, bis die Unterseite knusprig ist. Wenn nötig drehen, damit alles gleichmäßig backt. Die fertigen Pizzas warm servieren.

Beim Grillen von Chili- oder Paprikaschoten ist es ausnahmsweise erlaubt, das Grillgut schwarz werden zu lassen – natürlich nur von außen. Paprika- und Chilischoten werden kohlschwarz gegrillt (oben links). So lässt sich die Haut später ganz leicht ablösen und das Fruchtfleisch darunter schmeckt süß und aromatisch (oben rechts).

BRUSCHETTA MIT GEGRILLTER PAPRIKA UND SPECK

FÜR 6 PERSONEN ALS VORSPEISE (ERGIBT 18 STÜCK)
ZUBEREITUNGSZEIT: 15 MIN.

GRILLMETHODE: DIREKTE MITTLERE HITZE (175–230 °C)
GRILLZEIT: 13–17 MIN.

    3 mittelgroße rote Paprikaschoten
    6 dünne Scheiben Räucherspeck, fein gehackt
    2 EL Olivenöl
    1 EL Rotweinessig
    Grobes Meersalz
    1 Baguette oder Ciabatta, längs halbiert
    5 EL frisch geriebener Parmesan
    4 EL fein gehacktes frisches Basilikum

1. Den Grill für direkte mittlere Hitze vorbereiten. Den Grillrost mit der Bürste reinigen. Die Paprikaschoten über **direkter mittlerer Hitze** bei geschlossenem Deckel 12–15 Min. grillen, bis die Haut schwarz ist und Blasen wirft. Alle 3–5 Min. wenden. Die Paprikaschoten in eine Schüssel legen, mit Frischhaltefolie abdecken und 10–15 Min. ausdampfen lassen. Danach aus der Schüssel nehmen, die verkohlte Haut abziehen und wegwerfen, die Stiele und Samen entfernen und ebenfalls wegwerfen. Das Fruchtfleisch fein zerkleinern, in eine mittelgroße Schüssel geben und mit dem Speck, 2 TL Öl und dem Essig vermengen. Mit Salz abschmecken.

2. Die Schnittflächen des Brots mit dem restlichen Olivenöl dünn bestreichen oder besprühen und mit der Schnittfläche nach unten über **direkter mittlerer Hitze** 1–2 Min. rösten. Vom Grill nehmen, schräg in 5 cm breite Stücke schneiden und auf Zimmertemperatur abkühlen lassen.

3. Kurz vor dem Servieren den Käse unter die Paprikamischung heben. Die Mischung mit einem Löffel auf die gerösteten Brotscheiben häufen und mit Basilikum bestreuen.

GEMÜSE

ZWIEBELN GRILLEN

1. Wurzel- und Stielende der Zwiebeln abschneiden. Die trockene Pergamenthaut abziehen.

2. Die Zwiebeln quer in gut 1 cm dicke Scheiben schneiden.

3. Die Schichten halten am besten zusammen, wenn die Scheiben gleichmäßig geschnitten sind.

4. Beim Wenden der Zwiebeln die innersten Ringe mit der Zange festhalten.

SALAT MIT GEGRILLTER PAPRIKA, ZWIEBELN UND FETA

FÜR 6 PERSONEN
ZUBEREITUNGSZEIT: 15 MIN.

GRILLMETHODE: DIREKTE MITTLERE HITZE (175–230 °C)
GRILLZEIT: 12–15 MIN.

FÜR DIE VINAIGRETTE
    4 EL Olivenöl
    2 EL Rotweinessig
    ½ EL fein gehackter Knoblauch
    ½ TL grobes Meersalz
    ¼ TL frisch gemahlener schwarzer Pfeffer

    2 mittelgroße rote Zwiebeln, in gut 1 cm dicke Scheiben geschnitten
    Olivenöl
    2 rote Paprikaschoten
    6 Handvoll Rucolablätter, gewaschen und getrocknet
    60 g geröstete Walnusskerne, grob gehackt
    100 g zerkrümelter Feta

1. Den Grill für direkte mittlere Hitze vorbereiten.

2. Die Zutaten für die Vinaigrette in einer kleinen Schüssel mit dem Schneebesen zu einer Emulsion schlagen.

3. Die Zwiebelscheiben auf beiden Seiten dünn mit Öl bestreichen. Den Grillrost mit der Bürste reinigen. Zwiebeln und Paprikaschoten über **direkter mittlerer Hitze** bei geschlossenem Deckel grillen, bis die Zwiebeln weich sind und die Haut der Paprikaschoten gleichmäßig schwarz ist und Blasen wirft. Die Zwiebeln brauchen 8–12 Min., die Paprikaschoten 12–15 Min. Das Gemüse vom Grill nehmen. Die Paprikaschoten in eine mittelgroße Schüssel legen, mit Frischhaltefolie abdecken und 10–15 Min. ausdampfen lassen. Danach die verkohlte Haut abziehen, die Stiele und Samen entfernen und das Fruchtfleisch in 1 cm breite Streifen schneiden.

4. Paprikastreifen und Zwiebeln in eine Schüssel legen. 2 EL Vinaigrette darübergeben und gut mischen.

5. Die Rucolablätter in einer Salatschüssel mit der restlichen Vinaigrette vermischen. Die angemachten Zwiebeln und Paprikastreifen darübergeben und mit Nüssen und Feta bestreuen. Sofort servieren.

SUPPE VON GEGRILLTEN TOMATEN MIT PARMESAN-CROUTONS

FÜR 4 PERSONEN
ZUBEREITUNGSZEIT: 30 MIN.

GRILLMETHODE: DIREKTE NIEDRIGE HITZE (120–175 °C)
GRILLZEIT: 8–10 MIN.
ZUBEHÖR: GELOCHTE GRILLPFANNE

- 1 kg feste, aber reife Eiertomaten
- 1 rote Zwiebel, geschält und durch den Wurzelansatz geviertelt
- 10 mittelgroße Knoblauchzehen, geschält
- 1 kleine Handvoll frische Thymianzweige
- 4 EL Olivenöl
- 1 l Hühnerbrühe
- 1 TL Zucker
- 1 TL grobes Meersalz
- ½ TL frisch gemahlener schwarzer Pfeffer
- 8 Scheiben Baguette, je etwa 1 cm dick
- 2 EL weiche Butter
- 7 EL geriebener Parmesan
- 2 EL grob gehacktes frisches Basilikum

1. Den Grill für direkte niedrige Hitze vorbereiten. Die Grillpfanne etwa 10 Min. über **direkter niedriger Hitze** vorheizen.

2. Tomaten, Zwiebeln, Knoblauch, Thymian und Öl in eine mittelgroße Schüssel geben und gut vermischen, sodass alles mit Öl bedeckt ist. Das Gemüse und die Kräuter mit einer Zange auf die Grillpfanne legen und über **direkter niedriger Hitze** bei geschlossenem Deckel 20–25 Min. grillen, bis die Tomatenhaut schrumpelig und stellenweise braun wird. Gelegentlich wenden. Die Tomaten in einen großen Topf geben. Zwiebeln, Knoblauch und Thymian 5–10 Min. weitergrillen, bis die Zwiebeln und der Knoblauch von allen Seiten gut gebräunt sind. Zwiebeln und Knoblauch zu den Tomaten geben, Thymian wegwerfen.

3. Die Hühnerbrühe in den Topf gießen und aufkochen. Die Hitze reduzieren und 8–10 Min. köcheln lassen, bis die Tomaten ihre Form verlieren. Die Suppe fein pürieren. Anschließend durch ein feines Sieb passieren, um Schalen- und Kernreste herauszufiltern. Die Suppe mit Zucker, Salz und Pfeffer abschmecken.

4. Falls der Grill über einen Infrarotbrenner über dem Warmhalterost verfügt, den Brenner bei geöffnetem Deckel auf **hoher Stufe** vorheizen. Die Weißbrotscheiben auf einer Seite mit Butter bestreichen und mit etwa 1 TL Parmesan bestreuen. Die Brotscheiben mit einer Grillzange auf den Warmhalterost (hinterer Bereich) direkt vor den Brenner legen. Bei geöffnetem Deckel etwa 2 Min. grillen, bis der Käse schmilzt und braun wird. Darauf achten, dass er nicht verbrennt. Die fertigen Croûtons vom Rost nehmen. Ist kein Infrarotbrenner vorhanden, empfiehlt es sich, das Brot unter dem Backofengrill zu rösten.

5. Die Suppe bei Bedarf erneut erhitzen. Das Basilikum hinzufügen, die Suppe auf Schalen verteilen und in die Mitte je 2 Croûtons setzen. Mit dem restlichen Parmesan bestreuen und warm servieren.

TOMATEN GRILLEN

1. Tomaten und weiteres Gemüse dünn mit Öl bestreichen und auf einer vorgeheizten Grillpfanne verteilen.

2. Über direkter niedriger Hitze grillen, bis die Tomaten schrumpelig und stellenweise braun werden.

3. Das Gemüse gelegentlich wenden, damit es gleichmäßig karamellisiert.

4. Keine Angst vor dunklen Farben auf dem Gemüse. Da steckt der Geschmack drin!

PANZANELLA-SPIESSE MIT SHERRY-VINAIGRETTE

FÜR 4 PERSONEN
ZUBEREITUNGSZEIT: 15 MIN.

GRILLMETHODE: DIREKTE MITTLERE HITZE (175–230 °C)
GRILLZEIT: ETWA 4 MIN.
ZUBEHÖR: 4 HOLZSPIESSE, MIND. 30 MIN. GEWÄSSERT

FÜR DIE VINAIGRETTE
- 2 EL Sherry-Essig
- 1 TL Dijon-Senf
- ½ TL fein gehackter Knoblauch
- 6 EL Olivenöl
- ¼ TL grobes Meersalz
- ¼ TL frisch gemahlener schwarzer Pfeffer

- 1 kleines Focaccia- oder Ciabatta-Brot, in 3 cm große Würfel geschnitten
- 300 g feste, aber reife Cocktailtomaten
- 4 Handvoll zarte Rucolablätter
- 5 EL frische Basilikumblätter, grob gehackt
- 2 EL frisch geriebener Parmesan

1. Den Grill für direkte mittlere Hitze vorbereiten.

2. Für die Vinaigrette Essig, Senf und Knoblauch in einer kleinen Schüssel mit dem Schneebesen verrühren. Das Olivenöl langsam einlaufen lassen und unterschlagen, bis sich alles zu einer Emulsion verbunden hat. Mit Salz und Pfeffer würzen.

3. Brotwürfel und Tomaten zusammen mit 2 EL Vinaigrette in eine große Schüssel geben und vermischen. Die Brotwürfel und die Tomaten abwechselnd auf Spieße stecken (siehe Foto rechts).

4. Den Grillrost mit der Bürste reinigen. Die Spieße über **direkter mittlerer Hitze** bei geöffnetem Deckel etwa 4 Min. grillen, bis die Tomaten stellenweise braun sind und das Brot leicht geröstet ist. Die Spieße nach jeweils 1 Min. drehen. (Wenn das Brot Feuer fängt oder verkohlt, den Spieß für den Rest der Grillzeit über indirekte Hitze legen.)

5. Rucola und Basilikum in einer großen Schüssel mit 2 EL Vinaigrette vermischen. Mit der restlichen Vinaigrette die Spieße bestreichen. Zum Servieren den Salat auf Teller verteilen und jeweils einen Spieß darüberlegen. Mit Parmesan bestreuen und servieren.

VINAIGRETTE ZUBEREITEN

1. Zuerst Essig, Senf und Knoblauch gut verrühren. Der Senf bewirkt, dass das Öl besser emulgieren kann.

2. Das Olivenöl langsam dazugießen und gleichzeitig mit dem Schneebesen schlagen. So ergibt sich ein sämiges Dressing.

SPIESSE ZUBEREITEN

Die Brotwürfel sollten etwas größer sein als die Tomaten. So können sie langsam rösten, bevor die Tomaten die Form verlieren.

ARTISCHOCKENHERZEN VORBEREITEN UND GRILLEN

1. Die dunklen äußeren Blätter der Artischocke jeweils umbiegen und nahe an der Basis abbrechen. Sobald die Blätter blassgrün und gelblich werden, keine weiteren Blätter entfernen.

2. Die Stängel auf etwa 2 cm einkürzen.

3. Mit einem scharfen Messer die blassgrünen und gelblichen Blätter oberhalb der Basis abschneiden.

4. Mit einem Teelöffel das Heu aus den Artischockenherzen kratzen.

5. Die Artischockenherzen längs durch den Stängel halbieren.

6. Mit einem Schäl- oder Gemüsemesser die rauen Außenränder der Artischockenherzen glätten und den Stängel schälen.

7. Nach dem Blanchieren in kochendem Wasser die Artischockenherzen mit Öl bestreichen und salzen. Anschließend über direkter mittlerer Hitze grillen, bis sie warm und auf allen Seiten leicht gebräunt sind.

ARTISCHOCKENHERZEN MIT TOMATEN-KNOBLAUCH-AIOLI

FÜR 4–6 PERSONEN
ZUBEREITUNGSZEIT: 35 MIN.

GRILLMETHODE: INDIREKTE UND DIREKTE MITTLERE HITZE (175–230 °C)
GRILLZEIT: ETWA 25 MIN.

3 Eiertomaten, je etwa 100 g, halbiert und entkernt
Olivenöl
3 große Knoblauchzehen, geschält
2 Handvoll Eichen- oder Hickory-Holzchips, mind. 30 Min. gewässert
5 EL Mayonnaise
1½ TL Aceto balsamico
1 TL grobes Meersalz
¼ TL frisch gemahlener schwarzer Pfeffer

6 große Artischocken, je etwa 300 g
Frisch gepresster Saft von 1 Zitrone

1. Den Grill für indirekte und direkte mittlere Hitze vorbereiten.

2. Die Tomatenhälften dünn mit Öl bestreichen. Die Knoblauchzehen in die Mitte eines 20 x 30 cm großen Stücks Alufolie legen und mit ½ TL Öl beträufeln. Die Folie zu einem Paket falten.

3. Die Holzchips abtropfen lassen und auf die Glut legen oder nach den Angaben des Herstellers in die Räucherbox des Gasgrills geben. Den Grillrost mit der Bürste reinigen. Sobald das Holz zu rauchen beginnt, die Tomaten und das Knoblauchpaket über **indirekte mittlere Hitze** auf den Grill legen. Etwa 20 Min. grillen, bis die Tomaten das Raucharoma angenommen haben und stellenweise braun sind und der Knoblauch an den Rändern ebenfalls leicht gebräunt ist.

4. Tomaten und Knoblauch in einer Küchenmaschine oder im Standmixer fein pürieren. Mayonnaise, Essig, ½ TL Salz und den Pfeffer hinzufügen. Die Aioli-Sauce in einzelne Servierschalen geben. (Die Sauce abdecken und kühl stellen, falls sie nicht innerhalb 1 Std. serviert wird. Vor dem Servieren 30 Min. Zimmertemperatur annehmen lassen.)

5. In einem großen Kochtopf Salzwasser zum Kochen bringen.

6. Die Artischocken vorbereiten, indem man die dunklen Außenblätter entfernt, bis die gelblichen Blätter mit blassgrünen Spitzen freiliegen. Die Artischocken einzeln auf ein Brett legen und zunächst die Blätter über der Basis mit einem scharfen Messer abschneiden. Mit einem kleinen Löffel das silbrige Heu aus den Artischockenherzen kratzen. Die Stängel auf 2 cm einkürzen, dann die Artischocken längs durch den Stängel halbieren. Mit einem kleinen Messer oder Gemüseschäler die rauen Außenränder glätten und den Stängel schälen. Die geputzten Artischockenherzen in eine große Schüssel mit Zitronenwasser legen.

7. Die Artischockenherzen im kochenden Salzwasser 10–12 Min. weich garen. Ein Messer soll leicht eindringen können, sie sollten aber noch bissfest sein. Die Artischocken durch ein Sieb abgießen und nach dem Abtropfen in eine große Schüssel geben. Noch warm sorgfältig mit 2 EL Öl und ½ TL Salz vermischen. (Die Artischocken können bis zu dieser Phase vorbereitet und bis zu 4 Std. im Kühlschrank aufbewahrt werden. Vor dem Grillen Raumtemperatur annehmen lassen.)

8. Die Artischockenherzen aus der Schüssel nehmen, überschüssiges Öl abtropfen lassen. Über **direkter mittlerer Hitze** bei geschlossenem Deckel 4–6 Min. grillen, bis sie warm und leicht gebräunt sind, dabei ein- bis zweimal wenden. Warm oder zimmerwarm mit der Aioli-Sauce servieren.

GRÜNEN SPARGEL GRILLEN

1. Im Frühjahr hat der Spargel Saison. Kaufen Sie feste Stangen mit glatter Haut und fest verschlossenen Köpfen.

2. Mitteldicker Spargel gelingt auf dem Grill besser als bleistiftdünner. Die Stangen fallen nicht so leicht durch den Rost und haben meist ein kräftigeres Aroma. Violette wie grüne Spargelsorten sind nach dem Garen grün.

3. Die geputzten rohen Spargelstangen mit Vinaigrette beträufeln. Sie verleiht dem Spargel zusätzliches Aroma und fördert ein gleichmäßiges Bräunen. Der Spargel sollte jedoch nicht zu feucht sein, wenn er auf den Grill gelegt wird. Dies würde zu Flammenbildung führen.

4. Damit keine Spargelstangen durch den Rost fallen, legt man sie am besten rechtwinklig zu den Streben auf den Rost. Die Stangen alle paar Minuten mit der Grillzange ein wenig zur Seite rollen, damit sie gleichmäßig garen.

ROHEN SCHINKEN GRILLEN

1. Während der Spargel langsam gar wird, dünne Schinkenscheiben über direkte Hitze legen und knusprig bräunen, dabei ein- bis zweimal wenden.

2. Nach 1–2 Min. ist das meiste Fett im Schinken geschmolzen, das Fleisch ist goldbraun und schmackhaft. Die gegrillten Schinkenscheiben nach dem Abkühlen zerkrümeln und zum Garnieren verwenden.

GRÜNER SPARGEL MIT SCHINKEN UND ZITRONENVINAIGRETTE

FÜR 4 PERSONEN
ZUBEREITUNGSZEIT: 20 MIN.

GRILLMETHODE: DIREKTE MITTLERE HITZE (175–230 °C)
GRILLZEIT: 6–8 MIN.

FÜR DIE VINAIGRETTE
- 2 EL Apfelessig
- 1 EL fein gewürfelte Schalotte
- 2 TL fein abgeriebene Schale von 1 Bio-Zitrone
- 1 TL Dijon-Senf
- 4 EL Olivenöl
- ¼ TL grobes Meersalz
- ¼ TL frisch gemahlener schwarzer Pfeffer

- 750 g grüner Spargel
- ½ TL grobes Meersalz
- 4 dünne Scheiben Prosciutto (ital. luftgetrockneter Schinken)

1. Den Grill für direkte mittlere Hitze vorbereiten.

2. Essig, Schalotte, Zitronenschale und Senf in einer kleinen Schüssel mit dem Schneebesen verrühren. Das Öl unterschlagen, bis die Vinaigrette zu einer Emulsion bindet. Mit Salz und Pfeffer würzen.

3. Die harten Enden der Spargelstangen entfernen, indem man das untere Ende jeder Stange umbiegt. Der Spargel bricht dort, wo er gerade noch zart ist, etwa im unteren Drittel. Falls gewünscht, die untere Hälfte der Stangen mit dem Spargelschäler schälen. Die Spargelstangen auf einer großen Platte auslegen. Mit einigen Esslöffeln Vinaigrette beträufeln und gleichmäßig salzen.

4. Den Grillrost mit der Bürste reinigen. Spargel und Schinken über **direkter mittlerer Hitze** bei geschlossenem Deckel grillen, bis der Spargel weich und der Schinken knusprig ist. Ein- oder zweimal wenden. Der Spargel benötigt 6–8 Min., der Schinken 1–2 Min.

5. Den Spargel auf einer Servierplatte anrichten und die Vinaigrette mit dem Löffel darauf verteilen. Den knusprigen Schinken zerkrümeln und darüberstreuen.

BROKKOLI MIT ZITRONE

FÜR 4 PERSONEN
ZUBEREITUNGSZEIT: 10 MIN.

GRILLMETHODE: DIREKTE MITTLERE HITZE (175–230 °C)
GRILLZEIT: 4–6 MIN.
ZUBEHÖR: GELOCHTE GRILLPFANNE

- 2½ TL grobes Meersalz
- 500 g Brokkoliröschen
- 2 EL Olivenöl
- 1 EL fein abgeriebene Schale von 1 Bio-Zitrone
- 5 EL geriebener Parmesan

1. Einen großen Kochtopf zu zwei Dritteln mit Wasser füllen. 2 TL Salz hinzufügen und das Wasser zum Kochen bringen. Den Brokkoli hineingeben und 3–5 Min. garen, bis er hellgrün und knackig-zart ist. Den Brokkoli mit einer Schaumkelle herausheben und sofort in Eiswasser tauchen, damit er rasch abkühlt. Anschließend abgießen und abtropfen lassen.

2. Den Grill für direkte mittlere Hitze vorbereiten. Den Grillrost mit der Bürste reinigen. Die gelochte Grillpfanne 10 Min. über *direkter mittlerer Hitze* vorheizen.

3. In einer großen Schüssel das Öl, die Zitronenschale und ½ TL Salz vermischen und den Brokkoli darin schwenken.

4. Die Brokkoliröschen nebeneinander in der Grillpfanne verteilen. Über *direkter mittlerer Hitze* bei geschlossenem Deckel 4–6 Min. grillen, bis sie warm sind und leicht zu bräunen beginnen. Gelegentlich wenden.

5. Den Brokkoli vom Grill nehmen und mit Parmesan bestreuen. Warm servieren.

BROKKOLI GRILLEN

1. Den Brokkoli vor dem Blanchieren in gleichmäßig große Röschen zerteilen.

2. Der Brokkoli wird nur kurz angebräunt. Die Grillpfanne daher vorheizen.

3. Die Brokkoliröschen gelegentlich mit einer Grillzange wenden oder die Grillpfanne mit Grillhandschuhen rütteln.

GRÜNE BOHNEN MIT ZITRONENÖL

FÜR 4 PERSONEN
ZUBEREITUNGSZEIT: 20 MIN.
KÜHLZEIT: 30–60 MIN.

GRILLMETHODE: DIREKTE MITTLERE HITZE (175–230 °C)
GRILLZEIT: 5–7 MIN.
ZUBEHÖR: GELOCHTE GRILLPFANNE

FÜR DAS ZITRONENÖL
    1 Bio-Zitrone
    4 EL Olivenöl
    2 große Knoblauchzehen, in dünne Scheiben geschnitten
    ¼ TL zerstoßene rote Chiliflocken

    500 g frische grüne Bohnen
    ½ TL Ascorbinsäure (Vitamin C)
    Grobes Meersalz
    Frisch gepresster Zitronensaft

1. Die gelbe Schale der Zitrone mit einem Gemüseschäler in breiten Streifen abschälen und mit dem Öl, dem Knoblauch und den Chiliflocken in einen kleinen Topf geben. Auf niedriger Stufe erhitzen, bis das Öl am Siedepunkt ist, danach etwa 2 Min. köcheln lassen. Das Öl vom Herd nehmen und 30–60 Min. abkühlen lassen.

2. Spitzen und Enden der Bohnen entfernen. Die geputzten Bohnen in eine große Schüssel geben.

3. Zitronenschale und Knoblauch aus dem Öl nehmen und wegwerfen. Die Ascorbinsäure und ½ TL Salz hinzufügen und alles gut vermischen.

4. Den Grill für direkte mittlere Hitze vorbereiten. Die Grillpfanne etwa 10 Min. über **direkter mittlerer Hitze** vorheizen.

5. Die abgekühlte Ölmischung über die grünen Bohnen gießen. Die Bohnen mehrmals durchmischen, damit sie überall mit Öl bedeckt sind.

6. Die Bohnen mit einer Grillzange aus der Schüssel nehmen, überschüssiges Öl über der Schüssel vorsichtig abschütteln. Die Bohnen in einer Lage auf die vorgeheizte Grillpfanne geben und über **direkter mittlerer Hitze** bei geschlossenem Deckel 5–7 Min. grillen, bis sie stellenweise gebräunt, aber noch bissfest sind. Gelegentlich wenden.

7. Die Bohnen aus der Grillpfanne nehmen. Auf einer Servierplatte mit Salz und frisch gepresstem Zitronensaft nach Geschmack würzen und warm servieren.

GRÜNE BOHNEN GRILLEN

1. Um dem Olivenöl mehr Aroma zu verleihen, erhitzt man es mit Zitronenschale, Knoblauch und zerstoßenen Chiliflocken.

2. Durch etwas Ascorbinsäure (Vitamin C) im Öl behalten die Bohnen auch nach dem Garen ihre frisch-grüne Farbe.

3. Die Bohnen auf einer heißen Grillpfanne ausbreiten. Im direkten Kontakt mit der Grillpfanne werden sie schnell gar.

GEMÜSE

MÖHREN GRILLEN

1. Früher dachte ich, Möhren seien zu hart zum Grillen. Dann begriff ich, dass ich sie vorher garen muss. Heute gehören Möhren zu meinen liebsten Beilagen, vor allem junge Möhren mit grünen Stängeln. Sie sind wunderbar süß und schmecken einfach fantastisch.

2. Das Grün oberhalb des Stielansatzes bis auf etwa 2 cm wegschneiden. Die Möhren schälen und in kochendem Salzwasser bissfest blanchieren.

3. Den Garprozess unterbrechen, indem man die Möhren in Eiswasser abschreckt. Danach abgießen und gut abtropfen lassen. Die Möhren vor dem Grillen einige Stunden ruhen lassen.

4. Wenn der Grill bereit ist, die Möhren in einer Glasur aus zerlassener Butter, Honig, Orangenschale und etwas Aceto balsamico wenden.

5. Die Möhren ungefähr rechtwinklig zu den Streben des Grillrosts auflegen, damit sie nicht durch den Rost fallen. Über direkter mittlerer Hitze grillen, bis sie ein hübsches Grillmuster bekommen.

6. Zum Schluss die Möhren noch einmal in der Glasur wenden, was sie noch aromatischer macht.

MÖHREN MIT ORANGENGLASUR

FÜR 4–6 PERSONEN
ZUBEREITUNGSZEIT: 8–10 MIN.

GRILLMETHODE: DIREKTE MITTLERE HITZE (175–230 °C)
GRILLZEIT: 4–6 MIN.

- 2¼ TL grobes Meersalz
- 12 mittelgroße Möhren (je etwa 15–20 cm lang, an der Wurzel 2,5 cm dick), geschält, Stängel gekürzt
- 3 EL Butter, zerlassen
- 2 EL Honig oder Ahornsirup
- 2 TL fein abgeriebene Schale von 1 Bio-Orange
- 2 TL Aceto balsamico
- 2 EL fein gehackte frische glatte Petersilie

1. Einen großen Topf zu zwei Dritteln mit Wasser füllen. 2 TL Salz hinzufügen und das Wasser zum Kochen bringen. Die Möhren hineingeben und 4–6 Min. blanchieren, bis sie knapp gar, also noch bissfest sind. Die Möhren aus dem Topf heben und sofort in Eiswasser legen. Abgießen und gut abtropfen lassen.

2. Den Grill für direkte mittlere Hitze vorbereiten.

3. In einer großen Schüssel die flüssige Butter, Honig oder Ahornsirup, Orangenschale, Essig und ¼ TL Salz vermischen. Die Möhren hinzufügen und wenden, sodass sie gleichmäßig mit der Glasur überzogen sind.

4. Den Grillrost mit der Bürste reinigen. Die Möhren mit einer Zange aus der Schüssel heben und überschüssige Glasur in die Schüssel abtropfen lassen. Die Möhren quer zu den Streben auf den Grillrost legen und über **direkter mittlerer Hitze** bei geschlossenem Deckel 4–6 Min. grillen, bis sie leicht karamellisiert sind. Gelegentlich wenden. Die Möhren nach dem Grillen noch einmal in der Glasur wenden. Mit Petersilie bestreuen und warm servieren.

TOFU GRILLEN

1. »Steaks« aus Tofu können eine köstliche Alternative zu Fleisch sein. Man sollte extrafesten Tofu kaufen, der auf dem Grill seine Form behält.

2. Zusätzliches Aroma erhält der Tofu durch eine Marinade aus Zitronensaft, frischem Ingwer und Sojasauce.

3. Grillt man Tofusteaks auf Alufolie, kann auf dem Rost nichts festbacken. Trotz der Alufolie erhält der Tofu eine hübsche braune Färbung.

TOFU-STEAKS MIT MÖHREN-CASHEW-SALAT

FÜR 4 PERSONEN
ZUBEREITUNGSZEIT: 20 MIN.
MARINIERZEIT: 3–4 STD.

GRILLMETHODE: DIREKTE STARKE HITZE (230–290 °C)
GRILLZEIT: 6–8 MIN.

FÜR DIE MARINADE
- 4 EL frisch gepresster Zitronensaft
- 4 EL Rapsöl
- 4 EL Sojasauce
- 2 EL frisch geriebener Ingwer
- 2 EL Vollrohrzucker
- 1 TL scharfe Chili-Knoblauch-Sauce (Asia-Laden)

- 2 Päckchen (je 400 g) fester Tofu (kein Seidentofu)

FÜR DEN SALAT
- 250 g grob geraspelte Möhren
- 70 g grob gehackte Cashewkerne
- 2–3 fein gehackte Frühlingszwiebeln, nur weiße und hellgrüne Teile
- 5 EL fein gehacktes Koriandergrün oder fein gehackte frische glatte Petersilie
- 2 TL frisch gepresster Zitronensaft
- 1 TL dunkles Sesamöl
- 1 TL Sojasauce

1. Die Zutaten für die Marinade in einer mittelgroßen Schüssel mit dem Schneebesen verrühren. Den Tofu aus der Verpackung nehmen und gut abtropfen lassen. Beide Stücke in jeweils vier 2,5 cm dicke Scheiben schneiden. Die Tofuscheiben nebeneinander in eine flache Schale oder Kuchenform legen.

2. Die Tofuscheiben mit der Marinade übergießen und von allen Seiten damit bestreichen. Mit Frischhaltefolie abdecken und 3–4 Std. kalt stellen. Die Scheiben während dieser Zeit ein- oder zweimal wenden.

3. Die Zutaten für den Salat in einer großen Schüssel gut vermischen. Beiseitestellen und bei Zimmertemperatur ziehen lassen.

4. Den Grill für direkte starke Hitze vorbereiten. Den Grillrost mit der Bürste reinigen. Ein großes Stück Alufolie, etwa 30 x 40 cm, direkt auf den Grillrost legen. Tofuscheiben aus der Marinade nehmen und nebeneinander auf die Folie legen. Die Marinade zum Glasieren aufheben. Den Tofu über **direkter starker Hitze** bei geschlossenem Deckel 6–8 Min. grillen, bis beide Seiten schön karamellisiert und gut erhitzt sind. Einmal wenden und ab und zu mit der restlichen Marinade bestreichen. Den Tofu mit einem Grillwender auf Serviertellern anrichten und den Salat darübergeben. Warm oder auf Zimmertemperatur abgekühlt servieren.

Die Chilischoten beim Grillen, Schälen und Aufschneiden möglichst nicht beschädigen, damit die Käsefüllung später nicht herausläuft.

GEFÜLLTE CHILIS MIT TOMATEN-SALSA UND GUACAMOLE

FÜR 6 PERSONEN
ZUBEREITUNGSZEIT: 30 MIN.

GRILLMETHODE: DIREKTE UND INDIREKTE MITTLERE HITZE (175–230 °C)
GRILLZEIT: ETWA 20–30 MIN.

FÜR DIE SALSA
 3 feste, aber reife mittelgroße Tomaten, halbiert und entkernt
 1 kleine weiße Zwiebel, in 1 cm breite Scheiben geschnitten
 Olivenöl
 2 EL fein gehacktes Koriandergrün
 1 EL frisch gepresster Limettensaft
 1 TL fein gehackte Chilischoten (vorzugsweise Serrano oder Jalapeño)
 1 TL grobes Meersalz

FÜR DIE GUACAMOLE
 3 große, reife Avocados, entsteint und geschält
 4 EL fein gewürfelte rote Zwiebel
 2 EL frisch gepresster Limettensaft
 1 TL grobes Meersalz

 6 große milde Chilischoten (vorzugsweise Poblano)
 250 g geriebener Cheddar
 70 g zerkrümelter milder Ziegenkäse

1. Den Grill für direkte und indirekte mittlere Hitze vorbereiten. Den Grillrost mit der Bürste reinigen.

2. Für die Salsa Tomaten und Zwiebelscheiben dünn mit Öl bestreichen oder besprühen. Über **direkter mittlerer Hitze** bei geschlossenem Deckel 6–8 Min. grillen, bis alles gut gebräunt ist, dabei einmal wenden. Das Gemüse vom Grill nehmen, fein hacken und in eine mittelgroße Schüssel geben. Die restlichen Zutaten für die Salsa hinzufügen und alles verrühren.

3. Für die Guacamole das Avocadofleisch in einer zweiten mittelgroßen Schüssel mit einer Gabel zerdrücken. Gewürfelte Zwiebel, Limettensaft und Salz untermischen. Eine Frischhaltefolie direkt auf das Avocadomus legen, damit es nicht braun wird. Bis zum Servieren etwa 1 Std. kalt stellen.

4. Die Chilischoten über **direkter mittlerer Hitze** bei geöffnetem Deckel 10–15 Min. grillen, bis die Haut schwarz ist und Blasen wirft. Gelegentlich wenden. (Ziel ist es, die Haut so stark zu grillen, dass man sie abziehen kann, ohne die Chilischote selbst zu beschädigen. Poblano-Schoten bleiben beim Grillen so stabil, dass man sie später füllen kann.) Die Chilischoten in eine große Schüssel geben, mit Frischhaltefolie abdecken und etwa 10 Min. ausdampfen lassen. Die Haut behutsam abziehen und wegwerfen. Die Stiele intakt lassen, das Fruchtfleisch auf einer Seite vorsichtig aufschlitzen und behutsam die weißen Trennhäute und Samen entfernen.

5. Cheddar und Ziegenkäse in einer mittelgroßen Schüssel mit einer Gabel vermischen, dann vorsichtig in die Chilischoten füllen. Die Chilis mit Öl bestreichen.

6. Die gefüllten Chilischoten mit der offenen Seite nach oben über **indirekter mittlerer Hitze** bei geschlossenem Deckel 6–8 Min. grillen, bis der Käse schmilzt. Mit einem Grillheber behutsam vom Grill nehmen und warm mit Salsa und Guacamole servieren.

KNOBLAUCHKNOLLE AUF DEM GRILL RÖSTEN

1. Eine ganze Knoblauchknolle unterhalb des Stängelansatzes quer aufschneiden, sodass die einzelnen Zehen frei liegen. Die Oberfläche mit Öl beträufeln.

2. Die Knoblauchknolle in Alufolie einwickeln und über indirekter Hitze grillen, bis die Zehen weich sind und braun werden.

3. Die Knoblauchknolle abkühlen lassen, dann die weichen, mild-aromatischen Knoblauchzehen herausdrücken.

AUBERGINEN VORBEREITEN UND GRILLEN

1. Auberginen sollten fest sein und eine glänzende, fleckenlose Schale haben. Längliche, eher schwere Exemplare eignen sich zum Grillen am besten.

2. Männliche Auberginen (links) enthalten meist weniger Samen als weibliche (rechts) und sind deshalb süßer und nicht so bitter im Geschmack.

3. Ganze Auberginen mehrmals mit einer Gabel einstechen und über direkter starker Hitze grillen, bis die Haut schwarz wird und die Frucht ihre Form verliert.

4. Die abgekühlten Auberginen längs halbieren und das Fruchtfleisch für den Dip herauslöffeln. Etwaige Samenklumpen entfernen, da sie den Dip bitter machen.

GEMÜSE

DIP AUS GEGRILLTEN AUBERGINEN

FÜR 8–10 PERSONEN ALS VORSPEISE
ZUBEREITUNGSZEIT: 10 MIN.

GRILLMETHODE: INDIREKTE UND DIREKTE STARKE HITZE (230–290 °C), DIREKTE MITTLERE HITZE (175–230 °C)
GRILLZEIT: ETWA 40–50 MIN.

- 1 ganze Knoblauchknolle
- 1 TL Olivenöl
- 2 mittelgroße Auberginen, insgesamt etwa 500 g
- 1 EL frisch gepresster Zitronensaft
- 1 TL frische Oreganoblätter
- ½ TL grobes Meersalz
- ½ TL frisch gemahlener schwarzer Pfeffer

FÜR DIE BAGEL-CHIPS
- 2 Bagel-Brötchen
- 2 EL Olivenöl
- ¼ TL grobes Meersalz

1. Den Grill für indirekte und direkte starke Hitze vorbereiten.

2. Die äußeren, trockenen Schalenschichten von der Knoblauchknolle entfernen und den Knoblauch unter dem Stängelansatz quer aufschneiden, sodass möglichst alle Zehen angeschnitten sind. Die Knolle auf ein großes Stück Alufolie setzen und die angeschnittenen Zehen mit Öl beträufeln. Die Alufolie gut, aber nicht zu eng verschließen, damit im Paket Platz bleibt für entstehenden Dampf. Den Grillrost mit der Bürste reinigen. Den Knoblauch über **indirekter starker Hitze** bei geschlossenem Deckel 40–50 Min. weich grillen.

3. Die Auberginen mit einer Gabel mehrmals einstechen. Über **direkter starker Hitze** bei geschlossenem Deckel 15–20 Min. grillen, bis die Außenhaut verkohlt ist und die Auberginen zu schrumpfen beginnen. Gelegentlich wenden. Beim Einstechen sollte sich das Fruchtfleisch durch und durch weich anfühlen.

4. Knoblauch und Auberginen etwas abkühlen lassen. Die Knoblauchzehen aus der Knolle in die Schüssel einer Küchenmaschine drücken (siehe Foto Seite 254 oben rechts). Auberginen längs halbieren und das Fruchtfleisch mit einem Löffel aus der Schale lösen. Samenklumpen, falls vorhanden, entfernen und zusammen mit der Haut wegwerfen. Das Auberginenfleisch zum Knoblauch geben und beides zu einer dicken Paste mixen. Zitronensaft und Oregano hinzufügen. Die Masse fein pürieren und mit Salz und Pfeffer abschmecken. Die Grilltemperatur auf mittlere Hitze absinken lassen.

5. Die Bagel-Brötchen in Halbmonde teilen und diese längs in gut 0,5 cm dicke Scheiben schneiden.

6. Die Bagel-Chips dünn mit Öl bestreichen und mit Salz bestreuen. Über **direkter mittlerer Hitze** etwa 2 Min. grillen, bis sie braun und knusprig sind. Einmal wenden.

7. Den warmen Dip mit Bagel-Chips und Rohkost servieren.

SANDWICHES GRILLEN

1. Zucchini und Auberginen längs in gleichmäßige, 1 cm breite Streifen schneiden und über direkter mittlerer Hitze grillen, bevor man die Sandwiches zusammensetzt.

2. Kräuter, Knoblauch und getrocknete Tomaten grob hacken und vermischen. Die Brotinnenseiten gleichmäßig mit der Mischung bestreichen und mit gegrilltem Gemüse belegen.

3. Die Brotscheiben außen mit Olivenöl bestreichen und die Sandwiches grillen, bis sie auf beiden Seiten knusprig geröstet sind.

VEGETARISCHE SANDWICHES MIT SONNENGETROCKNETEN TOMATEN

FÜR 4 PERSONEN
ZUBEREITUNGSZEIT: 20 MIN.

GRILLMETHODE: DIREKTE MITTLERE HITZE (175–230 °C)
GRILLZEIT: 10–14 MIN.

FÜR DEN AUFSTRICH
    2 große Handvoll frisches Basilikum
    2 große Handvoll frische glatte Petersilie
    1 mittelgroße Knoblauchzehe
    4 EL fein gehackte getrocknete Tomaten in Öl
    2 EL Öl aus dem Tomatenglas
    1 TL fein abgeriebene Schale von 1 Bio-Zitrone
    1 TL frisch gepresster Zitronensaft
    ¼ TL grobes Meersalz

2 längliche Auberginen, zusammen etwa 500 g, Enden gekürzt, längs in 1 cm dicke Scheiben geschnitten
1–2 gelbe oder grüne Zucchini, etwa 250 g, Enden gekürzt, längs in 1 cm dicke Scheiben geschnitten
Olivenöl
½ TL grobes Meersalz
¼ TL frisch gemahlener schwarzer Pfeffer
8 Scheiben Bauernbrot
4 Scheiben Provolone (ital. Hartkäse), je gut 1 cm dick, für die Brotscheiben passend zugeschnitten

1. Den Grill für direkte mittlere Hitze vorbereiten.

2. Basilikum, Petersilie und Knoblauch zusammen fein hacken und in eine kleine Schüssel geben. Die restlichen Zutaten für den Aufstrich hinzufügen und alles zu einer Paste vermengen.

3. Auberginen- und Zucchinistreifen auf beiden Seiten dünn mit Öl bestreichen. Mit Salz und Pfeffer würzen. Die Gemüsestreifen über **direkter mittlerer Hitze** bei geschlossenem Deckel 8–10 Min. grillen, bis sie auf beiden Seiten das typische Grillmuster aufweisen. Ein- oder zweimal wenden. Die Zucchini werden etwas schneller gar als die Auberginen. Das Gemüse vom Grill nehmen und auf einen Teller legen.

4. Die Brotscheiben auf einer Seite mit dem Aufstrich bestreichen, dann 4 Brotscheiben mit Käse und gegrilltem Gemüse belegen. Darauf achten, dass der Käse nirgends überhängt. Je 1 Brotscheibe ohne Belag daraufsetzen und sanft andrücken. Das Brot außen dünn mit Öl bestreichen.

5. Die Sandwiches über **direkter mittlerer Hitze** bei geöffnetem Deckel 2–4 Min. grillen, bis das Brot geröstet und der Käse geschmolzen ist, dabei einmal wenden. Warm servieren.

KÜRBIS MIT HONIG-CURRY-GLASUR

FÜR 4–6 PERSONEN
ZUBEREITUNGSZEIT: 15 MIN.

GRILLMETHODE: INDIREKTE MITTLERE HITZE (175–230 °C)
GRILLZEIT: 60–70 MIN.

    2,5–3 kg Kürbis, z.B. Butternut
    4 EL Olivenöl
    Grobes Meersalz
    Frisch gemahlener schwarzer Pfeffer

FÜR DIE GLASUR
    4 EL (60 g) Butter
    4 EL Honig
    1 EL Apfelessig
    2 TL mildes Currypulver
    ¼ TL reines Chilipulver

1. Den Grill für indirekte mittlere Hitze vorbereiten.

2. Die Kürbisse unter fließendem kaltem Wasser abspülen. Die Enden mit einem schweren scharfen Messer abschneiden und die Kürbisse in 4–6 Stücke teilen. Mit einem Löffel die Kerne und das faserige Innere entfernen. Die Kürbisstücke auf ein Backblech legen und das Fruchtfleisch mit Öl bestreichen. Nach Geschmack salzen und pfeffern.

3. Den Grillrost mit der Bürste reinigen. Die Kürbisstücke mit der Schale nach unten über *indirekter mittlerer Hitze* bei geschlossenem Deckel etwa 30 Min. grillen.

4. Die Zutaten für die Glasur in einem kleinen Topf vermischen, bei mittlerer Hitze etwa 2 Min. unter häufigem Rühren erwärmen, bis die Butter geschmolzen und die Zutaten sich zu einer homogenen Glasur verbunden haben. Vom Herd nehmen.

5. Die Kürbisstücke nach den ersten 30 Min. auf dem Grill wieder auf das Backblech legen. Den Deckel des Grills schließen, damit die Hitze erhalten bleibt. Das Kürbisfruchtfleisch mit der Glasur bestreichen, die Kürbisstücke wieder auf den Grill legen und über *indirekter mittlerer Hitze* bei geschlossenem Deckel 30–40 Min. weitergrillen, bis der Kürbis weich ist. Alle 15–20 Min. erneut mit Glasur bestreichen. Nach Belieben noch etwas salzen. Mit der restlichen Glasur beträufeln und warm servieren.

Die Kürbisstücke über indirekter mittlerer Hitze zuerst etwa 30 Min. grillen und erst dann glasieren. Trägt man die Glasur zu früh auf, verbrennt das Gemüse leicht. Während der letzten 30–40 Min. auf dem Grill den Kürbis alle 15–20 Min. mit Glasur bestreichen, jedoch den Deckel so schnell wie möglich wieder schließen, damit die Hitze erhalten bleibt.

Hat man rote und gelbe Bete über indirekter Hitze auf dem Grill gegart, sollte man sie in separate Schüsseln legen, damit sich ihre Farben nicht vermischen. Mit Frischhaltefolie abdecken, damit der Dampf die Haut lösen kann. Beim Schälen Gummihandschuhe tragen.

BUNTE BETEN MIT KÜRBISKERNEN UND FETA

FÜR 4 PERSONEN
ZUBEREITUNGSZEIT: 30–40 MIN.

GRILLMETHODE: INDIREKTE MITTLERE HITZE (175–230 °C)
GRILLZEIT: 1–1½ STD.

    4 gelbe oder rote Beten (oder gemischt), insgesamt etwa 1 kg
    Olivenöl

FÜR DAS DRESSING
    2 EL Rotweinessig
    1 TL Dijon-Senf
    1 TL Honig
    1 TL gemahlener Kreuzkümmel
    ¼ TL zerstoßene rote Chiliflocken
    125 ml Olivenöl
    ½ TL grobes Meersalz
    ¼ TL frisch gemahlener schwarzer Pfeffer

    3 Handvoll Romanasalatherzen-Blätter, ganz oder zerteilt
    4 EL geschälte, geröstete Kürbiskerne
    125 g zerkrümelter Feta

1. Den Grill für indirekte mittlere Hitze vorbereiten. Den Grillrost mit der Bürste reinigen.

2. Blättrige Enden und Wurzeln der Beten wegschneiden. Die Beten unter fließendem kaltem Wasser abschrubben, trocken tupfen und anschließend dünn mit Öl bestreichen. Über **indirekter mittlerer Hitze** bei geschlossenem Deckel je nach Größe 1–1,5 Std. weich grillen (Gargrad mit der Spitze eines Messers prüfen). Gelegentlich wenden. Vom Grill nehmen, gelbe und rote Beten in separate Schüsseln legen. Mit Frischhaltefolie abdecken und die Beten bei Zimmertemperatur auf Handwärme abkühlen lassen. Mit einem scharfen Gemüsemesser die Enden abschneiden und die Haut abschälen. Die Beten quer in etwa 1 cm dicke Scheiben schneiden und wieder in separate Schüsseln geben (damit sich die gelbe Bete nicht rot färbt).

3. Für das Dressing Essig, Senf, Honig, Kreuzkümmel und Chili in einer Schüssel mit dem Schneebesen verrühren oder in einem Standmixer vermischen. Das Öl langsam unterrühren, bis das Dressing emulgiert. Mit Salz und Pfeffer würzen.

4. Salatblätter und Betenscheiben auf vier Salatteller verteilen. Mit Dressing beträufeln und mit Kürbiskernen und Käse garnieren. Warm servieren.

FENCHEL MIT FONTINA

FÜR 4-6 PERSONEN
ZUBEREITUNGSZEIT: 10 MIN.

GRILLMETHODE: DIREKTE MITTLERE BIS NIEDRIGE HITZE (ETWA 175 °C)
GRILLZEIT: ETWA 20–30 MIN.

- 3 mittelgroße Fenchelknollen
- 3 EL Olivenöl
- 1 EL frisch gepresster Zitronensaft
- ½ TL grobes Meersalz
- 1 kräftige Prise frisch gemahlener schwarzer Pfeffer
- 100 g geriebener Fontina (ital. Rohmilchkäse)

1. Den Grill für direkte mittlere bis niedrige Hitze vorbereiten.

2. Vom zarten Fenchelgrün, falls vorhanden, 2 EL fein hacken und für den Salat verwenden. Die dicken Stängel der Knollen entfernen und anderweitig verwenden. Die Fenchelknollen vierteln und den Strunk keilförmig herausschneiden. Den Fenchel quer in gut 0,5 cm dicke Streifen schneiden.

3. Den geschnittenen Fenchel auf einer Hälfte eines 30 x 60 cm großen Stücks extrastarker Alufolie häufen. Öl und Zitronensaft über den Fenchel gießen. Mit Salz und Pfeffer würzen. Die andere Hälfte der Alufolie über den Fenchel klappen und das Paket an den Rändern sorgfältig verschließen, sodass keine Flüssigkeit auslaufen kann.

4. Das Paket über **direkter mittlerer bis niedriger Hitze** bei geschlossenem Deckel 20–25 Min. grillen, bis der Fenchel bissfest ist. Die Folie mit einer Grillzange vorsichtig öffnen und den geriebenen Fontina über den Fenchel streuen. Das geöffnete Paket weitere 2–3 Min. grillen, bis der Käse zu schmelzen beginnt. Das Paket vorsichtig vom Grill heben, den gegrillten Fenchel mit dem gehackten Fenchelgrün garnieren und warm servieren.

FENCHEL GRILLEN

1. Die dicken Stängel und das Wurzelenden der Knollen entfernen, das zarte Fenchelgrün zum Garnieren aufheben.

2. Die Knollen der Länge nach vierteln und den harten Strunk herausschneiden.

3. Den Fenchel in dünne Streifen schneiden und auf einen großen Bogen Alufolie häufen. Mit Olivenöl beträufeln und würzen.

4. Den Fenchel im fest verschlossenen Folienpaket bissfest grillen. Das Paket öffnen und den Fenchel mit dem geriebenen Fontina bestreut fertig grillen.

GEMÜSE

Pistazien und Knoblauch sind Grundlage für dieses unkonventionelle, aber köstliche Pesto, das die gegrillten Kartoffeln umhüllt.

KARTOFFELSALAT MIT PISTAZIENPESTO

FÜR 4–6 PERSONEN
ZUBEREITUNGSZEIT: 20 MIN.

GRILLMETHODE: DIREKTE MITTLERE HITZE (175–230 °C)
GRILLZEIT: 10–15 MIN.
ZUBEHÖR: GELOCHTE GRILLPFANNE

FÜR DAS PESTO
- 1 Knoblauchzehe, geschält
- 1 große Handvoll frische Basilikumblätter
- 4 EL ungesalzene Pistazienkerne
- 5 EL Mayonnaise
- 2 TL Weißweinessig
- ½ TL grobes Meersalz
- ¼ TL frisch gemahlener schwarzer Pfeffer

- 1 kg mittelgroße festkochende Kartoffeln, ungeschält, Schalen mit der Bürste gereinigt
- Grobes Meersalz
- 2 große rote oder gelbe Paprikaschoten
- 2 EL Olivenöl
- Frisch gemahlener schwarzer Pfeffer
- 2 EL klein gezupfte frische Basilikumblätter (nach Belieben)

1. Für das Pesto den Knoblauch in einer Küchenmaschine oder mit dem Pürierstab zerkleinern. Basilikum und Pistazien hinzufügen und alles fein hacken. Die Mischung in eine große Schüssel geben und mit den übrigen Zutaten vermischen.

2. Die Kartoffeln achteln, in einen großen Topf geben und gut mit Wasser bedecken. 2 TL Salz hinzufügen und aufkochen. Die Hitze reduzieren und die Kartoffeln 5–10 Min. kochen, bis sie knapp gar sind. In der Zwischenzeit die Paprikaschoten längs halbieren, Stielansatz, Samen und Trennhäute entfernen und die Paprika in etwa 3 cm breite Stücke schneiden.

3. Die Kartoffeln abgießen und zurück in den leeren Topf geben. Die Paprikastücke sowie 2 EL Öl und ½ TL Salz hinzufügen und alles gut vermischen.

4. Den Grill für direkte mittlere Hitze vorbereiten. Die Grillpfanne etwa 10 Min. über **direkter mittlerer Hitze** vorheizen. Sobald sie heiß ist, Kartoffeln und Paprika mit einem Löffel möglichst flach in der Pfanne verteilen. Über **direkter mittlerer Hitze** bei geschlossenem Deckel 10–15 Min. grillen, bis die Kartoffeln auf allen Seiten knusprig braun und innen weich sind. Gelegentlich wenden. Das Gemüse in die Schüssel mit dem Pesto geben. Vorsichtig mischen, bis das Gemüse überall mit Pesto bedeckt ist. Mind. 5 Min. abkühlen lassen. Mit Salz und Pfeffer abschmecken. Nach Belieben mit Basilikum garnieren. Warm oder auf Zimmertemperatur abgekühlt servieren.

SÜSSKARTOFFELN MIT KOKOSGLASUR

FÜR 4–6 PERSONEN
ZUBEREITUNGSZEIT: 15 MIN.

GRILLMETHODE: DIREKTE MITTLERE HITZE (175–230 °C)
   NUR FÜR DEN HOLZKOHLEGRILL GEEIGNET
GRILLZEIT: ETWA 1 STD.
ZUBEHÖR: GUSSEISERNE PFANNE (Ø 30 CM)

   4 mittelgroße Süßkartoffeln, Schale gewaschen und getrocknet

FÜR DIE GLASUR
   400 ml Kokosmilch
   Fein abgeriebene Schale und Saft von 1 Bio-Limette
   2 EL brauner Zucker
   1 EL Butter
   1 fein gehackte Chilischote (vorzugsweise Jalapeño)
   ½ TL grobes Meersalz

   4 EL Kokos-Chips

1. Die Süßkartoffeln einzeln in Alufolie wickeln.

2. Ein Bullaugen-Feuer für mittlere Hitze vorbereiten (siehe unten und Seite 14). Wenn die Glut bereit ist, die Süßkartoffeln direkt neben die Glut auf den Kohlerost legen. Den Deckel schließen und die Süßkartoffeln 45–55 Min. grillen, bis sie weich sind. Gelegentlich wenden. Um zu prüfen, ob sie gar sind, die Süßkartoffeln mit einer Grillzange zusammendrücken.

3. Die Süßkartoffeln vom Grill nehmen und etwa 15 Min. abkühlen lassen, dann auspacken. Die Schale mit einem Messer einritzen, abziehen und wegwerfen. Das Süßkartoffelfleisch in 1,5 cm große Würfel schneiden und beiseitestellen.

4. Die Gusseisenpfanne über **direkte mittlere Hitze** stellen (man kann diesen Schritt auch am Küchenherd durchführen). Die Zutaten für die Glasur in die Pfanne geben, verrühren und unter gelegentlichem Rühren zum Kochen bringen. Die Mischung 5–8 Min. köcheln lassen, bis sie um die Hälfte reduziert ist. Ab und zu umrühren. Die Glasur wird recht dick. Die Pfanne von der Hitzequelle nehmen, die Süßkartoffelwürfel hineingeben und vorsichtig umrühren. Die Kartoffelwürfel sollen gut mit Glasur bedeckt, aber nicht zermatscht sein.

5. Die Kokos-Chips in einer kleinen Pfanne auf hoher Stufe 2 Min. braun rösten.

6. Die Süßkartoffeln in eine Servierschüssel geben und mit den gerösteten Kokos-Chips bestreuen. Warm servieren.

SÜSSKARTOFFELN GRILLEN

1. Am besten nimmt man längliche Süßkartoffeln von ähnlicher Größe und Dicke, damit alle gleichzeitig gar werden.

2. Die Kartoffeln werden in Alufolie eingewickelt, dann an die Glut gelegt und zwischendurch gedreht.

3. Eine dicke Glasur mit Kokosmilch und braunem Zucker hält die Kartoffeln feucht und verleiht ihnen zusätzliches Aroma.

4. Vor dem Servieren werden die Süßkartoffeln mit gerösteten Kokos-Chips bestreut.

SELBST GEMACHTE FLADEN

1. Der klebrige Teig lässt sich leichter bearbeiten, wenn man etwas Öl auf den Teig und das Schneidebrett gibt.

2. Den Teig mit einer Teigkarte (siehe Bild) oder einem großen Messer in gleich große Portionen schneiden.

3. Mit den Händen zwölf Kugeln formen und diese zu knapp 1 cm dicken und 20 cm langen Fladen formen. Das Aussehen spielt keine Rolle, entscheidend ist die Länge und Dicke.

4. Die Teigfladen zwischen Backpapierlagen stapeln. Jeden Fladen vorher auf beiden Seiten leicht mit Öl bestreichen, damit er beim Grillen nicht anbackt.

GEGRILLTE FLADEN MIT DREIERLEI AUFSTRICH

FÜR 4 PERSONEN
ZUBEREITUNGSZEIT: 15 MIN.
GEHZEIT FÜR DEN TEIG: 1½–2 STD.

GRILLMETHODE: DIREKTE MITTLERE HITZE (175–230 °C)
GRILLZEIT: PRO DURCHGANG ETWA 6 MIN.
ZUBEHÖR: ELEKTRISCHER STANDMIXER

FÜR DEN TEIG
    350 ml warmes Wasser (etwa 40 °C)
    1 Päckchen Trockenhefe
    ½ TL Zucker
    500 g Weizenmehl
    3 EL Olivenöl
    2 TL grobes Meersalz

1. Wasser, Hefe und Zucker in die Rührschüssel eines Standmixers geben, kurz vermischen und 5 Min. stehen lassen, bis sich an der Oberfläche dünner Schaum bildet (er zeigt an, dass die Hefe aktiv ist). Mehl, Öl und Salz hinzufügen. Mit dem Knetarm des Mixers auf niedriger Stufe 1 Min. bearbeiten, bis sich die Zutaten verbinden. Den Mixer auf mittlere Stufe schalten und die Masse weitere 10 Min. zu einem klebrigen, glatten, elastischen Teig kneten. Den Teig zu einer Kugel formen, in eine dünn mit Öl ausgestrichene Schüssel legen und darin wenden, bis er überall mit Öl überzogen ist. Den Teig mit Frischhaltefolie abdecken und an einem warmen Ort 1,5–2 Std. gehen lassen, bis sich sein Volumen verdoppelt hat.

2. Den Grill für direkte mittlere Hitze vorbereiten.

3. Den Teig auf eine leicht geölte Arbeitsfläche legen und in 12 gleich große Portionen von je 60–80 g teilen. Die Teigportionen mit eingeölten Händen zu Kugeln formen und diese auf 20 cm Länge und knapp 1 cm Dicke ausziehen. Dabei zieht sich der Teig wahrscheinlich immer wieder zusammen. Man muss also mehrmals ziehen und den Teig immer wieder flach drücken, bis er die richtige Länge hat. Wenn nötig etwas Öl auf den Teig geben, damit er feucht und geschmeidig bleibt. Die Teigfladen zwischen Backpapierlagen stapeln.

4. Den Grillrost mit der Bürste reinigen. Einige Teigfladen behutsam über **direkte mittlere Hitze** legen. Nach 1–2 Min. wird der Teig von unten knusprig und dunkler, oben bläht er sich leicht auf. Die Teigfladen wenden und etwa 6 Min. weiterbacken, bis beide Seiten dunkelbraun sind. Während dieser Zeit jede Minute wenden. Die fertigen Fladen nach Belieben über indirekter Hitze warm halten. Warm oder auf Zimmertemperatur abgekühlt mit einem oder mehreren Aufstrichen Ihrer Wahl (Rezepte siehe Seite 263) servieren.

BOHNEN-KNOBLAUCH-PÜREE

ERGIBT: 450 ML
ZUBEREITUNGSZEIT: 10 MIN.

GRILLMETHODE: INDIREKTE MITTLERE HITZE (175–230 °C)
GRILLZEIT: 45–60 MIN.

- 1 kleine Knoblauchknolle
- 1 TL und 2 EL Olivenöl
- 1 Dose (400 g) Cannellini- oder gelbe Bohnen, abgespült und abgetropft
- 1 TL fein abgeriebene Schale von 1 Bio-Zitrone
- 2 EL frisch gepresster Zitronensaft
- 1 TL grobes Meersalz
- ¼ TL frisch gemahlener schwarzer Pfeffer
- 4 EL frische glatte Petersilienblätter
- 2–3 frische Salbeiblätter

1. Den Grill für indirekte mittlere Hitze vorbereiten.

2. Die äußeren, trockenen Schalenschichten von der Knoblauchknolle entfernen und den Knoblauch unter dem Stängelansatz quer aufschneiden, sodass möglichst alle Zehen angeschnitten sind (siehe Foto Seite 254 oben). Den Knoblauch auf ein großes Stück Alufolie setzen und die Zehen mit Öl beträufeln. Die Alufolie so verschließen, dass nichts heraustropfen kann, aber etwas Platz für entstehenden Dampf bleibt. Den Grillrost mit der Bürste reinigen. Den Knoblauch über *indirekter mittlerer Hitze* bei geschlossenem Deckel 45–60 Min. grillen, bis er weich ist.

3. Die Knoblauchzehen in die Schüssel einer Küchenmaschine drücken. Darauf achten, dass nichts von der harten Pergamentschale hineingelangt. Die Bohnen, 2 EL Öl, Zitronenschale, Zitronensaft, Salz und Pfeffer hinzufügen und alles pürieren. Petersilie und Salbei dazugeben und erneut pürieren, bis die Masse die Konsistenz von Hummus hat. Nach Belieben noch etwas Öl zufügen, um den Aufstrich glatter zu machen.

TOMATEN-OLIVEN-PASTE

ERGIBT: 250 ML
ZUBEREITUNGSZEIT: 10 MIN.

- 100 g entsteinte schwarze Kalamata-Oliven, abgetropft
- 100 g getrocknete Tomaten in Öl, abgetropft
- 1 kleine rohe oder mehrere geröstete Knoblauchzehen (siehe Rezept oben)
- 3–4 EL Olivenöl
- 4 EL frische Basilikumblätter
- 2 EL Kapern, abgetropft
- 2 TL Aceto balsamico
- ¼ TL frisch gemahlener schwarzer Pfeffer

Oliven, Tomaten und Knoblauch in einer Küchenmaschine grob hacken. 3 EL Olivenöl und die restlichen Zutaten hinzufügen und mixen, bis alles gut vermischt ist. Falls die Olivenpaste zu stückig erscheInt, noch 1 EL Olivenöl dazugeben.

BLAUSCHIMMELCREME MIT WALNÜSSEN

ERGIBT: 250 ML
ZUBEREITUNGSZEIT: 10 MIN.

- 125 g zerkrümelter Blauschimmelkäse wie Danablue, Roquefort oder Gorgonzola piccante
- 60 g weiche Butter
- 70 g leicht geröstete Walnusskerne, grob gehackt
- 4 EL fein gehackte Schalotten
- 1 EL frisch gepresster Zitronensaft
- ¼ TL frisch gemahlener schwarzer Pfeffer
- Frische glatte Petersilie, fein gehackt

Käse und Butter mit einer Gabel oder im Standmixer grob vermischen – der Käse soll noch etwas Struktur haben. Die restlichen Zutaten einarbeiten und nach Geschmack Petersilie untermischen.

OBST

GRILLPRAXIS

266	Gestürzter **ANANASKUCHEN** vom Grill
268	**ÄPFEL** grillen
269	Gingerbread mit **APRIKOSEN** auf dem Grill zubereiten
271	**BANANA** S'mores vom Grill
274	**PFIRSICHE** grillen
276	**BIRNEN** mit Schinken zubereiten

REZEPTE

267	Gestürzter **ANANASKUCHEN**
268	**KARAMELLÄPFEL** auf Blätterteig
269	Gingerbread mit gegrillten **APRIKOSEN**
270	**BANANEN** nach Foster-Art
271	**BANANA** S'mores
272	Buttermilch-Panna-cotta mit gegrillten **FEIGEN**
273	Gegrillte **ERDBEEREN**
275	**PFIRSICH**-Shortcakes
276	**BIRNENSALAT** mit Schinken und Champagner-Vinaigrette
277	Brie in Weinblättern mit **TRAUBEN**-Salsa

GESTÜRZTER ANANASKUCHEN VOM GRILL

1. Vom oberen und unteren Ende einer reifen Ananas je etwa 2 cm abschneiden.

2. Die Ananas senkrecht stellen und die harte Schale rundherum wegschneiden.

3. Auf allen Seiten die dunklen »Augen« entfernen.

4. Die Ananas quer in fingerdicke Scheiben schneiden.

5. Den holzigen Kern mit einem scharfen Messer herausschneiden. Die Ananasringe mit Butter bestreichen.

6. Die Ananasringe über direkter mittlerer Hitze grillen. Abkühlen und alle Ringe bis auf einen halbieren.

7. Braunen Zucker, Sahne und Zimt in einer gusseisernen Pfanne verrühren.

8. Die Zuckermischung über direkter mittlerer Hitze zum Schmelzen bringen.

9. Wenn die Mischung am Rand Blasen wirft, die Pfanne vom Grill nehmen.

10. Die Ananasscheiben vorsichtig in die heiße Zuckermischung legen und den Teig darübergießen.

11. Den Teig gleichmäßig und glatt bis an den Rand der Pfanne verstreichen.

12. Über indirekter Hitze auf dem Grill backen, bis ein hineingestecktes Holzstäbchen sauber bleibt. Den Kuchen auf eine Platte stürzen.

GESTÜRZTER ANANASKUCHEN

FÜR 6–8 PERSONEN
ZUBEREITUNGSZEIT: 30 MIN.

GRILLMETHODE: DIREKTE UND INDIREKTE MITTLERE HITZE (175–230 °C)
NUR FÜR DEN GASGRILL GEEIGNET
GRILLZEIT: ETWA 45–60 MIN.
ZUBEHÖR: GUSSEISERNE PFANNE (Ø 30 CM)

FÜR DEN BELAG
6 Scheiben frische Ananas (nicht aus der Dose), je 1–1,5 cm dick, geschält und holziger Kern entfernt (siehe Seite 266)
2 EL Butter, zerlassen
125 g brauner Zucker
4 EL Sahne
½ TL gemahlener Zimt

FÜR DEN TEIG
100 g Weizenmehl
1 TL Backpulver
½ TL grobes Meersalz
¼ TL Backnatron
180 ml Buttermilch
2 Eier (Größe L)
1 Päckchen Vanillezucker
125 g weiche Butter
175 g Zucker

1. Den Grill für direkte und indirekte mittlere Hitze vorbereiten. Den Grillrost mit der Bürste reinigen.

2. Die Ananasringe mit flüssiger Butter bestreichen, dann über **direkter mittlerer Hitze** bei geöffnetem Deckel 4–6 Min. grillen, bis sie das typische Grillmuster aufweisen. Einmal wenden. Vom Gill nehmen und abkühlen lassen. Alle Ananasringe bis auf einen halbieren.

3. Braunen Zucker, Sahne, Zimt und restliche flüssige Butter in der gusseisernen Pfanne über **direkter mittlerer Hitze** vermischen. Etwa 2 Min. erhitzen, bis sich der Zucker aufgelöst hat und die Mischung am Rand Blasen wirft. Die Pfanne vom Grill nehmen und auf ein Backblech stellen. Den ganzen Ananasring in die Mitte der Pfanne setzen, die halben Ringe darum herum anordnen.

4. Für den Teig Mehl, Backpulver, Salz, Backnatron und Vanillezucker in einer großen Schüssel vermischen. In einer mittelgroßen Schüssel Buttermilch und Eier mit dem Schneebesen verrühren. In einer zweiten großen Schüssel Butter und Zucker mit dem Handrührgerät auf mittlerer Stufe 2–4 Min. schaumig schlagen. Auf niedrige Stufe schalten und die Buttermilchmischung einrühren. Nach und nach das Mehl hinzufügen und rühren, bis ein glatter Teig entsteht. Diesen mit einem Teigschaber gleichmäßig über die Ananas in der Pfanne verteilen.

5. Den Kuchen über **indirekter mittlerer Hitze** bei geschlossenem Deckel 40–50 Min. backen, bis die Oberfläche goldbraun ist und an einem hineingesteckten Holzstäbchen keine Teigreste mehr haften. Die Temperatur dabei möglichst konstant bei 175 °C halten. Die Pfanne mit Grillhandschuhen vom Grill heben und den Kuchen 10 Min. abkühlen lassen.

6. Den Kuchen vor dem Stürzen mit einem schmalen Messer von den Pfannenrändern lösen. Eine Servierplatte umgedreht auf die Pfanne legen, dann Platte und Pfanne mit Grillhandschuhen gleichzeitig wenden, sodass der Kuchen auf die Platte zu liegen kommt. Die Pfanne vorsichtig anheben. Ananasscheiben, die an der Pfanne haften bleiben, auf den Kuchen legen. Den Kuchen nochmals kurz abkühlen lassen, in Stücke schneiden und am besten frisch servieren – warm oder auf Zimmertemperatur abgekühlt.

CRÈME FRAÎCHE SELBST HERSTELLEN

1. Nach 8 Std. bei Zimmertemperatur wird aus Schlagsahne mit etwas Buttermilch eine dicke Crème fraîche.

2. Nach 24 Std. ist dieselbe Crème fraîche noch dicker und noch köstlicher.

ÄPFEL GRILLEN

1. Mit flüssiger Butter bestrichene Apfelscheiben werden auf dem Grill rasch braun und zart.

2. Vor der Fertigstellung des Desserts die Apfelscheiben in Karamellsauce wenden.

KARAMELLÄPFEL AUF BLÄTTERTEIG

FÜR 4 PERSONEN
ZUBEREITUNGSZEIT: 20 MIN.

GRILLMETHODE: DIREKTE MITTLERE HITZE (175–230 °C)
GRILLZEIT: 8–10 MIN.
ZUBEHÖR: GELOCHTE GRILLPFANNE

    2 Platten TK-Blätterteig, aufgetaut

FÜR DIE SAUCE
    110 g Vollrohrzucker
    4 EL Sahne
    60 g Butter

    4 säuerliche Äpfel (z.B. Granny Smith), geschält, Kerngehäuse entfernt, in 1 cm dicke Spalten geschnitten
    60 g Butter, zerlassen
    Grobes Meersalz (nach Belieben)
    4 EL Crème fraîche (Rezept rechts) oder Schlagsahne

1. Aus dem Blätterteig mit einem Glas oder Ausstecher (Ø 10 cm) 4 runde Plätzchen ausstechen, auf ein Backblech legen und mit einer Gabel je etwa zwölfmal einstechen, damit der Teig beim Backen nicht zu stark aufgeht. Die Teigplätzchen nach Packungsanleitung im Ofen goldbraun backen. Auf einem Rost auskühlen lassen.

2. Die Zutaten für die Sauce in einem kleinen Topf auf mittlerer Stufe unter ständigem Rühren 4–5 Min. erwärmen, bis sich der Zucker aufgelöst hat und die Butter geschmolzen ist. Vom Herd nehmen und beiseitestellen.

3. In einer großen Schüssel die Apfelspalten in der flüssigen Butter wenden, bis sie überall gut bedeckt sind.

4. Den Grill für direkte mittlere Hitze vorbereiten. Die gelochte Grillpfanne über **direkter mittlerer Hitze** etwa 10 Min. vorheizen. Die Apfelspalten auf die Grillpfanne legen und bei geschlossenem Deckel 8–10 Min. grillen, bis sie gut gebräunt und weich sind. Ein- oder zweimal wenden. Die Apfelspalten in eine Schüssel legen. Die Sauce nach Bedarf auf niedriger Stufe nochmals erwärmen. Mit einem Löffel etwas Sauce über die Äpfel geben und vorsichtig untermischen.

5. Die Blätterteigplätzchen auf Desserttellern anrichten und mit den Apfelspalten belegen. Die restliche Sauce darüber verteilen und nach Belieben mit etwas Meersalz bestreuen. Mit einem Klecks Crème fraîche oder Schlagsahne krönen.

CRÈME FRAÎCHE
ERGIBT: 250 ML
ZUBEREITUNGSZEIT: 2 MIN.
RUHEZEIT: 8–24 STD.

    250 g Sahne
    2 EL Buttermilch

Sahne und Buttermilch in einer kleinen Schüssel verrühren. Abdecken und 8–24 Std. bei Zimmertemperatur stehen lassen. Die fertige Crème fraîche kann im Kühlschrank mehrere Tage aufbewahrt werden.

GINGERBREAD MIT GEGRILLTEN APRIKOSEN

FÜR 12 PERSONEN
ZUBEREITUNGSZEIT: 30 MIN.

GRILLMETHODE: INDIREKTE UND DIREKTE MITTLERE HITZE (175–230 °C)
NUR FÜR DEN GASGRILL GEEIGNET
GRILLZEIT: ETWA 40 MIN.
ZUBEHÖR: GUSSEISERNE PFANNE (Ø 22–25 CM)

225 g Weizenmehl
1 TL Ingwerpulver
¾ TL gemahlener Zimt
¾ TL Backnatron oder Backpulver
¾ TL grobes Meersalz
125 g weiche Butter, plus etwas mehr für die Pfanne
125 g Zucker
1 zimmerwarmes Ei (Größe L)
125 ml Zuckerrübensirup
125 ml heißes Wasser
3 EL fein gehackter kandierter Ingwer

12 feste, aber reife Aprikosen, halbiert und entsteint
3 EL Butter, zerlassen
3 EL Zucker
1 EL dunkler Rum (nach Belieben)

12 Kugeln Vanilleeis

1. Mehl, Ingwerpulver, Zimt, Backnatron oder Backpulver und Salz in einer kleinen Schüssel vermischen. In einer mittelgroßen Schüssel Butter und Zucker mit einem Handrührgerät etwa 3 Min. schaumig schlagen. Ei und Zuckerrübensirup einrühren. Den Mixer auf niedrige Stufe stellen und das gewürzte Mehl nach und nach unterrühren. Das Wasser hinzufügen und alles zu einem glatten Teig verrühren. Zum Schluss den kandierten Ingwer unterheben. Die Gusseisenpfanne ausbuttern. Den Teig in die Pfanne geben und gleichmäßig verstreichen.

2. Den Grill für indirekte mittlere Hitze vorbereiten. Den Grillrost mit der Bürste reinigen.

3. Das Gingerbread in der Pfanne über **indirekter mittlerer Hitze** bei geschlossenem Deckel etwa 35 Min. grillen, bis an einem hineingesteckten Holzstäbchen keine Teigreste mehr haften. Die Grilltemperatur dabei möglichst konstant bei 175 °C halten. Die Pfanne mit Grillhandschuhen vorsichtig vom Grill nehmen.

4. Die Aprikosen in einer großen Schüssel behutsam mit flüssiger Butter, Zucker und Rum vermischen, dann herausheben und abtropfen lassen. Über **direkter mittlerer Hitze** mit der Schnittfläche nach unten bei geschlossenem Deckel 4–6 Min. grillen, bis sie durcherhitzt sind, dabei einmal wenden und mit der Buttermischung bestreichen. Die Grillzeit richtet sich nach der Reife der Aprikosen.

5. Das Gingerbread warm in Stücke schneiden, mit den Aprikosen anrichten und mit der restlichen Buttermischung beträufeln. Mit Eiscreme servieren.

GINGERBREAD MIT APRIKOSEN AUF DEM GRILL ZUBEREITEN

1. Das Gingerbread grillen, bis ein hineingestecktes Holzstäbchen sauber bleibt.

2. Die Aprikosen halbieren und entsteinen.

3. Die Aprikosen in flüssiger Butter und Zucker wenden.

4. Die Aprikosen über direkter mittlerer Hitze grillen.

BANANEN NACH FOSTER-ART

FÜR 6–8 PERSONEN
ZUBEREITUNGSZEIT: 10 MIN.

GRILLMETHODE: DIREKTE MITTLERE HITZE (175–230 °C)
GRILLZEIT: 2–3 MIN.

    4 feste, aber reife mittelgroße Bananen
    2 EL Butter, zerlassen

FÜR DIE SAUCE
    125 g Butter
    125 g brauner Zucker
    ¼ TL gemahlener Zimt
    1 kräftige Prise gemahlene Muskatnuss
    125 ml dunkler Rum
    4 EL Bananenlikör

    Vanilleeis

1. Den Grill für direkte mittlere Hitze vorbereiten.

2. Die Bananen mit der Schale längs halbieren (so bewahren sie auf dem Grill ihre Form). Die Schnittflächen mit zerlassener Butter bestreichen.

Bananenhälften in der Schale grillen, damit sie in Form bleiben. Erst nach dem Grillen schälen und vierteln und in der Rumsauce ziehen lassen.

3. Den Grillrost mit der Bürste reinigen. Die Bananen mit der Schnittfläche nach unten über **direkter mittlerer Hitze** bei geöffnetem Deckel 2–3 Min. grillen, bis sie warm sind und das typische Grillmuster aufweisen. Nicht wenden. Vom Grill nehmen, schälen und vierteln, dann beiseitestellen.

4. Für die Sauce die Butter in einem großen Topf zerlassen. Zucker, Zimt und Muskatnuss hinzufügen und unter ständigem Rühren erhitzen, bis die Mischung Blasen wirft. Rum und Bananenlikör einrühren und einige Sekunden erwärmen, dann mit einem langen Streichholz oder langstieligen Feuerzeug vorsichtig anzünden. Flambieren, bis die Flammen von selbst erlöschen. Die Bananenstücke hinzufügen und auf mittlerer Stufe 2–3 Min. sanft köcheln, bis sie sich ein wenig einrollen. Die Bananen mit der Sauce über die Eiscreme geben und sofort servieren.

BANANA S'MORES

FÜR 8 PERSONEN
ZUBEREITUNGSZEIT: 15 MIN.

GRILLMETHODE: INDIREKTE UND DIREKTE MITTLERE HITZE (ETWA 200 °C)
GRILLZEIT: ETWA 20 MIN.
ZUBEHÖR: 20 X 20 CM GROSSE GRILLFESTE BACKFORM

FÜR DEN BODEN
- 60 g fein zerbröselte Graham-Cracker oder Vollkorn-Butterkekse
- 4 EL Butter, zerlassen
- 1 Eigelb

FÜR DEN BELAG
- 1 EL Butter, zerlassen
- 1 TL brauner Zucker
- 2 feste, aber reife mittelgroße Bananen
- 150 g Mini-Marshmallows
- 80 g Schokochips (zartbitter)

1. Den Grill für indirekte und direkte mittlere Hitze vorbereiten.

2. Die Zutaten für den Boden in einer großen Schüssel vermengen. Die Mischung in die grillfeste Backform geben und gut festdrücken. Den Boden über **indirekter mittlerer Hitze** bei geschlossenem Deckel 6–8 Min. backen, bis er fest ist. Vom Grill nehmen und 10 Min. auskühlen lassen. Dadurch wird der Boden stabiler.

3. Flüssige Butter und braunen Zucker in einer kleinen Schüssel vermischen. Die Bananen mit der Schale längs halbieren (die Schale hält sie auf dem Grill in Form). Die Schnittflächen großzügig mit der Buttermischung bestreichen.

4. Die Bananen mit der Schnittfläche nach unten über **direkter mittlerer Hitze** bei geöffnetem Deckel 2–4 Min. ohne Wenden grillen, bis sie langsam weich werden. Kurz abkühlen lassen, dann das Fruchtfleisch direkt in der Schale in fingerdicke Stücke schneiden.

5. Die Hälfte der Marshmallows gleichmäßig auf dem Kuchenboden verteilen. Die Bananenstücke aus den Schalen löffeln und auf den Marshmallows verteilen. Mit den restlichen Marshmallows bedecken.

6. Den Auflauf über **indirekter mittlerer Hitze** bei geschlossenem Deckel 5–7 Min. grillen (die Temperatur möglichst konstant bei 200 °C halten), bis sich die Marshmallows aufblähen und braun werden. Nun die Schokochips darüberstreuen und weitere 2 Min. grillen, bis die Schokolade glänzt und schmilzt. Den Auflauf vom Grill nehmen und 5 Min. abkühlen lassen. In Dessertschalen anrichten und warm servieren.

BANANA S'MORES VOM GRILL

1. Die Keksmischung auf den Boden einer Backform geben, mit dem Teigschaber verteilen und festdrücken.

2. Den Boden im Grill vorbacken. Die mit Butter bestrichenen Bananen in der Schale grillen, damit sie in Form bleiben.

3. Die Bananen direkt in der Schale in mundgerechte Stücke schneiden und zwischen die Marshmallows schichten.

4. Die Schokochips in den letzten Minuten über den Auflauf streuen und auf der weichen Marshmallowmasse schmelzen lassen.

PANNA COTTA ZUBEREITEN

1. Gelatinepulver in kaltes Wasser streuen.

2. Die Förmchen einfetten, damit sich die Panna cotta später leicht stürzen lässt.

3. Die Panna cotta in die Förmchen füllen und mind. 8 Std. kalt stellen.

4. Den gekühlten Pudding mit dem Daumen vorsichtig vom Rand der Form lösen.

BUTTERMILCH-PANNA-COTTA MIT GEGRILLTEN FEIGEN

FÜR 6 PERSONEN
ZUBEREITUNGSZEIT: 20 MIN.
KÜHLZEIT: MIND. 8 STD.

GRILLMETHODE: DIREKTE MITTLERE HITZE (175–230 °C)
GRILLZEIT: 4 MIN.
ZUBEHÖR: 6 SOUFFLÉ- ODER PUDDINGFÖRMCHEN

FÜR DIE PANNA COTTA
- 2½ TL Gelatinepulver
- 60 ml kaltes Wasser
- 250 g Sahne
- 120 g Zucker
- 500 ml Buttermilch, gut geschüttelt
- 1 Päckchen Vanillezucker
- 1 EL fein abgeriebene Schale von 1 Bio-Zitrone

Pflanzenöl

- 9 reife Feigen, insgesamt etwa 350 g, Stiel entfernt, längs halbiert
- 1 EL Honig
- 1 Bund frische Minze (nach Belieben)

1. Das Gelatinepulver in dem kalten Wasser 5 Min. einweichen. Sahne und Zucker in einem mittelgroßen Topf auf niedriger Stufe erhitzen und rühren, bis sich der Zucker aufgelöst hat. Sobald die Sahne leicht köchelt, den Topf vom Herd nehmen und die Gelatine hineingeben. Etwa 2 Min. rühren, bis sich die Gelatine vollständig aufgelöst hat. Buttermilch und Vanillezucker einrühren. Die Sahnemischung durch ein Haarsieb in einen Messbecher gießen und die Zitronenschale unterrühren.

2. Die Förmchen mit Hilfe eines Stücks Küchenpapier gründlich einfetten. Die Sahnemischung in die Förmchen gießen, etwa 150 ml pro Portion. Die Förmchen auf ein Tablett stellen und mit Frischhaltefolie locker abdecken. Die Panna cotta im Kühlschrank mind. 8 Std. (bis zu 1 Tag) fest werden lassen.

3. Den Grill für direkte mittlere Hitze vorbereiten. Die Schnittflächen der Feigen dünn mit Öl bestreichen. Den Grillrost mit der Bürste reinigen. Die Feigen mit der Schnittfläche nach unten über **direkter mittlerer Hitze** bei geschlossenem Deckel etwa 4 Min. grillen, bis sie das typische Grillmuster aufweisen und gut erhitzt sind. Nach 3 Min. einmal wenden.

4. Die Panna cotta einzeln aus den Förmchen stürzen. Dazu durch sanften Druck mit dem Daumen den Pudding ringsum vom Rand wegziehen (siehe Foto oben rechts). Wenn nötig wiederholen, bis sich die Panna cotta stürzen lässt. (Den Rand nicht mit dem Messer lösen, um die glatte Form des Puddings nicht zu beschädigen.) Zum Stürzen einen Dessertteller umgedreht auf das Förmchen setzen, Teller und Förmchen gleichzeitig umdrehen und schütteln, bis der Pudding auf den Teller stürzt.

5. Neben jede Panna cotta 3 Feigenhälften setzen und den Teller mit etwas Honig beträufeln. Nach Belieben mit frischer Minze garnieren.

Reife Erdbeeren dicht an dicht in eine Backform setzen und über direkter Hitze garen, sodass der Erdbeersaft zusammen mit Butter, Zucker, Vanille und Orangenlikör eindickt.

GEGRILLTE ERDBEEREN

FÜR 6–8 PERSONEN
ZUBEREITUNGSZEIT: 10 MIN.

GRILLMETHODE: DIREKTE STARKE HITZE (230–290 °C)
  NUR FÜR DEN GASGRILL GEEIGNET
GRILLZEIT: 8–12 MIN.
ZUBEHÖR: 20 X 20 CM GROSSE GRILLFESTE BACKFORM

    350 g (20–24 Stück) frische große Erdbeeren, gewaschen und trocken getupft
    4 EL Zucker
    1 Päckchen Vanillezucker
    4 EL Orangenlikör oder 2 EL Wasser und 1 EL Zitronensaft
    1 EL weiche Butter
    Vanilleeis

1. Die Erdbeeren entstielen und den Stielansatz flach abschneiden. Erdbeeren, Zucker, Vanillezucker und Likör in eine mittelgroße Schüssel geben und behutsam vermischen.

2. Die grillfeste Backform mit der weichen Butter großzügig einfetten. Die Backform sollte gerade groß genug sein, dass alle Erdbeeren nebeneinander Platz finden. (So bleiben die Erdbeeren, wenn sie weich werden, aufrecht stehen.) Den Grill für direkte starke Hitze vorbereiten.

3. Die Erdebeeren aus der Schüssel nehmen und mit den Spitzen nach oben dicht nebeneinander in die gefettete Backform stellen (siehe Foto oben). Den Saft aus der Schüssel über die Erdbeeren verteilen. Über **direkter starker Hitze** bei geschlossenem Deckel 8–12 Min. grillen, bis die Flüssigkeit Blasen wirft und die Erdbeeren leicht zusammenfallen. Die Garzeit kann je nach Größe, Sorte und Reifegrad der Erdbeeren stark variieren. Deshalb gut beobachten und die Erdbeeren vom Grill nehmen, bevor sie ganz zusammenfallen.

4. Den Saft aus der Backform mit einem Löffel über die Erdbeeren geben, damit sie feucht bleiben. Die Erdbeeren 5 Min. abkühlen lassen, dann entweder ganz oder geviertelt über Vanilleeis anrichten.

Der würzige Rauch von Holzkohle passt nicht zu Fruchtdesserts wie diesem. Hier empfiehlt sich der Gasgrill.

SHORTCAKES BACKEN

1. Butterflocken und Mehl mit einer Gabel zu einer streuselartigen Konsistenz verarbeiten. Erbsengroße Butterstückchen im Teig ergeben besonders luftige Plätzchen.

2. Milch und Sahne hinzufügen und den Teig vorsichtig zusammenfügen, aber nicht zu stark kneten.

3. Den Teig auf eine leicht bemehlte Arbeitsfläche legen und zu einem 2 cm dicken Streifen flach klopfen.

4. Mit einer in Mehl getauchten runden Ausstechform oder einem Glas runde Plätzchen ausstechen.

5. Die Teigreste zusammenfügen und erneut flach klopfen.

6. Weitere Plätzchen ausstechen.

PFIRSICHE GRILLEN

1. Die Pfirsichhälften mit braunem Zucker füllen und grillen, bis der Zucker schmilzt und die Pfirsiche weich sind.

2. Die Pfirsiche vorsichtig vom Rost nehmen und den Zuckersirup, der sich in den Kernmulden gesammelt hat, in eine Schüssel gießen. Die verkohlte Haut abziehen. Die Pfirsiche mit aufgeschnittenen Shortcakes und Schlagsahne servieren.

PFIRSICH-SHORTCAKES

FÜR 8 PERSONEN
ZUBEREITUNGSZEIT: 20 MIN.

GRILLMETHODE: DIREKTE MITTLERE HITZE (175–230 °C)
NUR FÜR DEN GASGRILL GEEIGNET
BACK- UND GRILLZEIT: ETWA 25–30 MIN.

- 250 g Weizenmehl, plus etwas mehr zum Bestäuben
- 5 EL Zucker
- 1 EL Backpulver
- ½ TL grobes Meersalz
- 125 g kalte Butter in kleinen Flocken
- 4 EL kalte Milch
- 4 EL kalte Sahne
- 1 EL Butter, zerlassen

- 250 g Sahne
- 1 Päckchen Vanillezucker
- 2 EL Puderzucker
- 4 reife, aber feste große Pfirsiche, halbiert und entkernt
- 4 EL Vollrohrzucker
- 8 Zweige frische Minze (nach Belieben)

1. Den Backofen auf 200 °C vorheizen.

2. Mehl, Zucker, Backpulver und Salz in einer großen Schüssel gut vermischen. Die Butterflocken hinzufügen und die Masse mit einer Gabel zu Streuseln verarbeiten. Milch und Schlagsahne hinzufügen. Zunächst mit der Gabel verrühren (die Mischung bleibt krümelig), dann mit den Händen rasch zu einem Teig verkneten. Den Teig auf eine mit Mehl bestäubte Arbeitsfläche legen und mit bemehlten Händen behutsam flach klopfen, bis er noch etwa 2 cm dick ist. Mit einer bemehlten runden Ausstechform oder einem Glas (etwa 7 cm Ø) insgesamt 8 Kreise ausstechen. Die Teigreste jeweils wieder zusammenfügen, erneut flach klopfen und weitere Kreise ausstechen. (Den Teig behutsam behandeln und möglichst nicht kneten). Die Plätzchen im Abstand von 5 cm auf ein mit Backpapier belegtes Backblech legen und mit flüssiger Butter bestreichen. Im Ofen 15–20 Min. backen, dann auskühlen lassen.

3. Die Sahne mit Vanillezucker und Puderzucker in einer großen Schüssel nicht zu steif schlagen. Abdecken und bis zum Servieren in den Kühlschrank stellen.

4. Den Grill für direkte mittlere Hitze vorbereiten. Den Grillrost mit der Bürste reinigen. Die Schnittfläche der Pfirsiche mit Zucker bestreuen. Die Pfirsichhälften mit der Haut nach unten über **direkter mittlerer Hitze** bei geschlossenem Deckel 8–10 Min. grillen, bis der Zucker schmilzt und die Pfirsiche weich sind. Vorsichtig vom Grill nehmen und den Zuckersirup in den Kernmulden in eine mittelgroße Schüssel gießen.

5. Die verkohlte Haut der Pfirsiche abziehen und wegwerfen. Die Pfirsiche in mundgerechte Stücke schneiden, in die Schüssel mit dem Zuckersirup geben und vorsichtig mischen. Die Shortcake-Plätzchen in der Mitte quer aufschneiden und die unteren Hälften mit Pfirsichen und Schlagsahne belegen. Die obere Hälfte als Deckel daraufsetzen. Nach Belieben mit Minzezweigen garnieren.

BIRNENSALAT MIT SCHINKEN UND CHAMPAGNER-VINAIGRETTE

FÜR 4 PERSONEN
ZUBEREITUNGSZEIT: 20 MIN.

GRILLMETHODE: DIREKTE MITTLERE HITZE (175–230 °C)
GRILLZEIT: 4–6 MIN.

FÜR DIE VINAIGRETTE
    4 EL Champagner- oder Weißweinessig
    2 EL fein gehackte Schalotte
    1 TL Dijon-Senf
    ½ TL Zucker
    ¼ TL grobes Meersalz
    ¼ TL frisch gemahlener schwarzer Pfeffer
    4 EL Olivenöl
    2 EL geröstetes Haselnussöl oder Olivenöl

    2 feste, aber reife Williamsbirnen, längs geviertelt, Kerngehäuse entfernt
    8 hauchdünne Scheiben Prosciutto (ital. luftgetrockneter Schinken)
    250 g Rucola- oder gemischte Salatblätter
    50 g Manchego-Schafskäse oder Parmesan
    100 g Haselnusskerne ohne Haut, geröstet und grob gehackt
    Grobes Meersalz
    Frisch gemahlener schwarzer Pfeffer

1. In einer kleinen Schüssel Essig, Schalotte, Senf, Zucker, Salz und Pfeffer mit einem Schneebesen verrühren. Das Öl langsam einlaufen lassen und weiterschlagen, bis sich alles zu einer Emulsion verbunden hat. Wenn die Vinaigrette zu sauer ist, 1 EL Wasser hinzufügen.

2. Den Grill für direkte mittlere Hitze vorbereiten. Den Grillrost mit der Bürste reinigen.

3. Jedes Birnenviertel mit 1 Scheibe Schinken umwickeln. Den Schinken an den Enden festdrücken, damit nichts absteht. Die umwickelten Birnenviertel dünn mit Vinaigrette bestreichen und über **direkter mittlerer Hitze** bei geschlossenem Deckel 4–6 Min. grillen. Der Schinken soll leicht kross und goldbraun sein, die Birnen innen warm. Nach Bedarf wenden.

4. Die Vinaigrette erneut aufschlagen. Die Rucola- oder gemischten Salatblätter in einer großen Schüssel mit so viel Vinaigrette vermischen, dass sie leicht benetzt sind. Den Salat auf vier Teller verteilen, mit je 2 warmen Birnenvierteln belegen und mit etwas Vinaigrette beträufeln. Den Käse mit einem Gemüseschäler darüberhobeln. Den Salat mit den Haselnüssen bestreuen, nach Geschmack salzen und pfeffern und sofort servieren.

BIRNEN MIT SCHINKEN ZUBEREITEN

1. Die Birnen längs vierteln.

2. Das Kerngehäuse entfernen.

3. Den Schinken in Streifen schneiden und die Birnen damit umwickeln.

4. Die Schinkenenden überlappend festdrücken, damit sich der Schinken beim Grillen nicht löst.

OBST

BRIE IN WEINBLÄTTER EINWICKELN

1. Die Weinblätter waschen, trocknen und mit den Blattrispen nach oben überlappend auslegen. Den Käse in die Mitte setzen.

2. Die Blätter von allen Seiten um den Käse schlagen und oben übereinanderlegen.

3. Küchengarn über Kreuz auslegen und das Käsebündel mittig daraufsetzen.

4. Die Fäden einzeln um das Käsebündel wickeln und jeweils in der Mitte verknoten.

BRIE IN WEINBLÄTTERN MIT TRAUBEN-SALSA

FÜR 4–6 PERSONEN ALS VORSPEISE
ZUBEREITUNGSZEIT: 15 MIN.

GRILLMETHODE: DIREKTE MITTLERE HITZE (175–230 °C)
GRILLZEIT: 4–5 MIN.
ZUBEHÖR: KÜCHENGARN

FÜR DIE SALSA
1 EL Aceto balsamico
½ TL Zucker
300 g kernlose rote oder blaue Trauben, grob gehackt
1 EL gehackte frische Minze

6 große Weinblätter
1 kleiner milder Brie, etwa 250 g
1 Baguette, etwa 250 g, schräg in fingerdicke Scheiben geschnitten
1 EL Traubenkern- oder Olivenöl

1. Essig und Zucker in einer kleinen Bratpfanne auf mittlerer Stufe erhitzen. Die Trauben hinzufügen und etwa 2 Min. dünsten, dabei gelegentlich rühren. Die gedünsteten Trauben in eine kleine Schüssel geben und abdecken, damit sie warm bleiben. Die Minze erst kurz vor dem Servieren hinzufügen.

2. Den Grill für direkte mittlere Hitze vorbereiten.

3. Die Weinblätter entrollen und abspülen, dann auf einer Arbeitsfläche ausbreiten und mit Küchenpapier trocken tupfen. Die harten Stängel abschneiden und wegwerfen. 4 Weinblätter mit den Blattrispen nach oben überlappend zu einer annähernd runden Fläche von etwa 27–30 cm Durchmesser auslegen. 1 weiteres Blatt in die Mitte legen und den Brie daraufsetzen. 1 Weinblatt auf den Käse legen und in die Blätter einschlagen. Zwei 1 m lange Fäden Küchengarn in der Mitte verknoten, dann kreuzförmig auslegen. Das Käsepaket mittig daraufsetzen und die Fäden oben zusammenbinden. Das Küchengarn noch ein- oder zweimal um den Käse wickeln und oben jeweils fest verknoten. Heraushängende Blattenden unter den Fäden verstauen. Die Fadenenden kürzen.

4. Das Käsebündel und die Brotscheiben auf allen Seiten dünn mit Öl bestreichen. Den Grillrost mit der Bürste reinigen. Den Käse über **direkter mittlerer Hitze** bei geschlossenem Deckel 3–4 Min. grillen, bis er sich bei leichtem Druck von beiden Seiten weich anfühlt. Einmal wenden. Den Käse vorsichtig vom Grill heben und etwa 2 Min. ruhen lassen. Die Brotscheiben sofort über **direkter mittlerer Hitze** etwa 1 Min. grillen, bis sie leicht geröstet sind. Das Brot nur auf einer Seite grillen. Dadurch bewahrt es die notwendige Festigkeit für den geschmolzenen Käse und die Trauben.

5. Den Käse und das gegrillte Brot auf einer Servierplatte oder einem Tablett anrichten. Unmittelbar vor dem Servieren das Küchengarn aufschneiden und entfernen. Die Weinblätter aufklappen und den Käse frei legen (er wird sofort anfangen zu zerlaufen). Die Minze noch rasch unter die Salsa mischen und alles servieren. Käse und Salsa bei Tisch auf die gerösteten Brotscheiben löffeln.

GRILLPRAXIS

ANLEITUNGEN UND TIPPS

292	**RIND UND LAMM**: Was Sie wissen sollten
293	**STEAK-ZUSCHNITTE**
294	**STEAKS** richtig einfrieren
295	Wann ist das **STEAK** gar?
296	Grill-Kompass **RINDFLEISCH**
297	Grill-Kompass **LAMMFLEISCH**
298	Grill-Kompass **SCHWEINEFLEISCH**
300	**GEFLÜGEL**: Qualitätskriterien
301	Grill-Kompass **GEFLÜGEL**
302	**FISCH UND MEERESFRÜCHTE**: So haftet der Fisch nicht am Grillrost
303	Grill-Kompass **FISCH UND MEERESFRÜCHTE**
305	Grill-Kompass **GEMÜSE**
306	Grill-Kompass **OBST**
307	**WARTUNG** des Grills
308	Der richtige **GRILL**
310	**SICHERHEIT**
312	**REGISTER REZEPTE/VOR- UND ZUBEREITUNG**
315	**REGISTER GRUNDLAGEN UND GRILLPRAXIS**

REZEPTE

281	**WÜRZMISCHUNGEN**
285	**MARINADEN**
288	**SAUCEN**

WÜRZMISCHUNGEN

Eine Würzmischung ist eine trockene Mischung aus Gewürzen, Kräutern und anderen Zutaten (zum Beispiel Zucker), mit der das Grillgut vor dem Grillen aromatisiert wird. Auf den folgenden Seiten finden Sie eine Reihe bewährter Mischungen mit Empfehlungen, für welche Fleisch- oder Fischsorten sie geeignet sind. Variationen sind selbstverständlich möglich und erwünscht. Einer der Schritte zur Entwicklung Ihres eigenen Grillstils ist die Zusammenstellung Ihrer eigenen Würzmischung.

Gemahlene Gewürze verlieren innerhalb weniger Monate (maximal 8 bis 10) ihr Aroma. Wenn das Gläschen Koriander schon seit Jahren in Ihrem Gewürzregal steht – werfen Sie es weg und kaufen Sie ein neues. Noch besser: Kaufen Sie ganze Samen und mahlen Sie sie selbst. Bewahren Sie Ihre Würzmischungen und Gewürze unbedingt in luftdichten, lichtgeschützten Behältern auf.

WIE LANGE EINWIRKEN LASSEN?
Lässt man eine Würzmischung lange auf dem Fleisch, vermischen sich die Gewürze mit dem Fleischsaft. Auf dem Grill bilden sich daraus neue Aromen und eine Kruste. Das ist bis zu einem gewissen Grad erwünscht, aber eine Würzmischung mit reichlich Salz und Zucker entzieht dem Fleisch mit der Zeit Flüssigkeit. Das macht das Fleisch zwar aromatischer, aber auch trockener. Wie lange sollte eine Würzmischung also einwirken? Hier einige Richtwerte:

1 BIS 15 MINUTEN	Kleinteiliges Grillgut wie Meeresfrüchte, Fleischwürfel, Fleischbällchen und geschnittenes Gemüse
15 BIS 30 MINUTEN	Dünne Fleischstücke ohne Knochen wie Hähnchenbrust, Fischfilets, Schweinefilet und Steaks
30 BIS 90 MINUTEN	Dickere Fleischstücke mit oder ohne Knochen wie Lammkeule, ganze Hähnchen oder Rinderbraten
2 BIS 8 STUNDEN	Große oder robustere Fleischstücke wie Spareribs, ganzer Schinken, Schweineschulter und ganzer Truthahn

KLASSISCHES BARBECUE-GEWÜRZ

ERGIBT: ETWA 4 EL

- 4 TL grobes Meersalz
- 2 TL reines Chilipulver
- 2 TL Vollrohrzucker
- 2 TL Knoblauchgranulat
- 2 TL Paprikapulver
- 1 TL Selleriesamen (Gewürz)
- 1 TL gemahlener Kreuzkümmel
- ½ TL frisch gemahlener schwarzer Pfeffer

HÄHNCHEN- UND FISCH-GEWÜRZ

ERGIBT: ETWA 4 EL

- 4 TL Zwiebelgranulat
- 4 TL Knoblauchgranulat
- 1 EL grobes Meersalz
- 2 TL Chilipulver (Gewürzmischung)
- 2 TL frisch gemahlener schwarzer Pfeffer

PFEFFER-WÜRZMISCHUNG

ERGIBT: ETWA 1½ EL

- 1 TL ganze schwarze Pfefferkörner
- 1 TL Senfkörner
- 1 TL Paprikapulver
- ½ TL Knoblauchgranulat
- ½ TL grobes Meersalz
- ½ TL Vollrohrzucker
- 1 kräftige Prise Cayennepfeffer

Zunächst die schwarzen Pfefferkörner und den Senf in einer Gewürzmühle oder im Mörser fein zerkleinern. In eine kleine Schüssel geben und mit den restlichen Zutaten vermischen.

CAJUN-GEWÜRZ

ERGIBT: ETWA 3 EL

- 2 TL fein gehackter frischer Thymian
- 1½ TL grobes Meersalz
- 1 TL Knoblauchgranulat
- 1 TL Zwiebelgranulat
- 1 TL Paprikapulver
- 1 TL Vollrohrzucker
- ¾ TL frisch gemahlener schwarzer Pfeffer
- ¼ TL Cayennepfeffer

SPARERIB-GEWÜRZ

ERGIBT: ETWA 5 EL

- 2 TL reines Chilipulver
- 2 TL frisch gemahlener schwarzer Pfeffer
- 2 TL grobes Meersalz
- 2 TL gemahlener Kreuzkümmel
- 2 TL getrockneter Oregano
- 1 TL Knoblauchgranulat

STEAK-GEWÜRZ

ERGIBT: 4 EL

- 4 TL grobes Meersalz
- 1 EL reines Chilipulver
- 1 EL Zwiebelgranulat
- 1½ TL Knoblauchgranulat
- 1 TL Paprikapulver
- 1 TL getrockneter Majoran
- ½ TL gemahlener Kreuzkümmel
- ½ TL frisch gemahlener schwarzer Pfeffer
- ¼ TL gemahlener Zimt

FENCHEL-GEWÜRZ

ERGIBT: 4 EL

- 3 TL gemahlene Fenchelsamen
- 3 TL grobes Meersalz
- 3 TL reines Chilipulver
- 1½ TL Selleriesamen (Gewürz)
- 1½ TL frisch gemahlener schwarzer Pfeffer

LEGENDE

- RIND UND LAMM
- SCHWEIN
- GEFLÜGEL
- FISCH UND MEERESFRÜCHTE
- GEMÜSE

WEITERE WÜRZMISCHUNGEN

ARIZONA-WÜRZMISCHUNG

ERGIBT: ETWA 4 EL

- 2 TL reines Chilipulver
- 2 TL Knoblauchgranulat
- 2 TL Paprikapulver
- 2 TL grobes Meersalz
- 1 TL gemahlene Koriandersamen
- 1 TL gemahlener Kreuzkümmel
- 1 TL frisch gemahlener schwarzer Pfeffer

KARIBIK-WÜRZMISCHUNG

ERGIBT: ETWA 4 EL

- 1 EL Vollrohrzucker
- 1 EL Knoblauchgranulat
- 1 EL getrockneter Thymian
- 2¼ TL grobes Meersalz
- ¾ TL frisch gemahlener schwarzer Pfeffer
- ¾ TL gemahlener Piment

ESTRAGON-WÜRZMISCHUNG

ERGIBT: ETWA 4 EL

- 1½ EL getrockneter Estragon
- 2½ TL grobes Meersalz
- 2 TL frisch gemahlener schwarzer Pfeffer
- 1½ TL getrockneter Thymian
- 1 TL zerriebener getrockneter Salbei

ZAUBER-WÜRZMISCHUNG

ERGIBT: 2 EL

- 1 TL Senfpulver
- 1 TL Zwiebelgranulat
- 1 TL Paprikapulver
- 1 TL grobes Meersalz
- ½ TL Knoblauchgranulat
- ½ TL gemahlene Koriandersamen
- ½ TL gemahlener Kreuzkümmel
- ½ TL frisch gemahlener schwarzer Pfeffer

ESPRESSO-CHILI-WÜRZMISCHUNG

ERGIBT: ETWA 5 EL

- 2 EL dunkel geröstete Kaffeebohnen (z.B. Espressobohnen)
- 2 TL Kreuzkümmelsamen, geröstet
- 1 EL Ancho-Chilipulver oder reines Chilipulver
- 1 TL edelsüßes Paprikapulver
- 1 TL grobes Meersalz
- 1 TL frisch gemahlener schwarzer Pfeffer

Kaffeebohnen und Kreuzkümmel in einer Gewürzmühle fein mahlen. In eine kleine Schüssel geben und mit den übrigen Zutaten vermischen.

ASIATISCHE WÜRZMISCHUNG

ERGIBT: ETWA 5 EL

- 2 EL Paprikapulver
- 2 TL grobes Meersalz
- 2 TL gemahlene Koriandersamen
- 2 TL chinesisches Fünf-Gewürze-Pulver
- 1 TL Ingwerpulver
- ½ TL gemahlener Piment
- ½ TL Cayennepfeffer

LEGENDE

- RIND UND LAMM
- SCHWEIN
- GEFLÜGEL
- FISCH UND MEERESFRÜCHTE
- GEMÜSE

KOTELETT-GEWÜRZ

ERGIBT: ETWA 8 EL

- 2 EL grobes Meersalz
- 2 EL Paprikapulver
- 4 TL Knoblauchgranulat
- 4 TL reines Chilipulver
- 2 TL Senfpulver
- 2 TL frisch gemahlener schwarzer Pfeffer

MEXIKANISCHES FISCH-GEWÜRZ

ERGIBT: 4 TL

- 1 TL reines Chilipulver
- 1 TL gemahlener Kreuzkümmel
- 1 TL grobes Meersalz
- ½ TL Cayennepfeffer
- ½ TL gemahlener Zimt

MEXIKANISCHE WÜRZMISCHUNG

ERGIBT: ETWA 4 EL

- 1 EL gemahlener Kreuzkümmel
- 1 EL brauner Zucker
- 2 TL grobes Meersalz
- 1 TL Pasilla-Chili-Pulver oder reines Chilipulver
- 1 TL gemahlene Koriandersamen
- 1 TL getrockneter Oregano

GO-WEST-WÜRZMISCHUNG

ERGIBT: ETWA 2 EL

- 1 TL Knoblauchgranulat
- 1 TL Zwiebelgranulat
- 1 TL Paprikapulver
- ½ TL gemahlener Kreuzkümmel
- ½ TL getrocknetes Zitronengras
- ½ TL getrocknetes Basilikum
- ½ TL getrockneter Thymian
- ½ TL grobes Meersalz
- ¼ TL frisch gemahlener schwarzer Pfeffer
- 1 kräftige Prise Cayennepfeffer

HÄHNCHEN-GEWÜRZ

ERGIBT: ETWA 3 EL

- 1 EL geräuchertes Paprikapulver (Feinkostladen)
- 2 TL Senfpulver
- 1 TL grobes Meersalz
- ½ TL Knoblauchgranulat
- ½ TL Zwiebelgranulat
- ¼ TL reines Chilipulver

ZITRONEN-PAPRIKA-GEWÜRZ

ERGIBT: ETWA 2 EL

- 2 TL geräuchertes Paprikapulver (Feinkostladen)
- 2 TL grobes Meersalz
- Fein abgeriebene Schale von 1 Bio-Zitrone
- ½ TL Knoblauchgranulat
- ½ TL frisch gemahlener schwarzer Pfeffer

PULLED-PORK-GEWÜRZ

ERGIBT: ETWA 6 EL

- 2 EL reines Chilipulver
- 2 EL grobes Meersalz
- 4 TL Knoblauchgranulat
- 2 TL frisch gemahlener schwarzer Pfeffer
- 1 TL Senfpulver

MARINADEN

Marinaden entfalten ihre Wirkung langsamer als trockene Würzmischungen, aber sie können etwas tiefer eindringen. Die meisten Marinaden enthalten säurehaltige Flüssigkeit und Öl sowie verschiedene Kräuter und Gewürze. Wenn Fleisch, Fisch oder Gemüse (ja, auch Gemüse) nicht genügend Eigengeschmack haben, können all diese Zutaten die Defizite ausgleichen. Oft verleihen sie dem Grillgut eine regionale oder ethnische Note.

Bei säurehaltigen Marinaden ist es wichtig, säurefeste Gefäße zu verwenden, also Behälter aus Glas, Plastik, Edelstahl oder Keramik. Aluminium oder verschiedene andere Metalle reagieren mit der Marinade und verfälschen den Geschmack der Lebensmittel.

WIE LANGE SOLL DIE MARINADE EINWIRKEN?

Die angemessene Einwirkzeit einer Marinade hängt von deren Intensität und von der Art des Grillguts ab. Enthält die Marinade kräftige Zutaten wie Sojasauce, hochprozentigen Alkohol, scharfen Chili oder andere scharfe Gewürze, sollte man nicht übertreiben. Ein Fischfilet sollte auch nach dem Marinieren noch nach Fisch schmecken. Darüber hinaus kann eine Marinade, wenn sie zu lange wirkt, zartes Fleisch oder feinen Fisch regelrecht zersetzen oder austrocknen. Hier einige allgemeine Richtlinien:

15 bis 30 MINUTEN	Kleinteiliges Grillgut wie Meeresfrüchte, Fischfilets, Fleischwürfel für Spieße und zartes Gemüse
1 bis 3 STUNDEN	Dünne Fleischstücke ohne Knochen wie Hähnchenbrust, Schweinelende, Steaks und festeres Gemüse
2 bis 6 STUNDEN	Dickere Fleischstücke mit oder ohne Knochen wie Lammkeule, ganze Hähnchen oder Rinderbraten
6 bis 12 STUNDEN	Größere oder robustere Fleischstücke wie Spareribs, ganzer Schinken, Schweineschulter und ganzer Truthahn

BIER-MARINADE

ERGIBT: ETWA 300 ML

250 ml dunkles Bier
2 EL dunkles Sesamöl
1 EL fein gehackter Knoblauch
1 TL getrockneter Oregano
1 TL grobes Meersalz
½ TL frisch gemahlener schwarzer Pfeffer
¼ TL Cayennepfeffer

UNIVERSAL-MARINADE

ERGIBT: ETWA 175 ML

1 kleine, grob gewürfelte Zwiebel
1 grob gehackte Chilischote (vorzugsweise Jalapeño)
3 EL Weißweinessig
2 EL Sojasauce
2 EL Rapsöl
½ TL gemahlener Piment
¼ TL Knoblauchgranulat
¼ TL gemahlener Zimt
¼ TL grobes Meersalz
¼ TL frisch gemahlener schwarzer Pfeffer
1 kräftige Prise gemahlene Muskatnuss

PAZIFISCHE MARINADE

ERGIBT: ETWA 250 ML

1 mittelgroße, grob gewürfelte Zwiebel
5 EL Sojasauce
4 EL frisch gepresster Zitronensaft
4 EL Pflanzenöl
2 EL brauner Zucker
2 EL fein gehackter Knoblauch
½ TL gemahlener Piment

MOJO-MARINADE

ERGIBT: ETWA 175 ML

4 EL frisch gepresster Orangensaft
3 EL frisch gepresster Limettensaft
3 EL Olivenöl
2 EL fein gehacktes Koriandergrün
1 EL fein gehackte Chilischote mit Samen (vorzugsweise Jalapeño)
1 EL fein gehackter Knoblauch
¾ TL gemahlener Kreuzkümmel
½ TL grobes Meersalz

ZITRONEN-SALBEI-MARINADE

ERGIBT: ETWA 250 ML

1 EL fein abgeriebene Schale von 1 Bio-Zitrone
4 EL frisch gepresster Zitronensaft
4 EL Olivenöl
3 EL fein gehackter frischer Salbei
2 EL fein gehackte Schalotte
2 EL körniger Senf
1 EL fein gehackter Knoblauch
1 EL grob zerdrückte schwarze Pfefferkörner

TERIYAKI-MARINADE

ERGIBT: ETWA 500 ML

250 ml Ananassaft
125 ml nicht zu salzige Sojasauce
1 fein gewürfelte Zwiebel
1 EL dunkles Sesamöl
1 EL frisch geriebener Ingwer
1 EL fein gehackter Knoblauch
1 EL brauner Zucker
1 EL frisch gepresster Zitronensaft

GRIECHISCHE MARINADE

ERGIBT: ETWA 125 ML

6 EL Olivenöl
3 EL Rotweinessig
½ TL fein gehackter Knoblauch
½ TL grobes Meersalz
½ TL getrockneter Oregano
¼ TL zerstoßene rote Chiliflocken

LEGENDE

- RIND UND LAMM
- SCHWEIN
- GEFLÜGEL
- FISCH UND MEERESFRÜCHTE
- GEMÜSE

WEITERE MARINADEN

MEDITERRANE MARINADE

ERGIBT: ETWA 60 ML

2 EL Olivenöl
2 TL Paprikapulver
1 TL gemahlene Koriandersamen
1 TL gemahlener Kreuzkümmel
1 TL Knoblauchgranulat
1 TL grobes Meersalz
¼ TL frisch gemahlener schwarzer Pfeffer

LAS-VEGAS-MARINADE

ERGIBT: ETWA 250 ML

125 ml frisch gepresster Orangensaft
3 EL Olivenöl
2 EL Rotweinessig
1 EL fein gehackter Knoblauch
2 TL reines Chilipulver
1½ TL getrockneter Oregano
1 TL grobes Meersalz
½ TL frisch gemahlener schwarzer Pfeffer
½ TL gemahlener Zimt

TEQUILA-MARINADE

ERGIBT: ETWA 400 ML

250 ml frisch gepresster Orangensaft
125 ml Tequila
2 EL frisch gepresster Limettensaft
2 EL Vollrohrzucker
2 TL gemahlener Kreuzkümmel
1 Chilischote (vorzugsweise Jalapeño), in 3 mm breite Streifen geschnitten

WHISKY-MARINADE

ERGIBT: ETWA 250 ML

125 ml Whisky
4 EL Ketchup
2 EL Olivenöl
2 EL Sojasauce
1 EL Weißweinessig
2 TL fein gehackter Knoblauch
½ TL mittelscharfe Chilisauce (Asia-Laden)
½ TL frisch gemahlener schwarzer Pfeffer

HONIG-SENF-MARINADE

ERGIBT: ETWA 250 ML

8 EL Dijon-Senf
4 EL Honig
2 EL Olivenöl
2 TL Currypulver
1 TL fein abgeriebene Schale von 1 Bio-Zitrone
½ TL Knoblauchgranulat
½ TL grobes Meersalz
¼ TL Cayennepfeffer
¼ TL frisch gemahlener schwarzer Pfeffer

ESTRAGON-ZITRUS-MARINADE

ERGIBT: ETWA 200 ML

4 EL Olivenöl
4 EL grob gehackter frischer Estragon
Schale und Saft von 1 Bio-Orange
Fein abgeriebene Schale und Saft von 1 Bio-Zitrone
2 EL Sherry-Essig
2 TL grobes Meersalz
1 TL fein gehackter Knoblauch
1 TL geriebener Ingwer
½ TL Chilipulver (Gewürzmischung)
½ TL frisch gemahlener schwarzer Pfeffer

LEGENDE

RIND UND LAMM
SCHWEIN
GEFLÜGEL
FISCH UND MEERESFRÜCHTE
GEMÜSE

MONGOLISCHE MARINADE

ERGIBT: ETWA 300 ML

125 ml Hoisin-Sauce (Asia-Laden)
2 EL Austernsauce
2 EL Sojasauce
2 EL trockener Sherry
2 EL Reisweinessig
2 EL Rapsöl
1 EL Honig
1 EL fein gehackter Ingwer
1 EL fein gehackter Knoblauch
½ TL zerstoßene rote Chiliflocken (nach Belieben)

OREGANO-CAYENNE-MARINADE

ERGIBT: ETWA 125 ML

4 EL Olivenöl
2 EL frisch gepresster Zitronensaft
1 EL fein gehackter Knoblauch
2 TL getrockneter Oregano
2 TL Paprikapulver
1½ TL grobes Meersalz
1 TL Selleriesamen (Gewürz)
1 TL Cayennepfeffer

KUBANISCHE MARINADE

ERGIBT: ETWA 400 ML

125 ml frisch gepresster Orangensaft
4 EL frisch gepresster Zitronensaft
2 EL frisch gepresster Limettensaft
5 EL Wasser
1 fein gewürfelte Zwiebel
4 EL Olivenöl
2 EL fein gehackter Knoblauch
2 EL getrockneter Oregano
1 TL Zucker

CHINA-HOISIN-MARINADE

ERGIBT: ETWA 175 ML

125 ml Hoisin-Sauce (Asia-Laden)
2 EL Rotweinessig
1 EL Rapsöl
2 TL fein gehackter Knoblauch
1 TL frisch geriebener Ingwer
1 TL mittelscharfe Chilisauce (Asia-Laden)
1 TL dunkles Sesamöl

TANDOORI-MARINADE

ERGIBT: ETWA 300 ML

250 g Naturjoghurt
1 EL frisch geriebener Ingwer
1 EL Paprikapulver
1 EL Pflanzenöl
2 TL fein gehackter Knoblauch
2 TL grobes Meersalz
1½ TL gemahlener Kreuzkümmel
1 TL gemahlene Kurkuma (Gelbwurz)
½ TL Cayennepfeffer

BARCELONA-MARINADE

ERGIBT: ETWA 175 ML

5 Frühlingszwiebeln, in 2 cm große Stücke geschnitten
2 große Handvoll frische Basilikumblätter
3 große Knoblauchzehen, geschält
2 grob gehackte Chilischoten (vorzugsweise Serrano)
4 EL Olivenöl
2 EL Sherry-Essig
1 TL grobes Meersalz
½ TL frisch gemahlener schwarzer Pfeffer

Die Zutaten in einer Küchenmaschine oder im Standmixer 1–2 Min. zu einer glatten Paste verarbeiten.

KORIANDER-PESTO-MARINADE

ERGIBT: ETWA 200 ML

2 EL grob gehackte Walnusskerne
2 mittelgroße Knoblauchzehen, geschält
3 Handvoll frische Korianderblätter samt zarten Stielen
½ kleine Handvoll glatte Petersilienblätter samt zarten Stielen
½ TL grobes Meersalz
¼ TL frisch gemahlener schwarzer Pfeffer
4 EL Olivenöl

Walnüsse und Knoblauch in einer Küchenmaschine grob hacken. An den Wänden haftende feste Bestandteile zwischendurch mit dem Teigschaber nach unten schieben. Koriander, Petersilie, Salz und Pfeffer hinzufügen und alles fein hacken. Bei laufendem Motor das Olivenöl langsam zugießen, bis sich alles zu einer feinen Paste verbindet.

SAUCEN

Saucen sind ein unverzichtbarer Teil der Grillküche. Sie verleihen vielen Zubereitungen eine zusätzliche Geschmacksnote und bieten dem Grillkoch schier unerschöpfliche Möglichkeiten zur Bereicherung und Verfeinerung der Speisen. Die auf den folgenden Seiten beschriebenen Saucen sind sehr unterschiedlich. Einige enthalten gegrillte Zutaten, was ihnen zusätzliche Tiefe verleiht. Finden Sie selbst heraus, welche Saucen zu Ihnen und den Speisen, die Sie grillen, passen. Wenn Sie sie einige Male zubereitet haben, wissen Sie, wie und warum sie funktionieren. Danach können Sie variieren: ein bisschen mehr hiervon, etwas weniger davon. Oder vielleicht ein wenig länger auf dem Feuer lassen. Saucen sind ein Tummelfeld für Entdeckungen. Wenn man die Grundlagen kennt, gibt es unendlich viele Variationsmöglichkeiten.

PASILLA-BARBECUE-SAUCE

ERGIBT: ETWA 500 ML

- 2 EL Olivenöl
- 6 mittelgroße Knoblauchzehen, geschält
- 1 kleine fein gewürfelte rote Zwiebel
- 2 getrocknete Pasilla-Chilischoten, Stiel und Samen entfernt, in Streifen geschnitten
- 250 ml Tomatenstücke mit Saft aus der Dose
- 250 ml mexikanisches (oder anderes) helles Bier
- 1 EL Apfelessig
- 1 TL grobes Meersalz
- ½ TL getrockneter Oregano
- ¼ TL frisch gemahlener schwarzer Pfeffer

Das Öl in einem kleinen Topf auf mittlerer Stufe erhitzen und darin den Knoblauch unter gelegentlichem Rühren 4–5 Min. sanft bräunen. Zwiebeln und Chili hinzufügen. Etwa 3 Min. weiterdünsten, dabei gelegentlich umrühren. Die restlichen Zutaten hinzufügen, aufkochen und 15 Min. sanft köcheln lassen. Den Topf vom Herd nehmen und 15 Min. stehen lassen, damit die Chilis weich werden. Dann die Sauce im Standmixer pürieren.

KLASSISCHE BARBECUE-SAUCE

ERGIBT: ETWA 350 ML

175 ml Apfelsaft
125 ml Ketchup
3 EL Apfelessig
2 TL Sojasauce
1 TL Worcestersauce
1 TL Melasse (Reformhaus)
½ TL reines Chilipulver
½ TL Knoblauchgranulat
¼ TL frisch gemahlener schwarzer Pfeffer

Die Zutaten in einem kleinen Topf vermischen. Auf mittlerer Hitze einige Minuten sanft köcheln, dann vom Herd nehmen.

BARBECUE-SAUCE MIT CHILI

ERGIBT: ETWA 500 ML

4 getrocknete Pasilla-Chilischoten (etwa 20 g)
2 EL Rapsöl
125 ml Ketchup
3 EL Sojasauce
2 EL Aceto balsamico
3 mittelgroße Knoblauchzehen, zerdrückt
1 TL gemahlener Kreuzkümmel
½ TL getrockneter Oregano
¼ TL grobes Meersalz
¼ TL frisch gemahlener schwarzer Pfeffer

Die Stiele der Chilis entfernen und die Chilis quer in etwa 5 cm breite Stücke schneiden. Die Samen größtenteils entfernen. Das Öl in einer mittelgroßen Bratpfanne stark erhitzen. Die Chilis hinzufügen und 2–3 Min. rösten, bis sie sich aufblähen und die Farbe verändern. Einmal wenden. Chilis und Öl in eine kleine Schüssel geben, mit 250 ml heißem Wasser übergießen und 30 Min. einweichen. Chilis und Wasser in einen Standmixer geben, die restlichen Zutaten hinzufügen und alles zu einer glatten Sauce verarbeiten.

LEGENDE

- RIND UND LAMM
- SCHWEIN
- GEFLÜGEL
- FISCH UND MEERESFRÜCHTE
- GEMÜSE

BARBECUE-SAUCE MIT SENF

ERGIBT: ETWA 250 ML

125 ml Wasser
125 ml Ketchup
2 EL Melasse (Reformhaus)
1 EL Weißweinessig
1 EL Dijon-Senf
1 EL Vollrohrzucker
2 TL Worcestersauce
½ TL grobes Meersalz
¼ TL mittelscharfe Chilisauce (Asia-Laden)
¼ TL Knoblauchgranulat
¼ TL frisch gemahlener schwarzer Pfeffer

Die Zutaten in einem kleinen Topf mit dem Schneebesen verrühren. Bei mittlerer Hitze aufkochen und auf niedriger Stufe 10 Min. sanft köcheln lassen, dabei gelegentlich umrühren.

ANCHO-BARBECUE-SAUCE

ERGIBT: ETWA 250 ML

30 g (6 EL) Mandelblättchen
2 mittelgroße getrocknete Ancho-Chilischoten (etwa 15 g)
6 EL frisch gepresster Orangensaft
5 EL gehackte eingelegte rote Paprika aus dem Glas
3 EL Ketchup
2 EL Olivenöl
1 EL Rotweinessig
½ TL Knoblauchgranulat
¼ TL grobes Meersalz
¼ TL frisch gemahlener schwarzer Pfeffer

Die Mandelblättchen in einer mittelgroßen Bratpfanne auf mittlerer Stufe 3–5 Min. unter gelegentlichem Rühren goldbraun rösten, dann in eine Küchenmaschine geben. Die Stiele von den Chilis entfernen, die Schoten mit einer Schere seitlich aufschneiden und die Trennhäute und Samen entfernen. Die Chilis flach drücken und in die Bratpfanne legen. Bei mittlerer Hitze auf jeder Seite 5 Sek. rösten und dabei mit einem Pfannenheber flach drücken. Die Chilischoten in eine mittelgroße Schüssel geben, mit heißem Wasser übergießen und 15 Min. einweichen. Die Chilis herausnehmen, ausdrücken und grob hacken (es sollte etwa 4 EL ergeben). Chili und restliche Zutaten in die Küchenmaschine zu den Mandeln geben und alles zu einem groben Püree verarbeiten.

WEITERE SAUCEN

CREMIGE MEERRETTICH-SAUCE

ERGIBT: ETWA 250 ML

200 g Sauerrahm (20%)
2 EL Tafelmeerrettich
2 EL fein gehackte frische glatte Petersilie
2 TL Dijon-Senf
2 TL Worcestersauce
½ TL grobes Meersalz
¼ TL frisch gemahlener schwarzer Pfeffer

Die Zutaten in einer mittelgroßen Schüssel vermischen. Abdecken und vor dem Servieren etwa 30 Min. kalt stellen.

CHIMICHURRI-SAUCE

ERGIBT: ETWA 350 ML

4 große Knoblauchzehen, geschält
1 große Handvoll glatte Petersilienblätter
2 Handvoll frische Korianderblätter
1 kleine Handvoll frische Basilikumblätter
175 ml Olivenöl
4 EL Reisweinessig
1 TL grobes Meersalz
½ TL frisch gemahlener schwarzer Pfeffer
½ TL mittelscharfe Chilisauce (Asia-Laden)

Den Knoblauch in einer Küchenmaschine grob hacken. Petersilie, Koriander und Basilikum hinzufügen und alles fein hacken. Bei laufendem Motor das Öl in einem dünnen Strahl langsam einlaufen lassen, dann die restlichen Zutaten untermixen.

LEGENDE

- RIND UND LAMM
- SCHWEIN
- GEFLÜGEL
- FISCH UND MEERESFRÜCHTE
- GEMÜSE

ROMESCO-SAUCE

ERGIBT: ETWA 175 ML

2 mittelgroße rote Paprikaschoten
1 mittelgroße Knoblauchzehe
30 g (4 EL) ganze Mandelkerne, geröstet
1 kleine Handvoll glatte Petersilienblätter
2 TL Sherry-Essig
½ TL grobes Meersalz
1 kräftige Prise Cayennepfeffer
4 EL Olivenöl

Die Paprikaschoten über **direkter mittlerer Hitze** (175–230 °C) bei geschlossenem Deckel 12–15 Min. grillen, dabei gelegentlich wenden, bis die Haut stellenweise schwarz ist und Blasen wirft. Die Schoten in eine kleine Schüssel geben, mit Frischhaltefolie abdecken und mind. 10 Min. abkühlen lassen. Anschließend die Haut abziehen und Stielansatz, Trennhäute und Samen entfernen. Den Knoblauch in einer Küchenmaschine fein hacken. Die Mandeln hinzufügen und ebenfalls fein hacken. Paprika, Petersilie, Essig, Salz und Cayennepfeffer hinzufügen und alles zu einer stückigen Paste verarbeiten. Bei laufendem Motor das Öl langsam einlaufen lassen, bis eine glatte Sauce entsteht.

KNOBLAUCH-PAPRIKA-SAUCE

ERGIBT: ETWA 175 ML

1 große rote Paprikaschote
5 EL Sauerrahm (20%)
4 EL Mayonnaise
1 EL fein gehacktes frisches Basilikum
2 TL fein gehackter Knoblauch
2 TL Aceto balsamico
¼ TL Salz

Die Paprikaschote über **direkter mittlerer Hitze** (175–230 °C) bei geschlossenem Deckel 12–15 Min. grillen, dabei gelegentlich wenden, bis die Haut stellenweise schwarz ist und Blasen wirft. Die Schote in eine kleine Schüssel geben, mit Frischhaltefolie abdecken und mind. 10 Min. abkühlen lassen. Anschließend die Haut abziehen und Stielansatz, Trennhäute und Samen entfernen. Die Paprika klein schneiden und mit den restlichen Zutaten in einer Küchenmaschine zu einer glatten Sauce verarbeiten. Abdecken und vor dem Servieren etwa 20 Min. kalt stellen.

GRÜNE CHILISAUCE

ERGIBT: ETWA 350 ML

- 3 lange milde, fleischige grüne Chilischoten (vorzugsweise Anaheim)
- 3 Frühlingszwiebeln, Wurzelenden entfernt, grob gehackt
- 1 kleine Handvoll frische Korianderblätter samt zarten Stielen
- 1 kleine Knoblauchzehe
- 125 g Sauerrahm (20%)
- 125 ml Mayonnaise
- Fein abgeriebene Schale und Saft von 1 Bio-Limette
- ¼ TL grobes Meersalz

Die Chilischoten über **direkter starker Hitze** (230 bis 290 °C) bei geöffnetem Deckel 3–5 Min. grillen, bis sie schwarz werden und Blasen werfen. Gelegentlich wenden. Die Chilis vom Grill nehmen und etwas abkühlen lassen. Mit einem scharfen Messer die Stiele entfernen und die verkohlte Haut möglichst vollständig abkratzen. Die Schoten in mehrere Stücke zerteilen und in eine Küchenmaschine oder einen Standmixer geben. Frühlingszwiebeln, Koriander und Knoblauch hinzufügen und alles zu einer groben Paste verarbeiten. Die restlichen Zutaten hinzufügen und 1–2 Min. zu einer glatten Sauce verarbeiten. Wenn sie zu dick ist, etwas Wasser hinzufügen. Abschmecken und eventuell nachwürzen. Abdecken und vor dem Servieren 30 Min. kalt stellen.

TOMATILLO-SALSA

ERGIBT: ETWA 500 ML

- 1 mittelgroße Zwiebel, in 1 cm dicke Scheiben geschnitten
- Olivenöl
- 10 mittelgroße Tomatillos (etwa 250 g), Hülle entfernt, gewaschen
- 1 kleine Jalapeño-Chilischote, Stiel entfernt
- 1 kleine Handvoll frische Korianderblätter samt zarten Stielen
- 1 mittelgroße Knoblauchzehe
- ½ TL brauner Zucker
- ½ TL grobes Meersalz

Die Zwiebelscheiben auf beiden Seiten dünn mit Öl bestreichen. Zwiebelscheiben, Tomatillos und Chilischote über **direkter starker Hitze** (230–290 °C) bei geschlossenem Deckel 6–8 Min. grillen, bis alles leicht gebräunt ist. Ein- oder zweimal wenden. Die Tomatillos müssen ganz weich sein, wenn man sie vom Grill nimmt. Zwiebelscheiben, Tomatillos und Chilischote mit den restlichen Zutaten in eine Küchenmaschine geben und alles zu einer feinstückigen Paste verarbeiten. Abschmecken und nach Belieben nachwürzen.

REMOULADE

ERGIBT: ETWA 175 ML

- 125 ml Mayonnaise
- 1 EL Kapern, abgetropft und fein gehackt
- 1 EL Sweet-Pickle-Relish (Feinkostladen)
- 1 EL fein gehackter frischer Estragon
- 2 TL fein gehackte Schalotte
- 1 TL Estragon-Essig
- 1 TL fein gehackter Knoblauch
- ½ TL Dijon-Senf
- ¼ TL Paprikapulver
- 1 kräftige Prise grobes Meersalz

Die Zutaten in einer mittelgroßen Schüssel verquirlen. Sofort servieren oder abdecken und bis zu 24 Std. kalt stellen.

BALINESISCHE ERDNUSSSAUCE

ERGIBT: ETWA 300 ML

- 120 g feine Erdnussbutter
- 125 ml Kokosmilch (gut verrührt)
- 2 EL frisch gepresster Limettensaft
- 2 TL scharfe Chili-Knoblauch-Sauce (Asia-Laden)
- 2 TL Fischsauce (Asia-Laden)

Die Zutaten in einem kleinen Topf vermischen. Auf sehr niedriger Stufe langsam erhitzen und unter gelegentlichem Rühren 3–5 Min. leicht eindicken lassen, jedoch nicht zum Kochen bringen. Ist die Sauce zu dick, mit dem Schneebesen 1–2 EL Wasser unterschlagen.

TOMATEN-SALSA

ERGIBT: ETWA 500 ML

- 400 g reife Tomaten, fein gewürfelt
- 1 mittelgroße Zwiebel, fein gewürfelt und im Sieb mit kaltem Wasser abgespült
- 2 EL fein gehacktes Koriandergrün
- 1 EL Olivenöl
- 2 TL frisch gepresster Limettensaft
- 1 TL fein gehackte Chilischote (vorzugsweise Jalapeño), mit Samen
- ¼ TL getrockneter Oregano
- ¼ TL grobes Meersalz
- ¼ TL frisch gemahlener schwarzer Pfeffer

Die Zutaten in einer mittelgroßen Schüssel vermischen. Bei Zimmertemperatur etwa 1 Std. stehen lassen. Unmittelbar vor dem Servieren in einem Sieb abtropfen lassen.

RIND UND LAMM

WAS SIE WISSEN SOLLTEN

JE ZARTER DAS FLEISCH, DESTO MILDER DER GESCHMACK

Kauft man sich ein teureres Steak, bezahlt man den Mehrpreis vor allem für die Zartheit des Fleisches. Deswegen kostet ein Filetsteak mehr als ein Flank-Steak, obwohl das Flank-Steak mehr Geschmack hat. Die teuren, zarten Steaks wie Porterhouse, T-Bone und Filetsteak oder das Strip-Steak stammen aus der Rinderlende, die nur wenig beansprucht wird, wenn sich das Tier normal bewegt. Andere Steaks wie das Flank-Steak oder Steaks aus dem flachen Roastbeef stammen aus stärker beanspruchten Muskeln.

AUF DAS FUTTER KOMMT ES AN

Rinder ernähren sich naturgemäß von Gras. Doch es ist teuer, Rinder das Jahr über mit frischem Gras zu versorgen, denn sie müssen je nach Jahreszeit immer wieder auf frische Weiden getrieben werden. Preiswerter ist es, Rinder im Stall zu halten und mit Kraftfutter auf Getreidebasis zu ernähren. Sie wachsen schneller, das Fleisch wird sehr zart. Weiderinder sind im Vergleich zu Stallrindern magerer und werden meist ohne Hormon- und Antibiotikazugaben aufgezogen. Ihr Fleisch ist etwas weniger zart und hat einen kräftigeren Geschmack.

QUALITÄTSKRITERIEN FÜR RINDFLEISCH

Die Fleischreife und der Fettgehalt sind zwei wichtige Kriterien beim Kauf von Rindfleisch. Insbesondere die Marmorierung, also das intramuskuläre Fett, welches das Muskelfleisch zwischen den Fasern durchzieht, ist ein wesentlicher Anhaltspunkt dafür, ob beispielsweise ein Steak nach dem Grillen saftig ist und genügend Geschmack hat. Auch die sachgemäße Reifung von Rindfleisch hat großen Einfluss darauf, ob es nach dem Garen zart und aromatisch ist. Während der Reifung schließen Enzyme das Muskelgewebe auf und machen es mürbe. Rindfleisch sollte beim Kauf eine helle Rosa- oder Rotfärbung aufweisen. Ist es dunkelrot oder bräunlich, stammt das Fleisch von älteren Tieren und ist möglicherweise zäher. An der Oberfläche sollte das Fleisch feucht, aber nicht nass oder klebrig sein.

KNUSPRIG GEBRÄUNT SCHMECKT BESSER

Unabhängig davon, für welches Teilstück Sie sich entscheiden, Sie erzielen am meisten Geschmack, wenn es außen dunkel gebräunt, das heißt scharf »angegrillt« wird, denn Zucker und Eiweiß im Fleisch entwickeln bei großer Hitze eine Vielzahl von Geschmacksnuancen und Aromen. Die Theorie, dass das Fleisch dabei trocken wird, ist längst widerlegt. Im Gegenteil, das scharfe Anbraten verleiht ihm neben dem Geschmack auch eine wunderbare Kruste.

Tupfen Sie Fleisch vor dem Grillen immer mit Küchenpapier trocken, da es bei zu viel Feuchtigkeit mehr gedämpft als scharf angebraten wird. Rindfleisch sollte erst 20 bis 30 Minuten vor dem Grillen gesalzen werden, da ein längeres Einwirken von Salz Blut und Fleischsaft aus dem Inneren zieht und die Fleischoberfläche feucht oder gar matschig macht. Salzen Sie aber auf jeden Fall vor dem Grillen, da Salz nachträglich nicht mehr gut ins Fleisch eindringen kann.

STEAK-ZUSCHNITTE

RIB-EYE-STEAK
Rib-Eye-Steaks werden aus der Hochrippe geschnitten. Ihr fetthaltiges Gewebe bürgt für höchsten Steakgenuss. Schneiden Sie den äußeren Fettrand vor dem Grillen auf etwa 0,5 cm zurück, damit es nicht zu unerwünschter Flammenbildung kommt.

STRIP-STEAK
Das Strip-Steak ist ein Steak aus dem hohen Roastbeef, auch Lendensteak, Club Steak oder New York Steak genannt. Es ist ein relativ mageres Stück Fleisch, das auch etwas fester ist als ein Rib-Eye- oder Filetsteak. Aber der Geschmack ist großartig.

FILETSTEAK/FILET MIGNON
Filetsteaks sind kostspielig und butterweich. Man brät sie nur ganz kurz und scharf auf einem glühend heißen Grill an.

PORTERHOUSE-STEAK
Das klassische Steakhaus-Steak besteht aus Filet und Roastbeef und einem Knochen dazwischen. Man legt diese Steaks zunächst über starke Hitze und grillt sie dann über weniger starker Hitze fertig.

T-BONE-STEAK
Dasselbe wie ein Porterhouse-Steak, wobei der Filetanteil etwas kleiner ist, weil das T-Bone-Steak aus einem weiter vorne liegenden Teil des Rinds stammt.

SIRLOIN-STEAK
Steak aus dem flachen Roastbeef mit einer feinen Maserung. Es eignet sich besonders gut, um daraus Würfel für Spieße zu schneiden. Am besten ist das Fleisch, wenn es sichtbar marmoriert ist.

BÜRGERMEISTERSTÜCK
Das Bürgermeister- oder Pastorenstück ist eigentlich ein mageres Bratenstück, aber man kann es wie ein dickes Steak grillen. Das Fleisch ist relativ preiswert und sehr aromatisch.

FLANK-STEAK
Dieses Steak wird aus der Dünnung unterhalb des Filets geschnitten. Es hat eine flache, ovale Form und lange, deutlich erkennbare Fleischfasern. Es erfreut sich wachsender Beliebtheit. Man sollte es immer quer zur Faser aufschneiden.

SKIRT-STEAK
Auch das Fleisch des Skirt-Steaks ist grob gemasert. Es entstammt dem Zwerchfell (Saumfleisch) und kann recht zäh sein. Durch das Grillen wird es jedoch saftiger und aromatischer als das Flank-Steak, vor allem wenn man es vorher mariniert.

STEAK AUS DEM FALSCHEN FILET
Normalerweise erwartet man von einem Schulterstück kein Steak, aber dieser Zuschnitt aus dem hohen Bug ist die zarte Ausnahme von der Regel.

FÜR DEN GRILL GEEIGNETE TEILSTÜCKE VON RIND UND LAMM

Zarte Teilstücke für kurzes direktes Grillen	Festere Teilstücke für direktes Grillen	Größere Teilstücke zum Anbraten und indirekten Grillen	Zähere Teilstücke für indirektes Grillen
Rinderfiletsteak (Filet mignon) Rindersteak aus der Hochrippe/ Rib-Eye-Steak Porterhouse-Steak T-Bone-Steak New York Strip Steak (aus dem hohen Roastbeef) Kalbskotelett (aus der Lende) Lammkotelett (aus der Lende) Lammsteak (aus der Keule)	Sirloin-Steak (aus dem flachen Roastbeef) Flank-Steak (aus der Dünnung) Skirt-Steak (aus dem Zwerchfell) Falsches Filet (aus der Schulter) Kalbskotelett (aus der Schulter) Lammkotelett (aus der Schulter)	Rinderfilet am Stück Bürgermeister-/ Pastorenstück Rinderbraten aus der Hochrippe Lendenbraten Kalbskarree Lammkarree Lammkeule	Rinderbrust Rippenbraten vom Rind

STEAKS RICHTIG EINFRIEREN

Wenn man seine Steaks aus einem größeren Fleischstück selbst zuschneidet, beispielsweise aus einem Lendenbraten oder einem Braten aus der Hochrippe, haben die Steaks genau die gewünschte Dicke. Die Steaks, die man nicht sofort verwendet, kann man für später einfrieren. Dabei ist entscheidend, das Fleisch luftdicht zu verpacken. Dazu wird jedes Steak einzeln eng in Frischhaltefolie (nicht in Alufolie oder Papier) eingeschlagen. Die eingepackten Steaks gibt man in einen wiederverschließbaren Plastikbeutel und legt sie in den -18 °C kalten Gefrierschrank. Die so verpackten Steaks halten sich etwa 3 Monate. Gut beschriften und datieren, damit Sie wissen, wann Sie sie spätestens grillen müssen.

WANN IST DAS STEAK GAR?

Mit Hilfe eines Fleischthermometers können Sie den gewünschten Gargrad eines größeren Stücks Fleisch ganz einfach überprüfen. Das Thermometer sollte an der dicksten Stelle des Fleisches die Kerntemperatur messen: Liegt sie 2–5 °C unterhalb der gewünschten Temperatur, nimmt man das Fleisch vom Grill. Größere Stücke wie Rinderbraten oder Lammkeule garen nämlich noch weiter, während sie in Alufolie eingewickelt bei Raumtemperatur ruhen und sich der Fleischsaft im Inneren verteilt.

Bei Steaks und Koteletts ist es schwieriger, den Gargrad mit einem Fleischthermometers zu ermitteln, da bei beiden genau in der Mitte des Fleisches gemessen werden muss. Einfacher geht es mit dem von mir bevorzugten »Fingerdruck-Test«. Die meisten rohen Steaks sind so weich wie der fleischigste Teil Ihres Daumenballens, wenn die Hand entspannt ist, und werden im Lauf des Garprozesses zunehmend fester. Berühren sich die Spitzen von Zeigefinger und Daumen, fühlt sich der Daumenballen beim Draufdrücken an wie ein blutig (rare) gebratenes Steak. Halten Sie Mittelfinger und Daumen aneinander, entspricht die Festigkeit des Daumenballens ziemlich genau der eines rosa/rot (medium rare) gebratenen Steaks.

Sind Sie noch immer nicht sicher, wie weit Ihr Steak gegart ist, bleibt Ihnen nichts anderes übrig, als es vom Grill zu nehmen und auf der Unterseite mit der Spitze eines scharfen Messers einzuschneiden: Die Farbe im Kern gibt an, welchen Gargrad das Steak erreicht hat. Ist es noch zu rot, muss es noch ein wenig weitergaren. Stimmt die Farbe, nimmt man sofort die restlichen Steaks vom Grill. Vor dem Servieren drücken Sie mit dem Finger auf eines der Steaks – jetzt wissen Sie, wie sich der Fingerdruck-Test beim nächsten Mal anfühlen muss.

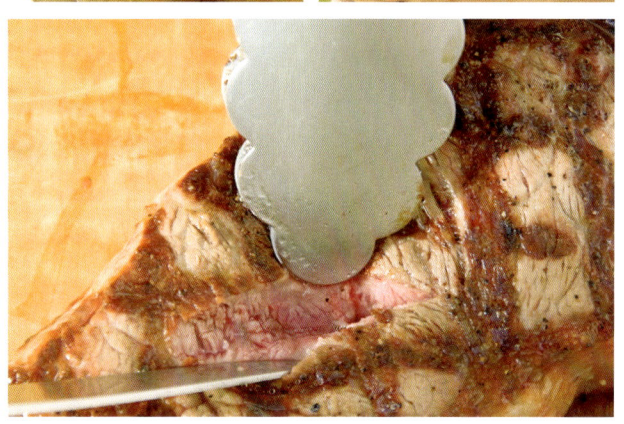

GARGRAD	KERNTEMPERATUR	FARBE IM KERN
Rare/Blutig	49–52 °C	Blaurot bis rot
Medium rare/Rosa bis blutig	52–57 °C	Rot bis rosa
Medium/Halb durch	57–63 °C	Rosa
Medium well/Fast durch	63–68 °C	Rosa bis graubraun
Well done/Durchgebraten	mind. 68 °C	Graubraun

GRILL-KOMPASS RINDFLEISCH

Die nachfolgenden Angaben (Zuschnitte, Dicke/Gewicht, Grillzeiten) sind Richtlinien, keine festen Regeln. Die tatsächlichen Garzeiten werden von weiteren Faktoren wie Luftdruck, Wind und Außentemperatur beeinflusst. Zwei Faustregeln: Steaks und Rindfleischspieße werden über direkter Hitze während der in der Tabelle angegebenen Dauer oder bis zum gewünschten Gargrad gegrillt und dabei einmal gewendet. Braten und dickere Teilstücke werden über indirekter Hitze während der in der Tabelle angegebene Dauer oder bis zum Erreichen der gewünschten Kerntemperatur gegrillt. Braten, größere Teilstücke und dicke Steaks sollten nach dem Grillen 5 bis 10 Minuten ruhen. Die Kerntemperatur erhöht sich in dieser Zeit noch einmal um 2 bis 5 °C.

RINDFLEISCH	DICKE/GEWICHT	GRILLZEIT
Steaks: Porterhouse, Rib-Eye, T-Bone, Filet und Lende	2 cm	**4–6 Minuten** bei direkter starker Hitze
	2,5 cm	**5–8 Minuten:** 4–6 Min. bei direkter starker Hitze, 1–2 Min. bei indirekter starker Hitze
	3 cm	**8–10 Minuten:** 6 Min. bei direkter starker Hitze, 2–4 Min. bei indirekter starker Hitze
	3,5 cm	**10–14 Minuten:** 6–8 Min. bei direkter starker Hitze, 4–6 Min. bei indirekter starker Hitze
	5 cm	**14–18 Minuten:** 6–8 Min. bei direkter starker Hitze, 8–10 Min. bei indirekter starker Hitze
Skirt-Steak	0,5–1 cm	**4–6 Minuten** bei direkter starker Hitze
Flank-Steak	700–1000 g, 2 cm	**8–10 Minuten** bei direkter starker Hitze
Fleischwürfel (Spieße)	2,5–3,5 cm	**4–6 Minuten** bei direkter starker Hitze
Rinderfilet am Stück	1,5–1,75 kg	**35–45 Minuten:** 15 Min. bei direkter mittlerer Hitze, 20–30 Min. bei indirekter mittlerer Hitze
Burger	2 cm	**8–10 Minuten** bei direkter starker Hitze
Braten aus der Hochrippe, ausgelöst	2,25–2,75 kg	**1,25–1,75 Stunden** bei indirekter mittlerer Hitze
Rippenbraten mit Knochen	3,5 kg	**2,5–3 Stunden:** 10 Min. bei direkter mittlerer Hitze, 2–3 Std. bei indirekter niedriger Hitze
Lendenbraten, ausgelöst	1,75–2,25 kg	**50–60 Minuten:** 10 Min. bei direkter mittlerer Hitze, 40–50 Min. bei indirekter mittlerer Hitze
Bürgermeister-/ Pastorenstück	1–1,25 kg	**30–40 Minuten:** 10 Min. bei direkter mittlerer Hitze, 20–30 Min. bei indirekter mittlerer Hitze
Kalbskotelett (Lende)	2,5 cm	**5–8 Minuten:** 4–6 Min. bei direkter starker Hitze, 1–2 Min. bei indirekter starker Hitze

Hinweis: Alle Garzeiten beziehen sich auf den Gargrad rosa/rot (medium rare), bei Hackfleisch auf halb durch (medium).

LAMMFLEISCH

Lammfleisch sollte hellrot und feinfaserig sein, das Fett weiß und nicht gelblich. Aus dem Karree geschnittene Lammkoteletts haben ein feines Aroma und sind sehr zart. Man sollte die Fettauflage großzügig entfernen, um Flammenbildung zu vermeiden. Auch Lendenkoteletts vom Lamm mit Fleisch zu beiden Seiten des Knochens – sozusagen eine Miniaturausgabe des T-Bone-Steaks – sind sehr schmackhaft. Selbst Steaks aus der Schulter sind zart genug zum Grillen, denn die Tiere sind meist jünger als ein Jahr, wenn sie geschlachtet werden. Das Fleisch einer Lammkeule eignet sich für eine Vielzahl von Zubereitungen. Man kann es im Ganzen als Braten über indirekter Hitze garen oder in Würfel schneiden und auf Holzspießen grillen.

GRILL-KOMPASS LAMMFLEISCH

Die nachfolgenden Angaben (Zuschnitte, Dicke/Gewicht, Grillzeiten) sind Richtlinien, keine festen Regeln. Die tatsächlichen Garzeiten werden von weiteren Faktoren wie Luftdruck, Wind und Außentemperatur beeinflusst. Zwei Faustregeln: Lammkoteletts werden über direkter Hitze während der in der Tabelle angegebenen Dauer oder bis zum gewünschten Gargrad gegrillt und dabei einmal gewendet. Braten und dickere Teilstücke werden über indirekter Hitze während der in der Tabelle angegebenen Dauer oder bis zum Erreichen der gewünschten Kerntemperatur gegrillt. Braten, größere Teilstücke und dicke Koteletts sollten nach dem Grillen 5 bis 10 Minuten ruhen. Die Kerntemperatur erhöht sich in dieser Zeit noch einmal um 2 bis 5 °C.

LAMMFLEISCH	DICKE/GEWICHT	GRILLZEIT
Kotelett: Lende, Rippe, Schulter	2–3,5 cm	**8–12 Minuten** bei direkter mittlerer Hitze
Ausgelöste Lammkeule, als Rollbraten in Form gebunden	1,25–1,5 kg	**30–45 Minuten:** 10–15 Min. bei direkter mittlerer Hitze, 20–30 Min. bei indirekter mittlerer Hitze
Ausgelöste Lammkeule, Schmetterlingsschnitt	1,5–1,75 kg	**30–45 Minuten:** 10–15 Min. bei direkter mittlerer Hitze, 20–30 Min. bei indirekter mittlerer Hitze
Kronenbraten	1,5–2 kg	**1–1,25 Stunden** bei indirekter mittlerer Hitze
Burger (Hackfleisch)	2 cm	**8–10 Minuten** bei direkter mittlerer Hitze
Lammkarree	450–650 g	**15–20 Minuten:** 5 Min. bei direkter mittlerer Hitze, 10–15 Min. bei indirekter mittlerer Hitze

Hinweis: Alle Garzeiten beziehen sich auf den Gargrad rosa/rot (medium rare), bei Hackfleisch auf halb durch (medium).

SCHWEIN

GRILL-KOMPASS SCHWEINEFLEISCH

Die nachfolgenden Angaben (Zuschnitte, Dicke/Gewicht, Grillzeiten) sind Richtlinien, keine festen Regeln. Die tatsächlichen Garzeiten werden von weiteren Faktoren wie Luftdruck, Wind und Außentemperatur beeinflusst. Zwei Faustregeln: Koteletts und Bratwürste werden über direkter Hitze während der in der Tabelle angegebenen Dauer oder bis zum gewünschten Gargrad gegrillt und dabei einmal gewendet. Braten und dickere Teilstücke werden über indirekter Hitze während der in der Tabelle angegebene Dauer oder bis zum Erreichen der gewünschten Kerntemperatur gegrillt. Braten, größere Teilstücke und dicke Koteletts sollten nach dem Grillen 5 bis 10 Minuten ruhen. Die Kerntemperatur erhöht sich in dieser Zeit noch einmal um 2 bis 5 °C.

SCHWEINEFLEISCH	DICKE/GEWICHT	GRILLZEIT
Bratwurst, frisch		**20–25 Minuten** bei direkter mittlerer Hitze
Bratwurst, gebrüht		**10–12 Minuten** bei direkter mittlerer Hitze
Kotelett, ausgelöst oder mit Knochen	1 cm	**5–7 Minuten** bei direkter starker Hitze
	2 cm	**6–8 Minuten** bei direkter starker Hitze
	2,5 cm	**8–10 Minuten** bei direkter mittlerer Hitze
	3–3,5 cm	**10–12 Minuten:** 6 Min. bei direkter starker Hitze, 4–6 Min. bei indirekter starker Hitze
Filet am Stück	450–500 g	**15–20 Minuten** bei direkter mittlerer Hitze
Lendenbraten, ausgelöst	1,25 kg	**40–50 Minuten** bei direkter mittlerer Hitze
Lendenbraten, mit Knochen	1,5–2,25 kg	**1,25–1,75 Stunden** bei indirekter mittlerer Hitze
Schulterbraten, ausgelöst	2,25–2,75 kg	**5–7 Stunden** bei indirekter niedriger Hitze
Frikadelle (Hackfleisch)	1 cm	**8–10 Minuten** bei direkter mittlerer Hitze
Kotelettrippchen (Baby Back Ribs)	1 kg	**3–4 Stunden** bei indirekter niedriger Hitze
Schälrippchen (Spareribs)	1,25–1,5 kg	**3–4 Stunden** bei indirekter niedriger Hitze
Dicke Rippe, ohne Knochen	700–1000 g	**12–15 Minuten** bei direkter mittlerer Hitze
Dicke Rippe, mit Knochen	1,5–2 kg	**1,5–2 Stunden** bei indirekter mittlerer Hitze

WANN IST ES GAR?

Perfekt zubereitetes Schweinefleisch sollte meiner Meinung nach im Kern noch leicht rosa, also nicht komplett durchgegart sein (vorausgesetzt, es ist ganz frisch), was einer Kerntemperatur zwischen 65 und 70 °C entspricht. Welchen Gargrad Sie bevorzugen, bleibt selbstverständlich ganz Ihnen überlassen. Das Stück links auf nebenstehender Abbildung zeigt im Kern noch rohes Fleisch und sollte so nicht verzehrt werden. Das Stück ganz rechts wiederum sieht bereits trocken und grau aus und wurde offensichtlich zu lange gegart. Das Stück in der Mitte mit rosafarbenem Kern dagegen ist perfekt gegart (Kerntemperatur 65 °C) und gibt auf Fingerdruck leicht nach.

SPARERIBS ODER BABY BACK RIBS

Trotz erheblichen Größenunterschieds handelt es sich hier um Zuschnitte aus ein und demselben Fleischstück. Kotelettrippchen (Baby Back Ribs, im Foto unten) sind aus den oberen Rippen nahe am Rückgrat geschnitten, Spareribs (im Foto oben) aus der unteren Rippenleiter (manchmal hängt auch ein Stück Bauchlappen mit dran). Je weiter der Rippenzuschnitt vom Rückgrat entfernt ist, desto mehr Fleisch befindet sich zwischen den Knochen. Deshalb haben Spareribs eine längere Garzeit.

WIE VIEL FLEISCH MUSS AUF DEN RIPPEN SEIN?

Rippchen sollten rundum von Fleisch umgeben, die Knochen im Fleisch eingebettet sein. Manchmal werden Rippenleitern so zugeschnitten, dass die Knochen heraustehen. Diese Zuschnitte sollte man meiden. Nicht empfehlenswert sind außerdem Rippenleitern mit trockenen Rändern und gelblichem Fett. Darüber hinaus, schmecken frische Rippchen fast immer besser als solche aus dem Tiefkühler.

TEILSTÜCKE VOM SCHWEIN FÜR DEN GRILL

Zarte Teilstücke zum Grillen	Festere Teilstücke zum Grillen	Größere Teilstücke zum anbraten und indirekten Grillen	Zähere Teilstücke für indirektes Grillen
Stiel- und Lendenkotelett Steak aus der Lende Filet am Stück oder in Medaillons geschnitten	Nackenkotelett Steak aus der Schulter Schinkensteak	Rippenbraten Lendenbraten Schinkenbraten Dicke Rippe	Kotelettrippchen (Baby Back Ribs) Schälrippchen (Spareribs) Schulter

GEFLÜGEL

QUALITÄTSKRITERIEN FÜR HÄHNCHEN

Zwischen einem preisgünstigen Huhn aus Massentierhaltung und einem artgerecht aufgezogenen Huhn liegen geschmacklich gesehen Welten. Vögel aus Massentierhaltung, die meist im Supermarkt oder beim Discounter zu finden sind, garen zwar schnell und sind relativ zart, haben aber geschmacklich nicht viel zu bieten. Doch auf dem Grill, unterstützt durch ein wenig Öl, ein paar Gewürze und vielleicht eine Sauce, können auch sie ganz annehmbare Ergebnisse bringen.

Artgerecht gehaltene Hähnchen oder solche aus Bio-Aufzucht sind in der Regel ihren höheren Preis wert. Sie haben Auslauf und damit viel Bewegung, was zu festerem, geschmacksintensiverem Fleisch führt. Oft stammen diese Hähnchen aus alten Zuchtrassen, die zwar weniger mit einer fülligen Brust oder regelmäßigen Form, dafür mit mehr Geschmack aufwarten können. So oder so sollten Sie stets auf bestimmte Qualitätskriterien achten.

Ein Hähnchen sollte eine straff anliegende, unversehrte Haut haben, die weder eingeschrumpft noch zu weit wirkt und keine trockenen Stellen aufweist. Da die Farbe der Haut kaum Hinweise auf die Qualität gibt, ist es am besten, sich an den Geruch zu halten. Er wird Ihnen verlässlich über die Frische des Vogels Auskunft geben. Riecht das Hähnchen merkwürdig, lassen Sie es links liegen.

Geflügel kann, selbst wenn es ordnungsgemäß geschlachtet und gekühlt wurde, mit Salmonellen behaftet sein. Bringen Sie frisches Geflügelfleisch möglichst schnell und kühl nach Hause und legen Sie es im Kühlschrank an den kältesten Platz. Es nützt nichts, das rohe Fleisch vor dem Kochen oder Grillen zu waschen. Die Gefahr, die Bakterien in der Küche zu verteilen, wird dadurch nur größer. Wichtig ist nur, alles Geflügel gut durchzugaren, dann haben Bakterien keine Chance.

WANN IST ES GAR?

Geflügel sollte grundsätzlich durchgegart werden, die Kerntemperatur also zwischen 75 und 80 °C liegen. Prüfen Sie die Temperatur mit einem Fleischthermometer immer an der dicksten Stelle, ohne dabei den Knochen zu berühren (er ist heißer als das Fleisch). Andernfalls stechen Sie mit einem kleinen scharfen Messer in die Mitte des Fleisches. Dabei sollte klarer Fleischsaft austreten und das Fleisch am Knochen nicht mehr rosa sein. Ganzes Geflügel sollte nach dem Grillen 5 bis 10 Minuten ruhen. Die Kerntemperatur erhöht sich in dieser Zeit noch einmal um 2 bis 5 °C.

GRILL-KOMPASS GEFLÜGEL

Die nachfolgenden Angaben (Zuschnitte, Gewicht, Grillzeiten) sind Richtlinien, keine festen Regeln. Die tatsächlichen Garzeiten werden von weiteren Faktoren wie Luftdruck, Wind und Außentemperatur beeinflusst. Zwei Faustregeln: Geflügelteile ohne Knochen werden über direkter Hitze während der in der Tabelle angegebenen Dauer gegrillt und dabei einmal gewendet. Ganzes Geflügel und Teilstücke mit Knochen werden über indirekter Hitze während der in der Tabelle angegebenen Dauer oder bis zum Erreichen der gewünschten Kerntemperatur gegrillt. Die angegebenen Grillzeiten beziehen sich auf eine Kerntemperatur von etwa 75 °C.

GEFLÜGEL	GEWICHT	GRILLZEIT
Hähnchenbrustfilets	180–225 g	**8–12 Minuten** bei direkter mittlerer Hitze
Hähnchenschenkel, ausgelöst, ohne Haut	125 g	**8–10 Minuten** bei direkter starker Hitze
Hähnchenbrust, mit Knochen	300–350 g	**30–40 Minuten** bei indirekter mittlerer Hitze
Hähnchenfleisch, mit Knochen, Keule/Schenkel		**30–40 Minuten** bei indirekter mittlerer Hitze
Hähnchenflügel	60–85 g	**18–20 Minuten** bei direkter mittlerer Hitze
Schweres Hähnchen, ganz	1,5–2 kg	**1–1,5 Stunden** bei indirekter mittlerer Hitze
Kleines Hähnchen, ganz	800 g	**50–60 Minuten** bei indirekter starker Hitze
Putenbrust, ausgelöst	1 kg	**1–1,25 Stunden** bei indirekter mittlerer Hitze
Truthahn, ganz, ohne Füllung	4,5–5,5 kg	**2,5–3,5 Stunden** bei indirekter niedriger Hitze
	5,5–6,5 kg	**3,5–4,5 Stunden** bei indirekter niedriger Hitze
Entenbrust, ausgelöst	300–350 g	**9–12 Minuten:** 3–4 Min. bei direkter niedriger Hitze, 6–8 Min. bei indirekter starker Hitze
Ente, ganz	2,5–2,75 kg	**40 Minuten** bei indirekter starker Hitze

FISCH UND MEERESFRÜCHTE

SO HAFTET DER FISCH NICHT AM GRILLROST

SAUBERER GRILLROST
Verwenden Sie eine Drahtbürste, um den Grillrost gründlich zu reinigen.

WENIG ÖL
Bestreichen Sie den Fisch auf allen Seiten dünn mit Öl, aber ölen Sie nicht den Rost ein.

STARKE HITZE
Fisch löst sich vom Rost, wenn seine Unterseite karamellisiert und mit einer dünnen Kruste überzogen ist. Hierzu bedarf es üblicherweise starker Hitze.

VIEL GEDULD
Der Fisch karamellisiert schneller, wenn er auf dem heißen Rost an einer Stelle liegen bleibt. Halten Sie den Deckel möglichst geschlossen und wenden Sie den Fisch nicht öfter als einmal.

PERFEKTES TIMING
Grillen Sie die Seite des Fischs, die zuerst auf den Rost kommt, ein paar Minuten länger als die zweite. So lässt sich der Fisch leichter vom Rost lösen und wird später auf dem Teller mit einem hübschen Grillmuster für Furore sorgen.

DER TRICK MIT DER HAUT
Wenn Sie ein Fischfilet mit Haut grillen, legen Sie es zunächst mit der Hautseite nach oben auf den Rost. Nach dem Wenden und Fertiggaren schieben Sie einen Grillwender zwischen Haut und Filet und heben das Fischfleisch von der Haut ab, die auf dem Grill zurückbleibt.

DEN RICHTIGEN FISCH AUSWÄHLEN

Festfleischige Fische und Meeresfrüchte eignen sich am besten zum Grillen, da sie während des Garens und Wendens ihre Form behalten. Aber auch Fische mit zarterem Fleisch lassen sich in der Regel problemlos auf dem Grill zubereiten, erfordern jedoch etwas mehr Aufmerksamkeit. In der nachfolgenden Tabelle finden Sie eine Reihe geeigneter Fischsorten der verschiedenen Kategorien.

FISCH FÜR DEN GRILL

Festfleischige Filets und Steaks	Zarte Filets und Steaks	Zarte Filets	Ganze Fische	Meeresfrüchte
Schwertfisch	Seeteufel	Felsenbarsch	Rotbarsch	Garnelen
Thunfisch	Heilbutt	Wolfsbarsch	Felsen-, Wolfs- und Zackenbarsch	Jakobsmuscheln
Lachs	Makrele	Blaufisch		Hummer
Zackenbarsch	Seebarsch	Forelle	Blaufisch	Austern
Kalmar	Red Snapper, Rotbarsch		Makrele	Miesmuscheln
			Forelle	Venusmuscheln

WANN IST FISCH GAR?

Fisch sollte auf keinen Fall zu lange gegart werden. Er muss vom Grill, bevor sein Fleisch blättrig auseinanderfällt. Da es bei Fisch schwierig ist, die Kerntemperatur zu messen, die idealerweise zwischen 52 und 54 °C liegt, muss der Gargrad anhand der Farbe des Fleischs geprüft werden: Es darf im Kern nicht mehr durchsichtig oder glasig sein. Orientieren Sie sich an den Zeiten, die in den Rezepten und in der unteren Tabelle angegeben sind.

GRILL-KOMPASS FISCH UND MEERESFRÜCHTE

Die nachfolgenden Angaben (Fischart, Dicke/Gewicht, Grillzeiten) sind Richtlinien, keine festen Regeln. Die tatsächlichen Garzeiten werden von weiteren Faktoren wie Luftdruck, Wind und Außentemperatur beeinflusst. Wichtigste Faustregel für das Grillen von Fisch: 3 bis 4 Minuten pro Zentimeter Dicke.

FISCH/MEERESFRÜCHTE	DICKE/GEWICHT	GRILLZEIT
Fischfilet oder -steak: Heilbutt, Red Snapper, Rotbarsch, Lachs, Seebarsch, Schwertfisch oder Thunfisch	0,5–1 cm	**3–5 Minuten** bei direkter starker Hitze
	1–2,5 cm	**5–10 Minuten** bei direkter starker Hitze
	2,5–3 cm	**10–12 Minuten** bei direkter starker Hitze
Fisch, ganz	500 g	**15–20 Minuten** bei indirekter mittlerer Hitze
	1 kg	**20–30 Minuten** bei indirekter mittlerer Hitze
	1,5 kg	**30–45 Minuten** bei indirekter mittlerer Hitze
Garnelen	45 g	**2–4 Minuten** bei direkter starker Hitze
Jakobsmuscheln	45 g	**4–6 Minuten** bei direkter starker Hitze
Miesmuscheln (nicht geöffnete gegarte Muscheln wegwerfen)		**5–6 Minuten** bei direkter starker Hitze
Venusmuscheln (nicht geöffnete gegarte Muscheln wegwerfen)		**6–8 Minuten** bei direkter starker Hitze
Austern		**2–4 Minuten** bei direkter starker Hitze
Hummerschwänze		**7–11 Minuten** bei direkter mittlerer Hitze

GEMÜSE

REGIONAL UND SAISONAL
Verwenden Sie zum Grillen Gemüse, das gerade Saison hat und überwiegend aus der Region kommt. Es ist reif und schmeckt deutlich besser als Ware, die auf dem Transportweg reifen muss.

MÖGLICHST FLACHE STÜCKE SCHNEIDEN
Bereiten Sie das Gemüse für den Grill so vor, dass eine möglichst große Oberfläche mit dem heißen Rost in Kontakt kommen kann. Je direkter der Kontakt, umso besser der Geschmack. Wählen Sie zum Beispiel Paprikaschoten mit möglichst flachen Seiten, die man leicht vom Kerngehäuse wegschneiden kann. Je flacher die Stücke, desto mehr Oberfläche kann auf dem heißen Rost karamellisieren.

NUR DAS BESTE ÖL IST GUT GENUG
Gemüse muss mit einer feinen Schicht Öl überzogen sein, damit es nicht am Grillrost haften bleibt oder verbrennt. Neutrale Öle wie Rapsöl funktionieren zwar gut, doch nur hochwertiges Olivenöl unterstreicht den Eigengeschmack der einzelnen Gemüsesorten. Verwenden Sie gerade so viel Öl, dass die Gemüsestücke gut davon bedeckt sind, aber nichts heruntertropfen und Flammen verursachen kann. Würzen Sie das Gemüse vor dem Grillen großzügig mit Salz und Pfeffer. Noch mehr Geschmack erhält es, wenn es bei Zimmertemperatur 20–60 Minuten in einer Mischung aus Olivenöl, Essig, Knoblauch, Kräutern und Gewürzen mariniert wird.

WANN IST ES GAR?
Ich mag es, wenn festere Gemüse wie Zwiebeln oder Fenchel knusprig-zart, also noch ein wenig bissfest sind. Falls Sie Gemüse weicher mögen, grillen Sie es einfach ein paar Minuten länger, sollten dann aber darauf achten, dass es nicht zu dunkel wird oder gar verbrennt. Grillen intensiviert die natürliche Süße im Gemüse, der Zucker verbrennt aber leicht. Schneiden Sie das Gemüse außerdem in möglichst gleich große Stücke, damit es gleichmäßig gart. Fingerdick oder etwas dünner ist in den meisten Fällen richtig.

GRILL-KOMPASS GEMÜSE

Die Temperatur auf dem Grillthermometer sollte zwischen 175 und 230 °C liegen. Wird das Gemüse an einer Stelle zu dunkel, muss man es wenden. Ansonsten möglichst wenig bewegen.

GEMÜSE	DICKE/GRÖSSE	GRILLZEIT
Artischocke	ganz, 300–350 g	**14–18 Minuten:** 10–12 Min. kochen; halbieren und 4–6 Min. bei direkter mittlerer Hitze grillen
Aubergine	in Scheiben, 1 cm	**8–10 Minuten** bei direkter mittlerer Hitze
Fenchel	in Scheiben, 0,5 cm	**10–12 Minuten** bei direkter mittlerer Hitze
Frühlingszwiebel	ganz	**3–4 Minuten** bei direkter mittlerer Hitze
Kartoffeln	ganz	**40–60 Minuten** bei indirekter mittlerer Hitze
	in Scheiben, 1 cm	**14–16 Minuten** bei direkter mittlerer Hitze
Kartoffeln, kleine junge	halbiert	**15–20 Minuten** bei direkter mittlerer Hitze
Knoblauchknolle	ganz	**45–60 Minuten** bei indirekter mittlerer Hitze
Kürbis, Butternut	halbiert	**40–60 Minuten** bei indirekter mittlerer Hitze
Maiskolben, ohne Hüllblätter		**10–15 Minuten** bei direkter mittlerer Hitze
Maiskolben, mit Hüllblättern		**25–30 Minuten** bei direkter mittlerer Hitze
Möhre	ganz, Ø 1 cm	**7–11 Minuten:** 4–6 Min. kochen, 3–5 Min. bei direkter mittlerer Hitze grillen
Paprikaschote	ganz	**10–15 Minuten** bei direkter mittlerer Hitze
Paprika-/Chilischote, in Scheiben	0,5 cm	**6–8 Minuten** bei direkter mittlerer Hitze
Pilze, Shiitake oder Champignons		**8–10 Minuten** bei direkter mittlerer Hitze
Pilze, Riesenchampignon (Portobello)		**10–15 Minuten** bei direkter mittlerer Hitze
Rote oder gelbe Bete	180 g	**1–1,5 Stunden** bei indirekter mittlerer Hitze
Spargel, ganze Stangen	Ø 1 cm	**4–6 Minuten** bei direkter mittlerer Hitze
Süßkartoffeln	ganz	**50–60 Minuten** bei indirekter mittlerer Hitze
	in Scheiben, 0,5 cm	**8–10 Minuten** bei direkter mittlerer Hitze
Tomate	halbiert	**6–8 Minuten** bei direkter mittlerer Hitze
	ganz	**8–10 Minuten** bei direkter mittlerer Hitze
Zucchini	in Scheiben, 1 cm	**3–5 Minuten** bei direkter mittlerer Hitze
	halbiert	**4–6 Minuten** bei direkter mittlerer Hitze
Zwiebel	halbiert	**35–40 Minuten** bei indirekter mittlerer Hitze
	in Scheiben, 1 cm	**8–12 Minuten** bei direkter mittlerer Hitze

OBST

sie goldbraun grillen. Sie dürfen aber nicht zu lange auf derselben Stelle liegen, sonst werden sie rasch schwarz und bitter. Um den Gargrad und die Farbe zu prüfen, schieben Sie vorsichtig einen Grillwender unter das Obst und heben es leicht an.

Warmes Obst vom Grill, idealerweise ergänzt durch eine Kugel Eis oder ein Stück Halbgefrorenes, ist der stilvolle Abschluss einer Grillmahlzeit. Gegrilltes Obst passt aber auch gut zu frischen Keksen oder einem Stück herzhaften Rührkuchen.

Für das Grillen von Obst gilt Ähnliches wie für das Grillen von Gemüse. Die Früchte sollten reif (oder fast reif), aber fest sein, denn sie werden auf dem Grill weicher. Man muss sie während des Grillens sorgfältig beobachten und gelegentlich wenden. Viele Früchte werden sehr saftig und noch süßer, während

GRILL-KOMPASS OBST

Die nachfolgenden Angaben (Obstsorte, Dicke/Gewicht, Grillzeiten) sind Richtlinien, keine festen Regeln. Die tatsächlichen Garzeiten werden von weiteren Faktoren wie Luftdruck, Wind und Außentemperatur beeinflusst. Die Grillzeit für Obst hängt vorwiegend vom Reifegrad der Früchte ab.

FRUCHT	DICKE/GRÖSSE	GRILLZEIT
Ananas	geschält, holziger Kern entfernt 1 cm dicke Scheiben oder 2,5 cm breite Spalten	**5–10 Minuten** bei direkter mittlerer Hitze
Apfel	ganz	**35–40 Minuten** bei indirekter mittlerer Hitze
	Scheiben, 1 cm	**4–6 Minuten** bei direkter mittlerer Hitze
Aprikose	halbiert, Kern entfernt	**6–8 Minuten** bei direkter mittlerer Hitze
Banane	längs halbiert	**6–8 Minuten** bei direkter mittlerer Hitze
Birne	längs halbiert	**10–12 Minuten** bei direkter mittlerer Hitze
Erdbeeren		**4–5 Minuten** bei direkter mittlerer Hitze
Nektarine	längs halbiert, Kern entfernt	**8–10 Minuten** bei direkter mittlerer Hitze
Pfirsich	längs halbiert, Kern entfernt	**8–10 Minuten** bei direkter mittlerer Hitze

WARTUNG DES GRILLS

Die Fürsorge, die Sie Ihrem Grill angedeihen lassen, wird er Ihnen auf Jahre hinaus danken. Wartung ist wichtig (beachten Sie dazu die Hinweise des Herstellers). Jedes Mal, wenn Sie den Grill benutzen, sollten Sie den Grillrost reinigen, und zwar dann, wenn er sehr heiß ist (unmittelbar vor oder nach dem Grillen). Bürsten Sie mit einer langstieligen Stahlbürste anhaftende Speisereste oder Rost gründlich ab – auch zwischen den einzelnen Streben!

MONATLICHES WARTUNGSPROGRAMM FÜR DEN GASGRILL

1. Wenn der Grill warm, aber nicht heiß ist, mit einem Schwamm und milder Seifenlauge den Deckel innen abwischen, um hartnäckigen Rußablagerungen vorzubeugen.

2. Nehmen Sie den Grillrost ab und reinigen Sie die Metallstangen, die die Seitenbrenner abschirmen (verwenden Sie eine gute Bürste, am besten die, mit der Sie den Grillrost reinigen). Dadurch verhindern Sie Flammenbildung. Wenn Sie wie ich oft grillen, empfiehlt sich eine häufigere Reinigung.

3. Die Brennerrohre vorsichtig mit einer Stahlbürste reinigen. Dazu mit der Bürste seitlich an den Brennerrohren entlangbürsten. Nicht zu viel Druck anwenden, um die Rohrmündungen nicht zu beschädigen.

4. Mit einem Kunststoffspachtel oder Teigschaber die Fettablagerungen aus dem Grillbecken kratzen. Wenn Ihr Grill über eine Auffangschale verfügt, die Grillreste dort hineinschieben. Dann den Inhalt der Auffangschale entsorgen.

5. Das Grillbecken mit warmer Seifenlauge auswischen. Vorsichtig arbeiten, damit kein Wasser in die Brenner gelangt!

6. Alles wieder zusammensetzen und die Reinigung nach einem Monat wiederholen.

MONATLICHES WARTUNGSPROGRAMM FÜR DEN HOLZKOHLEGRILL

1. Wenn der Grill abgekühlt ist, die Asche aus dem Kessel entfernen. Da Asche einen natürlichen Feuchtigkeitsgehalt hat, ist es wichtig, die Asche nach jedem Gebrauch des Grills zu entfernen. Wenn Ihr Grill über einen Auffangbehälter für Asche verfügt, diesen nach jedem Gebrauch entleeren.

2. Den Kessel mit einem warmen, feuchten Schwamm oder Lappen auswischen. Dadurch verhindert man hartnäckige Rußablagerungen im Kessel.

MONATLICHES WARTUNGSPROGRAMM FÜR DEN ELEKTROGRILL

1. Wenn der Grill nicht mehr heiß, aber noch warm ist, den Deckel innen mit einem feuchten Schwamm oder Lappen und Seifenlauge abwischen. Damit beugt man hartnäckigen Rußablagerungen im Grilldeckel vor.

2. Den Grillrost herausnehmen. Mit einem Kunststoffspachtel oder Teigschaber die Fettreste vom Grillboden kratzen. Wenn der Grill über eine Auffangschale verfügt, die Reste dort hineinschieben und die Auffangschale anschließend ausleeren.

3. Den Grill innen mit einem warmen, feuchten Tuch oder Schwamm auswischen. Die Heizelemente sollten jedoch nicht nass werden.

DER RICHTIGE GRILL

Zu den wichtigsten Fertigkeiten, die ein guter Koch lernt, zählt die Kunst, eine Zutat durch eine andere zu ersetzen. Thunfischfilets können in der Not Goldmakrelenfilets ersetzen und anstelle eines Porterhouse-Steaks kann man ein T-Bone-Steak verwenden. Wenn es jedoch zur Auswahl eines Grills kommt, gibt es einfach keinen Ersatz für Qualität. Schließlich haben alle Rezepte in diesem Buch eine gemeinsame Basis: Sie erfordern den Einsatz Ihres Grills.

QUALITÄTSKRITERIEN FÜR EINEN GASGRILL

1. Bauart und Langlebigkeit prüfen. Ein Grill ist eine wichtige Anschaffung, die viele Jahre halten soll. Da die meisten Grills im Freien stehen und der Witterung ausgesetzt sind, müssen sie aus robustem Material und solide gebaut sein. Wenn Sie einen Edelstahlgrill wählen, achten Sie auf eine massive Bauweise, damit der Grill länger als eine oder zwei Saisons hält. Auch emaillierte Oberflächen sind sehr langlebig. Prüfen Sie die Ecken – hier sollte es keine scharfen Kanten geben. Werfen Sie ein Auge auf die Verarbeitung. Ein schiefer Rahmen oder asymmetrisch gehängte Türen sind ein Zeichen für mangelhafte Sorgfalt bei der Herstellung.

2. Schauen Sie in den Grill. Das Innenleben und die Konstruktion eines Grills sind wichtiger als sein äußeres Erscheinungsbild. Öffnen Sie den Deckel: Lässt er sich leicht öffnen und schließen? Fühlt er sich dabei robust oder wacklig an? Achten Sie beim Grillrost auf kräftige Streben, die bei regelmäßiger Beanspruchung mehrere Jahre halten.

3. Die Brenner müssen an der richtigen Stelle liegen. Ungleichmäßige Hitze ist der Albtraum jedes Grillfreundes. Bei einem gut konstruierten Gasgrill sind die Brenner gleichmäßig im Brennraum verteilt. Winkelmetallstreben schirmen die Brenner ab und leiten herabtropfendes Fett von den Flammen weg. Diese Metallstreben verteilen auch die Hitze gleichmäßig im Grillraum.

4. Gönnen Sie sich Platz. Der Grillrost muss ausreichend Platz für das Grillgut bieten. Und denken Sie daran: Viele Rezepte verlangen nach direkter und indirekter Hitze. Sie sollten Ihr Grillgut jederzeit von einer Zone in die andere schieben können.

5. Mehr Leistung bedeutet nicht besseres Essen. Nach landläufiger Auffassung lässt sich mit mehr Leistung auch besser grillen. Dem ist nicht unbedingt so. Die Nennleistung eines Grills wird in Kilowatt gemessen. In früheren Zeiten gab es Gasgrills, die hohe Temperaturen nur schwer erzeugen konnten. Heute ist das kein Problem mehr. Wenn die Grillfläche nicht sehr groß ist, dann ist eine Nennleistung von 2 bis 3 kW ausreichend.

6. Das Wesentliche nicht aus den Augen verlieren. Beim Kauf eines Gasgrills sollte man fragen, wo das Fett hintropft. Fett ist leicht entflammbar, und wenn es nicht aus dem Inneren des Grills weggeleitet wird, kann dies zu gefährlicher Flammenbildung führen. Zu einem gut durchdachten Grillsystem gehört eine Fettauffangschale, die von der Vorderseite des Grills her zugänglich ist. Die Tropfschale selbst sollte mindestens eine Handbreit tief sein und wenn möglich mit Einweg-Einlagen verwendet werden können, was die Reinigung erleichtert.

7. Die Qualität der Sonderausstattung. Heutzutage haben viele Gasgrills Zusatzfunktionen wie einen Seitenbrenner oder einen Rotisserie-Spieß. Diese können die Grillfreude steigern, wenn sie von guter Qualität sind. Der Seitenbrenner sollte stark genug sein, um damit ordentlich kochen zu können, sonst ist er nichts als Geldverschwendung. Er sollte einen Klappdeckel haben, andernfalls verlieren Sie wertvolle Grillfläche, wenn der Brenner nicht verwendet wird. Der Deckel schützt auch vor Wind und verbessert die Leistung des Seitenbrenners. Wenn Sie einen Grill mit Rotisserie-Spieß kaufen, testen Sie den Motor. Ein lausiger Motor bringt lausige Ergebnisse. Wenn Sie größere Fleischstücke wie einen Truthahn oder eine Lammkeule grillen möchten, brauchen Sie einen leistungsstarken Motor. Der Spieß selbst sollte sehr robust sein, ebenso die Seitenzinken. Achten Sie schließlich auch auf die Lage des Drehspießes. Liegt der Motor oder der Spieß über dem Seitenbrenner? Wenn ja, sind die Möglichkeiten Ihres Grills eingeschränkt.

QUALITÄTSKRITERIEN FÜR EINEN HOLZKOHLEGRILL

1. Jeder Grill braucht einen Deckel. Offene Grills, ebenso Grillkörbe, sind nett, aber von beschränktem Nutzen. Ein Grill mit einem Deckel bietet viel mehr Möglichkeiten. Wenn Sie einen Holzkohlegrill kaufen, sollten Sie darauf achten, dass er einen gut schließenden Deckel sowie Lüftungsschieber im Kessel und im Deckel hat. Der Deckel verwandelt den Grill in einen Freiluftofen, in dem man mit direkter wie auch mit indirekter Hitze grillen kann. Mit den Lüftungsschiebern lässt sich die Temperatur im Inneren regeln.

2. Robuste Bauweise. Ein guter Holzkohlegrill sollte viele Jahre halten. Achten Sie auf solide Bauweise und eine hochwertige Emailbeschichtung auf dickem Metall.

3. Ein starker Rost hält, was er verspricht. Der Rost eines Holzkohlegrills sollte dicke, robuste Streben haben. Für echte Grillfreunde empfehle ich einen Grillrost mit einer Luke oder Klappe, die man während des Grillens öffnen kann, um Kohle nachzulegen. Auf dem Holzkohlegrill zubereitete Braten sind ein unvergleichlicher Genuss – und gar nicht aufwendig, wenn man unkompliziert für Brennstoffnachschub sorgen kann.

4. Sauberkeit geht über alles. Holzkohle produziert Asche und diese wiederum sollte einfach zu entsorgen sein. Ich empfehle daher einen Holzkohlegrill, der so gebaut ist, dass die Asche in einen herausnehmbaren Auffangbehälter fällt. Sie werden sehen: Je einfacher Ihr Grill zu reinigen ist, desto lieber und öfter werden Sie ihn benutzen.

ELEKTROGRILLS

In vielen Wohnanlagen ist die Verwendung von Gas- und Holzkohlegrills auf Terrassen und Balkonen untersagt oder nicht erwünscht. Seit einiger Zeit gibt es wirklich ausgezeichnete Elektrogeräte auf dem Markt, deren Grillergebnisse sich sehen lassen können. Wie bei Gas- und Holzkohlegrills sollte man bei der Anschaffung eines Elektrogrills auf solide, stabile Bauweise achten.

SICHERHEIT

ALLGEMEINE HINWEISE
1. Lesen und beachten Sie unbedingt die Bedienungsanleitung Ihres Grills.

2. Grills geben starke Hitze ab. Der Grill muss daher mindestens 1,5 Meter von brennbaren Materialien, Wänden und Geländern entfernt stehen. Dazu zählen u.a. Holzverkleidungen sowie Holzveranden und -terrassen. Verwenden Sie einen Grill niemals in Innenräumen, unter einem Sonnendach oder einer Pergola.

3. Stellen Sie den Grill immer ebenerdig auf.

4. Verwenden Sie ausgewiesenes Grillwerkzeug mit langen, hitzebeständigen Griffen.

5. Tragen Sie beim Grillen keine losen oder leicht entflammbaren Kleidungsstücke.

6. Lassen Sie Kinder oder Haustiere in der Nähe eines heißen Grills niemals unbeaufsichtigt allein.

7. Tragen Sie beim Grillen und zum Regulieren der Lüftungsschieber Grillhandschuhe.

SICHERHEIT FÜR DEN GASGRILL
1. Halten Sie den Grillboden und die Auffangschale Ihres Gasgrills sauber und fettfrei. Damit vermeiden Sie nicht nur gefährliche Flammenbildung, sondern halten auch ungebetene Gäste fern. Unerwünschte Insekten können auch mit etwas Paprikapulver vertrieben werden.

2. Sollten Flammen hochschlagen, schalten Sie alle Brenner aus und legen das Grillgut an eine andere Stelle des Rosts. Die Flammen werden schnell abklingen. Den Grill erneut anzünden. Bei einem Gasgrill Flammen niemals mit Wasser löschen.

3. Kleiden Sie den abgeschrägten Grillboden niemals mit Alufolie aus. Sie verhindert, dass herabtropfendes Fett in die Auffangschale laufen kann. Das Fett sammelt sich in den Falten der Folie und wird sich bei der nächstbesten Gelegenheit entzünden.

Ein Feuerlöscher sollte immer griffbereit sein.

4. Gasflaschen dürfen keinesfalls in Innenräumen aufbewahrt werden (auch nicht in der Garage).

5. Ein neuer Gasgrill kann bei den ersten Malen heißer werden als üblich. Sobald er innen ein wenig angelaufen ist und Deckel und Grillwanne nicht mehr so stark reflektieren, normalisiert sich die Hitzeentwicklung.

SICHERHEIT FÜR DEN HOLZKOHLEGRILL
1. Holzkohlegrills dürfen nur im Freien verwendet werden. Bei Gebrauch in geschlossenen Räumen sammeln sich gesundheits- und lebensgefährdende Gase an.

2. Geben Sie niemals flüssige Anzünder oder bereits mit Anzünder imprägnierte Holzkohle auf die warme oder heiße Glut.

3. Niemals Benzin, Alkohol oder andere feuergefährliche Flüssigkeiten zum Anzünden von Holzkohle verwenden. Wenn Sie flüssigen Anzünder benutzen, muss sämtliche Flüssigkeit, die sich gegebenenfalls im Kessel angesammelt hat, durch den unteren Lüftungsschieber abgelassen werden, bevor Sie die Holzkohle anzünden.

4. Verwenden Sie Ihren Grill nur mit allen vollständig montierten Teilen, die zudem unversehrt sein müssen. Vergewissern Sie sich auch, dass der Aschefänger korrekt unter dem Kessel befestigt ist.

5. Nehmen Sie den Deckel ab, wenn Sie die Holzkohle anzünden und vorglühen.

6. Breiten Sie die Holzkohle immer auf dem Kohlerost aus, nicht direkt auf dem Boden des Kessels.

7. Stellen Sie den Anzündkamin nicht auf oder neben feuergefährliche Flächen.

8. Berühren Sie nie den Kessel, Grill- oder Holzkohlerost, um zu prüfen, ob sie heiß sind.

9. Hängen sie den Grilldeckel immer vorschriftsmäßig an der Deckelhalterung auf. Legen Sie einen heißen Deckel nie auf einen Teppich oder ins Gras. Der Grilldeckel darf nicht an die Griffe des Kessels gehängt werden.

10. Um die Glut zu löschen, setzen Sie den Deckel auf und schließen Sie alle oberen und unteren Lüftungsschieber vollständig. Löschen Sie die Glut niemals mit Wasser, da dies die Emailbeschichtung des Kessels beschädigen könnte.

11. Bekämpfen Sie auflodernde Flammen, indem Sie den Deckel aufsetzen und die oberen Lüftungsschieber zur Hälfte schließen. Auch hier gilt: Niemals mit Wasser löschen!

12. Bedienen und lagern Sie heiße Elektrostarter sehr sorgfältig. Stellen Sie den Starter nie auf oder neben feuergefährliche Flächen.

13. Halten Sie elektrische Kabel von einem heißen Grill fern.

TIPPS ZUR LEBENSMITTELSICHERHEIT

1. Das Grillgut immer mit sauberen Händen vorbereiten. Waschen Sie sich zudem sorgfältig die Hände, nachdem Sie rohes Fleisch, Fisch und Geflügel bearbeitet haben.

2. Tauen Sie Fleisch, Fisch oder Geflügel stets im Kühlschrank auf, nicht bei Zimmertemperatur.

3. Verwenden Sie für rohe und gegarte Lebensmittel nicht dieselben Behälter, Geräte und Arbeitsflächen.

4. Reinigen Sie Geschirr, Besteck und alle Arbeitsflächen, die mit rohem Fleisch, Geflügel oder Fisch in Kontakt gekommen sind, mit heißem Wasser und Spülmittel und spülen Sie mit klarem Wasser nach.

5. Wenn Sie Fleisch bei Zimmertemperatur ruhen lassen, beachten Sie, dass Zimmertemperatur etwa 20 °C bedeutet. Rohe Lebensmittel nicht in die Sonne oder in die Nähe einer Hitzequelle stellen.

6. Hackfleisch immer auf mindestens 70 °C (Geflügel auf 75 °C) erhitzen.

7. Wenn Sie Ihr Grillgut während des Grillens mit einer Sauce bestreichen möchten, teilen Sie die Sauce auf: Ein Teil dient zum Bestreichen, der Rest wird bei Tisch serviert. Eine Marinade, in der rohes Fleisch, Fisch oder Geflügel gelegen hat, muss mind. 30 Sek. stark kochen, bevor sie zum Bestreichen oder als Sauce verwendet werden darf.

SO GRILLEN SIE RICHTIG

1. Entfernen Sie überschüssiges Fett von Steaks und Koteletts. Ein Fettrand von höchstens 0,5 cm bringt ausreichend Geschmack. Weniger Fett ist die beste Versicherung gegen Flammenbildung.

2. Eine dünne Ölschicht auf dem Grillgut verhilft zu gleichmäßigem Bräunen und verhindert das Anhaften am Rost. Streichen oder sprühen Sie Öl nur auf Ihr Grillgut, nicht auf den Grillrost!

3. Ein Weber®-Grill ist so konstruiert, dass er das Grillgut bei geschlossenem Deckel gart. So kann die Hitze zirkulieren und das Grillgut gart gleichmäßig und ohne Flammenbildung. Jedes unnötige Öffnen des Deckels verlängert die Grillzeit.

4. Verwenden Sie ein Thermometer und einen Timer, um den richtigen Moment, Ihr Essen vom Grill zu nehmen, nicht zu verpassen. Bei Fleisch gibt die Kerntemperatur Aufschluss über den Gargrad.

5. Verwenden Sie das passende Werkzeug. Langstieliges Grillbesteck und isolierte Handschuhe schützen Sie vor der Hitze. Gabeln sollten Sie nur verwenden, um vollständig gegarte Speisen vom Grill zu heben. Zum Wenden nehmen Sie eine Zange.

6. Die in den Tabellen und Rezepten angegebenen Grillzeiten beziehen sich auf eine Außentemperatur von etwa 20 °C bei wenig Wind oder Windstille. Bei kälterem und windigem Wetter und in größerer Höhe verlängert sich die Garzeit, bei heißem Wetter ist sie kürzer.

REGISTER

REZEPTE / VOR- UND ZUBEREITUNGEN

Damit Sie bestimmte Rezepte noch schneller finden, sind beliebte Zutaten wie Bohnen oder Gerichte wie Burger oder Zubereitungsarten wie Grillen mit dem Drehspieß/Rotisserie alphabetisch geordnet über den entsprechenden Rezepten hervorgehoben. Vor- und Zubereitungstechniken wie *Baby Back Ribs zubereiten,* die im Buch meist mit Step-Bildern gezeigt werden, stehen kursiv.

In den Rezepttexten verwendete Abkürzungen:

EL	=	Esslöffel (1 EL = 3 Teelöffel)
TL	=	Teelöffel
l	=	Liter
ml	=	Milliliter
kg	=	Kilogramm
g	=	Gramm
cm	=	Zentimeter
mm	=	Millimeter
Ø	=	Durchmesser
Min.	=	Minute
Std.	=	Stunde
TK-	=	Tiefkühl-

A

Aceto balsamico: Portobello-Sandwich mit Balsamico-Aioli 236
Adobo 206
Ahornbrett: Auf dem Ahornbrett gegrillte Putenburger 174
    siehe auch Holzbrett, Zedernbrett
Aioli
    Artischockenherzen mit Tomaten-Knoblauch-Aioli 245
    Portobello-Sandwich mit Balsamico-Aioli 236
    siehe auch Mayonnaise
Algen (Info) 210
American Style: Rinderbrustbraten (Brisket) American Style 93
Ananas: Gestürzter Ananaskuchen vom Grill 266
Ancho-Barbecue-Sauce 289
Äpfel
    In Cidre eingelegte Lendensteaks mit gegrillten Äpfeln 101
    In Cidre geschmorte Bratwürste mit Äpfeln und Zwiebeln 97
    Karamelläpfel auf Blätterteig 268
    Schweine-Burger mit Apfel-Estragon-Krautsalat 98
Äpfel grillen 268
Aprikosen
    Buttermilch-Hähnchen am Spieß mit Aprikosenglasur 163
    Gingerbread mit Aprikosen auf dem Grill zubereiten 269
    Gingerbread mit gegrillten Aprikosen 269
Argentinische Rinderspieße mit Chimichurri-Sauce 72
Arizona-Würzmischung 282
Artischockenherzen mit Tomaten-Knoblauch-Aioli 245
Artischockenherzen vorbereiten und grillen 244
Asiago: Marinierte Portobello-Champignons mit Asiago 237
Asiatisch gewürztes Flank-Steak mit grünem Spargel und Gomasio 69
Asiatisch: Schweinemedaillons mit asiatischer Schwarze-Bohnen-Sauce 108
Asiatische Buttersauce 193
Asiatische Würzmischung 282
Aubergine: Dip aus gegrillten Auberginen 255
Auberginen vorbereiten und grillen 254
Auf dem Ahornbrett gegrillte Putenburger 174
Auf dem Zedernbrett gegrillte Forelle mit Rucola-Fenchel-Orangen-Salat 223
Auf dem Zedernbrett gegrillte Hähnchenschenkel mit Soja-Ingwer-Glasur 153
    Zubereitung von Hähnchenschenkeln auf dem Zedernbrett 152
Auf dem Zedernbrett gegrillte Jakobsmuscheln mit Maissalat 180
Auf dem Zedernbrett gegrillter Lachs mit Tarator-Sauce 203
Aufstrich 262
    Blauschimmelcreme mit Walnüssen 263
    Bohnen-Knoblauch-Püree 263
    Gegrillte Fladen mit dreierlei Aufstrich 262
    Tomaten-Oliven-Paste 263
Ausgelöste Hähnchenschenkel grillen 154
Ausgelöste Lammkeule flach zuschneiden 86
Austern mit 4 Saucen 193
    Zubereitung von Austern auf dem Holzkohlegrill 192
Avocado
    California-Burger mit Avocado-Mayonnaise 36
    Carne asada mit Bohnen-Avocado-Salat 67
    Quesadillas mit Krebsfleisch und Avocado 198
    Saftige Garnelen mit Chili-Avocado-Sauce 187
    siehe auch Guacamole

B

Baby Back Ribs
    mit Soo-Wee-Sauce 122
    vom Stapel 125
    zubereiten 121
    Zubereitung von Baby Back Ribs auf dem Grill 122
Bagel-Chips 255
Balinesische Erdnusssauce 291
Bananen
    Banana S'mores 271
    Banana S'mores vom Grill 271
    nach Foster-Art 270
Bananenblätter
    Fischfilets in Bananenblättern grillen 214
    Kohlenfisch mit Ingwer und Miso im Bananenblatt gegrillt 215
    siehe auch Weinblätter, Zedernholzblätter
Barbacoa: Rinderrippen mit Barbacoa-Sauce 85
Barbecue
    Ancho-Barbecue-Sauce 289
    Klassische Barbecue-Sauce 289
    Klassisches Barbecue-Gewürz 281
    Koreanische Barbecue-Rinderrippen 83
    Langsam geräucherte Spareribs mit süßsaurer Barbecue-Sauce 129
    Langsames Räuchern einer Schweineschulter 114
    Pasilla-Barbecue-Sauce 288
    Rinderbrustbraten (Brisket) American Style 93
    Schweinekoteletts mit Sofrito-Barbecue-Sauce 105
Barbecue-Hähnchen mit drei Aromen 151
    Zubereitung von Barbecue-Hähnchenschenkeln 151
Barbecue-Ribs richtig zubereiten 120
Barbecue-Sauce mit Chili 289
Barbecue-Sauce mit Senf 289
Barcelona-Marinade 287
Basilikum
    Involtini di pollo mit Schinken und Basilikum 135
    Steaks aus der Lammschulter mit Ratatouille-Salat und Basilikum-Knoblauch-Öl 81
Basilikum-Knoblauch-Öl herstellen 80
Bete: Bunte Beten mit Kürbiskernen und Feta 258
Bierdosen-Hähnchen im Hickoryrauch gegrillt 161
    Zubereitung eines Bierdosen-Hähnchens 160
Bier-Marinade 285
Birnen mit Schinken zubereiten 276
Birnensalat mit Schinken und Champagner-Vinaigrette 276
Bistecca alla fiorentina
    mit gegrillten Bohnen 65
    tranchieren 65
Bistro-Steaks mit Senfsauce 68
Blätterteig: Karamelläpfel auf Blätterteig 268
Blauschimmelcreme mit Walnüssen 263
Bohnen
    Bistecca alla fiorentina mit gegrillten Bohnen 65
    Carne asada mit Bohnen-Avocado-Salat 67
    Gegrillte Bohnen alla contadina 65
    Grüne Bohnen grillen 249
    Grüne Bohnen mit Zitronenöl 249
    Schweinemedaillons mit asiatischer Schwarze Bohnen-Sauce 108
Bohnen-Knoblauch-Püree 263
Bratwurst: In Cidre geschmorte Bratwürste mit Äpfeln und Zwiebeln 97
Bratwurst auf dem Grill schmoren 96
Brie: Burger Pariser Art mit Brie und Schalotten 38
Brie in Weinblätter einwickeln 277
Brie in Weinblättern mit Trauben-Salsa 277
Brisket siehe Rinderbrust
Brokkoli grillen 248
Brokkoli mit Zitrone 248
Brokkolini: Rib-Eye-Steaks mit Knoblauchkruste und gegrillten Brokkolini 59
Brot/Brötchen
    Bagel-Chips 255
    Bruschetta mit gegrillter Paprika und Speck 240
    Buttermilchbrötchen mit Schinken in Chiliglasur 99
    Hummerbrötchen 195
    Klassischer Burger auf Roggenbrot 35
    Panzanella-Spieße mit Sherry-Vinaigrette 243
    Suppe von gegrillten Tomaten mit Parmesan-Croûtons 242
    siehe auch Fladen, Focaccia, Pita, Sandwiches
Brotsalat mit Steak 50
    zubereiten 50
Brühe: Rotbarsch in Kokosmilchbrühe 217
Brunnenkresse: Garnelen mit Orangen-Fenchel-Aroma auf Brunnenkresse 183
Bruschetta mit gegrillter Paprika und Speck 240
Bunte Beten mit Kürbiskernen und Feta 258
Burger
    Auf dem Ahornbrett gegrillte Putenburger 174
    California-Burger mit Avocado-Mayonnaise 36
    Gefüllte Burger zubereiten 38
    Klassischer Burger auf Roggenbrot 35
    Lammburger mit Olivenpaste und Ziegenkäse 40
    Putenburger auf dem Holzbrett grillen 174
    Putenburger mit Salsa-Krautsalat 175
    Rotweinburger mit Rosmarin-Focaccia 37
    Schweine-Burger mit Apfel-Estragon-Krautsalat 98
    siehe auch Hackfleisch
Burger grillen 34
Burger Pariser Art mit Brie und Schalotten 38
Bürgermeisterbraten: Hawaiianischer Bürgermeisterbraten mit Orangensauce 87
Butter
    Asiatische Buttersauce 193
    Filet mignon mit Teearoma und Butterchampignons 61
    Gegrillte Maiskolben mit Zitronen-Curry-Butter 232
    Knoblauch-Thymian-Butter 193
    Pazifischer Taschenkrebs mit Weißwein-Knoblauch-Butter 197
    Porterhouse-Steaks mit Rotwein-Schalotten-Butter 63
    Würzbutter herstellen 62
Buttermilchbrötchen mit Schinken in Chiliglasur 99
    Zubereitung von Buttermilchbrötchen 99

Buttermilch-Hähnchen am Spieß mit
   Aprikosenglasur 163
Buttermilch-Panna-cotta mit gegrillten Feigen 272

C

Cajun-Art: Clambake (Muscheltopf)
   nach Cajun-Art 191
Cajun-Gewürz (Info) 281
California-Burger mit Avocado-Mayonnaise 36
Carne asada mit Bohnen-Avocado-Salat 67
Cashewnüsse: Tofu-Steaks mit Möhren-Cashew-
   Salat 252
Cayennepfeffer: Oregano-Cayenne-Marinade 287
Champagner: Birnensalat mit Schinken und
   Champagner-Vinaigrette 276
Champignon
   Filet mignon mit Teearoma und
      Butterchampignons 61
   Goldmakrele mit Mais-Champignon-Gemüse 209
   Marinierte Portobello-Champignons mit
      Asiago 237
   Pizza mit gegrilltem Gemüse und geräuchertem
      Mozzarella 239
   Zubereitung von Mais-Champignon-Gemüse 208
   siehe auch Portobello
Champignon-Risotto mit gegrilltem Mais 234
Champignons bräunen 61
Cheeseburger: Burger Pariser Art mit Brie und
   Schalotten 38
   siehe auch Burger
Chili
   Ancho-Barbecue-Sauce 289
   Barbecue-Sauce mit Chili 289
   Buttermilchbrötchen mit Schinken
      in Chiliglasur 99
   Chipotles (Info) 206
   Espresso-Chili-Würzmischung 282
   Espresso-Chili-Würzmischung zubereiten 53
   Gefüllte Chilis mit Tomaten-Salsa und
      Guacamole 253
   Grüne Chilisauce 291
   Pasilla-Barbecue-Sauce 288
   Rib-Eye-Steaks mit Chili-Salsa 55
   Rib-Eye-Steaks mit Espresso-Chili-Kruste 53
   Saftige Garnelen mit Chili-Avocado-Sauce 187
   Schweinelendenbraten mit Sauerkirsch-Chili-
      Glasur 109
   Zubereitung von Chili-Avocado-Sauce 186
   *Zubereitung von Salsa mit in der Pfanne
      gerösteten Chili* 54
Chimichurri-Sauce 290
   Argentinische Rinderspieße mit Chimichurri-
      Sauce 72
China-Hoisin-Marinade 287
Chipotles (Info) 206
Chutney: Tandoori-Hähnchenbrust mit Mango-Minz-
   Chutney 139
Cidre
   In Cidre eingelegte Lendensteaks mit gegrillten
      Äpfeln 101
   In Cidre geschmorte Bratwürste mit Äpfeln und
      Zwiebeln 97
Clambake (Muscheltopf) nach Cajun-Art 191
Clambake vorbereiten 191
Crème fraîche selbst herstellen 268
Cremige Meerrettich-Sauce 290
Croûtons: Suppe von gegrillten Tomaten mit
   Parmesan-Croûtons 242
Currypaste: Muscheln in Kokos-Curry-
   Sauce 190
Currypulver
   Gegrillte Maiskolben mit Zitronen-
      Curry-Butter 232
   Kürbis mit Honig-Curry-Glasur 257

D

Dicke Rippe in grüner Chilisauce 131
Dicke Rippe mit Tamarindenglasur 130
Dip aus gegrillten Auberginen 255
Dorsch: Mexikanischer Fisch aus der
   Grillpfanne 218

Drehspieß/Rotisserie
   Buttermilch-Hähnchen am Spieß mit
      Aprikosenglasur 163
   Hähnchen am Spieß grillen 162
   Schweinelendenbraten süß-sauer am
      Spieß 111
   *Zubereitung von Schweinelendenbraten
      am Spieß* 110
Drumettes: Hähnchen-Drumettes 147

E

Entenbrust mit Portwein-Pflaumen-Sauce 141
Entenbrust-Tacos mit saurer Orangen-Zwiebel-
   Salsa 142
Entenbrust vorbereiten 140
Entenkeulen grillen 150
Entenkeulen vom Grill mit Hoisin-Orangen-
   Glasur 150
Erdbeeren: Gegrillte Erdbeeren 273
Erdnuss
   Balinesische Erdnusssauce 291
   Vietnamesische Garnelenpops
      mit Erdnusssauce 185
Escabeche 213
   Zubereitung von Schwertfisch-Escabeche 213
Espresso
   Rib-Eye-Steaks mit Espresso-Chili-Kruste 53
   Strip-Steaks mit Espresso-Sauce 47
Espresso-Chili-Würzmischung 282
   zubereiten 53
Estragon
   Grillhähnchen mit Orange und Estragon 165
   Schweine-Burger mit Apfel-Estragon-
      Krautsalat 98
Estragon-Würzmischung 282
Estragon-Zitrus-Marinade 286

F

Falsches Filet: Bistro-Steaks mit Senfsauce 68
Feigen: Buttermilch-Panna-cotta mit gegrillten
   Feigen 272
Felsenbarsch: Ganzer Felsenbarsch mit
   marokkanischer Marinade 219
Fenchel
   Auf dem Zedernbrett gegrillte Forelle mit Rucola-
      Fenchel-Orangen-Salat 223
   Garnelen mit Orangen-Fenchel-Aroma auf
      Brunnenkresse 183
   Lachs mit Fenchel-Oliven-Salat 205
Fenchel-Gewürz (Info) 281
Fenchel grillen 259
Fenchel mit Fontina 259
Fenchel vorbereiten 204
Feta
   Bunte Beten mit Kürbiskernen und Feta 258
   Salat mit gegrillter Paprika, Zwiebeln und Feta 241
   Skirt-Steaks mit kleinen Kartoffeln und Feta 66
Filet mignon mit Teearoma und
   Butterchampignons 61
Filetspieße mit Finadene-Sauce 73
Fisch
   Ganzen Fisch vorbereiten 219
   Gargrad bei Fischfilets prüfen 208
   Hähnchen- und Fisch-Gewürz 281
   Kohlenfisch mit Ingwer und Miso im Bananenblatt
      gegrillt 215
   Mexikanische Fischwraps mit pikantem
      Krautsalat 206
   Mexikanischer Fisch aus der Grillpfanne 218
   Mexikanisches Fisch-Gewürz 283
   siehe auch einzelne Fischarten
Fischfilets in Bananenblättern grillen 214
Fisch richtig grillen 200
Fisch vom Grill in karibischer
   Zitrusmarinade 212
Fladen
   Gegrillte Fladen mit dreierlei Aufstrich 262
   Piadine grillen 56
   Piadine mit Steak und Gorgonzola 56
   Selbst gemachte Fladen 262
Flank-Steak

Asiatisch gewürztes Flank-Steak mit grünem
   Spargel und Gomasio 69
*Gefüllten Rollbraten aus dem Flank-Steak
   vorbereiten* 70
Flank-Steak-Rollbraten 71
Flank-Steaks aufschneiden 69
Flunder: Fisch vom Grill in karibischer
   Zitrusmarinade 212
Focaccia: Rotweinburger mit Rosmarin-
   Focaccia 37
Fontina: Fenchel mit Fontina 259
Forelle: Auf dem Zedernbrett gegrillte Forelle mit
   Rucola-Fenchel-Orangen-Salat 223
Forelle im Korb grillen 220
Forelle in Sake mariniert 221
Forelle vorbereiten 222
Foster-Art: Bananen nach Foster-Art 270
Füllung
   Gefüllte Chilis mit Tomaten-Salsa und
      Guacamole 253
   *Gefüllten Rollbraten aus dem Flank-Steak
      vorbereiten* 70
   Putenbrust mit Kräuterfüllung im
      Speckmantel 169
   Schweineschulter mit Porchetta-Füllung 117

G

Ganze Maiskolben vorbereiten 233
Ganzen Fisch vorbereiten 219
Ganzer Felsenbarsch mit marokkanischer
   Marinade 219
Gargrad bei Fischfilets prüfen 208
Gargrad bei Jakobsmuscheln prüfen 180
Garnelen
   Clambake (Muscheltopf) nach Cajun-Art 191
   Fisch vom Grill in karibischer Zitrusmarinade 212
   Größenbezeichnungen von Garnelen 181
   Italienische Meeresfrüchtesuppe 199
   Louisiana-Garnelensandwich mit kreolischer
      Remoulade 182
   Paella 189
   Saftige Garnelen mit Chili-Avocado-Sauce 187
   Thailändische Garnelen mit Wassermelonen-
      Salsa 181
   Vietnamesische Garnelenpops mit
      Erdnusssauce 185
Garnelen für den Spieß vorbereiten 186
Garnelengröße 181
Garnelen mit Orangen-Fenchel-Aroma auf
   Brunnenkresse 183
Garnelen schälen und Darm entfernen 183
Gefüllte Burger zubereiten 38
Gefüllte Chilis mit Tomaten-Salsa und
   Guacamole 253
*Gefüllten Rollbraten aus dem Flank-Steak
   vorbereiten* 70
Gegrillte Bohnen alla contadina 65
Gegrillte Chilischoten 240
Gegrillte Erdbeeren 273
Gegrillte Fladen mit dreierlei Aufstrich 262
Gegrillte Maiskolben mit Zitronen-Curry-Butter 232
Gegrillte Paprika 240
Gegrilltes Thunfisch-Poke 210
Gemüse 218
   Goldmakrele mit Mais-Champignon-Gemüse 209
   Hähnchen-Gemüse-Quesadillas
      mit Guacamole 157
   Pizza mit gegrilltem Gemüse und geräuchertem
      Mozzarella 239
   Schwertfisch mit Gemüse-Escabeche 213
   Steaks aus der Lammschulter mit Ratatouille-Salat
      und Basilikum-Knoblauch-Öl 81
   Zubereitung von Mais-Champignon-Gemüse 208
   siehe auch einzelne Gemüsesorten
Gestürzter Ananaskuchen 267
   vom Grill 266
Gewürze
   Cajun-Gewürz 281
   Fenchel-Gewürz 281
   Hähnchen- und Fisch-Gewürz 281
   Hähnchen-Gewürz 283
   Klassisches Barbecue-Gewürz 281

Kotelett-Gewürz 283
Lammkeule mit marokkanischen Gewürzen 86
Lammkoteletts mit indischen Gewürzen 78
Mexikanisches Fisch-Gewürz 283
Pulled-Pork-Gewürz 283
Sparerib-Gewürz 281
Steak-Gewürz 281
Zitronen-Paprika-Gewürz 283
siehe auch Würzmischungen
Gingerbread mit Aprikosen auf dem Grill zubereiten 269
Gingerbread mit gegrillten Aprikosen 269
Glasur
Auf dem Zedernbrett gegrillte Hähnchenschenkel mit Soja-Ingwer-Glasur 153
Buttermilchbrötchen mit Schinken in Chiliglasur 99
Dicke Rippe mit Tamarindenglasur 130
Entenkeulen vom Grill mit Hoisin-Orangen-Glasur 150
Hähnchen-Drumettes im Hickoryrauch gegrillt mit Whisky-Glasur 147
Hähnchenflügel mit Honig-Glasur 146
Kürbis mit Honig-Curry-Glasur 257
Maiskolben mit Ingwer-Limetten-Glasur 233
Möhren mit Orangenglasur 251
Schweinelendenbraten mit Sauerkirsch-Chili-Glasur 109
Spareribs mit süßer Ingwer-Soja-Glasur 127
Süßkartoffeln mit Kokosglasur 261
Goldmakrele mit Mais-Champignon-Gemüse 209
Goldmakrelenfilets häuten 208
Gomasio siehe Sesam (Info)
Gorgonzola
Blauschimmelcreme mit Walnüssen 263
Piadine mit Steak und Gorgonzola 56
Gorgonzola-Tomatensauce 193
Go-West-Würzmischung 283
Granatapfel: Lammkarree mit Orangen-Granatapfel-Sirup 77
Grapefruit-Basilikum-Aioli 193
Griechische Marinade 285
Griechischer Salat: Lammfleischbällchen mit griechischem Salat und Minzjoghurt 41
Grillen von Schweinelendenbraten am Knochen 112
Grillhähnchen mit Orange und Estragon 165
Zubereitung von Grillhähnchen 164
Grüne Bohnen grillen 249
Grüne Bohnen mit Zitronenöl 249
Grüne Chilisauce 291
Dicke Rippe in grüner Chilisauce 131
Grünen Spargel grillen 246
Grüner Spargel: Asiatisch gewürztes Flank-Steak mit grünem Spargel und Gomasio 69
Grüner Spargel mit Schinken und Zitronenvinaigrette 247
Guacamole 156
Gefüllte Chilis mit Tomaten-Salsa und Guacamole 253
Hähnchen-Gemüse-Quesadillas mit Guacamole 157
Gurke
Köfte in Pita-Taschen mit Gurken-Tomaten-Salat 39
Lammspieße mit Zaziki 74
Gurke vorbereiten 74

H

Hackbraten auf dem Grill zubereiten 42
Hackbraten vom Grill 42
Hackfleisch
Köfte in Pita-Taschen mit Gurken-Tomaten-Salat 39
Lammfleischbällchen mit griechischem Salat und Minzjoghurt 41
Vietnamesische Garnelenpops mit Erdnusssauce 185
siehe auch Burger, Hackbraten
Hähnchen
Auf dem Zedernbrett gegrillte Hähnchenschenkel mit Soja-Ingwer-Glasur 153
Ausgelöste Hähnchenschenkel grillen 154

Barbecue-Hähnchen mit drei Aromen 151
Bierdosen-Hähnchen im Hickory-Rauch gegrillt 161
Buttermilch-Hähnchen am Spieß mit Aprikosenglasur 163
Grillhähnchen mit Orange und Estragon 165
Hawaiianisches Huli-Huli-Hähnchen 159
Involtini di pollo mit Schinken und Basilikum 135
Mexikanischer Hähnchensalat 154
Muskathähnchen unter der Gusseisenpfanne 167
Persische Hähnchenspieße 155
Scharfe Hähnchenspieße mit Honig-Limetten-Sauce 143
Tandoori-Hähnchenbrust mit Mango-Minz-Chutney 139
Tunesische Hähnchenbrüste mit Petersiliensauce 145
siehe auch Stubenküken
Hähnchen am Spieß grillen 162
Hähnchen- und Fisch-Gewürz 281
Hähnchenbrust mit Zitrone und Oregano 138
Hähnchen-Drumettes im Hickoryrauch gegrillt mit Whisky-Glasur 147
Zubereitung von Hähnchen-Drumettes auf dem Grill 147
Hähnchenflügel mit Honig-Glasur 146
Zubereitung von Hähnchenflügeln 146
Hähnchen-Gemüse-Quesadillas mit Guacamole 157
Hähnchen-Gewürz 283
Hähnchenpaillards mit Tomaten-Oliven-Relish 137
Zubereitung von Hähnchenpaillards 136
Hähnchenschenkel provenzalisch 149
Vorbereitung ganzer Hähnchenschenkel 148
Hawaiianischer Bürgermeisterbraten mit Orangensauce 87
Hawaiianisches Huli-Huli-Hähnchen 159
Heilbutt
Fisch vom Grill in karibischer Zitrusmarinade 212
Mexikanische Fischwraps mit pikantem Krautsalat 206
Heilbutt vorbereiten und grillen 207
Heilbuttfilets mit indischer Tomatensauce 207
Hochrippe: Rinderkoteletts aus der Hochrippe schneiden 58
Hochrippe zuschneiden 52
Hoisin
China-Hoisin-Marinade 287
Entenkeulen vom Grill mit Hoisin-Orangen-Glasur 150
Holzbrett
Lachs auf dem Holzbrett grillen 203
Putenburger auf dem Holzbrett grillen 174
siehe auch Zedern-, Ahornbrett
Holzrauch: Im Holzrauch gegrillter Lendenbraten mit Johannisbeersauce 113
Honig
Hähnchenflügel mit Honig-Glasur 146
In Whisky, Soja und Honig marinierte Stubenküken 158
Kürbis mit Honig-Curry-Glasur 257
Scharfe Hähnchenspieße mit Honig-Limetten-Sauce 143
Honig-Senf-Marinade 286
Hotdogs mit eingelegten Zwiebeln 43
Huli-Huli-Hähnchen, Hawaiianisches 159
Hummerbrötchen 195
Hummerschwänze vorbereiten und grillen 194

I

Im Eichenrauch gegrillter Rinderbraten mit Rotweinsauce 91
Im Holzrauch gegrillter Lendenbraten mit Johannisbeersauce 113
In Cidre eingelegte Lendensteaks mit gegrillten Äpfeln 101
In Cidre geschmorte Bratwürste mit Äpfeln und Zwiebeln 97
Indisch
Heilbuttfilets mit indischer Tomatensauce 207

Lammkoteletts mit indischen Gewürzen 78
Tandoori-Marinade 287
Ingwer 87
Auf dem Zedernbrett gegrillte Hähnchenschenkel mit Soja-Ingwer-Glasur 153
Gingerbread mit Aprikosen auf dem Grill zubereiten 269
Gingerbread mit gegrillten Aprikosen 269
Kohlenfisch mit Ingwer und Miso im Bananenblatt gegrillt 215
Maiskolben mit Ingwer-Limetten-Glasur 233
Spareribs mit süßer Ingwer-Soja-Glasur 127
Involtini di pollo mit Schinken und Basilikum 135
Zubereitung von Involtini di pollo auf dem Grill 134
In Whisky, Soja und Honig marinierte Stubenküken 158
Italienische Meeresfrüchtesuppe 199

J

Jakobsmuscheln
Auf dem Zedernbrett gegrillte Jakobsmuscheln mit Maissalat 180
Fisch vom Grill in karibischer Zitrusmarinade 212
Gargrad von Jakobsmuscheln prüfen 180
Italienische Meeresfrüchtesuppe 199
Jakobsmuscheln im Schinkengürtel mit Linsen 179
Jakobsmuscheln mit Sauce aus gegrillten Tomaten 178
Jakobsmuscheln vorbereiten 179
Joghurt: Lammfleischbällchen mit griechischem Salat und Minzjoghurt 41
Johannisbeere: Im Holzrauch gegrillter Lendenbraten mit Johannisbeersauce 113

K

Kabeljau: Fisch vom Grill in karibischer Zitrusmarinade 212
Kalamari unter Ziegelsteinen grillen 226
Kalamarisalat nach »Ziegelei-Art« 227
siehe auch Kalmar
Kalbskoteletts mit Steinpilzkruste und Kräuter-Mascarpone 75
Kalmar: Thailändischer Kalmar 225
Kalmar zubereiten und grillen 224
Karamelläpfel auf Blätterteig 268
Karibik-Würzmischung 282
Karibisch: Fisch vom Grill in karibischer Zitrusmarinade 212
Kartoffel: Skirt-Steaks mit kleinen Kartoffeln und Feta 66
siehe auch Süßkartoffeln
Kartoffelsalat mit Pistazienpesto 260
Käse
Polenta mit Frischkäse und Tomatillo-Sauce 231
Rinderpaillards mit Käse 51
Sandwich mit Schweinesteak, Paprika und Käse 104
siehe auch einzelne Käsesorten
Käsefüllung 253
Klassische Barbecue-Sauce 289
Klassischer Burger auf Roggenbrot 35
Klassisches Barbecue-Gewürz 281
Knoblauch
Artischockenherzen mit Tomaten-Knoblauch-Aioli 245
Basilikum-Knoblauch-Öl herstellen 80
Bohnen-Knoblauch-Püree 263
Mayonnaise würzen 36
Pazifischer Taschenkrebs mit Weißwein-Knoblauch-Butter 197
Rib-Eye-Steaks mit Knoblauchkruste und gegrillten Brokkolini 59
Schweinebraten würzen 118
Steaks aus der Lammschulter mit Ratatouille-Salat und Basilikum-Knoblauch-Öl 81
siehe auch Mojo, Rouille
Knoblauchknolle auf dem Grill rösten 254
Knoblauch-Paprika-Sauce 290

Knoblauchpaste zubereiten 58
Knoblauch-Thymian-Butter 193
Köfte in Pita-Taschen mit Gurken-Tomaten-Salat 39
Köfte würzen 39
Kohl
    Mexikanische Fischwraps mit pikantem Krautsalat 206
    Putenburger mit Salsa-Krautsalat 175
    Schweine-Burger mit Apfel-Estragon-Krautsalat 98
Kohl in feine Streifen schneiden 175
Kohlenfisch mit Ingwer und Miso im Bananenblatt gegrillt 215
Kokosmilch
    Muscheln in Kokos-Curry-Sauce 190
    Rotbarsch in Kokosmilchbrühe 217
    Süßkartoffeln mit Kokosglasur 261
Koreanische Barbecue-Rinderrippen 83
Koriander-Pesto-Marinade 287
Kotelett
    Im Holzrauch gegrillter Lendenbraten mit Johannisbeersauce 113
    Kalbskoteletts mit Steinpilzkruste und Kräuter-Mascarpone 75
    Lammkoteletts mit indischen Gewürzen 78
    Lammkoteletts mit usbekischer Marinade 79
    Rinderkoteletts aus der Hochrippe schneiden 58
    Schweinekoteletts mit Sofrito-Barbecue-Sauce 105
    Schweinekoteletts zubereiten 100
Kotelett-Gewürz (Info) 283
Kraut siehe Kohl (Info)
Kräuter
    Kalbskoteletts mit Steinpilzkruste und Kräuter-Mascarpone 75
    Putenbrust mit Kräuterfüllung im Speckmantel 169
    Rinderfilet in Kräuterkruste mit Weißwein-Sahne-Sauce 89
    siehe auch einzelne Kräuter
Kräuter der Provence (Info) 81
Krebs: Pazifischer Taschenkrebs mit Weißwein-Knoblauch-Butter 197
Krebsfleisch (Info) 198
    Quesadillas mit Krebsfleisch und Avocado 198
Kreolisch: Louisiana-Garnelensandwich mit kreolischer Remoulade 182
Kubanische Marinade 287
Kuchen: Gestürzter Ananaskuchen vom Grill 266
Kürbis mit Honig-Curry-Glasur 257
Kürbiskerne: Bunte Beten mit Kürbiskernen und Feta 258
Kurze Rippe
    Koreanische Barbecue-Rinderrippen 83
    Scheiben von der kurzen Rippe grillen 82
Kurze Rippe zuschneiden 82

L

Lachs
    Auf dem Zedernbrett gegrillter Lachs mit Tarator-Sauce 203
    Mexikanische Fischwraps mit pikantem Krautsalat 206
    Zubereitung von Lachs auf dem Grill 201
Lachs auf dem Holzbrett grillen 203
Lachs mit Fenchel-Oliven-Salat 205
Lachs mit Nektarinen-Salsa 201
Lachssteaks entgräten 204
Lammburger mit Olivenpaste und Ziegenkäse 40
Lammfleischbällchen mit griechischem Salat und Minzjoghurt 41
Lammkarree für den Grill vorbereiten 76
Lammkarree grillen 76
Lammkarree mit Orangen-Granatapfel-Sirup 77
Lammkeule: *Ausgelöste Lammkeule flach zuschneiden* 86
Lammkeule mit marokkanischen Gewürzen 86
Lammkoteletts mit indischen Gewürzen 78
Lammkoteletts mit usbekischer Marinade 79
Lammschulter: Steaks aus der Lammschulter mit Ratatouille-Salat und Basilikum-Knoblauch-Öl 81

Steaks aus der Lammschulter vorbereiten 80
Lammspieße mit Zaziki 74
Langsames Räuchern einer Schweineschulter 114
Langsam geräucherte Spareribs mit süßsaurer Barbecue Sauce 129
Las-Vegas-Marinade 286
Lauchstangen vorbereiten 102
Lendensteaks (Schwein): In Cidre eingelegte Lendensteaks mit gegrillten Äpfeln 101
Limetten
    Fisch vom Grill in karibischer Zitrusmarinade 212
    Kubanische Marinade 287
    Maiskolben mit Ingwer-Limetten-Glasur 233
    Scharfe Hähnchenspieße mit Honig-Limetten-Sauce 143
Linsen: Jakobsmuscheln im Schinkengürtel mit Linsen 179
Louisiana-Garnelensandwich mit kreolischer Remoulade 182

M

Mais
    Auf dem Zedernbrett gegrillte Jakobsmuscheln mit Maissalat 180
    Champignon-Risotto mit gegrilltem Mais 234
    Clambake (Muscheltopf) nach Cajun-Art 191
    Gegrillte Maiskolben mit Zitronen-Curry-Butter 232
    Goldmakrele mit Mais-Champignon-Gemüse 209
    Schweinefilets mit Sahnemais 106
    Zubereitung von Mais-Champignon-Gemüse 208
Mais in den Hüllblättern grillen 232
Maisgrieß siehe Polenta
Maiskolben mit Ingwer-Limetten-Glasur 233
Maiskolben vorbereiten, Ganze 233
Maiskörner vom Kolben schneiden 175
Mango
    Salat von geräuchertem Thunfisch und gegrillter Mango 211
    Tandoori-Hähnchenbrust mit Mango-Minz Chutney 139
Mango aufschneiden 139
Marinaden 284
    Barcelona-Marinade 287
    Bier-Marinade 285
    China-Hoisin-Marinade 287
    Estragon-Zitrus-Marinade 286
    Fisch vom Grill in karibischer Zitrusmarinade 212
    Forelle in Sake mariniert 221
    Ganzer Felsenbarsch mit marokkanischer Marinade 219
    Griechische Marinade 285
    Honig-Senf-Marinade 286
    Koriander-Pesto-Marinade 287
    Kubanische Marinade 287
    Lammkoteletts mit usbekischer Marinade 79
    Las-Vegas-Marinade 286
    Mediterrane Marinade 286
    Mojo-Marinade 285
    Mongolische Marinade 287
    Oregano-Cayenne-Marinade 287
    Pazifische Marinade 285
    Tandoori-Marinade 287
    Tequila-Marinade 286
    Teriyaki-Marinade 285
    Universal-Marinade 285
    Whisky-Marinade 286
    Zitronen-Salbei-Marinade 285
Marinierte Portobello-Champignons mit Asiago 237
Marinierter Pak Choi mit Shiitake-Pilzen 235
Marokkanisch
    Ganzer Felsenbarsch mit marokkanischer Marinade 219
    Lammkeule mit marokkanischen Gewürzen 86
Marshmallows: Banana S'mores 271
Mascarpone: Kalbskoteletts mit Steinpilzkruste und Kräuter-Mascarpone 75
Mayonnaise: California-Burger mit Avocado-Mayonnaise 36
Mayonnaise würzen 36
    siehe auch Aioli
Mediterrane Marinade 286

Meeresfrüchte: Italienische Meeresfrüchtesuppe 199
    siehe auch einzelne Meeresfrüchte
Meerrettich
    Cremige Meerrettich-Sauce 290
    Steak-Sandwich mit gegrillten Zwiebeln und Meerrettich-Sauerrahm 48
Mexikanische Fischwraps mit pikantem Krautsalat 206
Mexikanische Würzmischung 283
Mexikanischer Fisch aus der Grillpfanne 218
Mexikanischer Hähnchensalat 154
Mexikanisches Fisch-Gewürz 283
Miesmuscheln 190
    Muscheln in Kokos-Curry-Sauce 190
    Paella 189
    siehe auch Venusmuscheln
Minze
    Lammfleischbällchen mit griechischem Salat und Minzjoghurt 41
    Tandoori-Hähnchenbrust mit Mango-Minz Chutney 139
Miso: Kohlenfisch mit Ingwer und Miso im Bananenblatt gegrillt 215
Möhren: Tofu-Steaks mit Möhren-Cashew-Salat 252
Möhren grillen 250
Möhren mit Orangenglasur 251
Mojo: Schweinebraten Südamerika-Style 119
Mojo-Marinade 285
Mongolische Marinade 287
Mozzarella: Pizza mit gegrilltem Gemüse und geräuchertem Mozzarella 239
Muscheln in Kokos-Curry-Sauce 190
    siehe auch Miesmuscheln, Venusmuscheln
Muskathähnchen unter der Gusseisenpfanne 167
    Zubereitung von Schmetterlingshähnchen vom Grill 166

N

Nektarinen: Lachs mit Nektarinen-Salsa 201
    siehe auch Pfirsich

O

Öl
    Grüne Bohnen mit Zitronenöl 249
    Steaks aus der Lammschulter mit Ratatouille-Salat und Basilikum-Knoblauch-Öl 81
Oliven
    Hähnchenpaillards mit Tomaten-Oliven-Relish 137
    Lachs mit Fenchel-Oliven-Salat 205
    Lammburger mit Olivenpaste und Ziegenkäse 40
    Tomaten-Oliven-Paste 263
Orange
    Auf dem Zedernbrett gegrillte Forelle mit Rucola-Fenchel-Orangen-Salat 223
    Entenbrust-Tacos mit saurer Orangen-Zwiebel-Salsa 142
    Entenkeulen vom Grill mit Hoisin-Orangen-Glasur 150
    Estragon-Zitrus-Marinade 286
    Fisch vom Grill in karibischer Zitrusmarinade 212
    Garnelen mit Orangen-Fenchel-Aroma auf Brunnenkresse 183
    Grillhähnchen mit Orange und Estragon 165
    Hawaiianischer Bürgermeisterbraten mit Orangensauce 87
    Kubanische Marinade 287
    Lammkarree mit Orangen-Granatapfel-Sirup 77
    Möhren mit Orangenglasur 251
Orange filetieren 222
Oregano: Hähnchenbrust mit Zitrone und Oregano 138
Oregano-Cayenne-Marinade 287

P

Paella 189
Paillards
    Hähnchenpaillards mit Tomaten-Oliven-Relish 137
    Rinderpaillards mit Käse 51
    Schweinepaillards mit Romesco-Sauce 103

Pak Choi: Marinierter Pak Choi mit Shiitake-Pilzen 235
Pak Choi und Shiitake-Pilze auf dem Grill zubereiten 235
Panna cotta: Buttermilch-Panna-cotta mit gegrillten Feigen 272
Panna cotta zubereiten 272
Panzanella-Spieße mit Sherry-Vinaigrette 243
Paprikapulver: Zitronen-Paprika-Gewürz 283
Paprikaschote
    Bruschetta mit gegrillter Paprika und Speck 240
    Knoblauch-Paprika-Sauce 290
    Salat mit gegrillter Paprika, Zwiebeln und Feta 241
    Sandwich mit Schweinesteak, Paprika und Käse 104
    Schweinefilets mit Rauchpaprika-Rouille 107
Pariser Art: Burger Pariser Art mit Brie und Schalotten 38
Parmesan: Suppe von gegrillten Tomaten mit Parmesan-Croûtons 242
Pasilla-Barbecue-Sauce 288
Paste: Tomaten-Oliven-Paste 263
Pazifische Marinade 285
Pazifische Taschenkrebse vorbereiten und grillen 196
Pazifischer Taschenkrebs mit Weißwein-Knoblauch-Butter 197
Persische Hähnchenspieße 155
Pesto
    Kartoffelsalat mit Pistazienpesto 260
    Koriander-Pesto-Marinade 287
Petersilie: Tunesische Hähnchenbrüste mit Petersiliensauce 145
Pfeffer-Würzmischung 281
Pfirsiche grillen 274
Pfirsich-Shortcakes 275
Pflaumensauce
    Entenbrust mit Portwein-Pflaumen-Sauce 141
    Zubereitung von Pflaumensauce 140
Piadine grillen 56
Piadine mit Steak und Gorgonzola 56
Pistazien: Kartoffelsalat mit Pistazienpesto 260
Pita: Köfte in Pita-Taschen mit Gurken-Tomaten-Salat 39
Pizza auf dem Grill zubereiten 238
Pizza mit gegrilltem Gemüse und geräuchertem Mozzarella 239
Plätzchen siehe Shortcakes
Poke: Gegrilltes Thunfisch-Poke 210
Polenta mit Frischkäse und Tomatillo-Sauce 231
Polenta zubereiten 230
Porchetta
    Schweineschulter mit Porchetta-Füllung 117
    Zubereitung von Porchetta 116
Porterhouse-Steaks mit Rotwein-Schalotten-Butter 63
    siehe auch Bistecca alla fiorentina
Portobello-Champignons auf dem Grill zubereiten 236
Portobello-Champignons mit Asiago, Marinierte 237
Portobello-Sandwich mit Balsamico-Aioli 236
    siehe auch Champignon
Portwein: Entenbrust mit Portwein-Pflaumen-Sauce 141
Prosciutto siehe Schinken
Provenzalisch: Hähnchenschenkel provenzalisch 149
    siehe auch Kräuter der Provence
Pulled-Pork-Gewürz 283
Pulled-Pork-Sandwiches 115
Püree: Bohnen-Knoblauch-Püree 263
Pute
    Auf dem Ahornbrett gegrillte Putenburger 174
    Putenbrust mit Kräuterfüllung im Speckmantel 169
    Putenburger auf dem Holzbrett grillen 174
    Putenburger mit Salsa-Krautsalat 175
    Zubereitung von gegrillter Putenbrust im Speckmantel 168

Q

Quesadillas
    Hähnchen-Gemüse-Quesadillas mit Guacamole 157
    Zubereitung von Quesadillas auf dem Grill 156
Quesadillas mit Krebsfleisch und Avocado 198

R

Ratatouille: Steaks aus der Lammschulter mit Ratatouille-Salat und Basilikum-Knoblauch-Öl 81
Rauchsalz (Info) 140
Red Snapper oder Rotbarsch filetieren 216
Reis
    Champignon-Risotto mit gegrilltem Mais 234
    Paella 189
Relish: Hähnchenpaillards mit Tomaten-Oliven-Relish 137
Remoulade 291
    Louisiana-Garnelensandwich mit kreolischer Remoulade 182
Rib-Eye-Steak
    Piadine mit Steak und Gorgonzola 56
    Hochrippe zuschneiden 52
    Rib-Eye-Steaks mit Chili-Salsa 55
    Rib-Eye-Steaks mit Espresso-Chili-Kruste 53
    Rib-Eye-Steaks mit Knoblauchkruste und gegrillten Brokkolini 59
    Rib-Eye-Steaks vorbereiten 52
Ribs 120
    Anwendung der »Texas-Krücke« 126
    siehe auch Baby Back Ribs, Spareribs
Rinderbraten
    Hawaiianischer Bürgermeisterbraten mit Orangensauce 87
    Im Eichenrauch gegrillter Rinderbraten mit Rotweinsauce 91
    Rinderbraten auf dem Räuchergrill zubereiten 90
    Rinderbraten vorbereiten 90
Rinderbrust auf dem Grill zubereiten 92
Rinderbrustbraten (Brisket) American Style 93
Rinderfilet: Filetspieße mit Finadene-Sauce 73
Rinderfilet in Kräuterkruste mit Weißwein-Sahne-Sauce 89
Rinderfilet zubereiten und grillen 88
Rinderkoteletts aus der Hochrippe schneiden 58
Rinderlende
    Steaks aus der Lende schneiden 45
    Strip-Steaks (Lendensteaks) vorbereiten und grillen 46
Rinderpaillards mit Käse 51
Rinderrippen: Koreanische Barbecue-Rinderrippen 83
Rinderrippen grillen 84
Rinderrippen mit Barbacoa-Sauce 85
Rinderspieße: Argentinische Rinderspieße mit Chimichurri-Sauce 72
Rippen siehe Dicke Rippe, Kurze Rippe, Ribs
Risotto siehe Reis
Roggenbrot: Klassischer Burger auf Roggenbrot 35
Rohen Schinken grillen 246
Rollbraten
    Flank-Steak-Rollbraten 71
    Gefüllten Rollbraten aus dem Flank-Steak vorbereiten 70
Romesco-Sauce 290
    Schweinepaillards mit Romesco-Sauce 103
Roquefort: Blauschimmelcreme mit Walnüssen 263
Rosmarin: Rotweinburger mit Rosmarin-Focaccia 37
Rotbarsch: Mexikanischer Fisch aus der Grillpfanne 218
Rotbarsch filetieren 216
Rotbarsch in Kokosmilchbrühe 217
Rotwein
    Im Eichenrauch gegrillter Rinderbraten mit Rotweinsauce 91
    Porterhouse-Steaks mit Rotwein-Schalotten-Butter 63
Rotweinburger mit Rosmarin-Focaccia 37
Rouille: Schweinefilets mit Rauchpaprika-Rouille 107
Rucola: Auf dem Zedernbrett gegrillte Forelle mit Rucola-Fenchel-Orangen-Salat 223

S

Sablefish siehe Kohlenfisch
Saftige Garnelen mit Chili-Avocado-Sauce 187
Sahne
    Rinderfilet in Kräuterkruste mit Weißwein-Sahne-Sauce 89
    Schweinefilets mit Sahnemais 106
    siehe auch Panna cotta
Sake: Forelle in Sake mariniert 221
Salat
    Auf dem Zedernbrett gegrillte Forelle mit Rucola-Fenchel-Orangen-Salat 223
    Auf dem Zedernbrett gegrillte Jakobsmuscheln mit Maissalat 180
    Birnensalat mit Schinken und Champagner-Vinaigrette 276
    Brotsalat mit Steak 50
    Carne asada mit Bohnen-Avocado-Salat 67
    Kalamarisalat nach »Ziegelei-Art« 227
    Kartoffelsalat mit Pistazienpesto 260
    Köfte in Pita-Taschen mit Gurken-Tomaten-Salat 39
    Lachs mit Fenchel-Oliven-Salat 205
    Lammfleischbällchen mit griechischem Salat und Minzjoghurt 41
    Mexikanische Fischwraps mit pikantem Krautsalat 206
    Mexikanischer Hähnchensalat 154
    Putenburger mit Salsa-Krautsalat 175
    Schweine-Burger mit Apfel-Estragon-Krautsalat 98
    Steaks aus der Lammschulter mit Ratatouille-Salat und Basilikum-Knoblauch-Öl 81
    Tofu-Steaks mit Möhren-Cashew-Salat 252
Salat mit gegrillter Paprika, Zwiebeln und Feta 241
Salat von geräuchertem Thunfisch und gegrillter Mango 211
Salbei: Zitronen-Salbei-Marinade 285
Salsa
    Brie in Weinblättern mit Trauben-Salsa 277
    Entenbrust-Tacos mit saurer Orangen-Zwiebel-Salsa 142
    Gefüllte Chilis mit Tomaten-Salsa und Guacamole 253
    Lachs mit Nektarinen-Salsa 201
    Putenburger mit Salsa-Krautsalat 175
    Rib-Eye-Steaks mit Chili-Salsa 55
    Thailändische Garnelen mit Wassermelonen-Salsa 181
    Tomaten-Salsa 291
    Tomatillo-Salsa 291
    Zubereitung von Salsa mit in der Pfanne geröstetem Chili 54
Sandwich
    Louisiana-Garnelensandwich mit kreolischer Remoulade 182
    Portobello-Sandwich mit Balsamico-Aioli 236
    Pulled-Pork-Sandwiches 115
    Steak-Sandwich mit gegrillten Zwiebeln und Meerrettich-Sauerrahm 48
    Vegetarische Sandwiches mit sonnengetrockneten Tomaten 256
    siehe auch Brot/Brötchen
Sandwich mit Schweinesteak, Paprika und Käse 104
Sandwiches grillen 256
Saucen 288
    Ancho-Barbecue-Sauce 289
    Argentinische Rinderspieße mit Chimichurri-Sauce 72
    Auf dem Zedernbrett gegrillter Lachs mit Tarator-Sauce 203
    Austern mit 4 Saucen 193
    Baby Back Ribs mit Soo-Wee-Sauce 122
    Balinesische Erdnusssauce 291
    Barbecue-Sauce mit Chili 289
    Barbecue-Sauce mit Senf 289
    Bistro-Steaks mit Senfsauce 68
    Chimichurri-Sauce 290
    Cremige Meerrettich-Sauce 290
    Dicke Rippe in grüner Chilisauce 131
    Filetspieße mit Finadene-Sauce 73
    Gorgonzola-Tomatensauce 193
    Grüne Chilisauce 291
    Hawaiianischer Bürgermeisterbraten mit Orangensauce 87
    Heilbuttfilets mit indischer Tomatensauce 207
    Im Eichenrauch gegrillter Rinderbraten mit Rotweinsauce 91
    Im Holzrauch gegrillter Lendenbraten mit Johannisbeersauce 113

Jakobsmuscheln mit Sauce aus gegrillten Tomaten 178
Klassische Barbecue-Sauce 289
Knoblauch-Paprika-Sauce 290
Langsam geräucherte Spareribs mit süßsaurer Barbecue-Sauce 129
Muscheln in Kokos-Curry-Sauce 190
Pasilla-Barbecue-Sauce 288
Polenta mit Frischkäse und Tomatillo-Sauce 231
Remoulade 291
Rinderfilet in Kräuterkruste mit Weißwein-Sahne-Sauce 89
Rinderrippen mit Barbacoa-Sauce 85
Romesco-Sauce 290
Saftige Garnelen mit Chili-Avocado-Sauce 187
Schweinekoteletts mit Sofrito-Barbecue-Sauce 105
Schweinemedaillons mit asiatischer Schwarze-Bohnen-Sauce 108
Schweinepaillards mit Romesco-Sauce 103
Strip-Steaks mit Espresso-Sauce 47
Truthahn im Hickoryrauch gegrillt mit Whisky-Sauce 172
Vietnamesische Garnelenpops mit Erdnusssauce 185
Zubereitung von Chili-Avocado-Sauce 186
siehe auch Salsa
Sauerkirsche: Schweinelendenbraten mit Sauerkirsch-Chili-Glasur 109
Sauerrahm: Steak-Sandwich mit gegrillten Zwiebeln und Meerrettich-Sauerrahm 48
Schalotten
Burger Pariser Art mit Brie und Schalotten 38
Porterhouse-Steaks mit Rotwein-Schalotten-Butter 63
siehe auch Zwiebeln
Schalotten vorbereiten 68
Scharfe Hähnchenspieße mit Honig-Limetten-Sauce 143
Zubereitung von Hähnchenspießen 143
Scheiben von der kurzen Rippe grillen 82
Schinken
Birnen mit Schinken zubereiten 276
Birnensalat mit Schinken und Champagner-Vinaigrette 276
Buttermilchbrötchen mit Schinken in Chiliglasur 99
Grüner Spargel mit Schinken und Zitronenvinaigrette 247
Involtini di pollo mit Schinken und Basilikum 135
Jakobsmuscheln im Schinkengürtel mit Linsen 179
Paella 189
Rohen Schinken grillen 246
Schmetterlingshähnchen
Muskathähnchen unter der Gusseisenpfanne 166
Zubereitung von Schmetterlingshähnchen vom Grill 166
Schwarze Bohnen: Schweinemedaillons mit asiatischer Schwarze-Bohnen-Sauce 108
Schwarzfisch siehe Kohlenfisch (Info)
Schweinebraten: *Zubereitung von Schweinebraten auf dem Grill* 118
Schweinebraten Südamerika-Style 119
Schweinebraten würzen 118
Schweine-Burger mit Apfel-Estragon-Krautsalat 98
Schweinefilets mit Rauchpaprika-Rouille 107
Schweinefilets mit Sahnemais 106
Schweinekoteletts mit Sofrito-Barbecue-Sauce 105
Schweinekoteletts zubereiten 100
Schweinelendenbraten
Grillen von Schweinelendenbraten am Knochen 112
Im Holzrauch gegrillter Lendenbraten mit Johannisbeersauce 113
Schweinelendenbraten mit Sauerkirsch-Chili-Glasur 109
Schweinelendenbraten süßsauer am Spieß 111
Zubereitung von Schweinelendenbraten am Spieß 110
Schweinemedaillons mit asiatischer Schwarze-Bohnen-Sauce 108

Schweinepaillards grillen 102
Schweinepaillards mit Romesco-Sauce 103
Schweineschulter
Langsames Räuchern einer Schweineschulter 114
Pulled-Pork-Sandwiches 115
Schweinebraten Südamerika-Style 119
Schweineschulter mit Porchetta-Füllung 117
Schweinesteak
In Cidre eingelegte Lendensteaks mit gegrillten Äpfeln 101
Sandwich mit Schweinesteak, Paprika und Käse 104
Schwertfisch: Italienische Meeresfrüchtesuppe 199
Schwertfisch mit Gemüse-Escabeche 213
Zubereitung von Schwertfisch-Escabeche 213
Seebarsch
Fisch vom Grill in karibischer Zitrusmarinade 212
Italienische Meeresfrüchtesuppe 199
Sehr dicke Steaks grillen 64
Selbst gemachte Fladen 262
Senf
Barbecue-Sauce mit Senf 289
Bistro-Steaks mit Senfsauce 68
Honig-Senf-Marinade 286
Sesam
Asiatisch gewürztes Flank-Steak mit grünem Spargel und Gomasio 69
Gomasio herstellen 69
Sherry: Panzanella-Spieße mit Sherry-Vinaigrette 243
Shiitake
Marinierter Pak Choi mit Shiitake-Pilzen 235
Pak Choi und Shiitake-Pilze auf dem Grill zubereiten 235
Shortcakes: Pfirsich-Shortcakes 275
Shortcakes backen 274
Sirloin-Steak: Argentinische Rinderspieße mit Chimichurri-Sauce 72
Sirloin-Steaks in Würfel schneiden 72
Sirup: Lammkarree mit Orangen-Granatapfel-Sirup 77
Skirt-Steak: Carne asada mit Bohnen-Avocado-Salat 67
Skirt-Steak zubereiten 66
Skirt-Steaks mit kleinen Kartoffeln und Feta 66
Sofrito: Schweinekoteletts mit Sofrito-Barbecue-Sauce 105
Sojasauce
Auf dem Zedernbrett gegrillte Hähnchenschenkel mit Soja-Ingwer-Glasur 153
In Whisky, Soja und Honig marinierte Stubenküken 158
Spareribs mit süßer Ingwer-Soja-Glasur 127
Teriyaki-Marinade 285
Soo-Wee-Sauce 122
Sparerib-Gewürz 281
Spareribs
Langsam geräucherte Spareribs mit süßsaurer Barbecue-Sauce 129
Zubereitung von Spareribs auf dem Räuchergrill 128
Zubereitung von Spareribs nach St.-Louis-Art 126
Spareribs mit süßer Ingwer-Soja-Glasur 127
Spargel siehe Grüner Spargel
Speck
Bruschetta mit gegrillter Paprika und Speck 240
Putenbrust mit Kräuterfüllung im Speckmantel 169
Spieße
Argentinische Rinderspieße mit Chimichurri-Sauce 72
Filetspieße mit Finadene-Sauce 73
Garnelen für den Spieß vorbereiten 186
Lammfleischbällchen mit griechischem Salat und Minzjoghurt 41
Lammspieße mit Zaziki 74
Panzanella-Spieße mit Sherry-Vinaigrette 243
Persische Hähnchenspieße 155
Scharfe Hähnchenspieße mit Honig-Limetten-Sauce 143
Vietnamesische Garnelenpops mit Erdnusssauce 185
Stapel-Ribs: *Zubereitung von Stapel-Ribs auf dem Grill* 124

Steak (Rind)
Argentinische Rinderspieße mit Chimichurri-Sauce 72
Asiatisch gewürztes Flank-Steak mit grünem Spargel und Gomasio 69
Bistecca alla fiorentina mit gegrillten Bohnen 65
Bistro-Steaks mit Senfsauce 68
Brotsalat mit Steak 50
Carne asada mit Bohnen-Avocado-Salat 67
Filet mignon mit Teearoma und Butterchampignons 61
Flank-Steak-Rollbraten 71
Gargrad von Steaks prüfen 49
Piadine mit Steak und Gorgonzola 56
Porterhouse-Steaks mit Rotwein-Schalotten-Butter 63
Rib-Eye-Steaks mit Chili-Salsa 55
Rib-Eye-Steaks mit Espresso-Chili-Kruste 53
Rib-Eye-Steaks mit Knoblauchkruste und gegrillten Brokkolini 59
Rinderpaillards mit Käse 51
Sehr dicke Steaks grillen 64
Skirt-Steak zubereiten 66
Skirt-Steaks mit kleinen Kartoffeln und Feta 66
Strip-Steaks mit Espresso-Sauce 47
siehe auch Schweinesteaks
Steak-Gewürz 281
Steak-Sandwich mit gegrillten Zwiebeln und Meerrettich-Sauerrahm 48
Steaks aus dem falschen Filet 68
Steaks aus der Lammschulter mit Ratatouille-Salat und Basilikum-Knoblauch-Öl 81
Steaks aus der Lammschulter vorbereiten 80
Steaks aus dem Roastbeef schneiden 45
siehe auch Strip-Steaks
Steaks grillen 44
Steaks mit Kreuzmuster grillen 62
Steinpilze: Kalbskoteletts mit Steinpilzkruste und Kräuter-Mascarpone 75
St.-Louis-Art siehe Spareribs
Strip-Steaks mit Espresso-Sauce 47
Strip-Steaks vorbereiten und grillen 46
Stubenküken: In Whisky, Soja und Honig marinierte Stubenküken 158
siehe auch Hähnchen
Stubenküken halbieren 158
Südamerika: Schweinebraten Südamerika-Style 119
Suppe von gegrillten Tomaten mit Parmesan-Croûtons 242
Süßkartoffeln grillen 261
Süßkartoffeln mit Kokosglasur 261

T

Tacos: Entenbrust-Tacos mit saurer Orangen-Zwiebel-Salsa 142
Tamarinde: Dicke Rippe mit Tamarindenglasur 130
Tandoori-Hähnchenbrust mit Mango-Minz-Chutney 139
Tandoori-Marinade 287
Tarator-Sauce: Auf dem Zedernbrett gegrillter Lachs mit Tarator-Sauce 203
Taschenkrebs: Pazifischer Taschenkrebs mit Weißwein-Knoblauch-Butter 197
Tee: Filet mignon mit Teearoma und Butterchampignons 61
Teepaste zubereiten 60
Tequila-Marinade 286
Teriyaki-Marinade 285
Thailändische Garnelen mit Wassermelonen-Salsa 181
Thailändischer Kalmar (Info) 225
Thunfisch
Gegrilltes Thunfisch-Poke 210
Salat von geräuchertem Thunfisch und gegrillter Mango 211
Thunfisch in Zedernholzblättern räuchern 211
Thymian: Knoblauch-Thymian-Butter 193
Tofu grillen 252
Tofu-Steaks mit Möhren-Cashew-Salat 252

Tomaten
- Artischockenherzen mit Tomaten-Knoblauch-Aioli 245
- Gefüllte Chilis mit Tomaten-Salsa und Guacamole 253
- Gorgonzola-Tomatensauce 193
- Hähnchenpaillards mit Tomaten-Oliven-Relish 137
- Heilbuttfilets mit indischer Tomatensauce 207
- Jakobsmuscheln mit Sauce aus gegrillten Tomaten 178
- Köfte in Pita-Taschen mit Gurken-Tomaten-Salat 39
- Suppe von gegrillten Tomaten mit Parmesan-Croûtons 242
- Vegetarische Sandwiches mit sonnengetrockneten Tomaten 256

Tomaten grillen 242
Tomaten-Oliven-Paste 263
Tomaten-Salsa 291
Tomatillo 209, 230
- Polenta mit Frischkäse und Tomatillo-Sauce 231

Tomatillo-Salsa 291
Trauben: Brie in Weinblättern mit Trauben-Salsa 277
Truthahn am Vortag vorbereiten 171
Truthahn auf dem Räuchergrill zubereiten 171
Truthahn grillen 170
Truthahn im Hickoryrauch gegrillt mit Whisky-Sauce 172
Truthahn tranchieren 172
Tunesische Hähnchenbrüste mit Petersiliensauce 145
Zubereitung von Hähnchenbrust 144

U

Universal-Marinade 285
Usbekische Marinade 79
Usbekisch: Lammkoteletts mit usbekischer Marinade 79

V

Vegetarische Sandwiches mit sonnengetrockneten Tomaten 256
Venusmuscheln: Clambake (Muscheltopf) nach Cajun-Art 191
- siehe auch Miesmuscheln

Vietnamesische Garnelenpops mit Erdnusssauce 185
Zubereitung von Garnelenpops auf dem Grill 184
Vinaigrette
- Birnensalat mit Schinken und Champagner-Vinaigrette 276
- Grüner Spargel mit Schinken und Zitronenvinaigrette 247
- Panzanella-Spieße mit Sherry-Vinaigrette 243

Vorbereitung ganzer Hähnchenschenkel 148

W

Walnüsse: Blauschimmelcreme mit Walnüssen 263
Wassermelone: Thailändische Garnelen mit Wassermelonen-Salsa 181
Weinblätter: Brie in Weinblättern mit Trauben-Salsa 277
- siehe auch Bananenblätter, Zedernholzblätter

Weißwein
- Pazifischer Taschenkrebs mit Weißwein-Knoblauch-Butter 197
- Rinderfilet in Kräuterkruste mit Weißwein-Sahne-Sauce 89

Whisky
- Hähnchen-Drumettes im Hickoryrauch gegrillt mit Whisky-Glasur 147
- In Whisky, Soja und Honig marinierte Stubenküken 158
- Truthahn im Hickoryrauch gegrillt mit Whisky-Sauce 172

Whisky-Marinade 286
Wilde Miesmuscheln siehe Miesmuscheln

Wraps: Mexikanische Fischwraps mit pikantem Krautsalat 206
Würzbutter herstellen 62
Würzmischungen 280
- Arizona-Würzmischung 282
- Asiatische Würzmischung 282
- Espresso-Chili-Würzmischung 282
- *Espresso-Chili-Würzmischung zubereiten* 53
- Estragon-Würzmischung 282
- Go-West-Würzmischung 283
- Karibik-Würzmischung 282
- Mexikanische Würzmischung 283
- Pfeffer-Würzmischung 281
- Universal-Würzmischung 283
- Zauber-Würzmischung 282
- siehe auch Gewürze

Z

Zackenbarsch
- Fisch vom Grill in karibischer Zitrusmarinade 212
- Mexikanischer Fisch aus der Grillpfanne 218

Zauber-Würzmischung 282
Zaziki: Lammspieße mit Zaziki 74
Zedernbrett
- Auf dem Zedernbrett gegrillte Forelle mit Rucola-Fenchel-Orangen-Salat 223
- Auf dem Zedernbrett gegrillte Hähnchenschenkel mit Soja-Ingwer-Glasur 153
- Auf dem Zedernbrett gegrillte Jakobsmuscheln mit Maissalat 180
- Auf dem Zedernbrett gegrillter Lachs mit Tarator-Sauce 203
- *Zubereitung von Hähnchenschenkeln auf dem Zedernbrett* 152
- siehe auch Ahornbrett, Holzbrett

Zedernholzblätter (Info) 211
Ziegelsteine
- Kalamarisalat nach »Ziegelei-Art« 227
- Kalamari unter Ziegelsteinen grillen 226

Ziegenkäse: Lammburger mit Olivenpaste und Ziegenkäse 40
Zitrone
- Brokkoli mit Zitrone 248
- Estragon-Zitrus-Marinade 286
- Gegrillte Maiskolben mit Zitronen-Curry-Butter 232
- Grüne Bohnen mit Zitronenöl 249
- Grüner Spargel mit Schinken und Zitronenvinaigrette 247
- Hähnchenbrust mit Zitrone und Oregano 138
- Kubanische Marinade 287

Zitronen auspressen 138
Zitronen-Paprika-Gewürz 283
Zitronen-Salbei-Marinade 285
Zitronenschale abreiben 138
Zitrusfrüchte: Fisch vom Grill in karibischer Zitrusmarinade 212
Zubereitung von
- *Austern auf dem Holzkohlegrill* 192
- *Baby Back Ribs auf dem Grill* 122
- *Barbecue-Hähnchenschenkeln* 151
- *Bierdosen-Hähnchens* 160
- *Buttermilchbrötchen* 99
- *Chili-Avocado-Sauce* 186
- *Garnelenpops auf dem Grill* 184
- *Gegrillter Putenbrust im Speckmantel* 168
- *Grillhähnchen* 164
- *Hähnchenbrust* 144
- *Hähnchen-Drumettes auf dem Grill* 147
- *Hähnchenflügeln* 146
- *Hähnchenpaillards* 136
- *Hähnchenschenkeln auf dem Zedernbrett* 152
- *Hähnchenspießen* 143
- *Involtini di pollo auf dem Grill* 134
- *Lachs auf dem Grill* 201
- *Mais-Champignon-Gemüse* 208
- *Paella* 188
- *Pflaumensauce* 140
- *Porchetta* 116
- *Quesadillas auf dem Grill* 156
- *Salsa mit in der Pfanne gerösterem Chili* 54
- *Schmetterlingshähnchen vom Grill* 166
- *Schweinebraten auf dem Grill* 118

- Schweinekoteletts mit Sofrito-Barbecue-Sauce 105
- *Schweinelendenbraten am Spieß* 110
- *Schwertfisch-Escabeche* 213
- *Spareribs auf dem Räuchergrill* 128
- *Spareribs nach St.-Louis Art* 126
- *Stapel-Ribs auf dem Grill* 124

Zwiebeln
- Entenbrust-Tacos mit saurer Orangen-Zwiebel-Salsa 142
- Hotdogs mit eingelegten Zwiebeln 43
- In Cidre geschmorte Bratwürste mit Äpfeln und Zwiebeln 97
- *Mayonnaise würzen* 36
- Salat mit gegrillter Paprika, Zwiebeln und Feta 241
- Steak-Sandwich mit gegrillten Zwiebeln und Meerrettich-Sauerrahm 48
- siehe auch Schalotten

Zwiebeln grillen 241
Zwiebeln sauer einlegen 43
Zwiebelspalten schneiden 180

GRUNDLAGEN UND GRILLPRAXIS

A

Ahornbrett siehe Auf Holzbrettern grillen
Aluschalen
- Einweg-Aluschalen zum Grillen 26, 27, 30
- Tropfschalen 14
- siehe auch Grillpfanne

Anbraten 44, 292
Anzündkamin 10, 27
Auf Holzbrettern grillen 152, 174, 180, 203, 223

B

Backblech 27
Barbecue siehe Langsames Heißräuchern
Bratpfanne, Gusseiserne 30
Briketts 9, 10
Bullauge 14

D

Direkte Hitze 12, 13, 14, 18
Drehspieß 21, 30, 309
Drei-Zonen-Glut 13

E

Eichenholz 22
Einfrieren, Steaks richtig 294
Einweg-Aluschale 30
Elektrogrills 309
Wartung 307
Ente
- Gargrad prüfen 301
- Grill-Kompass 301

F

Fingerdruck-Test 49, 295
Fisch
- Anhaften am Grillrost vermeiden 302
- Gargrad prüfen 300, 206, 303
- Geeigneter Fisch zum Grillen 302
- Grill-Kompass 303

Fischkorb 31, 220
Fleischthermometer 27
Funkthermometer 29

G

Gasgrill 17–18
- Anzünden 17
- Deckel 20

Direkte Hitze 18
Heißräuchern 23
Indirekte Hitze 18
Kaufkriterien 21, 308–309
Reinigung 19, 307
Sicherheit 310, 311
Wartung 19, 307
Gemüse
 Gargrad prüfen 304
 Geeignete Stücke für den Grill 304
 Grill-Kompass 305
Gewässerte Holzspieße auf Vorrat einfrieren 155
Glutring 14
Grillbürste 26
Grillen unter Ziegelsteinen 226
Grillhandschuhe 28
Grillhelfer 26–31
Grillpfanne 26
 Verwendung 218
Grills
 Kaufkriterien 21, 308–309
 Reinigung und Wartung 19, 307
 Sicherheit 310–311
 siehe auch Elektrogrill, Holzkohlegrill, Gasgrill
Grillwender 28
Grillzange 26
Grundlagen des Grillens 8–25
Gusseiserne Bratpfanne 30

H

Hähnchen
 Gargrad prüfen 136, 301
 Grill-Kompass 301
 Qualitätskriterien 300
Hickory 22
Hitze der Glut halten 16
Holz
 Eichenholz 22
 Geeignetes Hartholz für den Räuchergrill 22
 Hartholzbriketts 10
 Hickory 22
 Holzchips 22
 Holzstücke zum Räuchern selbst zuschneiden 90
 Mesquite 22
 Mit Holz oder Holzkohle grillen 9
 siehe auch Auf Holzbrettern grillen
Holzkohle 9–10
 Anordnung der Glut 12–14
 Anzünden 10
 Bullauge 14
 Drei-Zonen-Glut 13
 Glutring 14
 Holzkohle oder Holz 9
 Menge an Kohlen 11
 Zwei-Zonen-Glut 13
Holzkohlegrill 9–16
 Deckel 20
 Direkte Hitze 12, 13, 14
 Heißräuchern 22–23, 121
 Hitze der Glut messen 15
 Hitze halten 16
 Indirekte Hitze 12, 13, 14
 Kaufkriterien 21, 309
 Kohle anzünden 10
 Lüftungsschieber einstellen 16
 Reinigung 19, 307
 Sicherheit 310–311
 Wartung 19, 307
 Zum Räuchern vorbereiten 121
Holzspieße 28
 Gewässerte Holzspieße auf Vorrat einfrieren 155
 siehe auch Spieße

I

Indirekte Hitze 12, 13, 14, 18

K

Kalb
 Gargrad prüfen 295
 Geeignete Teilstücke für den Grill 293
 Grill-Kompass 294
 Kleine Schaufel 29
Kohle siehe Holzkohle
Kotelettshalter 31
Kreuzmuster grillen 62

L

Lamm
 Für den Grill geeignete Teilstücke 293, 297
 Gargrad prüfen 295
 Grill-Kompass 297
Langsames Heißräuchern 22–25, 42, 84, 92, 120, 121, 122, 126, 128, 151
 siehe auch Räuchergrill
Lebensmittelsicherheit 311
Lüftungsschieber einstellen 16

M

Meeresfrüchte
 Anhaften am Grillrost vermeiden 302
 Gargrad prüfen 180, 303
 Garnelen auf Spieße stecken 186
 Garnelen schälen und ausnehmen 183
 Geeignete Meeresfrüchte für den Grill 302
 Grill-Kompass 303
 Jakobsmuscheln vorbereiten 178, 179
 Miesmuscheln säubern 190
Mesquite 22
Mikro-Reibe 31

N

Nützliche Grillhelfer 29–31

O

Obst
 Geeignetes Obst zum Grillen 306
 Grill-Kompass 306

P

Pinsel zum Bestreichen 27
Planking siehe Auf Holzbrettern grillen
Plastikbeutel, Wiederverschließbare 30

R

Räuchergrill 24–25, 90, 114, 121, 128, 160, 171, 174, 211
 Holz zum Räuchern 22
 siehe auch Langsames Heißräuchern
Räuchern siehe Langsames Heißräuchern
Reibe, Mikro- 31
Rind
 Für den Grill geeignete Teilstücke 293
 Grill-Kompass 296
 siehe auch Steak
Rotisserie siehe Drehspieß

S

Salz
 Meersalz verwenden 7
 Rauchsalz (Info) 140
 Steaks salzen 44
Schaufel, Kleine 29
Schneidetechniken für Fisch und Meeresfrüchte
 Forelle vorbereiten 222
 Ganzen Fisch vorbereiten 219
 Goldmakrelenfilets häuten 208
 Heilbutt vorbereiten 207
 Kalmar zubereiten 224
 Red Snapper oder Rotbarsch filetieren 216
 Taschenkrebse vorbereiten 196
Schneidetechniken für Geflügel
 Entenbrust vorbereiten 140
 Hähnchen-Drumettes 147
 Hähnchenflügel vorbereiten 148
 Schmetterlingshähnchen 166
 Stubenküken halbieren 158
 Truthahn tranchieren 172
 Truthahnbrust flach aufschneiden 168
Schneidetechniken für Gemüse
 Artischockenherzen vorbereiten 244
 Avocado 156
 Fenchel vorbereiten 204, 259
 Flache Stücke schneiden 304
 Kohl in feine Streifen schneiden 175
 Lauchstangen vorbereiten 102
 Maiskörner vom Kolben schneiden 175
 Zwiebelspalten schneiden 180
Schneidetechniken für Obst
 Ananas 266
 Mango 139
 Orange filetieren 222
Schneidetechniken für Rind und Lamm
 Ausgelöste Lammkeule flach zuschneiden 86
 Bistecca fiorentina tranchieren 65
 Flank-Steaks aufschneiden 69
 Hochrippe zuschneiden 52
 Kurze Rippe zuschneiden 82
 Lammkarree für den Grill vorbereiten 76
 Rinderkoteletts aus der Hochrippe schneiden 58
 Sirloin-Steaks in Würfel schneiden 72
 Steaks aus der Lammschulter vorbereiten 80
 Steaks aus der Rinderlende schneiden 45
Schneidetechniken für Schweinerippchen
 Baby Back Ribs 121
 Spareribs St-Louis-Art 126
Schwein
 Baby Back Ribs oder Spareribs 299
 Gargrad prüfen 100, 299
 Grill-Kompass 298
 Teilstücke für den Grill 298, 299
Sicherheitshinweise 310–311
Spieße 28
 siehe auch Holzspieße
Steak (Rind)
 Gargrad 49, 295
 Knusprig bräunen 292
 Kreuzmuster grillen 62
 Kriterien für den Einkauf 292
 Richtig einfrieren 294
 Salzen 44
Steak-Zuschnitte 293

T

Texas-Krücke 126
Thermometer 27, 29
Timer 29
Tropfschale 14
Truthahn: Grill-Kompass 301

U

Unerlässliche Grillhelfer 26–28

W

Wender siehe Grillwender
Werkzeug zum Grillen siehe Grillhelfer
Wiederverschließbare Plastikbeutel 30

Z

Zedernbrett siehe Auf Holzbrettern grillen
Ziegelsteinen, Grillen unter 226
Zwei-Zonen-Glut 13

IMPRESSUM

Weber-Stephen Products Co.:
Mike Kempster Sr., Executive Vice President
Sherry L. Bale, Director, Public Relations

Titel der amerikanischen Orginalausgabe: Weber's Way to Grill.
The Step-by-Step Guide to Expert Grilling TM

Copyright © 2008 Weber-Stephen Products
Copyright der deutschen Ausgabe © 2010 GRÄFE UND UNZER VERLAG GmbH,
Grillparzer Str. 12, 81675 München

Alle Rechte vorbehalten. Nachdruck, auch auszugsweise, sowie Verbreitung durch Film, Funk und Fernsehen und Internet durch fotomechanische Wiedergabe, Tonträger und Datenverarbeitungssysteme jeglicher Art nur mit schriftlicher Genehmigung des Verlages.

Autor: Jamie Purviance
Übersetzung: Andrea Haftel
Lektorat: Eva Meyer
Redaktion: Karen Dengler, Werkstatt München
Satz: Anja Dengler, Werkstatt München
Gesamtproduktion der deutschen Ausgabe: Werkstatt München · Buchproduktion
Projektleitung: Monika Greiner
Umschlaggestaltung: independent Medien-Design, Horst Moser, München
(Umschlag und Innenlayout d. Orginalausgabe: rabble + rouser, inc.)
Herstellung: Markus Plötz
Reproduktion: Longo AG, Bozen
Druck: aprinta Druck, Firmengruppe Appl, Wemding
Bindung: m.appl, Firmengruppe Appl, Wemding

Gedruckt auf Galaxi Supermat, exklusiv bei der Papier Union.

Bildnachweis: Alle Fotos Tim Turner (Foodstyling Lynn Gagné) bis auf die Fotos auf den Seiten 278 und 279: Christy Clow, Coverbild: getty images.

Dieses Buch gibt die Meinung des Autors wieder. Es soll Informationen zum Thema des Buches liefern, stellt aber keinerlei professionelle Dienstleistung seitens des Autors und des Verlags dar. Autoren und Verlag übernehmen keinerlei Verantwortung und Haftung für etwaige Schäden oder Risiken, persönliche und andersartige, die als direkte oder indirekte Folge des Gebrauchs und der Anwendung irgendeines der Inhalte dieses Buches auftreten.

Umwelthinweis: Dieses Buch ist auf PEFC-zertifiziertem Papier aus nachhaltiger Waldwirtschaft gedruckt.

ISBN 978-3-8338-5106-3

Limited Edition 2015

www.facebook.com/gu.verlag

GRÄFE UND UNZER
Ein Unternehmen der
GANSKE VERLAGSGRUPPE

DIE GU-QUALITÄTS-GARANTIE

Liebe Leserin, lieber Leser,
wir möchten Ihnen mit den Informationen und Anregungen in diesem Buch das Leben erleichtern und Sie inspirieren, Neues auszuprobieren. Alle Informationen werden von unseren Autoren gewissenhaft erstellt und von unseren Redakteuren sorgfältig ausgewählt und mehrfach geprüft. Deshalb bieten wir Ihnen eine 100%ige Qualitätsgarantie. Sollten wir mit diesem Buch Ihre Erwartungen nicht erfüllen, lassen Sie es uns bitte wissen. Sie erhalten von uns kostenlos einen Ratgeber zum gleichen oder ähnlichen Thema. Wir freuen uns auf Ihre Rückmeldung, auf Lob, Kritik und Anregungen, damit wir für Sie immer besser werden können.

GRÄFE UND UNZER Verlag
Leserservice
Postfach 86 03 13
81630 München
E-Mail:
leserservice@graefe-und-unzer.de

Telefon: 00800 – 72 37 33 33*
Telefax: 00800 – 50 12 05 44*
Mo–Do: 8.00–18.00 Uhr
Fr: 8.00–16.00 Uhr
(* gebührenfrei in D, A, CH)

Ihr GRÄFE UND UNZER Verlag
Der erste Ratgeberverlag – seit 1722.